深圳学派建设丛书·第四辑

卜仁海◎著

中国避讳学史

中国社会科学出版社

图书在版编目（CIP）数据

中国避讳学史／卞仁海著 . —北京：中国社会科学出版社，2017. 5
（2018. 8 重印）
（深圳学派建设丛书. 第四辑）
ISBN 978-7-5161-9852-0

Ⅰ. ①中…　Ⅱ. ①卞…　Ⅲ. ①避讳-研究-中国-古代　Ⅳ. ①K892.98

中国版本图书馆 CIP 数据核字（2017）第 031394 号

出 版 人	赵剑英
责任编辑	王 茵 马 明
责任校对	胡新芳
责任印制	王 超

出　　版	中国社会科学出版社
社　　址	北京鼓楼西大街甲 158 号
邮　　编	100720
网　　址	http://www.csspw.cn
发 行 部	010-84083685
门 市 部	010-84029450
经　　销	新华书店及其他书店

印　　刷	北京明恒达印务有限公司
装　　订	廊坊市广阳区广增装订厂
版　　次	2017 年 5 月第 1 版
印　　次	2018 年 8 月第 2 次印刷

开　　本	710×1000　1/16
印　　张	23.75
插　　页	2
字　　数	342 千字
定　　价	88.00 元

总序：学派的魅力

王京生*

学派的星空

在世界学术思想史上，曾经出现过浩如繁星的学派，它们的光芒都不同程度地照亮人类思想的天空，像米利都学派、弗莱堡学派、法兰克福学派等，其人格精神、道德风范一直为后世所景仰，其学识与思想一直成为后人引以为据的经典。就中国学术史而言，不断崛起的学派连绵而成群山之势，并标志着不同时代的思想所能达到的高度。自晚明至晚清，是中国学术尤为昌盛的时代，而正是在这个时代，学派性的存在也尤为活跃，像陆王学派、吴学、皖学、扬州学派等。但是，学派辈出的时期还应该首推古希腊和春秋战国时期，古希腊出现的主要学派就有米利都学派、毕达哥拉斯学派、埃利亚学派、犬儒学派；而儒家学派、黄老学派、法家学派、墨家学派、稷下学派等，则是春秋战国时代学派鼎盛的表现，百家之中几乎每家就是一个学派。

综观世界学术思想史，学派一般都具有如下的特征：

其一，有核心的代表人物，以及围绕着这些核心人物所形成的特定时空的学术思想群体。德国19世纪著名的历史学家兰克既是影响深远的兰克学派的创立者，也是该学派的精神领袖，他在柏林大学长期任教期间培养了大量的杰出学者，形成了声势浩大的学术势力，兰克本人也一度被尊为欧洲史学界的泰斗。

---

* 王京生，现任国务院参事。

其二，拥有近似的学术精神与信仰，在此基础上形成某种特定的学术风气。清代的吴学、皖学、扬学等乾嘉诸派学术，以考据为治学方法，继承古文经学的训诂方法而加以条理发明，用于古籍整理和语言文字研究，以客观求证、科学求真为旨归，这一学术风气也因此成为清代朴学最为基本的精神特征。

其三，由学术精神衍生出相应的学术方法，给人们提供了观照世界的新的视野和新的认知可能。产生于20世纪60年代、代表着一种新型文化研究范式的英国伯明翰学派，对当代文化、边缘文化、青年亚文化的关注，尤其是对影视、广告、报刊等大众文化的有力分析，对意识形态、阶级、种族、性别等关键词的深入阐释，无不为我们认识瞬息万变的世界提供了丰富的分析手段与观照角度。

其四，由上述三点所产生的经典理论文献，体现其核心主张的著作是一个学派所必需的构成因素。作为精神分析学派的创始人，弗洛伊德所写的《梦的解析》等，不仅成为精神分析理论的经典著作，而且影响广泛并波及人文社科研究的众多领域。

其五，学派一般都有一定的依托空间，或是某个地域，或是像大学这样的研究机构，甚至是有着自身学术传统的家族。

学派的历史呈现出交替嬗变的特征，形成了自身发展规律：

其一，学派出现往往暗合了一定时代的历史语境及其"要求"，其学术思想主张因而也具有非常明显的时代性特征。一旦历史条件发生变化，学派的内部分化甚至衰落将不可避免，尽管其思想遗产的影响还会存在相当长的时间。

其二，学派出现与不同学术群体的争论、抗衡及其所形成的思想张力紧密相关，它们之间的"势力"此消彼长，共同勾勒出人类思想史波澜壮阔的画面。某一学派在某一历史时段"得势"，完全可能在另一历史时段"失势"。各领风骚若干年，既是学派本身的宿命，也是人类思想史发展的"大幸"：只有新的学派不断涌现，人类思想才会不断获得更为丰富、多元的发展。

其三，某一学派的形成，其思想主张都不是空穴来风，而有其内在理路。例如，宋明时期陆王心学的出现是对程朱理学的反动，但其思想来源却正是前者；清代乾嘉学派主张朴学，是为了反对陆王心学的空疏无物，但二者之间也建立了内在关联。古希腊思想作为欧洲思想发展的源头，使后来西方思想史的演进，几乎都可看作是对它的解释与演绎，"西方哲学史都是对柏拉图思想的演绎"的极端说法，却也说出了部分的真实。

其四，强调内在理路，并不意味着对学派出现的外部条件重要性的否定；恰恰相反，外部条件有时对于学派的出现是至关重要的。政治的开明、社会经济的发展、科学技术的进步、交通的发达、移民的汇聚等，都是促成学派产生的重要因素。名震一时的扬州学派，就直接得益于富甲一方的扬州经济与悠久而发达的文化传统。综观中国学派出现最多的明清时期，无论是程朱理学、陆王心学，还是清代的吴学、皖学、扬州学派、浙东学派，无一例外都是地处江南（尤其是江浙地区）经济、文化、交通异常发达之地，这构成了学术流派得以出现的外部环境。

学派有大小之分，一些大学派又分为许多派别。学派影响越大分支也就越多，使得派中有派，形成一个学派内部、学派之间相互切磋与抗衡的学术群落，这可以说是纷纭繁复的学派现象的一个基本特点。尽管学派有大小之分，但在人类文明进程中发挥的作用却各不相同，有积极作用，也有消极作用。如，法国百科全书派破除中世纪以来的宗教迷信和教会黑暗势力的统治，成为启蒙主义的前沿阵地与坚强堡垒；罗马俱乐部提出的"增长的极限""零增长"等理论，对后来的可持续发展、协调发展、绿色发展等理论与实践，以及联合国通过的一些决议，都产生了积极影响；而德国人文地理学家弗里德里希·拉采尔所创立的人类地理学理论，宣称国家为了生存必须不断扩充地域、争夺生存空间，后来为法西斯主义所利用，起了相当大的消极作用。

学派的出现与繁荣，预示着一个国家进入思想活跃的文化大发展时期。被司马迁盛赞为"盛处士之游，壮学者之居"的稷下学宫，之所以能成为著名的稷下学派之诞生地、战国时期百家争鸣的主要场所与最负盛名的文化中心，重要原因就是众多学术流派都活跃在稷门之下，各自的理论背景和学术主张尽管各有不同，却相映成趣，从而造就了稷下学派思想多元化的格局。这种"百氏争鸣、九流并列、各尊所闻、各行所知"的包容、宽松、自由的学术气氛,不仅推动了社会文化的进步,而且也引发了后世学者争论不休的话题,中国古代思想在这里得到了极大发展,迎来了中国思想文化史上的黄金时代。而从秦朝的"焚书坑儒"到汉代的"独尊儒术",百家争鸣局面便不复存在,思想禁锢必然导致学派衰落,国家文化发展也必将受到极大的制约与影响。

深圳的追求

在中国打破思想的禁锢和改革开放 30 多年这样的历史背景下,随着中国经济的高速发展以及在国际上的和平崛起,中华民族伟大复兴的中国梦正在进行。文化是立国之根本,伟大的复兴需要伟大的文化。树立高度的文化自觉,促进文化大发展大繁荣,加快建设文化强国,中华文化的伟大复兴梦想正在逐步实现。可以预期的是,中国的学术文化走向进一步繁荣的过程中,具有中国特色的学派也将出现在世界学术文化的舞台上。

从 20 世纪 70 年代末真理标准问题的大讨论,到人生观、文化观的大讨论,再到 90 年代以来的人文精神大讨论,以及近年来各种思潮的争论,凡此种种新思想、新文化,已然展现出这个时代在百家争鸣中的思想解放历程。在与日俱新的文化转型中,探索与矫正的交替进行和反复推进,使学风日盛、文化昌明,在很多学科领域都出现了彼此论争和公开对话,促成着各有特色的学术阵营的形成与发展。

一个文化强国的崛起离不开学术文化建设,一座高品位文化城市的打造同样也离不开学术文化发展。学术文化是一座城市最内在的精神生活,是城市智慧的积淀,是城市理性发展的向导,是文化创造力的基础和源泉。学术是不是昌明和发达,决定了城市的定位、影响力和辐射力,甚至决定了城市的发展走向和后劲。城市因文化而有内涵,文化因学术而有品位,学术文化已成为现代城市智慧、思想和精神高度的标志和"灯塔"。

凡工商发达之处,必文化兴盛之地。深圳作为我国改革开放的"窗口"和"排头兵",是一个商业极为发达、市场化程度很高的城市，移民社会特征突出、创新包容氛围浓厚、民主平等思想活跃、信息交流的"桥头堡"地位明显，是具有形成学派可能性的地区之一。在创造工业化、城市化、现代化发展奇迹的同时，深圳也创造了文化跨越式发展的奇迹。文化的发展既引领着深圳的改革开放和现代化进程，激励着特区建设者艰苦创业，也丰富了广大市民的生活，提升了城市品位。

如果说之前的城市文化还处于自发性的积累期，那么进入新世纪以来，深圳文化发展则日益进入文化自觉的新阶段：创新文化发展理念，实施"文化立市"战略，推动"文化强市"建设，提升文化软实力，争当全国文化改革发展"领头羊"。自2003年以来，深圳文化发展亮点纷呈、硕果累累：荣获联合国教科文组织"设计之都""全球全民阅读典范城市"称号，原创大型合唱交响乐《人文颂》在联合国教科文组织巴黎总部成功演出，被国际知识界评为"杰出的发展中的知识城市"，三次荣获"全国文明城市"称号，四次被评为"全国文化体制改革先进地区"，"深圳十大观念"影响全国，《走向复兴》《我们的信念》《中国之梦》《迎风飘扬的旗》《命运》等精品走向全国，深圳读书月、市民文化大讲堂、关爱行动、创意十二月等品牌引导市民追求真善美，图书馆之城、钢琴之城、设计之都等"两城一都"高品位文化城市正成为现实。

城市的最终意义在于文化。在特区发展中，"文化"的地位正发生着巨大而悄然的变化。这种变化首先还不在于大批文化设施的兴建、各类文化活动的开展与文化消费市场的繁荣，而在于整个城市文化地理和文化态度的改变，城市发展思路由"经济深圳"向"文化深圳"转变。这一切都源于文化自觉意识的逐渐苏醒与复活。文化自觉意味着文化上的成熟，未来深圳的发展，将因文化自觉意识的强化而获得新的发展路径与可能。

与国内外一些城市比起来，历史文化底蕴不够深厚、文化生态不够完善等仍是深圳文化发展中的弱点，特别是学术文化的滞后。近年来，深圳在学术文化上的反思与追求，从另一个层面构成了文化自觉的逻辑起点与外在表征。显然，文化自觉是学术反思的扩展与深化，从学术反思到文化自觉，再到文化自信、自强，无疑是文化主体意识不断深化乃至确立的过程。大到一个国家和小到一座城市的文化发展皆是如此。

从世界范围看，伦敦、巴黎、纽约等先进城市不仅云集大师级的学术人才，而且有活跃的学术机构、富有影响的学术成果和浓烈的学术氛围，正是学术文化的繁盛才使它们成为世界性文化中心。可以说，学术文化发达与否，是国际化城市不可或缺的指标，并将最终决定一个城市在全球化浪潮中的文化地位。城市发展必须在学术文化层面有所积累和突破，否则就缺少根基，缺少理念层面的影响，缺少自我反省的能力，就不会有强大的辐射力，即使有一定的辐射力，其影响也只是停留于表面。强大的学术文化，将最终确立一种文化类型的主导地位和城市的文化声誉。

近年来，深圳在实施"文化立市"战略、建设"文化强市"过程中鲜明提出：大力倡导和建设创新型、智慧型、力量型城市主流文化，并将其作为城市精神的主轴以及未来文化发展的明确导向和基本定位。其中，智慧型城市文化就是以追求知识和理性为旨归，人文气息浓郁，学术文化繁荣，智慧产出能力较强，学习型、知识型城市建设成效卓著。深圳要建成有国际影响力的智慧之城，提高文化软实力，学术文化建设是其最坚硬的内核。

经过30多年的积累，深圳学术文化建设初具气象，一批重要学科确立，大批学术成果问世，众多学科带头人涌现。在中国特色社会主义理论、经济特区研究、港澳台经济、文化发展、城市化等研究领域产生了一定影响；学术文化氛围已然形成，在国内较早创办以城市命名的"深圳学术年会"，举办了"世界知识城市峰会"等一系列理论研讨会。尤其是《深圳十大观念》等著作的出版，更是对城市人文精神的高度总结和提升，彰显和深化了深圳学术文化和理论创新的价值意义。

而"深圳学派"的鲜明提出，更是寄托了深圳学人的学术理想和学术追求。1996年最早提出"深圳学派"的构想；2010年《深圳市委市政府关于全面提升文化软实力的意见》将"推动'深圳学派'建设"载入官方文件；2012年《关于深入实施文化立市战略建设文化强市的决定》明确提出"积极打造'深圳学派'"；2013

年出台实施《"深圳学派"建设推进方案》。一个开风气之先、引领思想潮流的"深圳学派"正在酝酿、构建之中，学术文化的春天正向这座城市走来。

"深圳学派"概念的提出，是中华文化伟大复兴和深圳高质量发展的重要组成部分。树起这面旗帜，目的是激励深圳学人为自己的学术梦想而努力，昭示这座城市尊重学人、尊重学术创作的成果、尊重所有的文化创意。这是深圳 30 多年发展文化自觉和文化自信的表现，更是深圳文化流动的结果。因为只有各种文化充分流动碰撞，形成争鸣局面，才能形成丰富的思想土壤，为"深圳学派"的形成创造条件。

深圳学派的宗旨

构建"深圳学派"，表明深圳不甘于成为一般性城市，也不甘于仅在世俗文化层面上造点影响，而是要面向未来中华文明复兴的伟大理想，提升对中国文化转型的理论阐释能力。"深圳学派"从名称上看，是地域性的，体现城市个性和地缘特征；从内涵上看，是问题性的，反映深圳在前沿探索中遇到的主要问题；从来源上看，"深圳学派"没有明确的师承关系，易形成兼容并蓄、开放择优的学术风格。因而，"深圳学派"建设的宗旨是"全球视野，民族立场，时代精神，深圳表达"。它浓缩了深圳学术文化建设的时空定位，反映了对学界自身经纬坐标的全面审视和深入理解，体现了城市学术文化建设的总体要求和基本特色。

一是"全球视野"：反映了文化流动、文化选择的内在要求，体现了深圳学术文化的开放、流动、包容特色。它强调要树立世界眼光，尊重学术文化发展内在规律，贯彻学术文化转型、流动与选择辩证统一的内在要求，坚持"走出去"与"请进来"相结合，推动深圳与国内外先进学术文化不断交流、碰撞、融合，保持旺盛活力，构建开放、包容、创新的深圳学术文化。

文化的生命力在于流动，任何兴旺发达的城市和地区一定是流动文化最活跃、最激烈碰撞的地区，而没有流动文化或流动文化很少光顾的地区，一定是落后的地区。文化的流动不断催生着文化的分解和融合，推动着文化新旧形式的转换。在文化探索过程中，唯一需要坚持的就是敞开眼界、兼容并蓄、海纳百川，尊重不同文化的存在和发展，推动多元文化的融合发展。中国近现代史的经验反复证明，闭关锁国的文化是窒息的文化，对外开放的文化才是充满生机活力的文化。学术文化也是如此，只有体现"全球视野"，才能融入全球思想和话语体系。因此，"深圳学派"的研究对象不是局限于一国、一城、一地，而是在全球化背景下，密切关注国际学术前沿问题，并把中国尤其是深圳的改革发展置于人类社会变革和文化变迁的大背景下加以研究，具有宽广的国际视野和鲜明的民族特色，体现开放性甚至是国际化特色，也融合跨学科的交叉和开放。

二是"民族立场"：反映了深圳学术文化的代表性，体现了深圳在国家战略中的重要地位。它强调要从国家和民族未来发展的战略出发，树立深圳维护国家和民族文化主权的高度责任感、使命感、紧迫感。加快发展和繁荣学术文化，尽快使深圳在学术文化领域跻身全球先进城市行列，早日占领学术文化制高点，推动国家民族文化昌盛，助力中华民族早日实现伟大复兴。

任何一个大国的崛起，不仅伴随经济的强盛，而且伴随文化的昌盛。文化昌盛的一个核心就是学术思想的精彩绽放。学术的制高点，是民族尊严的标杆，是国家文化主权的脊梁骨；只有占领学术制高点，才能有效抵抗文化霸权。当前，中国的和平崛起已成为世界的最热门话题之一，中国已经成为世界第二大经济体，发展速度为世界刮目相看。但我们必须清醒地看到，在学术上，我们还远未进入世界前列，特别是还没有实现与第二大经济体相称的世界文化强国的地位。这样的学术境地不禁使我们扪心自问，如果思想学术得不到世界仰慕，中华民族何以实现伟大复兴？在这个意义上，深圳和全国其他地方一样，学术都是短板，与经济社会发展不相匹配。而深圳作为排头兵，肩负了为国家、为民族文化发展探路的光荣使命，尤感责任重大。深圳的学术立场不能仅限于一隅，而应站在全国、全民族的高度。

三是"时代精神"：反映了深圳学术文化的基本品格，体现了深圳学术发展的主要优势。它强调要发扬深圳一贯的"敢为天下先"的精神，突出创新性，强化学术攻关意识，按照解放思想、实事求是、求真务实、开拓创新的总要求，着眼人类发展重大前沿问题，特别是重大战略问题、复杂问题、疑难问题，着力创造学术文化新成果，以新思想、新观点、新理论、新方法、新体系引领时代学术文化思潮。

党的十八大提出了完整的社会主义核心价值观，这是当今中国时代精神的最权威、最凝练表达，是中华民族走向复兴的兴国之魂，是中国梦的核心和鲜明底色，也应该成为"深圳学派"进行研究和探索的价值准则和奋斗方向。其所熔铸的中华民族生生不息的家国情怀，无数仁人志士为之奋斗的伟大目标和每个中国人对幸福生活的向往，是"深圳学派"的思想之源和动力之源。

创新，是时代精神的集中表现，也是深圳这座先锋城市的第一标志。深圳的文化创新包含了观念创新，利用移民城市的优势，激发思想的力量，产生了一批引领时代发展的深圳观念；手段创新，通过技术手段创新文化发展模式，形成了"文化+科技""文化+金融""文化+旅游""文化+创意"等新型文化业态；内容创新，以"内容为王"提升文化产品和服务的价值，诞生了华强文化科技、腾讯、华侨城等一大批具有强大生命力的文化企业，形成了读书月等一大批文化品牌；制度创新，充分发挥市场的作用，不断创新体制机制，激发全社会的文化创造活力，从根本上提升城市文化的竞争力。"深圳学派"建设也应体现出强烈的时代精神，在学术课题、学术群体、学术资源、学术机制、学术环境方面迸发出崇尚创新、提倡包容、敢于担当的活力。"深圳学派"需要阐述和回答的是中国改革发展的现实问题，要为改革开放的伟大实践立论、立言，对时代发展作出富有特色的理论阐述。它以弘扬和表达时代精神为己任，以理论创新为基本追求，有着明确的文化理念和价值追求，不局限于某一学科领域的考据和论证，而要充分发挥深圳创新文化的客观优势，多视角、多维度、全方位地研究改革发展中的现实问题。

四是"深圳表达"：反映了深圳学术文化的个性和原创性，体现了深圳使命的文化担当。它强调关注现实需要和问题，立足深圳实际，着眼思想解放、提倡学术争鸣，注重学术个性、鼓励学术原创，不追求完美、不避讳瑕疵，敢于并善于用深圳视角研究重大前沿问题，用深圳话语表达原创性学术思想，用深圳体系发表个性化学术理论，构建具有深圳风格和气派的学术文化。

称为"学派"就必然有自己的个性、原创性，成一家之言，勇于创新、大胆超越，切忌人云亦云、没有反响。一般来说，学派的诞生都伴随着论争，在论争中学派的观点才能凸显出来，才能划出自己的阵营和边际，形成独此一家、与众不同的影响。"深圳学派"依托的是改革开放前沿，有着得天独厚的文化环境和文化氛围，因此不是一般地标新立异，也不会跟在别人后面，重复别人的研究课题和学术话语，而是要以改革创新实践中的现实问题研究作为理论创新的立足点，作出特色鲜明的理论表述，发出与众不同的声音，充分展现特区学者的理论勇气和思想活力。当然，"深圳学派"要把深圳的物质文明、精神文明和制度文明作为重要的研究对象，但不等于言必深圳，只囿于深圳的格局。思想无禁区、学术无边界，"深圳学派"应以开放心态面对所有学人，严谨执着，放胆争鸣，穷通真理。

狭义的"深圳学派"属于学术派别，当然要以学术研究为重要内容；而广义的"深圳学派"可看成"文化派别"，体现深圳作为改革开放前沿阵地的地域文化特色，因此除了学术研究，还包含文学、美术、音乐、设计创意等各种流派。从这个意义上说，"深圳学派"尊重所有的学术创作成果，尊重所有的文化创意，不仅是哲学社会科学，还包括自然科学、文学艺术等。

"寄言燕雀莫相啅，自有云霄万里高。"学术文化是文化的核心，决定着文化的质量、厚度和发言权。我们坚信，在建设文化强国、实现文化复兴的进程中，植根于中华文明深厚沃土、立足于特区改革开放伟大实践、融汇于时代潮流的"深圳学派"，一定能早日结出硕果，绽放出盎然生机！

序

王彦坤[*]

　　友生仁海君曩从余游而有志于讳学。轻取功名之后笔耕不辍,十年间已出版讳学著作1种(《汉字与避讳》)、发表讳学论文9篇,如今力作《中国避讳学史》又行将付梓,成绩斐然,诚难得也!

　　仁海君欲为中国避讳学修史之雄心于读博期间即已树立,因而前期资料搜集工作做得相当充分。今观此书,大凡现今所能见到之历代避讳文献均蒙论及,巨细无遗,如数家珍,作者于讳学资料之熟知程度可以概见。史者事也(元人赵汸语),史学著作须以史事为依据,能够充分占有资料,则功过半矣。

　　有关中国避讳之论说或研究,代有人焉,相关著作亦间出焉。尤于新会陈氏《史讳举例》之后,开启了讳学研究之新篇章,出现了一批颇有分量的讳学专著和大量讳学论文。然于讳学之专史,则至今阙如。盖非不思为也,乃不易为也。仁海君之《中国避讳学史》,亦吃螃蟹之类也。

　　仁海君以为“避讳学和历史学、语言学、民俗学、文献学、文化学等诸多人文学科密切相关。但是,避讳学不应该是以上诸多人文学科的附庸”,提出“建立独立的避讳学”,并尝试性地给避讳学的内涵做出界定,构思避讳学科的总体框架,界划中国避讳学史的分期。这些工作无疑都具有开创性,尽管其中或有未臻完善之处,然仍功不可没。科学研究本来如此:从无到有,由不完善而渐至完

---

　　* 王彦坤,著名语言学家,暨南大学中文系教授,博士生导师,研究领域为训诂学、避讳学和文献学;在《中国语文》等学术杂志发表论文60余篇,主要著作有《古籍异文研究》《历代避讳字汇典》《文史文献检索教程》《现代汉语三音词词典》《前四史生僻词语考释》《姓趣》《名趣录》《〈路史〉校注》等。

善。因此，对于开创性之工作，我们首先应该给予热情之鼓励与充分之肯定。

仁海君正值年富力强之时，天赋勤奋兼备，既志于讳学，余期当有大成。江浪推前，才人代出，各领风骚，宜哉！

甚忙，匆匆记下一点随感，聊以为序。

2016 年 10 月 4 日于暨南园无名室

目　录

第一章

避讳和避讳学

第一节　避讳

一　什么是避讳

我们常用的"筷子",上古时称"箸",由于与"住"谐音,船家行船往往忌讳说"住",于是就讳"箸"为"筷(快)"。

连接镇江和扬州的长江公路大桥,起初命名为"镇扬大桥",但"镇扬"字面有压制、抑制扬州的意思,扬州人不接受,必须回避"镇"字;镇江古名润州,于是就有高人提出以"润州"代替"镇江",命名为"润扬大桥"。"润扬",滋润扬州也,扬州人自然乐于接受,同时又使大桥名称具有历史的文化底蕴,皆大欢喜。

唐高祖李渊,其祖父名李虎,唐时为避李虎之名讳,讳"虎"为"龙",成语"画虎不成反类狗"被改作"画龙不成反类狗";又讳"虎"为"豹",成语"管中窥虎"被改作"管中窥豹",至今沿用。

以上都是典型的避讳的例子。所谓避讳,即是出于畏惧、迷信、憎恨等心理,或是由于礼制、政治等原因,在语文生活中或行为方式上回避相关名物的现象。

二　避讳的类型

(一) 忌讳、恶讳和敬讳

按照避讳产生的原因不同,我们可以把避讳分为三种类型:忌讳、恶讳和敬讳。出于迷信或畏惧心理而回避凶恶、不吉利的名物，这是忌讳。如古代江淮商人讳言"折本"之"折"字，就将猪舌之舌（折）改为和"折"字反义的"赚"字，把"猪舌"称为"猪赚"。古代吴人忌讳"离""散"，就把"梨"称为"圆果"，把"伞"称为"竖笠"。至今民间还有这样的避讳：梨不能分来吃，也不能送病人，不能给老人送钟（终），不能给结婚的人送伞（散）。而在煤矿工作的，不敢说"压""砸""卡"一类的音，在船上工作的不敢说"翻""断""掉"之类的音，在船上吃鱼也不能翻过来吃。有的地方正月十五前不能剃头，因为头发是旧年的，"旧"和"舅"谐音，剃头就意味着杀旧（舅）。

出于对某人或某物的厌恶憎恨心理而回避和其名相关的名物，这是恶讳。唐肃宗时，因憎恨安禄山，就改易了全国34个带"安"字的郡县名："安定郡"改为"保定"，"宝安郡"改为"东莞"，"同安县"改为"桐城"，等等。北宋南迁之后，因憎恨金人入侵，皇帝遇"金"字均写为"今"字。明人憎恶元人，于是讳"元"为"原"，将"元来""元籍""元任""元由"等词改为"原来""原籍""原任""原由"，至今沿用。

由于政治、礼制的规定而回避和君主、官员、尊长名字相关的名物，这是敬讳。如东汉光武帝名"秀"，时人便讳"秀"为"茂"，将"秀才"改为"茂才"。苏轼的祖父名"序"，苏轼为文作序时只得改用同音的"叙"字。五代时有个叫冯道的官员，让一位先生给他讲《道德经》，开篇"道可道，非常道"让这位先生十分为难，于是改"道"为"不敢说"，开篇被他讲为"不敢说可不敢说，非常不敢说"。

我们把忌讳和恶讳合称为俗讳。鉴于传统避讳学多以礼制、政治原因形成的避讳即敬讳为研究对象，有必要将避讳区分为广义和狭义两类。广义的避讳包括俗讳和敬讳，狭义的避讳仅指敬讳。在历代关注、研究的避讳现象中，敬讳居绝大多数，避讳学史上也以研究敬讳的内容居多。

以上分类情况如图1—1所示：

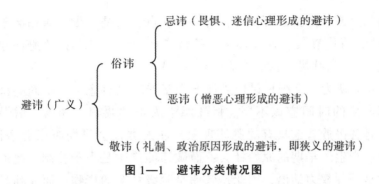

图1—1　避讳分类情况图

（二）主动避讳和被动避讳

按照避讳的发生发展规律，避讳可以分为主动避讳和被动避讳两个阶段。从发生学上看，俗讳是世界各民族普遍存在的心理现象，即出于人类共有的畏惧、迷信、憎恨等心理；这些心理反映在语文生活中或行为方式上，人们就会主动回避一些相关名物。这种出于人类本能避忌心理的避讳，我们称之为主动避讳。

敬讳则属于被动避讳，即出于礼制或政治原因，人们被迫采取的回避相关名物的行为。如袁世凯当政时期，觉得"元宵"听上去像"袁消"，下令人们不许叫元宵，都改叫"汤圆"，还有人写了首打油诗："诗吟圆子溯前朝，蒸化煮时水上漂。洪宪当年传禁令，沿街不许喊元宵。"被动避讳应该是阶级社会的产物，后来甚至沦为政治斗争的工具。这种避讳在中国古代社会尤为突出，从而形成了中国特有的敬讳文化习俗。

俗讳是主动避讳，敬讳是被动避讳，二者在产生原因、研究对象、研究方法、发展规律等方面均有所不同。但长期以来，学界对于二者的认识较为笼统，甚至混为一谈，如把敬讳的发展变化当作是避讳的一般规律。因此，不进行这样的分类，就不能对各类避讳现象进行深入的研究，也不能廓清一些模糊认识。

比如，关于中国古代避讳的产生时间问题，历代学者众说纷纭，莫衷一是。主要有以下四种：一是主张"避讳起于周代说"，唐代的孔颖达，宋代的王观国、周密，清代的赵翼、刘锡信、周广业，近人陈垣等，都力主此说；二是主张"避讳起于商代说"，宋代的张世南、近人屈万里等持有该种观点；三是主张"避讳起于秦代说"，清代袁枚、今人郭沫若等持有此说；四是主张"避讳起于夏代说"，清代顾炎武、今人董作宾持有这种观点。

我们认为，笼统地讨论避讳产生于何时没有意义，不同类型的避讳产生的时间应该不同。俗讳源于人类的畏惧、迷信、憎恨心理，是各民族普遍具有的避讳现象，在人类社会早期时当有俗讳，其应该产生于早期的原始社会；而敬讳的产生是由于礼制、政治原因，是一种权力话语，因此，敬讳是阶级社会的产物。而夏朝是中国进入阶级社会的第一个朝代，所以，夏朝当有敬讳的萌芽。

（三）国讳、官讳、家讳和圣讳

按照避讳的对象不同，我们又可将避讳区分为国讳、官讳、家讳和圣讳。国讳是指举国臣民都必须遵循的避讳，即普天同避。国讳本指皇帝及其宗族名字之讳，故又称君讳、公讳；后来扩大，讳及皇后及其父祖的名字、皇帝的字、前代年号、帝后谥号、皇帝陵名、皇帝生肖等等。比如秦始皇名政（正），时人便讳"正"为"端"，将正月改为端月。汉代皇帝名刘邦、刘盈、刘恒、刘启、刘彻、刘弗陵、刘询、刘奭、刘欣，汉代典籍就将邦改为国、盈改为满、恒改为常、启改为开、彻改为通、弗改为不、询改为谋、奭改为盛、欣改为喜。宋仁宗名叫赵祯，蒸包子蒸馒头的"蒸"字就得改为"炊"字，"蒸饼"改为"炊饼"。

上行下效，名讳也自上而下，很多地方官吏也大兴避讳之风，即所谓的官讳。宋代有一州官名田登，忌讳名字的谐音"灯"字，举州讳"灯"为"火"，上元时节，州府发榜："本州依例放火三日。"这就是家喻户晓的"只许州官放火，不许百姓点灯"之由来。再如，五代唐平卢节度使霍氏名彦威，霍氏手下有一个叫郭彦夒的官员，为避上司的名讳，改名为"致雍"。官讳的范围比国讳小，仅限于地方官员管辖的区域，执行起来也没有国讳严格。

家讳又称私讳，是家族内部遵守的回避父祖之名的行为。古代家国同构，家讳其实是国讳的一种延伸，同国讳一样，也是封建等级、伦理观念的体现。

司马迁父亲名"谈"，于是司马迁在作《史记》时将"谈"字改为音近的"同"字，张孟谈写为"张孟同"，赵谈写为"赵同"。唐代"鬼才"诗人李贺父名"晋肃"，李贺为避"晋"之嫌名"进"，终生不得考进士；纵使李贺满腹经纶，也无用武之地，终生不得志，27 岁便郁郁而死。韩愈因此作《讳辩》为李贺辩解道："父亲叫晋肃，儿子就不能考进士；那如果父亲叫仁，儿子岂不是不能做人了吗？"北宋大文学家苏轼因为其祖父名"序"，向来不为别人之文作序，如果必须作这类文字，则改为"叙"，后觉不妥，又改为"引"。唐代"诗圣"杜甫，一生共写了近三千首诗，各种题材十分广泛，但因其母亲名"海棠"，尽管他寓居盛产海棠的四川多年，却从不以海棠为题材写诗；杜甫父亲的名字叫"杜闲"，为了避"闲"字的讳，杜甫写了一辈子的诗，却没在诗中用过"闲"字。《后汉书》的作者范晔，其父亲名叫"范泰"，所以在《后汉书》里有个叫"郭泰"的，竟神不知鬼不觉地变为"郭太"了，叫"郑泰"的也变成了"郑太"。

所谓圣讳，就是封建时代圣人、贤者的名讳。圣人之讳以避孔子之名居多，如宋大观四年（1110 年），为避孔子讳，朝廷改瑕丘县为瑕县，龚丘县为龚县；甚至连孔子母亲之名"徵在"，也在避讳之列。除孔子外，圣人之讳还包括孟子、老子、黄帝、周公等的名讳。汉以后皇帝之名有时也称圣讳。有时也避贤者的名讳，如宋人郑诚非常敬仰大诗人孟浩然，有一次他经过郢州浩然亭时，感慨地说："对贤者怎么能够直呼其名呢？"于是把"浩然亭"改为"孟亭"。

圣讳并不像国讳、家讳那样严格、广泛，执行起来强制性也弱。如果说圣讳仅仅限于道德层面的规定，那么国讳、家讳已经上升到法律层面，即国家意志。在历朝的礼制和法律中，哪些需要避讳，犯了讳该如何处罚，都有相应的条文加以规定，如《唐律·职制篇》就规定："诸府号、官称犯祖父名，而冒同居之者，徒一年。"

（四）正讳、嫌名和偏讳

按照所避名讳的用字情况，我们又可将避讳分为正讳、嫌名和偏讳。如果只避和君主或尊长之名的相同之字，叫避正讳，如秦始

皇的父亲庄襄王名楚，于是把楚地之"楚"改为"荆"；汉文帝名
刘恒，于是把"恒娥"改名"嫦娥"；晋简文帝郑后小字阿春，用
作书名的《春秋》改为《阳秋》。这些都是避正讳的例子。

名字的同音或近音之字也要回避，叫避嫌名。隋文帝的父亲名
杨忠，隋人不仅要避"忠"字，同音的"中"字也要回避，遇
"中"字须改为"内"字："侍中"改为"侍内"，"中书"改为
"内史"，"殿中侍御"改为"殿内侍御"。

对于二字之名，先秦时也只需避免二字连用，无须每字避讳。
如孔子母亲名徵在，孔子只要"言徵不言在，言在不言徵"，均不
为犯讳，即所谓"二名不偏讳"（《礼记·曲礼下》）。但到唐代，
二字之名也须避"偏讳"。唐太宗名李世民，唐代不仅"世民"不
能连用，而且"世""民"单用时也要回避。如唐高宗将"民部尚
书"改为"礼部尚书"，唐官修《隋书》《南史》《北史》等史书时
将"世"改为"代"、"民"改为"人"，都是避偏讳的例子。

三　避讳的历史

依据主要禁忌对象的变迁，我们将中国古代避讳的历史分为：
（1）图腾时代——原始时期；（2）神本时代——殷商时期；（3）人
本时代——西周以降。

（一）图腾时代——原始时期

忌讳的产生和原始人类的禁忌（Taboo）有关。考古发掘和神
话传说中有很多有关中华先人禁忌的资料，如鄂伦春族人不能直接
称呼熊，而叫"阿玛哈"，即"伯父"的意思；出猎时不能在篝火
上洒水，他们认为洒水会触犯火神，就不会打到野兽。为什么要禁
忌一些言行呢？当然是基于原始先人对一些事物的恐惧、迷信、崇
拜或厌恶心理。限于社会发展水平，原始人类不能解释各种自然现
象、生理现象或社会现象（比如疾病、死亡、自然灾害等），基于
恐惧心理，他们就把这些现象归因于某些神秘或超自然的力量，从
而在现象和神秘力量之间建立起必然联系，这就是原始迷信。弗洛
伊德："禁忌的来源是归因于附着在人或鬼身上的一种特殊神秘力

量（玛那）。"① 因此，对于那些威胁原始人类生存和安全的神秘力量，他们自然会本能地回避或禁忌。

弗洛伊德："一种对某种物体产生畏惧心理的习惯，而这种畏惧常常是与宗教崇拜的思想或行为有关。"② 原始宗教里对某些神秘力量的崇拜，都和原始迷信有关，如中华先民的自然崇拜（如雷电、太阳、山川大地等）、生殖—祖先崇拜和图腾崇拜等。图腾崇拜是原始宗教的最高形式，基于类比、联想等原始思维方式和原始观念，先民往往把本部落和具有神秘特点的某种动物、植物或事物联系起来，并作为崇拜对象，即所谓"图腾"。相传黄帝就率领六个部落的图腾物熊、罴、貔、貅、貙、虎与炎帝决战;③ 而龙、凤等曾是中华先民的图腾物。与图腾文化相联系，原始先人就会禁止杀害、食用甚至是提到相关的图腾事物。

原始禁忌基于本能的生存意识，以恐惧或迷信心理为起点，以神秘力量为归因，以图腾禁忌为最高形式。我们把避讳的原始时期称为图腾时代。

（二）神本时代——殷商时期

夏代去蒙昧时代不远，有关避讳的史料阙如难考。商人最早在山东半岛一带从事游耕农业，约公元前 14 世纪时，第 20 代君王盘庚率领商人迁徙至中原一带并定都殷（河南安阳），此为历时 273 载、传位 8 代 12 王的殷商之始。安定的农业生产生活使商代的文明大幅提高，成熟而成体系的甲骨文字则是他们进入文明社会的标志;但他们尚未摆脱蒙昧时期的以神秘性和笼统性为特征的原始思维方式，尊鬼神，重巫术，从而体现出鲜明的神本文化特色。

殷商时期的崇拜对象包括自然、祖先和神鬼，但以神鬼为至尊，《礼记·表记》："殷人尊神，率民以事神。"商人观念中的神以统领各种自然力和诸神、主宰人间事务的"帝"或"上帝"地位为最高，朱凤瀚："上帝可以理解为是商人幻想出来的在千变万化的自然与社会现象后面，对这些现象进行操持的主宰之神，是这些

① 弗洛伊德:《图腾与禁忌》，中央编译出版社 2009 年版，第 34 页。
② 同上书，第 37 页。
③ 《史记·五帝本纪》:"（轩辕）教熊罴貔貅貙虎，以与炎帝战于阪泉之野。"

现象产生与发展的本源。"① 为听命于上帝，按其旨意行事，商人凡事都要占卜吉凶。商人以其发明的甲骨文字作为卜筮的工具，因此，甲骨文主要是占卜和祭祀的内容。钱存训："中国古代的文字，不仅是人与人往来的工具，也是人与鬼神之间的媒介。……占卜时，贞人常将所贞问的事刻在龟甲或牛骨上，有时并将应验的事契刻在所卜问的事件之后。"② 而作为最高统治者的商王掌管着通神祭祀的权力："我其祀宾，作帝降若。我勿祀宾，作帝降不若。"（《殷墟书契前编》）

商人对主宰万物的"上帝"是敬畏和忌讳的，张世南《游宦纪闻》卷3："殷人以讳事神，而后有字。"经过神圣的求卜过程，那些自然物也就获得了神圣的象征意义，它们呈现出来的形状不是人为的结果，而是神灵和上苍的赋予，是神灵的启示或告诫。而商王作为唯一通神的最高祭司，商人对君权的敬畏则是现实而直接的：卜辞中，贞人或史官都直记其名，而对于商王，则有"王占曰""王卜曰"、王田于某所等辞，均不直斥王名。进而体现出神权和君权共同主导社会生活的特征：

> 汝则有大疑，谋及乃心，谋及卿士，谋及庶人，谋及卜筮。汝则从，龟从，筮从，卿士从，庶民从，是之谓大同。身其康强，子孙其逢，吉。汝则从，龟从，筮从，卿士逆，庶民逆，吉。卿士从，龟从，筮从，汝则逆，庶民逆，吉。庶民从，龟从，筮从，汝则逆，卿士逆，吉。汝则从，龟从，筮逆，卿士逆，庶民逆，作内吉，作外凶。龟筮共违于人，用静吉，用作凶。（《尚书·洪范篇》）

上面一段记载的是商人重大事项的决策过程。由"王、龟、筮、卿士、庶民"等"五谋"组成决策集团，如若龟、筮一致同

---

① 朱凤瀚：《商人诸神之权能以及类型》，载《尽心集》，中国社会科学出版社1996年版，第57—79页。

② 钱存训：《书于竹帛：中国古代的文字记录》，上海世纪出版集团2006年版，第4—5页。

意，再加上其余任何一方的赞同，则一定可以行事；如果龟、筮一致反对，即使其余三者都赞同，也不可行事。商代的政治决策都是通过占卜来进行，体现的是神权与政治的两相结合，但神权起着决定性的作用。

商代以对神权的敬畏和忌讳占据主导地位，因此，我们把殷商避讳的时期称为神本时代。

（三）人本时代——西周以降

西周及其以降，宗法制度建立，君权取代神权而具有了不二地位；《周礼·春官·占人》："凡卜筮，君占体，大夫占色，史占墨，卜人占坼。"可见在周代，相当于龟、筮的史、卜人只掌管"墨""坼"等占卜的前期工作，而决策权则掌握在君王手里（"君占体"）。

"周"原是一个历史悠久、偏居渭水以北并长期附属于商的农业部落，强大后武王克商，入主中原，是为西周。周公摄政，其命维新，建立起以家族农业生产方式为基础、具有血缘道德制约和政治权力统治双重功能的宗法制度，从此奠定了中国文化的宗法模式和格局。这种宗法制度实行家族统治，周天子作为天下大宗，以宗族血缘的亲疏划分天子、诸侯、卿大夫、士四个等级来封邦建国。天子的嫡长子继承天子之位为大宗，庶子则被封为诸侯为小宗；诸侯的嫡长子继承诸侯之位为大宗，庶子则被封为大夫为小宗；卿大夫的嫡长子继承卿大夫之位为大宗，庶子则被封为士为小宗。纵观中国古代史，这种制度虽然受到秦代郡县制的短暂冲击，但由于它和家族式的小农自然经济相适应，秦以后又被历代袭用并加以完善，沿垂三千余载。因此，注重血缘亲属关系、强调伦理秩序的宗法观念也深切浸淫渗透于民族意识、民族性格和民族习惯之中。

宗法模式讲求上下尊卑、长幼有序，于是就通过对尊者、长者、擅权者的人名禁忌来强化这种伦理秩序和等级制度，这就是人名避讳。

周时的人名避讳还和商代的鬼神崇拜相联系，即只是在人死之后，出于对鬼神的尊敬，才避死人的名讳。《左传·桓公六年》：

"周人以讳事神，名，终将讳之。"《礼记·檀弓下》也说："卒哭而讳，生事毕而鬼事始也。"人死后变成鬼神，当然须避其名讳；而随着封建集权统治的加强和封建礼制的渐趋森严，活着的尊长者、擅权者自然也被赋予了神的地位，其名必须回避。

西周以降的避讳以基于礼制和政治的敬讳为主，其形成于西周，风行于秦汉，繁盛于唐宋，延垂至清末，历时三千余载。我们把西周以降以人名避讳为主要特征的避讳时期称为人本时代。避讳对象由神扩大到人，也为后来人名避讳的演化发展迈出了至关重要的一步。

四 避讳的阐释

从发生学上讲，避讳是世界各民族普遍存在的心理现象。但是，避讳又是社会现象，其产生和发展总是与其赖以存在的社会息息相关。因此，只有联系古代社会和汉民族独特的文化心理，才能把握中国古代避讳独特的人文内涵。

（一）心理机制：避讳的形成

禁忌是人类普遍具有的文化现象，即所谓塔布（Taboo），如西方人忌"13"、日本人忌讳"4"等等。汉民族的避讳既包含人类普遍具有的避忌心理，又体现出不同于其他民族所独有的文化心理特点。

1. 迷信心理

语言禁忌是建立在恐惧心理、语言神秘感基础上的。当原始先人处于蒙昧状态之时，由于恐惧心理，基于"神"和"万物有灵"的观念，他们认为语言有着超凡的力量，对语言产生了迷信和崇拜。他们不能正确认识语言和它代表的客观事物之间的关系，以语言之"名"，等同于物质之"实"，把语言和祸福相联系，从而对所崇拜、畏惧的事物不敢直接称说；遇到凶恶、不吉利的字眼或其谐音，出于迷信或畏惧心理也加以回避。这种原始的巫术思维是对名实关系的错位误读：语言只是一切事物的外壳形式，是人们自己创造的符号系统。正如吕叔湘先生所言：

语言和文字是人类自己创造的，可是在语言文字的神奇作用面前，人们又把它当做神物来崇拜起来。他们用语言来祝福，用语言来诅咒。他们选用吉利的字眼做自己的名字，做城市的名字，做器物的名字。他们甚至相信一个人的名字跟人身祸福相连。[①]

在世界各民族中，中国人对名字的迷信是独有的，从而形成中国人所特有的名讳。相比之下，西方人几乎不避名讳，无论身份尊卑贵贱、年龄长幼，均可直呼其名。鲁迅先生《三味书屋》中就有"美女蛇"的传说，人的名字一旦被称呼，倘若答应就会被吃掉；《西游记》中的妖怪"银角大王"有一个宝葫芦，妖怪一呼某人的名字，被呼的人一旦答应，就会吸入宝葫芦中。以上二者虽然是文学作品，但文学是人的思维活动的结果，反映了中国人曾有把名字看作人本身的思维方式。中国古代的巫术活动，也是将人的名字写在特制的布偶或纸人上，用以代替被诅咒的人本身。可见，中国人相信名字和人身祸福息息相关，甚至把名字看作人本身。

国人所特有的名讳心理也可以从古人在辨物取名之始找到渊源。古人非常重视事物的称名，《管子·心术上》："名者，圣人之所以纪万物也。"《老子》："无名万物之始，有名万物之母。"《管子·枢言》："管子曰：……有名则治，无名则乱，治者以其名。……名正则治，名倚则乱，无名则死，故先王贵名。"孔子甚至认为："名不正，则言不顺；言不顺，则事不成。"

因此，古人当然非常重视自己的名字，讲究"行不更名，坐不改姓"。取名也很有讲究，《左传·桓公六年》："名有五：有信、有义、有象、有假、有类。以名生为信，以德名为义，以类命为象，取于物为假，取于父为类。"除了名之外，成人还有字。《礼记·曲礼上》："男子二十冠而字；女子许嫁，笄而字。"《礼记·冠礼》："已冠而字之，成人之道也。"古人还通过取名表达某种愿

---

① 吕叔湘：《语言和语言研究》，载郭熙《中国社会语言学》（增订本），浙江大学出版社 2004 年版，第 249 页。

望，如霍去病、辛弃疾、陈延年、蒲松龄等等。既然国人对名字如此重视，其名讳心理也就不足为怪了。

其实，古人对于名实关系也不乏科学认识，如《庄子·逍遥游》："名者，实之宾也。"认为"名"是附庸，是从属于"实"的；《荀子·正名》更有"名无固宜，约之以命，约定俗成谓之宜"的经典论述。只是儒家的"正名"观因带有鲜明的政治倾向而一直为封建统治者所独尊，甚至达到了"一言兴邦，一言丧邦"的程度；董仲舒《春秋繁露·深察名号》还把深察名号当成治理天下的首要条件："治天下之端，在审辨大；辨大之端，在深察名号。"

2. 求吉心理

趋利避害是人的本能，人类总是向往美好的事物，回避凶恶的事物。随着人类文明程度的提高，人类摆脱了语言迷信，但人们仍旧讳言、讳用凶恶的字眼，这时避讳就是源于人们避凶求吉的本能心理了。当然，文化心理也有惯性作用，迷信（崇拜）心理长期的积习成俗，使避讳也逐渐演变成民俗文化的一部分。明代陆容《菽园杂记》："民间俗讳，各处有之，而吴中为甚，如舟行'讳住'讳'翻'，以'箸'为'快儿'，'幡布'为'抹布'；讳'离''散'，以'梨'为'圆果'，'伞'为'竖笠'；讳'狼藉'，以'榔槌'为'兴哥'；讳'恼躁'，以'谢灶'为'谢欢喜'。"

"死"是人之最大不幸，也是最为忌讳的字眼，古今中外概莫能外。在言语交际中，人们总是尽量回避"死"字。在汉语中，有关死的避讳也非常多。《诗经·唐风》："百岁之后，归于其居。"《国语·越语下》："先人就世，不谷即位。"韦昭注："就世，终也。"《汉书·丙吉传》："君即有不讳，谁可以自代者？"《报任安书》："恐卒然不可为讳。"以上"百岁""就世""不讳""为讳"都是"死"的避讳语。此外还有"就木""厌代""见背""不禄""作古"等等，有的甚至还使用"千秋后""登暇""正寝""仙逝"等字眼，表达了人们避凶求吉的心理。

疾病是凶恶之物，人们总是忌讳生病，《韩非子·喻老》就有蔡桓公"讳疾忌医"的故事，人们在交往中也以直接称说疾病为不雅。《逸周书》："维王不豫，于五日召周公旦。"朱右曾校释："天子有疾称不豫。"采薪之忧"，自称有病的婉辞，意谓有病不能采薪，《孟子·公孙丑下》："有采薪之忧，不能造朝。""不平"，身体不适，实指生病，《汉书·王嘉传》："今圣体久不平，此臣嘉所内惧也。""河鱼之疾"，河鱼腐烂，先从腹内开始，故以婉称腹泻，五代王定保《唐摭言·海叙不遇》："中和末，豫章大乱，岩杰苦河鱼之疾，寓于逆旅。"

3. 审美心理

人们不仅在生活中有审美需求，在语言应用中也具有审美心理，即追求语言审美。人们在说话写文章时总是回避一些低级、鄙俗的词语，甚至是脏话，而使用一些文雅、好听的词语。

（1）避俗求雅。分泌和排泄是正常的生理现象，但可能是由于既脏又臭的缘故，古往今来，各民族对人体的分泌和排泄均持厌恶回避的态度，如果直言不讳，会觉得有伤大雅。因此，人们总是创造各种避讳加以回避。先秦文献中几乎不见"屎"字，"屎尿"多写作"矢"，《左传·文公十八年》："杀而埋之马矢之中。"《史记》中也以"矢"代"屎"，《廉颇蔺相如列传》："与臣坐，顷之三遗矢矣。"司马贞索隐："谓数起便也。矢，一作屎。"甚至汉代的几部字书如《说文解字》《尔雅》《方言》等均没有收录"屎"字。"更衣"，换衣服，婉指入厕，《史记·魏其武安侯列传》："坐乃起更衣，稍稍去。""出恭"，旧时科举考试，考生不得随便出入；场内设有"出恭入敬"牌，考生如要大便，须先领此牌。后因以"出恭"婉指大便。《儒林外史》："太公夜里要出恭，从前没人服伺，就要忍到天亮。"

重义轻利是中国传统文化的特征之一，孔子曰："君子喻于义，小人喻于利。"因此，古人把钱当成俗物而不愿直言。尤其是文人，自视清高，更不愿因提到"钱"字而沾上"铜臭味"。古时有个叫王夷甫的人，从不提"钱"字，遇"钱"字便以"阿堵物"代称。《世说新语》载："王夷甫推尚玄远，常嫉其妇贪浊，口未尝言'钱'字。妇欲试之，令婢以钱绕床，不得行。夷甫晨起，见钱阂行，呼婢曰：'举却阿堵物。'"阿堵，意即"这个"，六朝口语，阿堵物，即"这个东西"，后用以婉称钱。宋代张耒《和无咎》

诗："爱酒苦无阿堵物，寻者奈有主人家。"孔方，铜钱外圆，内有方孔，故以"孔方"婉指钱。《颜氏家训》："言食则糊口，道钱则孔方。"古人送人钱财，或是获取酬劳，都讳言"钱"字。"献芹"，古时有人自以为老芹篙好吃，向乡豪极力推荐，反遭乡豪讥笑。后以"献芹"为所送财礼的雅称，含所献菲薄，不足当意之义。杜甫《槐叶冷淘》诗："献芹则小小，荐藻明区区。""润笔"，语出《隋书·郑译传》："上令内史令李德林立作诏书，高颎戏谓译曰：'笔干。'译答曰：'出为方岳，杖策言归，不得一钱，何以润笔。'"后因以"润笔""润豪"婉称请人作诗文书画的酬劳。宋代张端义《贵耳集》："立以文房玩好之物尽归之，预储六千缗而润豪。"

（2）避亵求雅。在汉民族的传统文化中，含蓄、内向、保守是其重要特征之一。表现在"性"方面，人们更是含蓄羞涩，谈"性"色变。对于表现性器官和性关系的词语，历来是讳莫如深，羞于启齿。因此，人们创造了大量有关性方面的避讳词，以避亵求雅。在古代，女子的小脚被认为是性感部位，因而产生了诸如"金莲""寸金""玉笋""莲瓣""香钩""玉弓""玉钩"等避讳词，《水浒传》第九十九回："凌波步处寸金流，桃腮映带翠眉修。"杜牧《咏袜》诗："钿尺裁量减四分，纤纤玉笋裹轻云。"《聊斋志异·织女》："隐约画帘前，三寸凌波玉笋尖。"人们讳言人体生殖器，就用"隐处""下体""私处"等来婉指。《聊斋志异·巧娘》："又未几，启衾入，摇生，迄不动，女便下探隐处。"贾谊《论时政疏》中以"帷薄不修"来代替两性淫乱关系。"襄王梦"，战国时楚国宋玉《高唐赋》载：楚襄王游高唐，梦见巫山神女，与之欢会，后以"襄王梦"婉指男女欢合之事。《桃花扇·栖真》："前缘不段，巫峡恨浓，连床且话襄王梦。"

4. 憎恶心理

人的情感好恶也会体现在避讳上。出于对某人或某物的厌恶憎恨心理而讳言、讳用其名的，即所谓恶讳。如北宋的王子融，本名王皞，字子融，因痛恨侵犯北宋的西夏首领李元昊，为避"昊"之嫌名"皞"，遂废名不用，改以字为名。前文所举的明人憎恶元人，于是讳"元"为"原"，将"元来"改为"原来"，也是其例。

（二）权力话语：避讳的嬗变

避讳不仅是心理现象，而且还是一种社会现象。因此，封建王权政治和宗法制度也会体现在避讳中，使避讳蒙上了政治和礼制的色彩。"权力总是社会规范的叙述者，权力通过语言来叙述，并把'他'的权力写进语言，将'他'的好恶写进语言，把'他'的秩序写进语言。"① 因此，汉语所蕴涵的大量语言信息和文化信息就会被统治者加以利用，从而发展成避讳，这时避讳就演变成一种权力话语，是权力和权威的重要组成部分。

古代称谓词体现了森严的等级秩序。同样是死，不同人的死称谓不同。《礼记·曲礼》："天子死曰崩，诸侯死曰薨，大夫死曰卒，士死曰不禄，庶人曰死。"专指皇帝死的避讳还有"驾崩""山陵崩""弃群臣""宫车晏驾"等。《唐书·百官志》："凡丧，二品以上称薨，五品以上称卒，自六品达于庶人称死。""朕"本义为"我"，无论高低贵贱，均可使用，但自秦始皇二十六年（前 220年）以后，规定"朕"为至尊之称，非帝王者必须讳言；甚至帝王的自我谦称也有专用词，如"寡人"等。

以宗法色彩浓厚和君主专制高度发达为主要特征的中国传统社会政治结构，是古代避讳得以愈演愈烈的温床。名讳在西周已有，但那时只避死人之名，至于活人之名则无须为其避讳。先秦早期时还"礼不避嫌名""二名不偏讳"（《礼记·曲礼上》）。人们写诗做文章不必避讳，即"诗书不讳，临文不讳"（《礼记·曲礼上》）。但秦汉以降，礼制和政治渐趋严苛，避讳也逐渐严格，活着的君主或尊长之名必须避讳，写成的文字也须避讳。三国以后，避嫌名之风渐起。到了唐代，二字之名也须避"偏讳"。明清时期，有些皇帝还大兴文字之狱，一旦犯讳，统治者可以生杀予夺，如明代吕睿作文时用了"遥瞻帝扉"，"帝扉"被理解为"帝非"，即皇帝有错，结果被朱元璋杀害。《论语·阳货》有"恶紫之夺朱也"，

---

① 王燕：《宗教及性詈语的文化阐释》，《宁夏大学学报》2005 年第 2 期，第 37—39 页。

沈德潜化用该典作《咏黑牡丹诗》："夺朱非正色，异种也称王。"乾隆发现后把"朱"字理解为"朱氏王朝"，此时沈已早死，但乾隆还是戮其尸以解愤。语言是多功能的，如何理解，可谓见仁见智，但统治者可以曲解语义或强为之解，关键是其掌握了话语权。"拥有话语权，就意味掌握着表述思想传达意志的权力。"① 文字狱把这种话语权力发挥到了极致。

　　名讳也体现了极大的权力话语。如前述，名讳可分为国讳、官讳、家讳、圣讳等多种。国讳就是皇帝及其宗族名字之讳。封建王权至高无上，凡与当时皇帝及其宗族之名相同或谐音的，都须避讳。上行下效，很多地方官吏也大兴避讳之风，即所谓的官讳。家讳又叫私讳，是古人（尤其是文人士大夫）及其父祖的名讳。中国人重礼，为尊者讳，一般称人以字，如直斥尊长者或圣人之名被视为不敬。但封建时代的家讳早已超出"礼"的范围了。中国古代社会家国同构，封建宗法制度统治整个社会，而宗法制度的本质就是家族制度的政治化，所谓国有国法，家有家规。这种家长制提倡"君君，臣臣，父父，子子"，与这种伦理观念相联系，封建时代家讳特别发达。汉武帝后，儒家思想成为统治阶级的正统思想，孔孟也被尊为圣人，为圣者的名字也须避讳。为帝王者讳，为尊长者讳，为官者讳，为圣者讳，它们在本质上如出一辙，即是在汉民族名讳心理的基础上，由封建专制集权和宗法制度所催生出的一种权力话语。

　　古代避讳不仅有道德层面的约束，如《周礼》中关于避讳的规定；而且还有法律层面的规定，即上升为国家意志，如避家讳就被写进了法律，晋代规定："父祖与官职同名，皆得改选。"（《晋书·江统传》）《唐律·职制篇》也规定："诸府号、官称犯祖父名，而冒同居之者，徒一年。"疏义云："府有正号，官有名称。府号者，假若父名卫，不得于诸卫任官；或祖名安，不得任长安县职之类。官称者，或父名军，不得作将军；或祖名卿，不得居卿任之

────────────

① 王燕：《宗教及性晋语的文化阐释》，《宁夏大学学报》2005 年第 2 期，第 37—39 页。

类。皆须自言，不得辄受。"在自唐至清的历朝法律中，对于哪些须要避讳，犯了讳如何处罚，都有明确的条文加以规定。《唐律疏议》卷十《职制篇》："诸上书若奏事，误犯宗庙讳者，杖十八；口误及余文书误犯者，笞五十。即为名字触犯者，徒三年。"清朝法律规定："（犯讳者）举人罚停会试三科，进士罚停殿试三科，生员罚停乡试三科。虽经缺笔，仍各罚停一科。"可见，避讳已经沦为维护封建专制和权威的工具。

（三）适应交际：避讳语的本质

语言是人类最重要的交际工具，语言因人们的交际而出现、而存在、而发展。于根元先生指出："语言存在于交际之中，交际之外无语言。交际是语言发展变化的动力和目的……交际是决定语言现象的根本条件。"①

1. 用以避讳的委婉语是人际交往的需要。交际中为照顾对方的各种避忌心理，把话说得委婉些，从而促进交际。汉民族是礼仪之邦，儒家思想讲求中庸之道，反映在人际关系方面，讲究谦和有礼，雍容恭顺，平和温良。在称谓方面，交际中如果直呼其名为不敬。《颜氏家训·风操》："名以正体，字以表德。"《礼记》注："字所以相尊也。"因为"字以表德"，所以称人以字，表示尊敬。古代尊辈对卑辈称名，卑辈对尊辈只能称字，平辈之间亦称字，自称只能以名。在自称和对称时，其特点是，自称的委婉语总是往卑贱的方面称说，而对称的委婉语总是向高贵的方面称说。自称的如鄙人（粗鄙之人）、卑职（卑微之职）、不才（无才之人）、不佞（即不才）、在下（尊者上座，我自然下座）、老朽（老人自称）、末学（文人谦词）等；对称的如尊驾（对方之车马）、阁下（呼其阁下侍从而告之）、卿（对方尊称）、台下（对方敬辞）、足下（对方尊称）等。

用以避讳的委婉语的交际功能在古代外交辞令中表现得尤为突出。《左传·僖公二十六年》："公使展喜犒师，使受命于展禽，齐

_____

① 于根元：《应用语言学的基本理论》，《语言文字应用》2002 年第 1 期，第 12—17 页。

侯未入境，展喜从之，曰：寡君闻君亲举玉趾，将辱于敝邑，使下臣犒执事。"明明是齐国"侵略"鲁国，鲁国使节展喜却说成是"君亲举玉趾辱于敝邑"，意即"委屈您大驾于我国"，展喜婉转其辞，正话反说，化解了对方的敌意，为最终劝说"齐师乃还"打下了基础。《左传·僖公十五年》："寡人之从晋军而西也，亦晋之妖梦是践，岂敢以至？"秦君本来西征俘虏了晋惠公，却说成"从晋军而西"，掩盖了"俘虏"二字，既表达了秦君的谦恭，又照顾了晋惠公作为国君的颜面。《左传·宣公三年》："定王使王孙满劳楚子。楚子问鼎之大小、轻重焉。对曰：'在德不在鼎。……周德虽衰，天命未改。鼎之轻重，未可问也。'"鼎为王权象征之物，楚子问鼎，其觊觎周室野心昭然若揭。王孙满以"鼎之轻重，未可问也"作答，既义正词严，又委婉地表达了对楚国的责备和警告，暗示楚国问鼎有违"天命"。

2. 敬讳语也是语言禁忌适应语言的交际本质的产物。敬讳是权力话语，要求语言禁忌，回避语言中的一些词汇，因此，语言禁忌是言语中的消极现象，有悖"约定俗成"的语言本质，是人际交往的障碍。而语言的本质是交际，在交际中又需要这些词汇，这样，言语交际和语言禁忌之间就产生了矛盾。避讳语言就成了解决这一矛盾的手段。但是，用于避讳的词也是语言的一部分，无论是另造词还是"换一种说法"，其本身都属于语言修辞现象，是语言内部为适应交际而进行调整的一种机制。因此，从语用学的角度看，避讳实质上是为了适应语言禁忌而积极运用言语进行表达的一种交际方式。

语言是一种社会现象，其使用者必然要受制于社会文化心理因素；语言又是交际工具，交际工具的本质决定了言语替代行为，即避讳的必然出现。所以，避讳是社会文化、心理因素和语用因素综合作用的产物。但当避讳和交际的矛盾不可调和时，避讳必须向交际妥协。《孟子·尽心下》："讳名不讳姓。姓所同也，名所独也。"如果讳姓，会给交际带来混乱。大的事物，常见的事物，都不用来命名，因为这类事物经常使用，一旦有讳，会给语言交际带来麻烦。《礼记·曲礼上》："名子者，不以国，不以官，不以山川，不以隐疾，不以畜牲，不以器币。"郑玄注："此在常语之中，为后难讳也。"又《左传·桓公六年》："周人以讳事神，名，终将讳之。故以国则废名，以官则废职，以山川则废主，以畜牲则废祀，以器币则废礼。晋以僖侯废司徒，宋以武公废司空，先君献、武废二山，是以大物不可以命。"

汉昭帝初名"弗陵"、汉宣帝初名"病已"、汉平帝初名"箕子"，但后来都分别改成了单名"弗""询"和"衎"。为何汉代的三位皇帝都改用单名？我们也许可以从汉宣帝刘询元康二年（前64年）改双名"病已"为单名"询"的诏书中得到答案：

> 闻古天子之名，难知而易讳也。近百姓多上书触以犯罪者，朕甚怜之。其更讳询。诸触讳在令前者，赦之。（《汉书·宣帝纪》）

可见，宣帝改为单名的原因是为了让人容易避讳。毕竟，单字之名可以使犯讳的可能性降到最低限度，从而减少因避皇帝名讳而造成的对人们生活的影响。汉晋期间的49位帝王，有47位是单名（包括上述由双名改为单名的3位皇帝）。何休《公羊传》注也解释了双名改为单名的原因："为其难讳也，一字为名，令难知而易讳。"汉平帝刘衎，初名箕子。《汉书·平帝纪》载：元始二年，诏曰："皇帝二名，通于器物，今更名，合于古制。"因改名"衎"。"衎"字罕用，便于避讳；"箕子"为常用器物，则易犯而难避。宋太宗赵光义继位后，曾下诏改名："稽历代之旧章，贵难知而易避。受尊故事，载易嘉名，凡在庶寮，当体朕意。朕今改名炅。自临御以来，除已改州县、散官、职事官名号及人名外，其旧名二字，今后不须回避。"（《宋朝事实》卷1）

第二节　避讳学

一　避讳学的学科属性

历代都有人关注、研究避讳现象，避讳的研究已经形成了一门学问，即避讳学。陈垣先生早在《史讳举例·序》中就指出："研究避讳而能应用之于校勘学及考古学者，谓之避讳学。避讳学亦史学中一辅助学科也。"①

陈垣先生认为"避讳学亦史学中一辅助学科也"，可见，陈氏认为避讳学是从属于历史学的，或者是历史学的下位学科。从语言学的角度看，避讳是一种语言文字的替代行为，属于语言修辞手段，因此，长期以来避讳又被归入修辞学范畴，如陈望道的《修辞学发凡》；也有人把它写进社会语言学，如郭熙的《中国社会语言学》。陈北郊先生虽然认为它是"一门独立的学科"②，但他是从词汇学的角度研究避讳现象，并名之为"语讳学"。民俗学也研究避讳（俗讳），因此，避讳学又和社会学、普通心理学有关。避讳又是文化现象，也可以是文化学的一个分支学科。从历史上看，避讳曾经沦为统治工具，它又和政治学有关。同时，版本、校勘都要涉及避讳学，因此，它又和文献学有关。

可见，避讳学和历史学、语言学、民俗学、文献学、文化学等诸多人文学科密切相关。但是，避讳学不应该是以上诸多人文学科的附庸；我们应该走出"盲人摸象"的误区，总结出避讳的一般规律，建立独立的避讳学。

独立的避讳学应该称之为普通避讳学或一般避讳学，它和多学科有关，所以它是边缘性的学科；它和相关学科结合，可以衍生出下位学科，比如史讳学、语讳学、俗讳学、避讳文化学、避讳文献学等等（如下图示）。但这些下位学科应该是从属于避讳学的，而不是从属于其他相关学科。因此，从这个意义上说，陈垣先生所说的避讳学应该是避讳学的下位学科——史讳学；陈北郊先生所说的"汉语避讳学"，也应当是避讳学的下位学科——语讳学。

避讳学应该是工具学科。避讳研究的根本目的在于运用：避讳学可以使人们谨言慎行以免犯忌，促进人际交往；可以帮助读者扫清因避讳而引起的古文献的文字理解障碍，并解释和避讳有关的文

---

① 陈垣：《史讳举例》，中华书局 2004 年版，第 1 页。

② 陈北郊：《汉语语讳学·前言》，山西人民出版社 1991 年版。

化现象；对文史研究者而言，它有助于文史考证和古籍整理，比如古音古义考证、校勘古籍、考订年代、鉴别伪书、鉴定版本等。

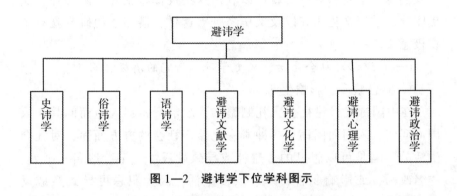

图1—2　避讳学下位学科图示

至此，我们可以给出（普通）避讳学的界定：

　　避讳学是一门研究避讳现象发生发展一般规律及其应用的边缘学科，它也是一门促进人际交往、指导文史阅读、研究以及古籍整理的应用型工具学科，与之密切相关的学科主要有历史学、语言学、民俗学、文献学、文化学等。

二　避讳学的学科任务

基于以上学科属性，避讳学的学科任务应该是：第一，研究史讳、语讳、俗讳等各类避讳现象的特殊规律；在此基础上总结出各类避讳发生、发展、变化的一般规律。第二，总结避讳学的应用规律和理论体系，进而应用于以下四个方面的工作：扫清文字障碍，指导文献阅读和文史材料甄别；促进人际交往；促进历史、语言、民俗、文化等相关学科的研究；指导文献校勘、伪书鉴别、版本鉴定等文史考证工作。

三　避讳学的功用

避讳作为一种社会文化现象，充斥于社会生活和各种文史典籍之中，因此，避讳现象是所有文史学习者和研究者不容忽视的问题。一方面，避讳造成了语言文字的混乱，甚至淆乱了历史事实，给人们的语文生活乃至社会生产生活带来了困难；但另一方面，如果我们掌握了它的规律，就可以利用这些规律来指导人际交往、文史阅读、进行文化研究以及文史考证。这样，避讳学的研究就有了积极意义。

（一）避讳对社会生活、文史学习和研究的消极影响

1. 避忌繁多，影响生活

在中国古代封建社会，礼制繁多，政治严苛；入境而问禁，入国而问俗，入门而问讳，各种避忌充斥于社会的方方面面，对社会生活的影响是可以想见的。避讳或导致姓氏、名字、地名、书名、物名改易，或影响职官科举、饮食生活；因为犯忌可导致亲戚反目、朋友失和、甚或锒铛入狱，有时还带来杀身之祸。

即使在现代社会，也有很多忌讳，比如电话、车牌号码甚至楼层忌用 24（儿死）、74（妻死）、14（要死）、17（妖妻）等数字，婚配时还有鸡虎相克等的生肖忌讳，等等。江西景德镇出产的一种面包车的牌子叫"昌河"，在上海就没有人敢买，因为"昌河"在上海话里的发音是"闯祸"。这些忌讳在一定程度上也影响了社会生活。在人际交往中，也不能口无遮拦，说话做事都应该考虑到别人的避凶求吉、避俗求正、避亵求雅等普遍心理，否则，轻者让交际双方不悦，重者会因犯忌而交恶。

2. 文字词语混乱，影响阅读和理解

古代避讳造成了汉字使用的混乱，使古籍出现大量的错字、别字、脱字、异体字、新造字，严重影响人们阅读古籍的效率，从而对文史研究造成消极影响。陈垣先生在《史讳举例》中针对避讳所引起的文字淆乱就发出"古书之难读"的感慨。

（1）造成错字。清仁宗颙琰，清人为避其名讳，将"琰"写作"琰"，"琰"系错字；古人为避讳，书写汉字时常省缺笔画，造成很多残缺字，如为避宋高宗先祖的名讳，在宋高祖御书石经中的"敬"字皆缺左下角之口写作"敬"。古籍中因省缺笔画造成的残字非常多，原因就是用缺笔来避讳简便易行，而且由残字也较容易联想到本字，字义被误解的可能性相对小一些。

（2）造成了大量的别字。明光宗名常洛，明人为避其名讳，当时所刊印的书籍中出现了"尝伯""天尝""寻尝""尝熟县"等词，其中的"尝"字都是"常"的别字。由于古人避讳经常用其他汉字代替，所以古籍中存在着大量的由于避讳造成的别字，其中有些还取代正字流传至今，如明朝人憎恶"元"字，便讳"元"为"原"，将"元来"改为"原来"。

（3）产生异体字。唐代为避李世民的名讳，将汉字部件中的"民"改为"氏"，如"缗"改为"緡"、"昬"改为"昏"，这样，"缗"和"緡"、"昬"和"昏"就成了异体字。其中有些异体字后来还取代了正字，如"昏"字。

（4）造成脱字。如唐人编《隋书》，为避李世民讳，将"王世充"中的"世"字作囗，写作"王囗充"，后来又翻刻为"王充"；唐初大臣裴世矩，新、旧《唐书》并作"裴矩"，唐初名将李世勣，新、旧《唐书》并作李勣。唐官修《隋书》为避唐太祖李虎讳，韩擒虎只写作韩擒。

（5）出现新造字。清代为避孔子的名讳，将"丘"字加"阝"成"邱"字，并用"邱"字替代姓氏中的"丘"字。"邱"就是新造字。又如李延寿《北史》中为避唐高祖李渊名讳，在卷78《张大渊本传》中把张大渊写作"张渁"。渁就是"大"和"渊"之合体新造字。

避讳引起的文字混乱常令古籍整理者以讹致讹，如《新唐书·地理志》："思唐州，武郎。""郎"实为"朗"。宋人为避赵氏始祖名"玄朗"，而缺"朗"字末两笔，从而和"郎"字形似，后代文史工作者遂讹为"郎"。《四部丛刊》本《朱文公文集》卷1《晨起对雨》诗："守道无物欲，安时且盘相。""盘相"实为"盘桓"之误。宋本为避钦宗赵恒名讳，将"桓"缺末笔作"栢"，后世文史工作者翻刻时误作其形似字"相"。

古人为了避讳，擅改古籍中的词语，造成有些词句扞格难通，于事理不符，令人费解。如晋人为避简文郑太后阿春讳，改"春秋"为"阳秋"，不合事理；可后世竟然效仿，宋代葛立方就把自己所撰诗话命名为《韵语阳秋》。宋代范镇父名度，为避父名讳，范镇在其所撰《仁宗实录》中将"度量权衡"改成"尺量权衡",于义不通。

于事理不符的避讳常使后世的文史研究致误,如《后汉书·儒林传》有"若是所谓画龙不成,反为狗者",刘攽注曰:"按,古语皆云画虎不成,此误。"刘攽不知"龙"为避唐高祖祖父李虎名讳而改。《隋书·韦师传》有"以司空杨雄、尚书左仆射高颖,并为州都督",其中"州都"实为"中正",为避隋文帝父杨忠嫌名而改。"中正"乃魏晋以来设置的用以甄别流品的官名,"中正"改为"州都",校书者便不甚解其义,妄加了一"督"字。

3. 淆乱史实

古代避讳还可导致史实的淆乱,尤其是人姓、人名、谥号、官名、地名、年号、书名之类,常因避讳而改,从而扰乱了历史事实。如《新唐书·地理志一》注曰:"东有渠引渭水入升原渠,通长安故城,咸通三年开。"这里"咸通三年"实为"咸亨三年"。唐人为避肃宗李亨名讳,将"咸亨"改为"咸通"。但这样一来,便与190年后唐肃宗的年号"咸通"相混了。《崇文总目》卷1记载有"《博雅》十卷,张揖撰",这与史实不符。张揖撰书之名实为《广雅》,到隋代为避炀帝杨广讳,书名被窜改为《博雅》。《宋史·艺文志》"经解类"载唐颜师古《刊谬正俗》八卷,而"儒家类"又载颜师古《纠谬正俗》八卷。其实颜师古著书名为《匡谬正俗》,宋人为避太祖赵匡胤名讳,或讳"匡"为"刊",或讳"匡"为"纠"。这样,只因避讳,一书竟有三名。《宋史·艺文志上》"别集类",前有"《廖光图诗集》二卷",后又有"《廖正图诗集》一卷",陈垣《史讳举例》指出:"本名匡图,宋人避讳,或改为光,或改为正,其实一书也。"①《北史·周本纪·上》:"遣仪同李讳与李弼、赵贵等讨曹泥于灵州,讳引河灌之。"又《北史·周本纪·下》:"天和六年,……以大将军李讳……并文柱国。"两个"李讳",稍有不慎,便会误作一人。其实前一"李讳"指唐高祖李渊之祖父李虎,后者指李渊之父李昞。《北史》撰者李延寿系唐

---

① 陈垣:《史讳举例》,中华书局2004年版,第56页。

人，为避名讳，便将李虎、李昞父子二人并作"李讳"。

4. 材料失真，给甄别、使用文史材料带来困难

避讳现象充斥于各种文史典籍之中，作为文史研究者，必须结合避讳知识仔细甄别所要使用的古籍材料，如稍有不慎，便会因避讳现象而使材料失真，使研究成果大打折扣。如《中国人名大辞典》有"氾幼春"条，而"氾幼春"当为"氾稚春"之误，《晋书》卷91有"氾稚春本传"。《中国人名大辞典》作"氾幼春"，盖取材于《南史·隐逸上·陶潜传》："济北氾幼春，晋时操行人也。"但《南史》成于唐高宗时，故避高宗李治嫌名（"稚"与"治"同音），改"氾稚春"为"氾幼春"，而《大辞典》取材时失于甄别，从而致误。又如《汉语大字典》"亘"字条，其中一义项注："姓。《万姓统谱·先韵》：'汉庐江丞亘宽。又，亘谦，定国内史。'""亘"没有"姓"一义项，所举书证中的"亘宽"当为"桓宽"，"亘谦"当为"桓谦"，为避宋钦宗赵桓讳而省书偏旁"木"字所致。而《万姓统谱》撰者凌迪知本系明人，不当避宋讳，盖沿袭宋代姓氏类书中的避讳所致。①

（二）避讳学的功用

1. 指导文史阅读，扫清文字障碍

如前所述，避讳造成了语言文字使用的混乱，使文献典籍出现大量的错字（残缺字）、别字、脱字、异体字、新造字，甚至出现一些令人费解的词语，影响人们阅读典籍的效率；通过避讳学的学习，阅读中就可以识别出以上淆乱文字的本字，从而避免对文史学习和研究造成消极影响。

作为文史工作者，要避免避讳造成的消极影响，必须掌握一定的避讳学知识。一方面要熟悉历代的讳法、讳例、讳字、讳类，另一方面，还要学会熟练查找皇帝、诸王、后妃等名讳，以及他们的祖讳、家讳等，这样在文史阅读和考证时才能熟练运用讳字规律。历史上避讳制度最严格的时期莫如唐、宋，明万历以后，清代康、

---

① 王彦坤：《工具书及史书中不明避讳致误举隅》，《暨南学报》1992年第3期，第141—143页。

雍、乾时期，因此，对于这些重点时期的讳法、讳例、讳字，要多牢记一些，这样在文史研究时才能及时发现和解决问题。

2. 促进人际交往

忌讳是所有人都具有的普遍心理。适应这样的心理特点，人们在交际中必须考虑对方的民俗心理、求吉心理、审美心理、憎恨心理以及心理承受能力，把话说得含蓄、委婉、得体，才能不伤大雅，不伤情面，完成正常的人际交往。

因此，用以避讳的语言作为协调人际关系的一种手段，在交际中具有积极意义；通过避讳学的学习和研究，就可以积极回避人们常常忌讳的词语或事物，从而促进人际交往。

3. 促进相关学科的研究

避讳学是一门边缘学科，它和多学科有关。因此，避讳学的研究可以促进与之密切相关的历史学、语言修辞学、民俗学、文献学、文化学、政治学等学科的研究。

比如，汉代避讳，有一条不成文的规则特别引人注目，就是《颜氏家训·风操》中所言："凡避讳者，皆须得其同训以代换之。"所谓"同训代换"，就是选择同义或近义之字来避讳。总观两汉帝王的国讳，都很一致地采用了"同训代换"的避讳方法，如表1—1所示：

表1—1　　　　　　　两汉帝王名讳字和代字一览表

朝代	帝号	国姓	讳字	代字（讳例）	讳训
西汉	高祖	刘	邦	国（邦家改为国家）	《说文》："邦，国也。"
	高后	吕	雉	野鸡	《玉篇》："雉，野鸡也。"
	惠帝	刘	盈	满	《说文》："盈，满器也。"
	文帝	刘	恒	常（恒山改为常山）	《说文》："恒，常也。"
	景帝	刘	启	开（微子启改为微子开）	《说文》："启，开也。"
	武帝	刘	彻	通（蒯彻改为蒯通）	《说文》："彻，通也。"

续表

朝代	帝号	国姓	讳字	代字（讳例）	讳训
	昭帝	刘	弗（初名弗陵）	不（夏夫弗忌改为夏夫不忌）	《周礼》郑玄注："弗，不也。"
	宣帝	刘	询（初名病已）	谋	《尔雅》："询，谋也。"
	元帝	刘	奭	盛（奭氏改为盛氏）	《说文》："奭，盛也。"
	成帝	刘	骜	骏	《说文》："骜，骏马。"
	哀帝	刘	欣	喜	《说文》："欣，笑喜也。"
	平帝	刘	衍（初名箕子）	乐	《诗经》郑玄注："衍，乐也。"
东汉	光武帝	刘	秀	茂（秀才改为茂才）	《说文》："秀，茂也。"
	叔父赵王	刘	良	寿良县改为寿张	《广雅》："良，长也。"《庄子》陆德明释文："长，本又做张。"
	明帝	刘	庄	严（庄安改为严安）	《论语》皇侃疏："庄，犹严也。"
	章帝	刘	炟	著	《后汉书》李贤注引《古今注》："炟之字曰著。"
	和帝	刘	肇	始	《尔雅》："肇，始也。"
	殇帝	刘	隆	盛（伏隆改为伏盛）	《诗》集传："隆，盛也。"
	安帝	刘	祜	福	《说文》徐铉校录："此汉安帝名也，福也。"
	父清河孝王	刘	庆	贺（庆氏改为贺氏）	《广雅》："庆，贺也。"
	顺帝	刘	保	守	《左传》杜预注："保，守也。"
	冲帝	刘	炳	明	《说文》："炳，明也。"
	质帝	刘	缵	继	《说文》："缵，继也。"
	桓帝	刘	志	意	《说文》："志，意也。"
	灵帝	刘	宏	大	《尔雅》："宏，大也。"
	献帝	刘	协	合	《广韵》："协，合也。"

因此，通过汉代避讳中"同训代换"的研究，可以总结出一些汉代词汇的同义规律，进而裨益于语言学的研究。

4. 用以文史考证

古代避讳虽对文史研究有消极影响，但也可化腐朽为神奇，将避讳学知识用以文史文献的考证。因为避讳都有一定的规律可循，各朝的讳法、讳例、讳字不同，带有深刻的时代烙印，它们恰好可以反映某个时代的特点，作为那个时代的标志。如汉代皇帝名刘邦、刘盈、刘恒、刘启、刘彻，汉代典籍就将邦改为国、盈改为满、恒改为常、启改为开、彻改为通。如宋代雕版刻印的古书，凡遇皇帝名胤、恒、祯、曙、顼、煦、桓、构等字，都缺笔避讳，特别严格。

陈垣先生在《史讳举例》序言中说："盖讳字各朝不同，不啻为时代之标志，前乎此或后乎此，均不能有是，是与欧洲古代之文章相类，偶或有同者，亦可以法识之。"① 利用避讳字和时代的对应关系规律，我们可以鉴定版本、校勘古籍、辨别伪书、考订时代。

（1）校勘古籍

避讳学可以为校勘古籍中的脱讹错衍提供参考，如《文苑英华》卷883载碑文："大父，隋职尚书方郎中。"而查石刻司空苏瑰碑："大父，隋职尚书方郎。"并无"中"字。两本不同，莫衷一是。但隋文帝父讳忠，隋代避其嫌名"中"，遇"中"字或缺或改。据避讳可知《文苑英华》妄增中字，非原本。（《史讳举例》卷6）又如《北齐书·神武纪》称北齐高祖皇帝高欢之父名高树，而《北史·齐纪》《魏书·高湖传》中称高欢父为高树生，但据《北齐书·杜弼传》："相府法曹辛子炎咨事，云须取署，子炎读'署'为'树'。高祖大怒，杖之。弼进曰：'礼，二名不偏讳，孔子言徵不言在，言在不言徵，子炎之罪，理或可恕。'"可知高欢父名树生，否则，杜弼所言偏讳就无所指。从而便知《北齐书·神武纪》脱了一"生"字。（《史讳举例》卷6）再如《宋史·仁宗纪》："景祐二年正月，置迩英、延义二阁。"但同书卷85地理志则

———————————

① 陈垣：《史讳举例》，中华书局2004年版，第1页。

为"延羲阁"。宋太宗旧名光义,宋所置阁名不可能犯太宗偏讳,据此可知《宋史·仁宗纪》中"义"必为"羲"之形讹字。

(2)鉴定版本

讳字具有时代性,甚至在自唐至清的历朝法律中,对于哪些字必须避讳,都有明确的条文加以规定。我们可以通过讳字鉴定版本或推知其时代。如明孝宗年号"弘治",到清代因清高宗名"弘历",改"弘治"为"宏治"。若古籍中出现"宏治",其刊刻当在乾隆之时或之后。清卢文弨校《太玄经》,得一旧本,以为是北宋刻本。但钱大昕根据篇末所署"干办公事张寔校勘",认为是南宋刻本。因为"干办公事"原作"勾办公事",为南宋时避宋高宗赵构之嫌名而改。钱说当是,北宋前乎此,不可能避后世高宗赵构讳。又如某版本《后汉书》中玄、玹、縣、絃、懸、朗、朓、敬、儆、警、竟、镜、境、殷、弘、匡、筐、洭、恇、胤、恒、祯、侦、贞、浈、徵、让、襄、儴、暑、曙、树、澍、竪、项、勖、畜、戍、煦、桓、垣、完、丸、纨、浣、莞、筦、媾、遘、購、垢、媛、瑋、慎、轩、辕等字皆缺末笔,其中玄、玹、縣、絃、懸、朗等字避赵匡胤始祖玄朗讳;朓字避高祖赵朓讳;敬、儆、警、竟、镜、境等字避赵匡胤祖父赵敬讳;殷、弘等字避赵匡胤父赵弘殷讳;匡、筐、洭、恇、胤等字避赵匡胤讳;恒字避真宗赵恒讳;祯、侦、贞、浈、徵等字避仁宗赵祯讳;让、襄、儴等字避英宗父赵允让讳;暑、曙、树、澍、竪等字避英宗赵曙讳;项、勖、畜、戍、煦等字避哲宗赵煦讳;桓、垣等字避钦宗赵桓讳;媾、遘、購、垢等字避高宗赵构讳;完、丸、纨、浣、莞、筦、媛、瑋、慎等字避孝宗赵昚(又名赵媛、赵瑋)讳。张元济先生《涉园序跋集录》根据以上避讳认为此书刊刻于高宗南渡以还,而成于孝宗受禅之后。①

(3)辨别伪书

伪书也可从避讳中找到蛛丝马迹:有些字当避不避,有些字不当避又全行回避,从而为辨伪提供有力的辅助证据。如《元经》是

---

① 曹之:《中国古籍版本学》,武汉大学出版社1992年版,第445页。

一部编年史，旧题（隋）王通撰。但《四库提要》指出《元经》"于康宁三年书'神虎门'为'神兽门'，则显袭《晋书》"。（《晋书》因避唐高祖李渊祖父李虎讳而将"神虎门"作"神兽门"。）隋文帝讳"坚"，但《四库提要》又云："（《元经》）于周大定元年直书'杨坚辅政'。通生隋世，虽妄以圣人自居，亦何敢于悖乱如是哉。"虽然宋代何薳《春渚纪闻》、陈师道《后山丛谈》曾记载《元经》为阮逸伪撰，但避讳无疑也提供了有力的证据。[1]又如《新唐书·艺文志》载有隋王通著《中说》一书，但王通既为隋人，当避隋文帝父杨忠嫌名"中"字。陈垣《史讳举例》据此认为，《中说》并非隋王通所撰，而系伪书。[2]

（4）考订年代

避讳和时代的对应关系极为严整，通过讳字可以判断古籍的成书时代或作者所处的时代。如北京师范大学藏《明谥考》38卷，前人已考订为清人所抄，但具体年代不详。书中卷内"曆"字作"歷"，"弘"字作"宏"，可见避乾隆弘曆讳；而"琰"字不避讳，可见不避仁宗颙琰讳。于是便知该书避讳至乾隆止，进而可推定该书为乾隆年间所抄，成书年代就更精确了。又如《宝刻类编》撰者无考，但由其内容终于五代可知其作者不可能是宋代以前之人；此书中有瑞州碑刻，而宋宝庆年间为避宋理宗赵昀之嫌名，改江南筠州为瑞州，据此可知作者当为宋末之人（《史讳举例》卷7）。

避讳学用于鉴定版本、辨别伪书等考证工作时还不能"一锤定音"，一般来说，不能作为唯一的证据使用。这是因为版本有原刻本、翻刻本、影刻本、影印本的区别。翻刻本讳字照刻，影刻本是用笔影摹或双钩底本字体，上版重刊，讳字自然也全部照录；影印本讳字更依然如故。翻刻本、影刻本、影印本上的讳字不再反映原刻的时代特点，这时讳字和时代就不存在对应规律，自然也不能用于文史考证。另外，官刻本、私刻本、坊刻本也有不同，官刻讳法

---

① 杜泽逊：《文献学概要》，中华书局2001年版，第263页。
② 陈垣：《史讳举例》，中华书局2004年版，第101页。

严格，利用起来较为可靠，但私刻、坊刻讳法就不那么严谨，甚至同一字此避彼不避。这时如利用讳字考订时代，难免张冠李戴。因此，利用避讳学知识考证时只有结合文史材料的其他特点综合考察，才能得出可靠的结论。

第二章

中国避讳学史的构建和分期

两千多年来丰硕的避讳学研究成果形成了一部避讳学史，而只有构建好这部专题学术史，才有利于避讳学的学习、研究和发展。要构建避讳学史，首先必须解决其分期问题。

第一节　中国避讳学史的丰硕成果和构建意义

一　历代避讳学的丰硕成果

伴随一部避讳史，也有一部中国避讳学史。历史悠久、文献丰富、成就巨大，是我国避讳学研究的最显著特点。两千余年来，举凡史乘、经传、专论、辞书、类书甚或笔记散文，不但有俯拾皆是的避讳记载，更有大量包含避讳研究内容的篇什。

我们粗略统计，历代避讳研究概况如表 2—1：

表 2—1　　　　　　　　历代避讳学研究概况表

历代避讳学研究概况			
专著	含有避讳专题研究的著作	论文	涉及的研究学者
41 种	230 余种	350 余篇	200 余人

以专著为例，约有 41 种，可见表 2—2：

表 2—2　　　　　　　　　　**历代避讳学专著一览表**

朝代	作者	研究专著	朝代	作者	研究专著
东汉	应劭	《旧君讳仪》二卷	东汉	张昭	《宜为旧君讳论》
晋	陈寿	《释讳》	唐	无名氏	《讳行略》
宋	宋敏求	《讳行后录》五卷	宋	李椿	《中兴登科小录》《姓类》
清	宋余怀	《帝讳考略》	清	周榘	《廿二史讳略》
	陆费墀	《历代帝王庙谥年讳谱》		黄本骥	《避讳录》
	刘锡信	《历代讳名考》		周广业	《经史避名汇考》
民国	陈垣	《史讳举例》《旧五代史辑本发覆》（附《薛史辑本避讳例》）	民国	柴连复	《说讳》
				张惟骧	《历代讳字谱》（附《家讳考》）
现代	沈锡伦	《语言文字的避讳禁忌与委婉表现》	现代	王建	《中国古代避讳史》《史讳辞典》
	吴良祚	《太平天国避讳研究》		王彦坤	《历代避讳字汇典》
	李德清	《中国历史地名避讳考》		王新华	《避讳研究》
	范志新	《避讳学》		任骋	《中国民间禁忌》
	李中生	《中国语言避讳习俗》		陈北郊	《汉语语讳学》
	林伦伦	《中国言语禁忌和避讳》		赵慧平	《忌讳》
	窦怀永	《敦煌文献避讳研究》		［日］穗积陈重	《实名敬避俗研究》
	［日］中邨久四郎	《支那历代避讳通考》		王强	《中国人的忌讳》
	卞仁海	《汉字与避讳》		王晓岩	《中国避讳》
	何满子	《忌讳及其他谈片》		王业霖	《中国文字狱》

历代更有许多学者在著作中设置专题研究避讳问题，约 230 余种，部分见表 2—3 所列：

表 2—3　　　　　　　　含有避讳研究专题的著作例表

朝代	作者	含有避讳专题的著作	朝代	作者	含有避讳专题的著作
东汉	应劭	《风俗通》	北齐	颜之推	《颜氏家训》
宋	吕祖谦	《古文关键》	宋	彭叔夏	《文苑英华辨证》
	洪迈	《容斋随笔》		王楙	《野客丛书》
	王观国	《学林》		吴曾	《能改斋漫录》
	周密	《齐东野语》		岳珂	《愧郯录》《刊正九经三传沿革例》
	庄绰	《鸡肋编》		陆游	《老学庵笔记》
	王应麟	《困学纪闻》		张世南	《游宦纪闻》
清	顾炎武	《日知录》	清	王鸣盛	《十七史商榷》
	王昶	《金石萃编》		赵翼	《陔余丛考》《廿二史札记》
	钱大昕	《十驾斋养新录》《廿二史考异》《潜研堂金石文跋尾》《潜研堂文集》		俞正燮	《癸巳存稿》
	杭世骏	《订讹类编》		梁章钜	《浪迹三谈》《南省公余录》
	凌阳藻	《蠖勺编》		尤侗	《亘斋杂说》
	王敬之	《王宽甫全集》		张之洞	《輶轩语》
	周寿昌	《思益堂日札》	民国	陈垣	《资治通鉴注表微》

就历代避讳研究的内容而言，涉及避讳学问题的方方面面，仅以历代 350 余篇避讳研究论文为例，涉及的内容如表 2—4：

表 2—4　　　　　　　　历代避讳研究论文内容分布表

内容	综论	避讳史	避讳的影响	避讳的利用	专题考论	书评
篇数	76	26	29	49	162	9

二　构建中国避讳学史的意义

尽管历代避讳学研究成果丰硕，但可惜的是，关于避讳学的学术研究史，目前国内外的研究还是一片空白。治学先治史，这种专题学术研究史空白的局面，对于避讳的学习、研究、应用以至避讳学的发展，都是非常不利的。本书旨在爬梳整理历代（包含当代）学人的避讳研究材料，以中国历史上重要的避讳研究著作和从事避讳研究的重要人物为主线，阐述著作的避讳学意义和著作者的避讳学实践，微观入手、宏观把握、史论结合，以构建一部完整的有关避讳学研究的学术史体系。

构建中国避讳学史是为了科学厘清我国历史上避讳研究的发展过程，总结吸收前人的优秀学术成果，为建立一门体系完备、方法先进的中国避讳学，提供历史的借鉴。具体地说：

一是弥补缺位。既有避讳之学，必有其学术之史。如前述，目前国内外尚无中国避讳学史研究的论著，本书可以使避讳学得到应有的重视，提高该学科在学术界的地位。

二是有利于相关的学习和研究。本书可有助于对中国避讳学进行提纲挈领的学习和研究；纵观历代的避讳研究，有相当数量的重复内容，本书可以提供学术信息，避免重复研究。

三是文献学价值。中国历代避讳学文献丰富，但多分散在相关的经传、史籍、语言文字等著作中，呈现出碎片化、不系统的状态；收集、分析、归纳和整理相关的避讳学文献和材料，有利于发挥这些文献的学术价值。

四是学科建设意义。本书在占有避讳学史材料的基础上，重新界定了避讳、避讳学的概念、避讳学的学科属性和学科任务，并对避讳学的学科建设和发展提出一些建议。

第二节　中国避讳学史的历史分期

一　中国避讳学史的分期标准

构建任何专题学术史，其首要问题当是学术史的分期问题。我们认为，避讳学史的分期应当兼顾三条标准：（1）研究理论和方法的创新；（2）避讳研究本身呈现出的阶段性特征；（3）联系传统学术史。

　　传统学术，经学一统天下，文史研究均沦为其附庸。避讳研究在相当长的时期内并不是作为一门独立学科存在的。中国古代历史上的避讳学成就，主要蕴含在相关的经传、史籍、语言文字等著作中；述而不作的治学思想、通经为第一要务的功利目的，导致人们长于避讳材料的整理而疏于避讳学的应用研究、理论建设和学科建设，因此，陈垣先生《史讳举例》之前的避讳研究，还不能称之为真正意义上的避讳学。清代是传统学术的鼎盛时期，建立在朴学学风之上的考据之学，为避讳学的形成埋下了种子、提供了条件。近代社会转型，西学东渐，新材料发现，西方学术的理论方法介入，经学时代终结，传统学术发生了分化重组，比如"小学"就嬗变为汉语言文字学，此时的避讳研究也得以摆脱附庸地位，脱胎换骨，独立发展为避讳之学，此当为时代的必然。

二　中国避讳学史的具体分期

　　基于以上标准和特点，我们将中国避讳学史分为以下四个时期：（1）避讳史料学时期——先秦至明代；（2）避讳学的萌芽期——清代；（3）避讳学的形成期——近代；（4）避讳学的发展期——现代。

　　先秦至明代，有大量的典籍记载了避讳之制、之俗，尤其是宋代，研究避讳的学者很多，他们的专著中有大量有关历代避讳的著述。但这一时期的避讳论著仅仅是历朝讳例、讳法的归纳和罗列，以整理避讳材料见长，并未涉及避讳的应用和理论。我们把先秦至明代这一时期称之为避讳史料学时期。

　　清人埋首故纸，谙熟材料，精于考证，自然有很多关于避讳专题的著录，如钱大昕的《廿二史考异》、周广业的《经史避名汇考》等，尤其是钱氏，将避讳应用于文史考证和古籍校勘，具有初步的避讳学学术意识，下启近人陈垣，是现代避讳学的滥觞。我们把清代称为避讳学的萌芽期。

　　近人陈垣的《史讳举例》，提出了避讳学的概念和避讳学的应用，建立了现代避讳学的学科框架和理论体系，标志着避讳学的形成。近代是避讳学的形成期。

《史讳举例》以降，避讳之学在避讳辞书的编纂、避讳的专题研究、应用研究和学科建设等方面均取得长足进展。这是避讳学的发展期。

兹以表 2—5 概括其端：

表 2—5　　　　　　　　　　　**中国避讳学史分期简表**

避讳学史分期	时间	特点	代表论著
史料学时期	先秦至明代	述而不作，以著录讳例和记载讳制为主	《礼记》《通典》《宋会要辑稿》《讳辩》《愧郯录》
萌芽期	清代	搜集历代避讳材料；初步的避讳学理论意识和应用意识	周广业《经史避名汇考》、钱大昕《廿二史考异》
形成期	近代	构建了现代避讳学的理论框架和学科体系	陈垣《史讳举例》《资治通鉴注表微·避讳篇》
发展期	现代	辞书编纂、应用研究和学科建设取得长足进展	王彦坤《历代避讳字汇典》、王建《史讳辞典》《中国古代避讳史》、范志新《避讳学》

第三章

避讳史料学时期（上）
——先秦至五代的避讳研究

如前所述，陈垣先生《史讳举例》之前的避讳研究，还不能称之为真正意义上的避讳学。先秦至明代，有大量的典籍关注、记载避讳之制、之俗，它们为研究历代避讳提供了大量的宝贵材料，我们把先秦至明代的这一时期称为避讳史料学时期。避讳史料是避讳学研究的基础和前提，因此，这一时期也是避讳学史重要的组成部分。

第一节　先秦两汉时期的避讳材料及相关研究

商周时期，尚无讳法，但应有避讳之礼俗。秦世祚短，讳法尚疏，汉代因之，但敬讳已渐成风气。

先秦两汉时期，已有《礼记》《左传》等典籍著录或解释讳例，更有学者关注、论述避讳。

一　先秦两汉时期的避讳材料
（一）出土文献中有关避讳的记载

夏朝未见文字，其避讳也无从考证。① 商代甲骨文中，迄今尚未发现有关避讳的记载，甚至也未见"讳"字。宋张世南《游宦纪闻·卷3》认为商代已有避讳之制："殷人以讳事神，而后有字。"

_____

① （唐）孔颖达《五经正义》云："自殷以往，未有讳法。"

但张氏仅点到为止，未加详细考证。现代学者屈万里先生在《谥法滥觞于殷代论》①一文中研究殷商甲骨卜辞，发现商王都有本名，以日干称之，如天乙名履、太甲名至、盘庚名旬、武丁名昭，但贞人代商王占卜，称"王占曰""王卜曰""王固曰"等，而不称各王之名；而商王于诸侯臣子，则直呼其名；于是屈氏推定在商代已有不敢直斥商王之名的避讳制度。虞万里先生在《商周称谓与中国古代避讳起源》一文中分析甲骨卜辞中的称谓，认为"殷商已将这种语言和心理（按：避名心理）隐约地体现在庙祭文字中"②。

"讳"字在金文中作𧨾（《屄敖簋》）、𧨘（《蔡侯盘》）。在迄今所见的商周铜器铭文中，"讳"字凡6见（《殷周金文集成》著录号分别为272、279、285、4213、6010、10171），其中前3器（272、279、285）铭文相关内容重见，后2器（6010，10171）铭文相关内容重见。3种铭文如下：

　　272 春秋晚期《叔夷钟》：余命女（汝）政于朕三军，萧成朕师旟之政德，谏罚朕庶民，左右母（毋）讳。

　　4213 西周中期《屄敖簋》：戎献金于子牙父百车，而易（赐）鲁殿敖金十钧，易（赐）不讳③。

　　6010 春秋晚期《蔡侯盘》：康谐和好，敬佩吴王。不讳考寿，子孙蕃昌。永保用之，冬（终）岁无疆。

　　《屄敖簋》"易（赐）不讳"和《蔡侯盘》"不讳考寿"中的"讳"其实是"违"的借字，和避讳无关。《叔夷钟》"左右母（毋）讳"中的"讳"字是顾忌、畏忌之义。

　　"讳"篆文作𧨾，和金文基本相同。《说文》："讳，忌也，从

　　①　屈万里：《谥法滥觞于殷代论》，载"中央研究院"《历史语言研究所集刊》第13本，江苏古籍出版社 2008 年版。

　　②　虞万里：《商周称谓与中国古代避讳起源》，载《传统中国研究集刊》第 1 辑，上海人民出版社 2006 年版，第 110—183 页。（该文长约 10.3 万字。）

　　③　马承源："易不讳：所赐无有误讳。"载《商周青铜器铭文选》，文物出版社 1988 年版，第 335 页。

言韦声。"韦是违的古字，违背之意，《说文》："韦，相背也。……经传多以违为之。""讳"是一形声兼会意字，即违言、不说，因有所顾忌而不说某些话。可见，最早的避讳应该是讳言，然后才又发展出避忌一些行为。

"忌"字甲骨文中未见。金文作 （《归父盘》），（《邾公华钟》），（《邾公牼钟》），和小篆 形同。《说文》："忌，憎恶也，从心，己声。"忌字从心，憎恶义，说明了忌讳的心理起因是由于憎恶而产生的敬畏，如《叔夷钟》："女（汝）小心愧（畏）忌。""忌"字商代金文未见，周代金文凡 44 见，常作"威忌""愧忌"，都和"敬畏"义有关。

还有一个从言的"誋"字，金文作 ，和篆文形同。《齐镈》："余弥心畏誋。"《说文》："誋，诫也，从言，忌声。"誋、诫均从言，它们都表示由于敬畏而产生的讳言行为。

"讳""忌""誋"等字最早出现在西周中晚期的金文中，而文字记录语言，说明最迟在西周已有避讳之俗。

罗福颐先生还发现一些青铜器上的铭文也有避讳的实例，[①] 如官职名"相邦"写作"相国"，讳"邦"为"国"，当是避汉高祖刘邦的名讳；"长相思，毋相忘，常富贵，乐未央"的十二字镜却铸成"修相思，毋相忘，常富贵，乐未央"；"常乐未央"的四字镜却铸成"安乐未央"。这里讳"长"为"修"、讳"常"（谐音"长"）为"安"，当是避西汉淮南王刘长的名讳。说明这些铜器已经是汉代的器物了。

（二）传世文献中有关避讳的记载和研究

1. 有关避讳史料的最早记载——《尚书·金縢》

传世文献中，有关避讳的最早记载出自《尚书·周书·金縢》："史乃册祝曰：'惟尔元孙某，遘厉疟疾。若尔三王是有丕子之责于天，以旦代某之身。'"这是周史官记录周公为患病的武王祷告祈

---

① 罗福颐：《青铜器铭文中之避讳》，载《古文字研究》第 11 辑，中华书局 1985 年版，第 156—158 页。

福之事；文中为避武王名"发"讳，以"某"代之。孔安国传："元孙，武王。某，名。臣讳君。故曰某。"

关于《金縢》篇的真伪问题。2008 年 7 月，入藏清华大学的一批战国中晚期竹简（称为"清华简"）中，出现了失传两千多年的《尚书》；2010 年 12 月，《清华大学藏战国竹简（壹）》出版；2011 年 1 月，首批成果发布，包括 9 篇文献，《金縢》包括其中；2013 年 1 月，清华简最新研究成果发布，其中《傅说之命》三篇与东晋时期古文《尚书》中的《傅说之命》内容完全不同，由此证明东晋文人梅赜所献的孔传本古文《尚书》系伪造。但李学勤先生在《初识清华简》中指出："清华简中已发现有多篇《尚书》，有些篇有传世本，如《金縢》《康诰》等，但文句多有差异，甚至篇题也不相同。"（简中有《康诰》，后来证明是误认）① 因此《尚书·金縢》确有其篇，而宋代程颐、王廉怀疑《金縢》非圣人之书，清人袁枚认为系汉代伪造，其言都不攻自破。

至于李氏所说"文字多有差异"，下列《金縢》之清华简本、传世本和《史记》引文等三者有关避讳的异文比较：

清华简本：史乃册祝告先王曰：尔元孙发也，遘害疟疾。尔毋乃有备子之责在上？佳尔元孙发也，不若旦也，是年若巧能，多才多艺，能事鬼神。②

传世本：史乃册祝曰：惟尔元孙某，遘厉疟疾。若尔三王是有丕子之责于天，以旦代某之身。予仁若考，能多材多艺，能事鬼神。乃元孙不若旦多材多艺，不能事鬼神。③

《史记·鲁周公世家》引文：史策祝曰：惟尔元孙王发，勤劳阻疾。若尔三王是有负子之责于天，以旦代王发之身。旦巧能，多材多艺，能事鬼神。乃王发不如旦多材多艺，不能事鬼神。④

---

① 李学勤：《初识清华简》，中西书局 2013 年版，第 8 页。
② 李学勤：《清华大学藏战国竹简（壹—叁）文字编·释文》，中西书局 2014 年版，第 7 页。
③ 《尚书》，中华书局 2009 年版，第 145 页。
④ 司马迁：《史记》，中华书局 1959 年版，第 1516 页。

　　比较以上异文可见，传世本将武王名"发"作"某"以避讳，而清华简本和《史记》直书其名，均不避讳。这是因为，经碳14测定证实，清华简是战国中晚期文物，文字风格主要是楚国的。这说明《金縢》在战国中晚期已经成为中原地区的经典，并远播到南方的楚国；简本不避武王讳，是因为战国中晚期去武王时甚远，可以不避周人远祖的名字，即所谓"已祧不讳"①；同时，先秦时又有"临文不讳"的规定。《礼记·曲礼上》："临文不讳。"郑玄注："为其失事正。"意即为了保证记述事情的真实，写成的文字不须避讳。因此，依照"已祧不讳""临文不讳"，简本《金縢》不避武王名讳就合情合理了。汉代的司马迁作《史记》时引《金縢》自然也无须避周武王名讳，遂直书其名；或者他见到的就是未经讳改的本子；即便是他见到的是避讳的本子，或会回改。

　　先秦时本来"庙中不讳"（《礼记》），即在庙中祭祀时不用避讳，因此周公的祝词无须避武王名讳；又有"临文不讳"的规定，史官把告神之言写在册书上，或读之以祝告神，都可以照录、照读不讳。为何传世本中却作"某"以避讳？

　　对此，唐《五经正义》孔颖达疏给出了推测性的解释：

　　　　古人讳者，临时言语有所辟耳，至于制作经典则直言不讳。《曲礼》曰："诗书不讳，临文不讳。"是为诗为书不辟讳也。由作诗不讳，故祭得歌之。《尚书·牧誓》云"今予发"，《武成》云"周王发"。武王称名告众，史官录而不讳，知于法不当讳也。《金縢》云"元孙某"，独讳者，成王启金縢之书，亲自读之，讳其父名，口改为"某"。既读之后，史官始录，依王所读，遂即云"某"。《武成》《牧誓》则宣诸众人，宣讫则录，故因而不改也。

————————

①　祧是七世以外的远祖之庙，按照先秦礼制，七世以内属于近祖，血缘较近，他们的名字是需要避讳的；迁入祧里的已经是七世以外的远祖了，由于亲缘较远，他们的名字是不需要避讳的（由于历代礼制不同，加上不祧之祖，导致庙中近祖数量大都少于七世）。但宋光宗在绍熙元年（1190）四月下诏，规定祧庙正讳也须回避（《宋史·礼志庙讳》）。

孔疏的意思是，因为有"诗书不讳""临文不讳"的规定，《金縢》就没有避武王之名"发"讳；但成王打开《金縢》之书时，亲自读之，讳其父名"发"为"某"，史官依其所读，也记录为"某"。

孔疏云"成王既启金縢之书"，有其事，如同书《金縢》："王与大夫尽弁以启金縢之书"，《公羊传·隐公元年》疏引许慎《五经异义》："《古尚书》说云：武王崩时，成王年十三。后一年，管、蔡作乱，周公东辟之。王与大夫尽弁，以开金縢之书，时成王年十四。"《史记·鲁周公世家》亦载其事。但唐人所云成王"亲自读之，讳其父名，口改为'某'"云云，唐以前的诸家典籍并未见载其事，自然也无从考据（或者唐人见到相关的史料，后代失传）；但"亲自读之"云云用以解释传世本避武王名讳，倒是很合理。可能也是基于此，唐人的解释也被明人杨慎因袭：

> 《曲礼》曰："诗书不讳，临文不讳。"……《金縢》曰："元孙某"，独讳者，成王既启金縢之书，亲自读之，讳其父名，口改曰"某"。既读之后，史官始录，依王所读，遂即曰"某"。（《升庵集》卷50）

但是，明末清初的顾炎武在《日知录》中却给出了不同的解释：

> 经传称"某"有三义。《书·金縢》："惟尔元孙某。"史文讳其君，不敢名也。……周人以讳事神，《牧誓》之言"今予发"，《武成》之言"周王发"，生则不讳也；《金縢》之言"惟尔元孙某"，追录于武王既崩之后，则讳之矣。故《礼》："卒哭乃讳。"（《日知录》卷24）

顾氏认为传世本《金縢》避武王名讳是周武王死后的史官按照《礼记》中"卒哭乃讳"（即死后须避其名讳）的规定追改使然。《礼记·檀弓下》曰："卒哭而讳，生事毕而鬼事始也。"郑玄注："敬鬼神之名也，讳，辟（避）也，生者不相辟（避）名。"即先秦时无须避活人名讳，由于人死后变成鬼神，出于敬畏，则须避其名讳，即《左传·桓公六年》所谓："周人以讳事神，名，终将讳之。"

但是，顾氏说尚可商榷，这是因为先秦时讳制还比较宽松，"卒哭乃讳"仅限于口头上讳言，即孔疏所谓"临时言语有所辟耳"，写成的文字大都"临文不讳"。如鲁庄公名"同"，而《春秋》中却有"同盟"；鲁襄公名"午"，而《春秋》中却有"陈侯午卒"；鲁僖公名"申"，而《春秋》中却有"戊申"；鲁定公名"宋"，而《春秋》中却有"宋人""宋仲几"。甚至到了汉代，仍旧"临文不讳"，如汉代的韦孟写诗劝谏汉高祖刘邦的弟弟楚元王："至于有周，历世会同。王赧听潜，实绝我邦。"《汉书·武帝纪·刑法志》有"建三典以刑邦国"与"万邦作孚"，均不避"邦"字。胡适先生《两汉人临文不讳考》通过翔实的材料，尤其是蔡邕的36条碑文材料说明汉代讳制尚疏，执行"临文不讳"的古礼；胡氏又有《读陈垣史讳举例论汉讳诸条》[1]征引陈垣《史讳举例》以论证他自己的"两汉人临文不讳"之结论，并对陈氏有关汉讳的材料提出商榷意见。

由于先秦"临文不讳"，加之讳制尚疏，而且先秦的史官又有为求历史真实而"秉笔直书""书法不隐"[2]的传统，连国君所做坏事都如实记载、不加隐讳，更何况国君之名！因此，武王死后的史官追改《金縢》的可能性很小。而成王在武王死后启《金縢》之书而读之，依照"卒哭乃讳"，必须避其父名讳；史官依成王所读而记之的版本得以流传，盖为今之所见之避武王名讳的传世本。

2. 秦汉避讳制度的渊薮——《礼记》

《礼记》是汉代学者所辑录的有关战国秦汉间的儒家言论的杂编，主要记载和论述先秦的礼制、礼仪，解释仪礼，记录孔子和弟

---

① 胡适：《两汉人临文不讳考》《读陈垣史讳举例论汉讳诸条》，《图书季刊》新第5卷第1期，1944年3月。

② 《左传·宣公二年》载：赵穿杀晋灵公，赵盾身为正卿没有问罪，史官董狐认为赵盾应当负责，就在史书上记载"赵盾弑其君"；孔子称赞董狐说："古之良史也，书法不隐。"董狐实开我国史官直笔传统的先河。《左传·襄公二十五年》所载齐太史群体冒死直笔"崔杼弑其君"，更彰先秦史家求实品性。

子间的问答，记述修身做人的准则。《礼记》有两个本子，一个是
西汉戴德辑录的《大戴礼记》，原有85篇，今存39篇；另一个是
戴德之侄戴圣辑录的《小戴礼记》，即今天通行之《礼记》，共49
篇，东汉郑玄为之作注，唐孔颖达作疏，即成《礼记注疏》。①

《礼记》是我国早期避讳之制的渊薮，其中记载了大量有关避讳
的规定，如有关避讳时间、地点、对象的规定，如何避讳的规定，无
须避讳的规定，等等。《礼记》中有关避讳制度的材料摘录如下：

卒哭乃讳。礼，不讳嫌名。二名不偏讳。逮事父母，则讳
王父母；不逮事父母，则不讳王父母。君所无私讳，大夫之所
有公讳。《诗》《书》不讳，临文不讳。庙中不讳。夫人之讳，
虽质君之前，臣不讳也；妇讳不出门。大功小功不讳。入竟而
问禁，入国而问俗，入门而问讳。（《礼记·曲礼上》）

名子者不以国，不以日月，不以隐疾，不以山川。（《礼
记·曲礼上》）又：凡名子，不以日月，不以国，不以隐疾；
大夫、士之子，不敢与世子同名。（《礼记·内则》）

卒哭而讳，生事毕而鬼事始已。既卒哭，宰夫执木铎以命
于宫曰："舍故而讳新。"自寝门至于库门。二名不偏讳，夫子
之母名徵在；言在不称徵，言徵不称在。（《礼记·檀弓下》）

大史典礼，执简记，奉讳恶。（《礼记·王制》）

于大夫所，有公讳无私讳。凡祭不讳，庙中不讳，教学临
文不讳。（《礼记·玉藻》）

卒哭而讳。王父母兄弟，世父叔父，姑姊妹。子与父同讳。
母之讳，宫中讳。妻之讳，不举诸其侧；与从祖昆弟同名则
讳。（《礼记·杂记下》）

过而举君之讳，则起。与君之讳同，则称字。（《礼记·杂
记下》）

文王之祭也：事死者如事生，思死者如不欲生，忌日必哀，
称讳如见亲。（《礼记·祭义》）

---

① 郑玄注，孔颖达疏，吕友仁整理：《礼记正义》，上海古籍出版社2008年版。

以上材料可分以下三类：

（1）有关避讳时间、地点和对象的规定

《曲礼上》："入竟而问禁，入国而问俗，入门而问讳。"意思是进入一国要问禁忌，进入一个都城要问风俗，进入别人家要问其家讳。可见，"问讳"是最基本的礼节。

《杂记下》："卒哭而讳。王父母兄弟，世父叔父，姑姊妹。子与父同讳。母之讳，宫中讳。妻之讳，不举诸其侧。与从祖昆弟同名则讳。"意思是人死后就要避其名讳。子女和父亲要共同回避父亲的祖父母、兄弟、伯父、叔父、姑和姊妹的名字。子孙们在家中不提母亲双亲的名讳。妻子双亲的名讳，丈夫在她身边也不会提。若母亲和妻子所避讳的亲人与自己的从祖兄弟同名，也应该为其避讳。

《曲礼上》："君所无私讳，大夫之所有公讳。"《玉藻》："于大夫所，有公讳无私讳。"所谓公讳，即国君及其宗族的名讳，举国之人须避之；所谓私讳，即家讳。在国君和士大夫面前不用避家讳，但在大夫面前要避国君之讳。

《曲礼下》："天子不言'出'，诸侯不生名。"史官记载史书时对于天子不说"出"字，在世的诸侯则不称呼他的名字。

《檀弓下》："舍故而讳新。"就是不再为死去的远祖避讳，而要为刚死去的先祖避讳。所谓"舍故"，就是已祧不讳。祧，即七世以外的远祖之庙。按照上古礼制，七世以内属于近祖，血缘较近，他们的名字是需要避讳的。迁入祧庙的已经是七世以外的远祖了，由于亲缘较远，他们的名字是不需要避讳的，即所谓"已祧不讳"。

《曲礼下》："大夫、士之子，不敢自称曰'嗣子某'，不敢与世子同名。"《内则》亦谓："大夫士之子不敢与世子同名。"嗣子某，诸侯居丧时自称之辞。大夫与士之子居丧时，亦不可对人自称"嗣子某"。大夫与士之子不敢与太子同名。

（2）如何避讳的规定

《杂记下》："过而举君之讳则起。与君之讳同则称字。"意思是一旦犯了国君的名讳就要起立以表示悔过，而称呼与国君之名相同的人只能改称他的字。

对于取名如何避讳，《曲礼上》规定："名子者不以国，不以日月，不以隐疾，不以山川。"《内则》也规定："凡名子。不以日月，不以国，不以隐疾。"给子女取名，不能用国名、日月名、身体隐私处的疾病名和山川名。

《王制》曰："大史典礼，执简记，奉讳恶。"意思是太史掌管礼仪之事，负责拿简策记录，并向国君进奏所应当避讳的先王的名字和忌日。

（3）不必避讳的规定

《礼记·曲礼上》"礼，不讳嫌名。二名不偏讳。"东汉郑玄注："嫌名，谓音声相近，若禹与雨，丘与区也。"即"禹"与"雨"，"丘"与"区"都是谐音之字。先秦时期的避讳只避正讳，无须避嫌名。唐孔颖达对"二名不偏讳"的解释是："不偏讳者，谓两字作名，不一一讳也。孔子言徵不言在，言在不言徵者。"意思就是二字之名，不须每字一一避讳，孔子母名"徵在"只要不一起出现，就不算犯讳。

《曲礼上》："逮事父母，则讳王父母；不逮事父母，则不讳王父母。"意思是事奉过父母，则须避祖父母的名讳；但若没有侍奉过父母，则无须讳祖父母的名讳。

《曲礼上》："《诗》《书》不讳，临文不讳。庙中不讳。"《玉藻》："凡祭不讳，庙中不讳，教学临文不讳。"意思是朗读《诗》《书》等经典时、写文章时、祭祀祈祷时、庙中读告辞时、教学时均无须避讳。

《曲礼上》："夫人之讳，虽质君之前，臣不讳也；妇讳不出门。大功小功不讳。"妇人之讳不出家门，因此，即使是在国君面前，大臣也无须避国君妇人的家讳。服大功、小功丧之人可以不避死者的名讳。

由于《礼记》一直是儒家经典，历代的避讳之制几乎都奉《礼记》为圭臬，但关于"不讳"的规定却没有得以真正执行。仅以"二名不偏讳"为例，南齐太祖萧道成，为避偏讳"道"字，时人薛道渊改名薛渊；北齐高祖神武皇帝高欢的父亲名叫"树生"，就须避偏讳"树""生"二字；唐初政治相对清明，还不避偏讳，避偏讳只是个人行为，并未上升至国家礼法制度，甚至唐太宗在武德九年还下令规定"世民"二字无须偏讳："礼，二名不偏讳，近代以来，两字兼避，废阙已多，率意而行，有违经典。其官号、人名、公私文籍，有世民两字不连续者，并不须讳。"陆游《老学庵笔记·卷十》也记载："唐初不避二名。太宗时犹有民部，李世勣、虞世南皆不避。"但《老学庵笔记·卷十》又载："世南已卒，世勣去'世'字，惟名勣。"可见，"二名不偏讳"在唐初也并未完全执行。大约至唐高宗时，就以避嫌名为国家礼法制度，陆游《老学庵笔记·卷十》载："至高宗即位，始改（民部）为户部。"有个叫杨隆礼的人，为避唐玄宗李隆基名之偏讳"隆"字，改名为杨崇礼。

《礼记》在避讳史中占有重要的地位，其中关于避讳的诸多规定，在当时不仅以"礼"的形式加以固定，而且一直作为儒家经典被后来的历代统治者加以提倡和利用，甚至变本加厉，致使避讳之制愈演愈烈，范围不断扩大、讳法也渐趋森严。敬讳之制风行两千余载，《礼记》为其张本，对历代避讳影响至为深远。《礼记》不仅反映了其时的避讳状况，也是研究避讳史的重要材料。若研究避讳制度之源流，它也是很重要的避讳学文献。

3. 最早阐释避讳的著作——《春秋》三传

《春秋》是鲁国的编年史，相传由孔子修订。《春秋》叙事简略，先后有春秋时的鲁国史官左丘明、齐国的公羊高、鲁国的穀梁赤为之作传，即《春秋》三传：《春秋左氏传》《春秋公羊传》和《春秋穀梁传》。《春秋》微言大义，有许多为尊亲者讳的讳书笔法，《公羊传》即云："《春秋》为尊者讳，为亲者讳，为贤者讳。"（《闵公元年》）正如董仲舒《春秋繁露·玉英》所说："《春秋》之书事，时诡其实，以有避也；其书人，时易其名，以有讳也。故诡晋文得志之实以代讳，避致王也；诡莒子号，谓之人，避隐公也；易庆父之名，谓之仲孙；变盛谓之成，讳大恶也。然则说《春秋》者，入则诡辞，随其委曲，而后得之。"

《春秋》三传均有对这些讳书笔法的揭示。比如《春秋》僖公二十八年载"天王狩于河阳"事："冬，公会晋侯、齐侯、宋公、蔡侯、郑伯、陈子、莒子、邾人、秦人于温。天王狩于河阳。"周王室衰微，周襄王屈尊到晋地河阳参与诸侯盟会，《春秋》之作者认为此事乃大逆不道，便以周王狩猎为辞。《左传》就解释说："是会也，晋侯召王，以诸侯见，且使王狩。尼曰：'以臣召君，不可以训。'故书曰'天王狩于河阳。'"《公羊传》则解释说："狩不书，此何以书？不与再致天子也。鲁子曰：'温近而践土远也。'"《穀梁传》则解释说："全天王之行也，为若将守而遇诸侯之朝也，为天王讳也。"

（1）《左传》中有关命名"六避"原则的阐释

《左传》里有关避讳的材料凡 11 见。比如《桓公六年》里就有最早讨论避讳与命名关系的文字，即"六避"原则：

> 公问名于申繻。对曰："名有五，有信，有义，有象，有假，有类。以名生为信，以德命为义，以类命为象，取于物为假，取于父为类。不以国，不以官，不以山川，不以隐疾，不以畜牲，不以器币。周人以讳事神，名，终将讳之。故以国则废名，以官则废职，以山川则废主，以畜牲则废祀，以器币则废礼。晋以僖侯废司徒，宋以武公废司空，先君献、武废二山，是以大物不可以命。"①

晋僖侯名司徒，为避讳，废官职名"司徒"，改为中军；宋武公名司空，为避讳，废官职名"司空"，改为司城。申繻关于太子命名时所说的"六避"原则，即"不以国，不以官，不以山川，不以隐疾，不以畜牲，不以器币。"郑玄注："此在常语之中，为后难讳也。"这个"六避"原则可以说是中国名讳制度的雏形，后来见载于《礼记》，成为重要的礼制而固定下来，历代的命名取字为方便名讳而均受其规范。比如汉平帝因初名"箕子"不合此制而改名"衎"，《汉书·平帝纪》载：元始二年，诏曰："皇帝二名，通于器物，今更名，合于古制。"

---

① 杜预：《春秋左传集解》，上海人民出版社 1977 年版，第 92 页。

《左传》里还有解释《春秋》讳书笔法的材料，如：

《左传·昭公十六年》："十六年春王正月，公在晋，晋人止公。不书，讳之也。"

《左传·庄公十八年》："夏，公追戎于济西。不言其来，讳之也。"（杜预注：戎来侵鲁，鲁人不知，去乃追之，故讳不言其来）

《左传·僖公元年》："元年，春，不称即位，公出故也。公出复入，不书，讳之也。讳国恶，礼也。"

《左传·僖公十七年》："秋，声姜以公故，会齐侯于卞。九月，公至。书曰'至自会'，犹有诸侯之事焉，且讳之也。"

《左传·文公二年》："晋人以公不朝来讨，公如晋。夏，四月己巳，晋人使阳处父盟公以耻之。书曰'及晋处父盟'，以厌之也。适晋不书，讳之也。"

《左传·文公十五年》："冬十一月，晋侯、宋公、卫侯、蔡侯、陈侯、郑伯、许男、曹伯盟于扈，寻新城之盟，且谋伐齐也。齐人赂晋侯，故不克而还。于是有齐难，是以公不会。书曰'诸侯盟于扈'，无能为故也。凡诸侯会，公不与，不书，讳君恶也。与而不书，后也。"

《左传·文公十八年》："冬，十月，仲杀恶及视，而立宣公。书曰'子卒'，讳之也。"

《左传·宣公七年》："郑及晋平，公子宋之谋也，故相郑伯以会。冬，盟于黑壤。王叔桓公临之，以谋不睦。晋侯之立也，公不朝焉，又不使大夫聘，晋人止公于会。盟于黄父，公不与盟。以赂免。故黑壤之盟不书，讳之也。"

《左传·成公十年》："冬，葬晋景公。公送葬，诸侯莫在。鲁人辱之，故不书，讳之也。"

《左传·襄公三十年》："为宋灾故，诸侯之大夫会，以谋归宋财。冬，十月，叔孙豹会晋赵武、齐公孙虿、宋向戌、卫北宫佗、郑罕虎及小邾之大夫会于澶渊。既而无归于宋，故不书其人。君子曰：'信其不可不慎乎！澶渊之会，卿不书，不

信也夫。诸侯之上卿，会而不信，宠名皆弃，不信之不可也如
是。《诗》曰："文王陟降，在帝左右"，信之谓也。又曰：
"淑慎尔止，无载尔伪"，不信之谓也。'书曰'某人某人会于
澶渊，宋灾故'，尤之也。不书鲁大夫，讳之也。"

（2）《公羊传》关于《春秋》"四讳"的阐释

《春秋》的讳书笔法，《公羊传》总结为：①为尊者讳；②为亲
者讳；③为贤者讳；（《闵公元年》）④为中国讳。（《襄公二年》）
即所谓《春秋》"四讳"。

①为尊者讳。周天子、各诸侯国的国君都为尊者，为维护其权
威，《春秋》都要为之避讳。比如，鲁国和郑国发生狐壤之战，鲁
隐公为郑国所俘。《春秋·隐公六年》载其事："春，郑人来输
平。"完全不提交战之事，并避讳隐公被俘事实。《公羊传》则解释
说："输平者何？输平犹堕成也。何言乎堕成？败其成也，曰：'吾
成败矣'，吾与郑人未有成也。吾与郑人则曷为未有成？狐壤之战，
隐公获焉。然则何以不言战？讳获也。"

再如，鲁文公六年，鲁文公被强迫去朝见晋君，但并未得见，
晋君只派大夫阳处父与文公订立盟约，《春秋·文公六年》："及晋
处父盟。"为顾及文公颜面，不提晋文公。《公羊传》就解释说：
"此晋阳处父也，何以不氏，讳与大夫盟也。"

《公羊传》解释"为尊者讳"的例子还如：

《春秋·隐公二年》："无骇帅师入极。"《公羊传》："无骇
者何？展无骇也。何以不氏？贬。曷为贬？疾始灭也。始灭昉
于此乎？前此矣。前此则曷为始乎此？托始焉尔。曷为托始焉
尔？《春秋》之始也。此灭也，其言入何？内大恶，讳也。"

《春秋·隐公十年》："六月壬戌，公败宋师于菅。辛未取
郜，辛巳取防。"《公羊传》："取邑不日，此何以日？一月而再
取也。何言乎一月而再取？甚之也。内大恶讳，此其言甚之
何？《春秋》录内而略外，于外大恶书，小恶不书，于内大恶
讳，小恶书。"

《春秋·桓公元年》："三月，公会郑伯于垂。郑伯以璧假许田。"《公羊传》："此鲁朝宿之邑也，则曷为谓之许田？讳取周田也。讳取周田则曷为谓之许田？系之许也。曷为系之许？近许也。此邑也，其称田何？田多邑少称田，邑多田少称邑。"

《春秋·桓公二年》："滕子来朝。三月，公会齐侯、陈侯、郑伯于稷，以成宋乱。"《公羊传》："内大恶讳，此其目言之何？远也。所见异辞，所闻异辞，所传闻异辞。隐亦远矣，曷为为隐讳？隐贤而桓贱也。"

《春秋·庄公元年》："三月，夫人孙于齐。"《公羊传》："孙者何？孙犹孙也。内讳奔谓之孙。夫人固在齐矣，其言孙于齐何？念母也。正月以存君，念母以首事。夫人何以不称姜氏？贬。曷为贬？与弑公也。"

《春秋·庄公元年》："齐师迁纪、郱、鄑、郚。"《公羊传》："迁之者何？取之也。取之则曷为不言取之也？为襄公讳也。"

《春秋·庄公四年》："冬，公及齐人狩于郜。"《公羊传》："公曷为与微者狩？齐侯也。齐侯则其称人何？讳与雠狩也。"

《春秋·庄公九年》："春，齐人杀无知。公及齐大夫盟于暨。"《公羊传》："公曷为与大夫盟？齐无君也。然则何以不名？其讳与大夫盟也，使若众然。"

《春秋·庄公二十二年》："秋，七月丙申，及齐高傒盟于防。"《公羊传》："齐高傒者何？贵大夫也。曷为就吾微者而盟？公也。公则曷为不言公？讳与大夫盟也。"

《春秋·庄公二十六年》："曹杀其大夫。"《公羊传》："何以不名？众也。曷为众杀之？不死于曹君者也。君死乎位曰灭，曷为不言其灭？为曹羁讳也。此盖战也，何以不言战？为曹羁讳也。"

《春秋·庄公二十八年》："冬，筑微。大无麦、禾。"《公羊传》："既见无麦、禾矣，曷为先言筑微，而后言无麦、禾？讳以凶年造邑也。"

《春秋·僖公元年》："齐师、宋师、曹师次于聂北，救邢。"《公羊传》："救不言次，此其言次何？不及事也。不及事者何？邢已亡矣。孰亡之？盖狄灭之。曷为不言狄灭之？为桓公讳也。"

《春秋·僖公二年》："春，王正月，城楚丘。"《公羊传》："孰城之？城卫也。曷为不言城卫？灭也。孰灭之？盖狄灭之。曷为不言狄灭之？为桓公讳也。曷为为桓公讳？上无天子，下无方伯，天下诸侯有相灭亡者，桓公不能救，则桓公耻之也。"

《春秋·僖公九年》："春，王三月丁丑，宋公御说卒。"《公羊传》："何以不书葬？为襄公讳也。"

《春秋·僖公十年》："夏，齐侯、许男伐北戎。晋杀其大夫里克。"《公羊传》："里克弑二君，则曷为不以讨贼之辞言之？惠公之大夫也。然则孰立惠公？里克也。里克弑奚齐、卓子，逆惠公而入。里克立惠公，则惠公曷为杀之？惠公曰：'尔既杀夫二孺子矣，又将图寡人，为尔君者，不亦病乎？'于是杀之。然则曷为不言惠公之入？晋之不言出入者，踊为文公讳也。齐小白入于齐，则曷为不为桓公讳？桓公之享国也长，美见乎天下，故不为之讳本恶也。文公之享国也短，美未见乎天下，故为之讳本恶也。"

《春秋·僖公十四年》："春，诸侯城缘陵。"《公羊传》："孰城之？城杞也。曷为城杞？灭也。孰灭之？盖徐、莒胁之。曷为不言徐、莒胁之？为桓公讳也。曷为为桓公讳？上无天子，下无方伯，天下诸侯有相灭亡者，桓公不能救，则桓公耻之也。"

《春秋·僖公二十一年》："楚人使宜申来献捷。"《公羊传》："此楚子也，其称人何？贬。曷为贬？为执宋公贬。……楚人知虽杀宋公，犹不得宋国，于是释宋公。宋公释乎执，走之卫。公子目夷复曰：'国为君守之，君曷为不入？'然后逆襄公归。恶乎捷？捷乎宋。曷为不言捷乎宋？为襄公讳也。此围辞也，曷为不言其围？为公子目夷讳也。"

《春秋·僖公二十三年》："夏，五月庚寅，宋公慈父卒。"《公羊传》："何以不书葬？盈乎讳也。"

《春秋·僖公二十八年》："公子买戍卫，不卒戍，刺之。"《公羊传》："刺之者何？杀之也。杀之则曷为谓之刺之？内讳杀大夫，谓之刺之也。"

《春秋·文公二年》："三月乙巳，及晋处父盟。"《公羊传》："此晋阳处父也，何以不氏？讳与大夫盟也。"

《春秋·宣公九年》："秋，取根牟。"《公羊传》："根牟者何？邾娄之邑也。曷为不系乎邾娄？讳亟也。"

《春秋·成公六年》："取鄟。"《公羊传》："鄟者何？邾娄之邑也。曷为不系于邾娄？讳亟也。"

《春秋·襄公十三年》："夏，取诗。"《公羊传》："诗者何？邾娄之邑也。曷为不系乎邾娄？讳亟也。"

《春秋·昭公四年》："九月，取鄫。"《公羊传》："其言取之何？灭之也。灭之则其言取之何？内大恶，讳也。"

《春秋·昭公三十二年》："取阚。"《公羊传》："阚者何？邾娄之邑也。曷为不系乎邾娄？讳亟也。"

《春秋·哀公七年》："秋，公伐邾娄。八月己酉，入邾娄，以邾娄子益来。"《公羊传》："入不言伐，此其言伐何？内辞也，若使他人然。邾娄子益何以名？绝。曷为绝之？获也。曷为不言其获？内大恶，讳也。"

②为亲者讳，就是对祖先或亲人的不体面之事加以避讳。比如，鲁庄公晚年，庄公之弟季友、叔牙二兄弟互相争斗，结果季友将叔牙杀死。对于本国亲亲相斗，《春秋》认为有悖伦理，为避讳，《春秋·庄公三十二年》只简单记载："秋，七月癸巳，公子牙卒。"《公羊传》解释说："何以不称弟？杀也。杀则曷为不言刺？为季子讳杀也。曷为为季子讳杀？季子之遏恶也，不以为国狱，缘季子之心而为之讳。……季子杀母兄，何善尔？诛不得辟兄，君臣之义也。然则曷为不直诛，而鸩之？行诸乎兄，隐而逃之，使托若以疾死然，亲亲之道也。"何休《春秋公羊解诂》更简明："为季子亲亲而受之，故为之讳。"《公羊传》解释"为亲者讳"的例子还如：

《春秋·哀公八年》："春，王正月，宋公入曹，以曹伯阳归。"《公羊传》："曹伯阳何以名？绝之。曷为绝之？灭也。曷为不言其灭？讳同姓之灭也。何讳乎同姓之灭？力能救之而不救也。"

《春秋·哀公十二年》："夏，五月甲辰，孟子卒。"《公羊传》："孟子者何？昭公之夫人也。其称孟子何？讳娶同姓，盖吴女也。"

《春秋·庄公八年》："夏，师及齐师围成，成降于齐师。"《公羊传》："成者何？盛也。盛则曷为谓之成？讳灭同姓也。曷为不言降吾师？辟之也。"

《春秋·僖公三十一年》："春，取济西田。"《公羊传》："恶乎取之？取之曹也。曷为不言取之曹？讳取同姓之田也。此未有伐曹者，则其言取之曹何？晋侯执曹伯，班其所取侵地于诸侯也。晋侯执曹伯，班其所取侵地于诸侯，则何讳乎取同姓之田？久也。"

③为贤者讳，即为周王室、各诸侯国的贤能之士避讳。比如，《春秋·庄公三十年》："秋，七月，齐人降鄣。"《公羊传》："鄣者何？纪之遗邑也。降之者何？取之也。取之则曷为不言取之？为桓公讳也。外取邑不书，此何以书？尽也。"齐桓公侵略纪国，本为不义之举，理应谴责；但《春秋》认为齐桓公为五霸之首，高举"尊王攘夷"大旗，维护了周王朝，于王室有功，就为之避讳。《公羊传》解释"为贤者讳"的例子还如：

《春秋·闵公元年》："冬，齐仲孙来。"《公羊传》："齐仲孙者何？公子庆父也。公子庆父，则曷为谓之齐仲孙？系之齐也。曷为系之齐？外之也。曷为外之？《春秋》为尊者讳，为亲者讳，为贤者讳。子女子曰：'以"春秋"为《春秋》，齐无仲孙，其诸吾仲孙与？'"

《春秋·僖公十七年》："夏，灭项。"《公羊传》："孰灭

之？齐灭之。曷为不言齐灭之？为桓公讳也。《春秋》为贤者
讳。此灭人之国，何贤尔？君子之恶恶也疾始，善善也乐终。
桓公尝有继绝。存亡之功，故君子为之讳也。"

《春秋·僖公二十八年》："晋人执卫侯归之于京师。"《公
羊传》："卫侯之罪何？杀叔武也。何以不书？为叔武讳也。
《春秋》为贤者讳。"

《春秋·昭公二十年》："夏，曹公孙会自鄸出奔宋。"《公
羊传》："奔未有言自者，此其言自何？畔也。畔则曷为不言其
畔？为公子喜时之后讳也。《春秋》为贤者讳。何贤乎公子喜
时？让国也。其让国奈何？曹伯庐卒于师，则未知公子喜时从
与？公子负刍从与？或为主于国？或为主于师？公子喜时见公
子负刍之当主也，逡巡而退。贤公子喜时，则曷为为会讳？君
子之善善也长，恶恶也短，恶恶止其身，善善及子孙。贤者子
孙，故君子为之讳也。"

《春秋·庄公四年》："纪侯大去其国。"《公羊传》："大去
者何？灭也。孰灭之？齐灭之。曷为不言齐灭之？为襄公讳
也。《春秋》为贤讳。"

④为中国讳，相对于"夷狄"之国，《春秋》视齐、晋、曹等
中原诸国为正统，而为之避讳。比如，《春秋·庄公四年》："冬，
十有一月，叔孙侨如会晋士燮、齐高无咎、宋华元、卫孙林父、郑
公子鳅、邾娄人，会吴于钟离。"这里为何单说会吴呢？《公羊传》
即曰："曷为殊会吴？外吴也。曷为外也？《春秋》内其国而外诸
夏，内诸夏而外夷狄。王者欲一乎天下，曷为以外内之辞言之？言
自近者始也。"等于说"外吴"为"夷狄"之国，不与"内诸夏"
等量齐观。其他的例子还如：

《春秋·襄公二年》："冬，仲孙蔑会晋荀罂、齐崔杼、宋
华元、卫孙林父、曹人、邾娄人、滕人、薛人、小邾娄人于
戚，遂城虎牢。"《公羊传》："虎牢者何？郑之邑也。其言城之
何？取之也。取之则曷为不言取之？为中国讳也。曷为为中国

讳？讳伐丧也。曷为不系乎郑？为中国讳也。大夫无遂事，此其言遂何？归恶乎大夫也。"

《春秋·襄公七年》："十有二月，公会晋侯、宋公、陈侯、卫侯、曹伯、莒子、邾娄子于鄬。郑伯髡原如会，未见诸侯；丙戌，卒于操。"《公羊传》："操者何？郑之邑也。诸侯卒其封内不地，此何以地？隐之也。何隐尔？弑也。孰弑之？其大夫弑之。曷为不言其大夫弑之？为中国讳也。曷为为中国讳？郑伯将会诸侯于鄬，其大夫谏曰：'中国不足归也，则不若与楚。'郑伯曰：'不可。'其大夫曰：'以中国为义，则伐我丧；以中国为强，则不若楚。'于是弑之。"

《春秋·襄公八年》："夏，葬郑僖公。"《公羊传》："贼未讨，何以书葬？为中国讳也。"

（3）《穀梁传》的避讳阐释

《穀梁传》也有关于《春秋》为尊者讳、为亲者讳、为贤者讳的解释。如《春秋·成公元年》："秋，王师败绩于贸戎。"《穀梁传》曰："不言战，莫之敢敌也。为尊者讳敌不讳败；为亲者讳败不讳敌。尊尊亲亲之义也。然则孰败之？晋也。""为尊者讳敌不讳败"，范宁注："讳敌，使莫二也。不讳败，容有过否。""为亲者讳败不讳敌"，范宁注："讳败，惜其毁折也。不讳敌，诸侯有列国。""尊尊亲亲之义"，范宁注："尊则无敌，亲则保全，尊谓王，亲谓鲁。"

《春秋·成公九年》："晋栾书帅师伐郑。"《穀梁传》："不言战，以郑伯也。为尊者讳耻，为贤者讳过，为亲者讳疾。""为亲者讳疾"不好理解，范宁注："郑，兄弟之国，故谓之亲，君臣交兵，病莫大焉，故为之讳。"

"为尊者讳"之例再如：

《春秋·僖公二十八年》："五月癸丑，公会晋侯、齐侯、宋公、蔡侯、郑伯、卫子、莒子，盟于践土。"《穀梁传》："讳会天王也。"

《春秋·僖公二十八年》："冬，公会晋侯、宋公、蔡侯、郑伯、陈子、莒子、邾子、秦人于温。"《榖梁传》："讳会天王也。"

《春秋·桓公二年》："及其大夫孔父。"《榖梁传》："孔父先死，其曰及，何也？书尊及卑，《春秋》之义也。孔父之先死，何也？督欲弑君而恐不立，于是乎先杀孔父，孔父闲也。何以知其先杀孔父也？曰：子既死，父不忍称其名；臣既死，君不忍称其名，以是知君之累之也。孔，氏；父，字：谥也。或曰：其不称名，盖为祖讳也。孔子故宋也。"

《春秋·文公二年》："三月乙巳，及晋处父盟。"《榖梁传》："不言公，处父优也，为公讳也。何以知其与公盟？以其日也。何以不言公之如晋？所耻也。出不书，反不致也。"

"为亲者讳"之例：

《春秋·桓公五年》："秋，蔡人、卫人、陈人从王伐郑。"《榖梁传》："举从者之辞也。其举从者之辞，何也？为天王讳伐郑也。郑，同姓之国也，在乎冀州，于是不服，为天子病矣。"

《春秋·僖公元年》："十有二月丁巳，夫人氏之丧至自齐。"《榖梁传》："其不言姜，以其杀二子，贬之也。或曰为齐桓讳杀同姓也。"

《春秋·哀公十二年》："夏，五月甲辰，孟子卒。"《榖梁传》："孟子者，何也？昭公夫人也。其不言夫人，何也？讳取同姓也。"

"为贤者讳"之例：

《春秋·僖公十七年》："夏，灭项。"《榖梁传》："孰灭之？桓公也。何以不言桓公也？为贤者讳也。项，国也，不可灭而灭之乎，桓公知项之可灭也，而不知己之不可以灭也。既灭人之国矣，何贤乎？君子恶恶疾其始，善善乐其终。桓公尝有存亡继绝之功，故君子为之讳也。"

《穀梁传》对《春秋》解释最多的还是"内讳"。所谓内讳，即恶讳，讳言国内或家内之恶事。比如，《春秋·僖公元年》："秋，七月，戊辰，夫人姜氏薨于夷，齐人以归。"《穀梁传》："不言以丧归，非以丧归也。加丧焉，讳以夫人归也。其以归，薨之也。"夫人姜氏死在夷地，齐人把她带回国；但其实姜氏之死不在记载地点，而是先接姜氏回齐国，然后杀死。《春秋》为避讳杀死姜氏这件恶事，就只书"以归"而讳言"以丧归"。

再如，《春秋·桓公十二年》："十有二月，及郑师伐宋；丁未，战于宋。"《穀梁传》曰："非与所与伐战也。不言与郑战，耻不和也。于伐与战，败也。内讳败，举其可道者也。"鲁国和郑国联合攻宋，但在伐宋时与郑国战，鲁国败，便"内讳"败，只言"战于宋"。

《穀梁传》解释"内讳"的例子再如：

《春秋·桓公十年》："冬，十有二月丙午，齐侯、卫侯、郑伯来战于郎。"《穀梁传》："来战者，前定之战也。内不言战，言战则败也。不言其人，以吾败也。不言及者，为内讳也。"

《春秋·桓公十七年》："夏，五月丙午，及齐师战于郎。"《穀梁传》："内讳败，举其可道者也。不言其人，以吾败也。不言及之者，为内讳也。"

《春秋·庄公元年》："三月，夫人孙于齐。"《穀梁传》："孙之为言犹孙也。讳奔也。接练时，录母之变，始人之也。不言氏姓，贬之也。人之于天也，以道受命；于人也，以言受命。不若于道者，天绝之也；不若于言者，人绝之也。臣子大受命。"

《春秋·庄公二十七年》："秋，公子友如陈，葬原仲。"《穀梁传》："言葬不言卒，不葬者也。不葬而曰葬，讳出奔也。"

《春秋·庄公二十八年》："臧孙辰告籴于齐。"《穀梁传》：

"国无三年之畜，曰国非其国也。一年不升，告籴诸侯。告，请也。籴，籴也。不正，故举臧孙辰以为私行也。国无九年之畜，曰不足；无六年之畜，曰急；无三年之畜，曰国非其国也。诸侯无粟，诸侯相归粟，正也。臧孙辰告籴于齐，告，然后与之，言内之无外交也。古者税什一，丰年补败，不外求而上下皆足也，虽累凶年民弗病也。一年不艾而百姓饥，君子非之。不言如，为内讳也。"

《春秋·庄公三十二年》："公子庆父如齐。"《穀梁传》："此奔也，其曰如，何也？讳莫如深，深则隐。苟有所见，莫如深也。"

《春秋·闵公二年》："九月，夫人姜氏孙于邾。"《穀梁传》："孙之为言犹孙也。讳奔也。"

《春秋·僖公二十二年》："秋，八月丁未，及邾人战于升陉。"《穀梁传》："内讳败，举其可道者也。不言其人，以吾败也。不言及之者，为内讳也。"

《春秋·文公十一年》："冬，十月甲午，叔孙得臣败狄于咸。"《穀梁传》："不言帅师而言败，何也？直败，一人之辞也。一人而曰败，何也？以众焉言之也。传曰：长狄也。兄弟三人，佚宕中国，瓦石不能害。叔孙得臣，最善射者也。射其目，身横九亩，断其首而载之，眉见于轼。然则何为不言获也？曰：古者不重创，不禽二毛，故不言获，为内讳也。其之齐者，王子成父杀之，则未知其之晋者也。"

《春秋·昭公二十五年》："九月乙亥，公孙于齐。"《穀梁传》："孙之为言犹孙也。讳奔也。"

《春秋·桓公元年》："郑伯以璧假许田。"《穀梁传》："假不言以，言以非假也。非假而曰假，讳易地也。礼，天子在上，诸侯不得以地相与也。无田则无许可知矣。不言许，不与许也。许田者，鲁朝宿之邑也。邴者，郑伯之所受命而祭泰山之邑也。用见鲁之不朝于周，而郑之不祭泰山也。"

4. 最早撰书论讳的学者——应劭

最早研究避讳讳例的是东汉学者应劭。应劭（约 153—196 年），字仲瑗，汝南郡南顿县（今河南项城）人，曾任泰山郡太守。应劭博学多闻，著作颇丰，有 11 种、计 136 卷，现存《汉官仪》《风俗通义》等。应劭的著作和避讳相关的有两种，一是《旧君讳仪》2 卷，《隋书·经籍志·仪注类》存其目，可惜已亡佚；二是以考证历代名物制度、风俗传闻为主的《风俗通义》，原书 30 卷、附录 1 卷，今仅存 10 卷；其中有一《讳篇》，已亡佚。后人辑得两者有关避讳的 4 条佚文：（1）周穆王名满，晋厉公名州满，是同名不讳。（2）汝南主簿应劭议，宜为旧君讳，论者皆互有异同。（3）彭城孝廉张子矫议云："若君臣不得相袭作名。周穆王讳满，至定王时有王孙满；厉王讳胡，庄王之子名胡。"（以上 3 条为严可均从《全后汉文》辑得）（4）茂才，旧言秀才，避光武讳称茂才（此条为刘殿爵先生编《风俗通义逐字索引》时辑得）。①

5. 最早撰文论讳的学者——张昭

张昭（156—236 年），字子布，徐州彭城（今江苏徐州）人，三国时期孙吴重臣。张昭撰有《驳应劭宜为旧君讳论》，其文本已亡佚，但《三国志·吴书·张昭传》裴松之注文中存其文②，辑录于下：

客有见大国之议士君子之论，云起元建武已来，旧君名讳五十六人，以为后生不得协也。取乎经论，譬诸行事，义高辞丽，甚可嘉羡。愚意褊浅，窃有疑焉。盖乾坤剖分，万物定形，肇有父子君臣之经。故圣人顺天之性，制礼尚敬，在三之义，君实食之，在丧之哀，君亲临之，厚莫重焉，恩莫大焉，诚臣子所尊仰，万夫所天恃，焉得而同之哉。然亲亲有衰，尊

---

① 王建：《中国古代避讳史》，贵州人民出版社 2003 年版，第 57 页。
② 传文及裴松之注并云："张昭字子布，彭城人也。少好学，善隶书，从白侯子安受左氏春秋，博览众书，与琅琊赵昱、东海王朗俱发名友善。弱冠察孝廉，不就，与朗共论旧君讳事，州里才士陈琳等皆称善之。时汝南主簿应劭议宜为旧君讳，论者皆互有异同，事在风俗通。"

尊有杀，故《礼》服上不尽高祖，下不尽玄孙。又《传》记四世而缌麻，服之穷也；五世袒免，降杀同姓也；六世而亲属竭矣。又《曲礼》有不逮事之义则不讳，不讳者，盖名之谓，属绝之义，不拘于协，况乃古君五十六哉！邾子会盟，季友来归，不称其名，咸书字者，是时鲁人嘉之也。何解臣子为君父讳乎？周穆王讳满，至定王时有王孙满者，其为大夫，是臣协君也。又厉王讳胡，及庄王之子名胡，其比众多。夫类事建议，经有明据，传有征案，然后进攻退守，万无奔北，垂示百世，永无咎失。今应劭虽上尊旧君之名，而下无所断齐，犹归之疑云，《曲礼》之篇，疑事无质，观省上下，阙义自证，文辞可为，倡而不法，将来何观？言声一放，犹拾沈也。过辞在前，悔其何追！

由张昭之文可知，应劭《旧君讳仪》辑得过去 56 位君王讳例，并主张后人沿袭讳之；张昭撰《驳应劭宜为旧君讳论》予以反驳，张昭在文中铺陈历史，引经据典，认为应劭所主张的"宜为旧君讳"大可不必。

二　有关先秦两汉时期避讳的研究

（一）有关早期避讳起源的研究

避讳肇始于何时，学界聚讼较多，夏、商、周、秦、汉，似乎莫衷一是，兹述略如下：

（1）认为避讳起源于夏朝。清代学者顾炎武在《日知录》卷 2 之"帝王名号"中谓"尧崩之后，舜与其臣言则曰帝，禹崩之后，《五子之歌》则曰皇祖，《民征》则曰先王，无言尧舜禹者，不敢名其君也"，王建先生据此推定顾炎武是认为夏代已有避讳之制的。[①] 现代学者董作宾先生认为夏朝已有避讳之制，他在《论商人以十日为名》中说："大概夏代的晚年，才订立以十日为神主的制

---

① 王建：《中国古代避讳史》，贵州人民出版社 2003 年版，第 6 页。

度，有忌讳直称先王名号的意义。"① 台湾学者杨君实先生撰有《康庚与夏讳》，明确指出"溯自夏代，初世诸王已采日干为庙号，已有避讳之风可信之矣"②。

（2）认为避讳起源于商代。宋人张世南认为避讳肇始于商代，他在《游宦纪闻》卷3中说："殷人以讳事神，名，终将讳之。"但张氏没有证据。真正详细论述殷商时期已有避讳之制之俗的是现代学者屈万里先生的《谥法滥觞于殷代论》和虞万里先生的《商周称谓与中国古代避讳起源》，前已述，兹不赘。

（3）认为避讳起源于周代。《左传·桓公六年》肇始其端："周人以讳事神，名，终将讳之。"唐孔颖达据此认为避讳始于周，疏曰："自殷以往，未有讳法。讳始于周。周人尊神之故，为之讳名。以此讳法敬事神明，故言周人以讳事神。"③ 宋人周密《齐东野语》卷4也认为避讳起于周："盖殷以前，尚质不讳名，至周始讳。"宋人王观国《学林》卷3也云："夏商无所讳，讳自周始。"清人刘锡信也持同样的观点："避讳之说，殷商未之有也。左氏曰'周人以讳事神，名，终将讳之'，故避讳断自周人始。"④ 清人周榘在《廿二史讳略》中也认为："周始制谥，开避讳之端矣。"清人赵翼则把避讳起源具体到东周时期，他在《陔余丛考》卷31中说："避讳本周制，《左传》所谓'周人以讳事神，名终将讳之'是也。然周公制礼时，恐尚未有此。……虽曰临文不讳，然临文者但读古书遇应讳之字不必讳耳，非谓自撰文词亦不必讳也。而周初之诗如此，则知避讳非周公制也。今以意揣之，盖起于东周之初。"清人周广业在《经史避名汇考》卷3中亦认为讳起周公："讳起于周公制谥之后，武王时未有也。"民国史家陈垣先生在《史讳举例》序言中也认为避讳起于周时："避讳为中国特有之风俗，其俗起于周，成于秦，盛于唐宋，其历史垂二千年。"⑤ 胡适先生则认为："殷商人

---

① 董作宾：《论商人以十日为名》，《大陆杂志》1951年第3期。
② 杨君实：《康庚与夏讳》，《大陆杂志》1960年第20卷第3期。
③ 孔颖达：《春秋左传正义》，中华书局1980年版，第1751页。
④ 刘锡信：《历代讳名考·自序》，畿辅丛书本，第1页。
⑤ 陈垣：《史讳举例》，中华书局2004年版，第1页。

完全没有避讳制度，避讳起于周人，正和谥法起于周人一样。"

（4）认为避讳起源于秦代。清人袁枚在《随园随笔》中提出避讳起于秦世，他说："避讳始于秦始皇，以庄襄王名楚，改楚为荆，己名正，改正月为一月。"现代学者郭沫若先生作《讳不始于周人辨》，列举金文中的证据，认为避讳不始于周，而是始于秦代，他说："统上诸证，余可得一结论，曰：讳不始于周人。由此结论更可得一断案，即避讳之事始于秦。"①

（5）认为避讳起源于汉初。现代学者郑慧生先生撰《"避讳不始于秦"说》，②认为避讳习俗不是起于周、成于秦，而是始于汉初。但作者仅根据一条秦讳的材料（是否讳"正月"为"端月"）就下结论，以偏概全，略嫌武断。

有关避讳的起源之所以聚讼纷纭，没有定论，主要因为上古时代久远，材料缺乏；多数论者只有孤证，或只根据所见文献中的只言片语，在论证不充分的情况下就得出结论，自然就难以让人信服。

我们认为，避讳现象纷繁，笼统地探讨避讳的起源可能会以偏概全；如果将避讳进行分类后再讨论其起源，也许可以得出较为合理的推断和蠡测。

如前述，避讳包括俗讳和敬讳两大类。基于畏惧、迷信、憎恨等心理形成的避讳叫作俗讳，由于礼制、政治等原因形成的避讳称为敬讳。敬讳被历代学者关注、研究最多，以上诸家所讨论的避讳起源问题，大多数也是敬讳的起源问题。

俗讳起源于人类共有的畏惧、憎恶、迷信心理。限于生产力和认识水平低下，原始人类还不能正确认识诸如死亡、自然灾害等现象，基于巫术思维和恐惧心理，他们将这些现象归因于某种神秘力量而加以回避，这就是原始禁忌（Taboo）。世界各民族都有避忌心理，如美国摩尔根的《古代社会》、法国列维布留尔的《原始思

---

① 转引自王建《中国古代避讳史》，贵州人民出版社 2003 年版，第 4 页。另有李瑾先生撰《论"讳"在中国社会产生之精神来源及其物质基础——郭沫若先生〈讳不始于周人辨〉质疑》一文（《史学月刊》1992 年第 4 期），不同意郭沫若之说。

② 郑慧生：《"避讳不始于秦"说》，《人文杂志》2000 年第 2 期，第 121—122 页。

维》和列维斯特劳斯的《图腾制度》、英国弗雷泽的《金枝》等人类学家的著作都揭示过人类的很多原始禁忌。日本学者穗积陈重在其《实名敬避俗研究》中甚至搜集到世界 120 多个古老民族的避忌习俗。① 考古发掘和神话传说中也有很多有关中华先人禁忌的资料。所以，中国早期的人类社会已有避讳之俗，俗讳应该产生于原始社会时期。

　　敬讳源于中国特有的宗法礼制和政治制度；敬讳其实是一种权力话语，体现的是尊者、长者、擅权者通过其人名等的禁忌来强化业已建立的伦理秩序和等级制度（如亲疏长幼、尊卑贵贱等）；因此，敬讳是阶级社会的产物。夏朝是中国第一个进入阶级社会的朝代，那时可能有敬讳的萌芽，上述顾炎武、董作宾、杨君实等学者所作的蠡测具有一定的合理性；但夏代尚未见系统的文字，其避讳之制无从考证，或无法给予证实（顾氏等只是根据个别文字所作的推测）。殷商时期，人们对神权的敬畏和忌讳占据主导地位，政治和礼制的影响居于从属地位，但那时确有零星的有关敬讳的记载，如前述屈万里、虞万里等学者所提及的甲金文字中的个别材料②；殷商是敬讳的萌芽期。西周宗法制度建立，君权取代神权，相当数量的材料已经表明，其时敬讳礼制已经形成，略证如下：

　　第一，谥号产生于西周，已是学界公论；而谥号的产生就是为了回避死人的名讳，因为"人死曰鬼"（《礼记·祭法》），就须以名讳事鬼神。周公制谥③之史实，应该是周代敬讳形成的标志性事件。

　　第二，周代职官因避讳更名。司徒为周代官名，晋僖侯名司徒，晋国便讳司徒为中军；司空为周代官名，宋武公名司空，宋国便讳司空为司城。《左传·桓公六年》："晋以僖侯废司徒，宋

---

　　① 根据侯旭东先生《中国古代人"名"的使用及其意义》中的统计，《中国社会科学》2005 年第 5 期，第 3—21 页。

　　② 屈、虞二氏是根据文字中的内容才作出其时讳制的推断。可能是其时讳制尚疏，由于"临文不讳"，进而在文字上没有留下很多敬讳的材料。

　　③ "周公制谥"见载于《逸周书·谥法解》，王国维《殷周制度论》研究铜器铭文又得出谥法制定于西周共懿二王之后。

以武公废司空。"杜预注:"僖侯名司徒,废为中军。……武公名司空,废为司城。"《公羊传·文公八年》:"宋司城来奔。司马者何?司城者何?皆官举也。"注云:"宋变司空为司城者,辟先君武公名也。"

第三,鲁人讳称具、敖二山。西周鲁献公姬氏名具,鲁武公姬氏名敖,晋国大夫访鲁时问及鲁国境内具山、敖山事,鲁人为避鲁献公、武公名讳,不言二山之名而改以乡名作答。史见《国语·晋语九》:鲁昭公二十一年,"(晋)范献子聘于鲁,问具山、敖山,鲁人以其乡对。献子曰:'不为具、敖乎?'对曰:'先君献、武之讳也。'献子归,徧戒其所知曰:'人不可以不学。吾适鲁而名其二讳,为笑焉,唯不学也。'"又,《左传·桓公六年》孔颖达疏曰:"《礼》称'舍故而讳新',亲尽不复更讳。计献子聘鲁在昭公之世,献、武之讳久已舍矣,而尚以乡对者,当讳之时改其山号,讳虽已舍,山不复名,故依本改名以其乡对,犹司徒、司空虽历世多而不复改名也。然献子言之不为失礼,而云'名其二讳'以自尤者,《礼》'入国而问禁','入门而问讳',献子入鲁不问,故以之为惭耳。"

第四,文字旁证。我们遍检甲骨文字,未见"讳""忌""諅"等表示避忌的字眼;但在商周金文语料库中,"讳"字在周代金文中凡6见,"忌"字凡44见,"諅"字凡1见,而且三字的最早出现都是在西周中期或晚期;文字不仅记录语言,也可以作为西周避讳之制之俗的旁证。

第五,郭沫若先生《讳不始于周人辨》主要依据的是周代青铜器铭文不避国君名讳;但铭文是正式的文字,应当遵循"临文不讳"的古礼;用作礼器的青铜器上的铭文更不须避讳,因为按照先秦"庙中不讳",用作祭祀的文字,无论读写都不用避讳。

而且在上述诸家的各种观点中,主张避讳起始于周代的也占多数。因此,我们认为,敬讳萌芽于殷商,形成于西周,风行于秦汉及其以降。

（二）有关秦汉时期避讳的研究

陈垣先生《史讳举例》卷 8 之第七十二《秦汉避讳》① 简要介绍了秦汉时期的避讳情况，并列举了该期的国讳讳例。王建先生《中国古代避讳史》卷 3 之《秦汉避讳》② 分 8 个专题研究该期避讳，它们是：（1）秦俗多忌讳；（2）秦始皇名小议；（3）汉代的同训代换；（4）避嫌名与生称讳；（5）避讳下被扭曲的人；（6）汉晋单名现象之谜；（7）汉讳最难考；（8）应劭、张昭论讳。

秦汉时期的避讳材料比较零散，因此全面、系统的相关研究不多；论者在诸多典籍中沙里淘金，发现了一些零星的材料，相关的研究也以专题考论居多。

专题考论最多的还是对于《礼记》"二名不偏讳"的理解和解释。《礼记·曲礼上》："二名不偏讳。"东汉郑玄注："谓二名不一一讳也。孔子之母名'徵在'，言'在'不称'徵'，言'徵'不称'在'。"唐孔颖达疏："不遍讳者，谓两字作名，不一一讳之也。"即无须为二字之名的每个字避讳，只有二字连用时才算犯讳。本来已经解释得非常清楚了，但宋人毛居正在《六书正误》中解释说："偏，本作徧，与遍同。"自兹以降，关于"二名不偏讳"的解释就集中在是"偏讳"还是"徧讳"上。

A：认为按本字理解作"不偏讳"。宋洪迈《容斋三笔·帝王讳名》就据"不偏讳"解释说："唐太宗名世民，在位之日不偏讳。故戴胄、唐俭为民部尚书，虞世南、李世勣在朝。"清人卢文弨反对将"偏"解作"徧"，并说："偏字义圆，徧字义滞，细体会之自见。"（《钟山札记》卷 1 "二名不偏讳"条）清人顾千里在《抚本〈礼记〉考异》中认为"偏"是而"徧"非。清人俞樾在《群经平议》卷 19 中也认为当作"二名不偏讳"，云："言不偏讳，则见二名固皆当讳，然语言之间必不可避，则或言上一字而不言下一字，或言下一字而不言上一字可也，此正《礼记》用字之密。"现代学者杨琳先生《何为"偏讳"》认为，"偏讳"的确切含义应该

---

① 陈垣：《史讳举例》，中华书局 2004 年版，第 108—110 页。
② 王建：《中国古代避讳史》，贵州人民出版社 2002 年版，第 31—60 页。

是单讳其一，偏讳的避与不避因时因人而异。① 武秀成先生则认为
《礼记》原文作"偏"字无疑，与"徧"字无涉。② 《汉语大词典》
对"偏讳"的解释："名字有两个字的，偏举其中的一个字，也要
避讳，称'偏讳'。"③

　　B：认为应按借字理解为"不徧（遍）讳"。宋人岳珂发现旧
杭本柳宗元《除监察御史以祖名察躬辞》一文中即有"奉敕二名不
遍讳"，并据以认为"偏"应作"遍"。（《刊正九经三传沿革
例》）清人阮元在《十三经注疏校勘记》中就认为偏讳之"偏"
应作"徧"（即"遍"），因形近而传写致误，他说："毛居正云：
'偏本作徧，与遍同，作偏误。正义云：不徧讳者，谓两字不一一
讳之也。此义谓二字为名，同用则讳之，若两字各随处用之，不
于彼于此一皆讳之，所谓不徧讳也。'按：旧杭本柳文载：'柳宗
元新除监察御史，以祖名察躬，入状奏，奉敕新除监察御史，以
祖名察躬，准礼二名不遍讳，不合辞逊。'此作遍字，是旧《礼》
作徧字明矣。今本作偏，非也。若谓二字不独讳一字，亦通，但
与郑康成所注文意不合，可见传写之误。"④ 段玉裁撰《二名不偏
讳说》同样认为："《曲礼》曰：'不讳嫌名，二名不徧讳。'各本
'徧'作'偏'，今按：以'徧'为是。……'偏'、'徧'易讹，
故俗字以'遍'易'徧'。"（《经韵楼集》卷4）王念孙也认为：
"偏亦徧之借字，故《曲礼》注云：'谓二名不一一讳也。'"（《读
书杂志》卷7）现代学者宋慧曼先生《"二名不偏讳"宜作何
解》⑤、王珍珠先生《论"二名不偏讳"》⑥ 也袭该说，认为"偏"

① 杨琳：《何为"偏讳"》，《烟台大学学报》2003年第3期，第350—352页。

② 武秀成：《段玉裁"二名不徧讳说"辨正》，《文献》2014年第2期，第175—
186页。

③ 罗竹风：《汉语大词典》（一卷），汉语大词典出版社1986年版，第1561页。

④ 阮元：《十三经注疏校勘记》，中华书局1980年版，第1255页。

⑤ 宋慧曼：《"二名不偏讳"宜作何解》，《汉字文化》2002年第2期，第64—65
页。石云孙作《为"二名不偏讳"解补证》为宋文补充一材料，《汉字文化》2003年第
2期，第30页。

⑥ 王珍珠：《论"二名不偏讳"》，《常熟理工学院学报》2009年第3期，第95—
97页。

应理解作"徧"。

以上两端大都从文献的用字角度提供证据，但没有言明其解释在语义上与其他解释有什么不同；有的虽然说明了与其他解释的不同，但属理解之误，如杨琳认为"徧（遍）讳"是每个字都要避讳，"偏讳"是单讳双名之一。其实"偏讳"是双名中的任意一个字都要避讳，和"徧（遍）讳"意思没什么不同。

再来看看"偏"和"徧"所记录的词。综合《汉语大字典》和《汉语大词典》，"偏"记录有"偏¹（piān，偏向）"和"偏²（biàn，普遍）"两个词；"徧"记录有"徧¹（biàn，普遍）"和"徧²（piān，偏向）"两个词。① 其中，"偏²（biàn，普遍）"和"徧¹（biàn，普遍）"通用，如《墨子·经说下》"伛宇不可偏举"，孙诒让《间诂》："偏，徧，并声同字通。""偏¹（piān，偏向）"和"徧²（piān，偏向）"通用，如《文选·司马相如〈封禅文〉》"非惟雨之，又润泽之，非惟徧之我，氾布护之"，《汉书·司马相如传下》则作"匪唯偏我。"而"徧¹（biàn，普遍）"是"遍"的古字，《玉函山房辑佚书·国语音》："徧，今为遍。"以上关系如图3—1所示：

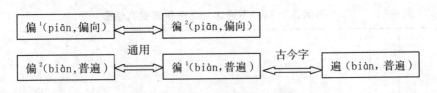

图3—1　偏、徧文字关系图

因此，"偏"和"徧"在"偏向""普遍"意义上是完全通用字，有关"二名不偏讳"的解释可以而且只能归纳为"二名不偏¹（徧²）讳"和"二名不偏²（徧¹）（遍）讳"两种，分别和以上A和B对应，历史上的所有解释要么是A，要么是B。我们把它们简单写作"不偏¹讳"和"不遍讳"。

---

① "徧"还有一通假用法同"蹁 pián"，和"偏讳"义完全无关。

　　既然"偏"和"徧"是通用字，而且形近，各种文献中就容易通作或混用，正如王念孙在《读书杂志》卷 7 中所谓："若诸子书中以'偏'为'徧'者，则不可枚举。"因此，历代诸家根据文献的用字情况作为其立论的依据就不能成立。其实，问题的关键还不在用字，而是在通作或混用之后其意义有没有发生变化。我们认为，"二名不偏讳"和"二名不徧讳"意义完全相同，即二字之名不用逐字避讳。下面用逻辑学的真值表来证明。

　　"不偏¹讳"意即"不单讳"，不单独避讳二字之名中的任一字；"偏¹"即"单"义，"二名不偏讳"俞樾按："偏之言单也。"（《群经平议·礼记一》）"不单讳" = "不单" + "讳"①，即二字之名中的两个字不能同时出现，如果用 p、q 表示二字之名中的两个字，"不单讳"的逻辑形式为 A：$\neg(p \wedge q)$。

　　"不徧讳"即不用为二字之名中每个字一一避讳，只称说其中一字而不言及另外一字，或者两个字都不说，就是"不徧讳"，同样用 p、q 表示二字之名中的两个字，其逻辑形式为 B：$(p \wedge \neg q) \vee (\neg p \wedge q) \vee (\neg p \wedge \neg q)$。

　　我们用逻辑学的真值表来证明 A 和 B 的关系：

表 3—1　　　　"不偏讳"和"不徧讳"之逻辑形式真值表

p	q	$\neg p$	$\neg q$	$p \wedge q$	A $\neg(p \wedge q)$	$p \wedge \neg q$	$\neg p \wedge q$	$\neg p \wedge \neg q$	B $(p \wedge \neg q) \vee (\neg p \wedge q) \vee (\neg p \wedge \neg q)$
1	1	0	0	1	0	0	0	0	0
1	0	0	1	0	1	1	0	0	1
0	1	1	0	0	1	0	1	0	1
0	0	1	1	0	1	0	0	1	1

　　由上表可以看出，A ↔ B 是永真式，即 A 和 B 在任何情况下都

---

　　①　由于只是二字之名，非单即双，所以"不单讳" = "不" + "单讳" = "不单" + "讳"。

是等值的①，即 ⌐（p∧q）永远等值于（p∧ ⌐q）∨（ ⌐p∧q）∨（ ⌐p∧ ⌐q）；也就是说，把"二名不偏讳"解释为"二名不偏¹讳"和"二名不徧（遍）讳"没有任何区别，其意思都是对于二字之名不用为每个字单独避讳。

但是，两千多年来，有关"二名不偏讳"的解释争论不休，有数十家之多，似乎莫衷一是。其实，由以上文字形式分析可以看出，"偏""徧"是通用字，把"二名不偏讳"写成"二名不徧讳"当是文字的通作或混用。"不偏讳"只能理解为"不偏¹（徧²）讳"和"不偏²（徧¹）（遍）讳"两种，但这两种情况在真值表中完全等值，即它们的意义完全相同。从历代诸家对"不偏讳"或"不徧讳"之讳例所做的分析来看，也没有什么不同的地方。因此，有关"二名不偏讳"含义的争论，也就没有必要了。

其他的避讳专题还有：胡适先生《两汉人临文不讳考》通过翔实的材料，尤其是蔡邕的 36 条碑文材料说明汉代讳制尚疏，执行"临文不讳"的古礼；胡氏又有《读陈垣史讳举例论汉讳诸条》征引陈垣《史讳举例》以论证他自己的"两汉人临文不讳"之结论，并对陈氏有关汉讳的材料提出商榷意见。曹松林先生《小议"正月"读音"征月"为秦讳》②、黔容先生《小议"正月"读音"征月"为秦讳说质疑》③ 对秦代国讳"正"字的避讳情况展开讨论；熊良智先生《"邦风"讳为"国风"说献疑》认为汉讳尚疏，"邦风"讳为"国风"之说当有可商之处。④ 平飞先生《尊尊与为尊者讳：春秋公羊义的二重性探析》从哲学角度出发，认为尊尊与为尊者讳体现了春秋公羊大义所蕴含的政治理想主义和政治现实主义的

① 北京大学逻辑学博士陈星群先生审核了以上真值表并确证了 A 和 B 等值，特此致谢。
② 曹松林：《小议"正月"读音"征月"为秦讳》，《学术研究》1982 年第 4 期。
③ 黔容：《小议"正月"读音"征月"为秦讳说质疑》，《学术研究》1984 年第 2 期。
④ 熊良智：《"邦风"讳为"国风"说献疑》，《社会科学研究》2006 年第 6 期，第 160—164 页。

二重属性。① 钟书林先生《上博简〈诗论〉"邦风"避讳说献疑》（2008）研究上博简楚竹书《诗论》，结合出土的汉代文献，对照今本《诗经》，针对马承源先生所提出"《邦风》才是《诗经》十五《国风》的初名，汉代因为避刘邦讳才改成现名"之观点提出质疑。

　　有关的断代避讳研究有：清人刘恭冕（1821—1880 年）撰《汉人避讳考》②，通过大量的石经材料中并不避汉代诸皇帝的名讳，说明汉代临文不讳，民间文字也不避讳，唯封事奏记皆当避讳。刘殿爵先生《秦讳初探——兼就讳字论古书中重文》③探讨了秦代的避讳状况；程奇立先生《秦讳考辨》考辨了秦代讳"荆"为"楚"、讳"正"为"征"、讳"正"为"端"等讳例。④ 王建先生《中国古代避讳史》卷 2《先秦避讳》论述了早期避讳的规范和特点；卷 3《秦汉避讳》论述了秦始皇的名讳、汉代的同训代换、汉晋单名现象和汉讳的考辨情况。⑤ 徐海宁先生《先秦语讳表现形式探析》通俗性地介绍了先秦语言避讳的几种形式。⑥ 陶哲先生的硕士学位论文《秦至宣帝时期避讳研究》（2009，四川师范大学）综述性地介绍了秦汉时期的避讳状况。

　　有关的专书避讳研究有：程邦雄先生《〈论语〉中的称谓与避讳研究》研究了《论语》所代表时期的避讳情况，认为《论语》所代表的时期是避讳的，而且继承了殷周以来的称谓传统及避讳习俗，但这时的避讳与后来秦始皇时代回避文字形体的避讳还不一

---

① 平飞：《尊尊与为尊者讳：春秋公羊义的二重性探析》，《东方论坛》2008 年第 5 期，第 1—6 页。
② （清）刘恭冕：《汉人避讳考》，载《广经室文钞》，广雅书局丛书本（1920 年）。
③ 刘殿爵：《秦讳初探——兼就讳字论古书中重文》，香港中文大学《中国文化研究所学报》总第 19 期，1988 年。
④ 程奇立：《秦讳考辨》，《齐鲁学刊》1989 年第 2 期，第 38—42 页。
⑤ 王建：《中国古代避讳史》，贵州人民出版社 2003 年版，第 15—60 页。这些研究成果亦以论文形式《秦汉时期避讳的发展与特点》发表于《上饶师专学报》2000 年第 2 期，第 63—68 页。
⑥ 徐海宁：《先秦语讳表现形式探析》，《山东社会科学》1998 年第 3 期，第 71—72 页。

样，而与春秋以前相同，仍是回避语言中的以名称说，且主要是在对称的环境里，回避尊长的名。至于背称的语境，并不恪守回避名的原则。① 梁建邦先生《〈史记〉的避讳》介绍了《史记》中的若干讳例。② 王丽芬先生《〈说文〉"上讳字"段注斠补》对《说文解字》中上讳五字进行了训释（基于段玉裁的解释）。③ 徐庄先生《略论〈公羊传〉的讳书理论》介绍了《公羊传》对《春秋》讳书笔法的阐释；④ 向熹先生《略谈〈春秋〉四讳》介绍了《春秋》的四种讳书手法：为尊者讳、为亲者讳、为贤者讳、为国家讳；⑤ 王新丽先生《〈礼记〉与避讳》介绍了《礼记》中有关避讳的一些礼制和规定。⑥

另有数篇拾人牙慧的相关论著，兹不赘述。

第二节　魏晋南北朝时期的避讳材料及相关研究

避讳至魏晋，渐趋严密，嫌名之风，便起于三国；南北朝时期，各地偏隅，避讳则无定制，其宽严随人，但文人士子避家讳成为风尚。

该期有一些文章对避讳制度或议论、或奏请、或著录、或抒以见解，更有一些著录家讳的典籍，它们都是研究魏晋南北朝时期避讳的重要材料。

---

① 程邦雄：《〈论语〉中的称谓与避讳研究》，《语言研究》1997 年第 1 期，第109—117 页。

② 梁建邦：《〈史记〉的避讳》，《陕西广播电视大学学报》，2001 年第 2 期，第23—27 页。

③ 王丽芬：《〈说文〉"上讳字"段注斠补》，《伊犁师范学院学报》2004 年第 4期，第 62—65 页。

④ 徐庄：《略论〈公羊传〉的讳书理论》，《中国史研究》1984 年第 2 期。

⑤ 向熹：《略谈〈春秋〉四讳》，《文史杂志》2002 年第 4 期，第 68—70 页。相关的论文还有王春淑《论〈春秋〉记事的讳书笔法》，《西南民族学院学报》1999 年第 3期，第 93—96 页；彭学绍《论〈春秋〉三讳》，《中国文化研究》总第 23 期（1999），第 61—66 页。

⑥ 王新丽：《〈礼记〉与避讳》，《文教资料》2008 年第 28 期，第 112—114 页。

一　魏晋南北朝时期有关避讳制度的议论

魏晋时期，讳制渐密，因此，出现了一些议论避讳制度的文章，它们或奏议有关讳制的诏书，或述论讳制的源流，或直陈对于某些讳制的见解。如三国时魏经学家王肃（195—256 年）就撰有《已迁主讳议》，该文主张诗书、临文、庙中以至言事，都不必避讳，唯不得以为名字。《通典》①104 卷载其文，转载如下：

魏王肃议："高皇讳，明皇帝既祔，儒者迁高皇主，尚书来访，宜复讳不？及引殷家或乃同名。答曰：'殷家以甲乙为字，既二名不偏讳，且殷质故也。礼所谓舍故而讳新，诸侯则五代不讳，天子之制，死不得与诸侯同五代则不讳也。春秋鲁讳具敖二山，五代之后，可不复为讳，然已易其名，则故名不复讳也。犹汉元后父名禁，改禁中为省中，至今遂以省中为称，非能为元后讳，徒以名遂行故也。春秋时，晋范献子适鲁，名其二山，自以为不学。当献子时，鲁不复为二名讳，而献子自以为犯其讳，直所谓不学者也。《礼》曰诗书、临文、庙中皆不讳，此乃谓不讳见在之庙，不谓已毁者也。'文王名昌，武王名发，成王时颂曰'克昌厥后''骏发尔私'。箕子为武王陈洪范曰：'使羞其行而国其昌。'厉王名胡，其子宣王时诗曰：'胡不相畏，先祖于摧。'其孙幽王时诗曰：'哀今之人，胡为虺蜴。'此则诗书不讳明验也。按汉氏不名讳，常曰'臣妾不得以为名字'，其言事不讳，盖取诸此也。然则周礼其不讳时，则非唯诗书、临文、庙中，其余皆不讳矣。今可太祖以上去墠乃不讳，讳三祖以下尽亲如礼，唯诗书、临文、庙中不讳。自此以后，虽百代如汉氏故事，臣妾唯不得以为名字，其言事不讳。所谓魏国于汉，礼有损益，质文随时，亦合尊之大义也。"

---

① 杜佑：《通典》，中华书局 1988 年版。

再看晋人孙毓的《七庙讳字议》：

> 晋孙毓七庙讳字议："乙丑诏书班下尊讳，唯从宣皇帝以来；京兆府君以上，皆不别著。按《礼》，士立二庙，则讳王父以下，天子诸侯皆讳群祖，亲尽庙迁，乃舍故而讳新。尊者统远，卑者统近，贵者得申，贱者转降，盖所以殊名位之数，礼上下之序也。先代创业之主，唯周追王，夏殷以前，未有闻焉。显考以下谓之亲庙，亲庙月祭，属近礼崇。周武王时，诸螯为显考庙。周人以讳事神，固不以追王所不及而阙正庙之讳也。《礼》，大夫所有公讳。又曰'子与父同讳'。明君父之讳，臣子不可以不讳也。范献子聘于鲁，问具敖之山，鲁人以其乡对，曰'先君献武之讳也'。此时献武已为远祖，邻国大夫犹以犯讳为失，归而作戒，著于春秋。大晋龙兴，弘崇远制，损益因改，思臻其极。以为京兆府君以上，虽不追王列在正庙，臣下应讳，礼有明义。宜班下讳字，使咸知所避，上崇寅严之典，下防僭同之谬。"

《通典》104卷《礼篇》所载有关议论讳制的文章还有晋王彪《上书犯帝讳及帝所生讳议》、晋徐禅《山川与庙讳同应改变议》、晋臧焘《上表称太子名议》、晋谢诠《父讳与府主名同议》、晋江统《授官与本名同宜改及官位犯祖讳议》等。

西晋陈寿著《释讳》，但已亡佚，东晋常璩《华阳国志》存其目。《通典》71卷还载有北朝齐人邢劭（496—?）所撰《避太子讳议》，由邢劭对"避太子讳"可不避似又必避的矛盾心理可以看出六朝时避讳制度已渐趋森严，其文如下：

> 案：《曲礼》："大夫、士之子，不与嗣君同名。"郑注："若先生之，亦不改。"汉法：天子登位，布名于天下，四海之内，无不咸避。案《春秋经》："卫石恶出奔在晋。"卫侯衎卒，其子恶始立，明石恶与长子同名。诸侯长子，在下国之内，与皇太子于天下，礼亦不异。郑言先生不改。盖以此义。卫石

恶，宋向戌，皆与君同名。春秋不讥。皇太子虽有储贰之重，未为海内所避，何容便改人姓。然事有消息，不得皆同于古。官吏至微，而有所犯，朝夕从事，亦是难安。宜听出官，更补它职。(《通典》七十一：时议又拟官吏之姓与太子名同，子才又议云云。诏可。)①

南齐王慈（451—491 年）还撰有《讳榜议》，对南朝梁任昉所上表《朝堂讳榜议》发表评论，认为"朝堂讳榜，非古旧制"，《南齐书·王慈传》存其文，转载如下：

慈以朝堂讳榜，非古旧制，上表曰："夫帝后之德，绸缪天地，君人之亮，蝉联日月。至于名族不著，昭自方策，号谥聿宣，载伊篇籍。所以魏臣据中以建议，晋主依经以下诏。朝堂榜志，讳字悬露，义非绵古，事殷中世，空失资敬之情，徒乖严配之道。若乃式功鼎臣，赞庸元吏，或以勋崇，或由姓表。故孔悝见铭，谓标叔舅，子孟应图，称题霍氏。况以处一之重，列尊名以止仁；无二之贵，龛冲文而止敬。昔东平即世，孝章巡宫而洒泣；新野云终，和熹见似而流涕。感循旧类，尚或深心；矧观徽迹，能无恻隐？今扃禁歔邃，动延车盖，若使銮驾纡览，四时临阅，岂不重增圣虑，用感宸衷？愚谓空标简第，无益于匪躬；直述朝堂，宁亏于夕惕。伏惟陛下保合万国，齐圣群生，当删前基之弊轨，启皇齐之孝则。"诏付外详议。

博士李捴议："据《周礼》，凡有新令，必奋铎以警众，乃退以宪之于王官。注：宪，表悬之也。"太常丞王倗之议："尊极之名，宜率土同讳。目可得睹，口不可言。口不可言，则知之者绝，知之者绝，则犯触必众。"仪曹郎任昉议："捴取证明之文，倗之即情惟允。直班讳之典，爰自汉世，降及有晋，历代无爽。今之讳榜，兼明义训，邦之字国，实为前事之征。名

---

① 严可均《全北齐文》卷 3《避太子讳议》，中国国家数据库古文数据中心。

讳之重，情敬斯极，故悬诸朝堂，搢绅所聚，将使起伏晨昏，不违耳目，禁避之道，昭然易从。此乃敬恭之深旨，何情典之或废？尊称霍氏，理例乖方。居下以名，故以不名为重；在上必讳，故以班讳为尊。因心则理无不安，即事则习行已久，谓宜式遵，无所创革。"慈议不行。

二 魏晋南北朝时期有关家讳的记载和议论

六朝战争频仍，政权更迭快速，这是一个政权争夺变换如"传舍"，人生命运漂泊如"转蓬"的时代。余嘉锡先生云："魏晋士大夫只知有家，不知有国。故奉亲思孝，或有其人；杀身成仁，徒闻其语。"[①] 所以，在道德观念上，孝道重于忠行。与此同时，世家大族势力兴盛，因此，六朝家讳（私讳）重于国讳，家讳是名士间重要的社交禁忌。余嘉锡先生又说："六朝人极重避讳，卢志面斥士衡祖父之名，是为无礼。此虽生今之世，亦所不许。揆以当时人情，更不容忍受。"[②] 刘宋刘义庆（403—444 年）等《世说新语》、北齐颜之推（531—591 年）《颜氏家训》中记载有大量名士避家讳的例子，反映了其时的社会风气。因此，《颜氏家训》和《世说新语》也是研究六朝避讳之重要的避讳学文献。

（一）《颜氏家训》[③] 所论及的避讳习俗

《颜氏家训》是南北朝时期教育家颜之推记述个人经历、思想、学识以告诫子孙的家训著作，共有 7 卷 20 篇，主要讲修身、治家、处世、为学等方面的儒家规范。《颜氏家训》对后世有深远影响，明代王三聘说："古今家训，以此为祖。"其中有 15 处论及避讳之俗，大部分集中在《风操第六》，如：

> 《礼》曰："见似目瞿，闻名心瞿。"有所感触，恻怆心眼；若在从容平常之地，幸须申其情耳。必不可避，亦当忍之；犹如伯叔兄弟，酷类先人，可得终身肠断，与之绝耶？又："临

---

① 余嘉锡：《世说新语笺疏》，中华书局 1983 年版，第 46 页。
② 同上。
③ 颜之推：《颜氏家训》，上海古籍出版社 1992 年版。

文不讳，庙中不讳，君所无私讳。"益知闻名，须有消息，不必期于颠沛而走也。梁世谢举，甚有声誉，闻讳必哭，为世所讥。又有臧逢世，臧严之子也，笃学修行，不坠门风；孝元经牧江州，遣往建昌督事，郡县民庶，竟修笺书，朝夕辐辏，几案盈积，书有称"严寒"者，必对之流涕，不省取记，多废公事，物情怨骇，竟以不办而还。此并过事也。

近在扬都，有一士人讳审，而与沈氏交结周厚，沈与其书，名而不姓，此非人情也。

今按：梁朝的名士谢举听到别人称先父母的名字就要哭，引得世人讥笑；官员臧逢世之父名臧严，他在处理公务时遇到信函中出现"严寒"字样，必然对之掉泪，不再察看回复，并因此经常耽误公事；沈姓之人给其朋友写信，因对方讳"审"而在落款时只写名而不写姓。以上避讳之例反映了其时的风气。

凡避讳者，皆须得其同训以代换之：桓公名白，博有五皓之称；厉王名长，琴有修短之目。不闻谓布帛为布皓，呼肾肠为肾修也。梁武小名阿练，子孙皆呼练为绢；乃谓销炼物为销绢物，恐乖其义。或有讳云者，呼纷纭为纷烟；有讳桐者，呼梧桐树为白铁树，便似戏笑耳。

今按：汉晋避讳，其方法多以同义词替换，即颜氏所谓"同训代换"，如以"皓"代"白"、以"修"代"长"、以"绢"代"练"等。

今人避讳，更急于古。凡名子者，当为孙地。吾亲识中有讳襄、讳友、讳同、讳清、讳和、讳禹，交疏造次，一座百犯，闻者辛苦，无儆赖焉。

今按：颜氏的时代，避讳已经很严格，其亲友中即有讳"襄""友""同""清""和""禹"等字的，这些避讳已经影响到了交际。

古者，名以正体，字以表德，名终则讳之，字乃可以为孙氏。孔子弟子记事者，皆称仲尼；吕后微时，尝字高祖为季；至汉爰种，字其叔父曰丝；王丹与侯霸子语，字霸为君房；江南至今不讳字也。河北士人全不辨之，名亦呼为字，字固呼为字。尚书王元景兄弟，皆号名人，其父名云，字罗汉，一皆讳之，其余不足怪也。

刘绲、缓、绥，兄弟并为名器，其父名昭，一生不为照字，惟依《尔雅》火旁作召耳。然凡文与正讳相犯，当自可避；其有同音异字，不可悉然。刘字之下，即有昭音。吕尚之儿，如不为上；赵壹之子，傥不作一：便是下笔即妨，是书皆触也。

人有忧疾，则呼天地父母，自古而然。今世讳避，触途急切。而江东士庶，痛则称祢。祢是父之庙号，父在无容称庙，父殁何容辄呼？《苍颉篇》有倄字，《训诂》云："痛而呼也，音羽罪反。"今北人痛则呼之。《声类》音于耒反，今南人痛或呼之。此二音随其乡俗，并可行也。

今按：以上 3 则分别说明了魏晋时讳名以称字的习俗、避嫌名的习俗、父亲在世不能叫庙号的习俗。
再如《书证第十七》：

或问："汉书注：'为元后父名禁，故禁中为省中。'何故以'省'代'禁'？"答曰："案：周礼宫正：'掌王宫之戒令纠禁。'郑注云：'纠，犹割也，察也。'李登云：'省，察也。'张揖云：'省，今省詧也。'然则小井、所领二反，并得训察。其处既常有禁卫省察，故以'省'代'禁'。詧，古察字也。"

> 或问："俗名傀儡子为郭秃，有故实乎?"答曰："《风俗通》云:'诸郭皆讳秃。'当是前代人有姓郭而病秃者，滑稽戏调，故后人为其象，呼为郭秃，犹文康象庾亮耳。"

今按：此二则中，前则分别解释了避讳时"省"和"禁"字可以同训代换的原因；后则说明了傀儡戏又称郭秃、姓郭皆讳秃的原因：姓郭而秃头的一个人，善于滑稽调笑，后人就制作了他的形象做傀儡，并称它为郭秃。

（二）《世说新语》[①] 所记载的避讳习俗

《世说新语》是由南北朝刘宋宗室刘义庆组织文人编写的一部文言志人小说集，记载了自汉魏至东晋一些名士的逸闻逸事，是研究魏晋风流的很好史料。其中也记载了一些名士避家讳的逸事，也是研究六朝避讳的很好材料。如《世说新语·任诞》中一例：

> 桓南郡被召作太子洗马，船泊荻渚，王大服散后已小醉，往看桓。桓为设酒，不能冷饮，频语左右："令温酒来!"桓乃流涕呜咽，王便欲去。桓以手巾掩泪，因谓王曰："犯我家讳，何预卿事!"

晋朝王忱看望桓玄，桓玄以酒待之，但王忌喝冷酒，便命人"温酒"，不料桓玄父亲名桓温，犯了桓玄家讳，桓玄竟痛哭流涕。六朝时避私讳之风气可见一斑。

再如《世说新语·排调》：

> 晋文帝与二陈共车，过唤钟会同载，即驱车委去。比出，已远。既至，因嘲之曰："与人期行，何以迟迟?望卿遥遥不至。"会答曰："矫然懿实，何必同群?"帝复问会："皋繇何如人?"答曰："上不及尧、舜，下不逮周、孔，亦一时之懿士。"

① 刘义庆：《世说新语》，岳麓书社1989年版。

钟会的父亲，是三国著名的书法家钟繇，"繇"与"遥"同音。司马昭为了嘲讽钟会，故意犯了其父讳。而钟会也不甘示弱，司马昭的父亲为司马懿，与他同车的陈骞、陈泰的父亲分别叫陈矫、陈群，陈泰的祖父叫陈寔，"矫然懿实，何必同群"，一句话，将他们家里人的名字全捎带上了。

《世说新语·排调》：

> 庾园客诣孙监，值行，见齐庄在外，尚幼，而有神意。庾试之曰："孙安国何在？"即答曰："庾稚恭家。"庾大笑曰："诸孙大盛，有儿如此！"又答曰："未若诸庾之翼翼。"还，语人曰："我故胜，得重唤奴父名。"

庾园之父名"翼"字"稚恭"，孙齐庄之父名"盛"字"安国"；庾园故意犯孙氏家讳"盛"字，孙氏则还以庾氏家讳"翼"字，并得意胜出，因为叫了两遍对方父名（"翼翼"）。六朝时借家讳相互调侃戏谑的风气也可见一斑。

《世说新语·纰漏》：

> 元皇初见贺司空，言及吴时事，问："孙皓烧锯截一贺头，是谁？"司空未得言，元皇自忆曰："是贺劭。"司空流涕曰："臣父遭遇无道，创巨痛深，无以仰答明诏。"元皇愧惭，三日不出。

晋元帝提及贺循之父贺邵被孙皓所杀之旧事，无意中犯了贺循的家讳；贺循痛心疾首，皇帝也惭愧难当，竟"三日不出"。说明彼时"孝"大于"忠"，皇权遇到别人家讳也要避之三分。

《世说新语·方正》：

> 卢志于众坐，问陆士衡："陆逊、陆抗是君何物？"答曰："如卿于卢毓、卢珽。"士龙失色，既出户，谓兄曰："何至如此，彼容不相知也？"士衡正色曰："我父、祖名播海内，宁有

不知，鬼子敢尔！"议者疑二陆优劣，谢公以此定之。

卢志当众挑衅，问陆机与父祖是何关系，并有意犯其家讳；陆机还以颜色，直呼卢志父祖之名，也故意犯卢氏家讳。陆机之弟陆云吃惊于兄长的针锋相对，希望兄长原谅对方的无知，但陆机显得更加理直气壮。

《世说新语·赏誉》：

> 王蓝田拜扬州，主簿请讳，教云："亡祖、先君，名播海内，远近所知；内讳不出于外。余无所讳。"

王述新拜扬州刺史，下属请讳时，王骄其门第，自矜其亡祖先君声名远播，远近皆知，名讳自不必问；《礼记》："妇人之讳不出门。"即王氏所云"内讳不出于外"，不避母讳；其他则无所讳忌。

《世说新语·言语》：

> 崔正熊诣都郡，都郡将姓陈，问正熊："君去崔杼几世？"答曰："民去崔杼，如明府之去陈恒。"

春秋时齐国的崔杼和陈恒都是弑君之臣，被斥为大逆不道。陈氏首先向崔正熊提及崔杼之恶名，算是犯了崔氏的家讳；崔正熊则回敬了"陈恒"之恶名，以其人之道还治其人之身。

三　有关魏晋南北朝时期避讳的研究

陈垣先生《史讳举例》之第七十三《三国讳例》、第七十四《晋讳例》、第七十五《南北朝讳例》介绍了魏晋南北朝时期的避讳情况，并列举了该期的国讳讳例。[①] 王建先生《中国古代避讳史》卷4"三国两晋避讳"、卷5"南北朝避讳"[②] 研究了该期避讳，可

---

① 陈垣：《史讳举例》，中华书局2004年版，第110—119页。
② 王建：《中国古代避讳史》，贵州人民出版社2003年版，第61—112页。

能囿于材料，相关研究以 10 个专题的形式进行，它们是：（一）不但讳名，且讳其字；（二）临时训避的西晋避讳；（三）东晋的皇后之避；（四）太子名讳问题；（五）父祖与官职同名；（六）避谥号，以字行；（七）南北朝避讳，实无定制；（八）父子不嫌同名问题；（九）避讳与谱牒；（十）颜之推论讳。

　　刘殿爵先生《三国吴讳钩沉》《〈三国吴讳钩沉〉补》① 以丰富的史料对三国时期吴国的避讳进行了深入研究。杨朝明先生《东晋后讳并不甚严说——陈垣〈史讳举例〉的一处疏失》② 对陈垣先生《史讳举例》中所提出的 "东晋皇后之名讳甚严" 说提出质疑。贾树新先生《刘勰避 "衍" 讳确凿无疑》③ 通过考证，说明刘勰避 "衍" 讳确凿无疑，进而确定了《文心雕龙》的成书年代。王新华先生《魏晋南北朝时期的忠孝之辨与避讳》④ 从忠孝文化的角度介绍了六朝时期的避讳状况。陈圣宇先生《凤毛与避家讳》⑤ 从 "凤毛" 的一项词义说起，通俗性地介绍了六朝时期的避家讳习俗。王泉根先生《魏晋为何盛行单名》⑥ 主要从避讳角度解释魏晋时期盛行单名的原因。樊露露先生《犯我家讳——〈世说新语〉中的社交禁忌》⑦ 从忠孝观念、门阀意识和排调心理三个方面研究了《世说新语》中所记载的家讳习俗，由此说明魏晋时期的社交禁忌、名士风度和社会风气。

---

　　① 刘殿爵：《三国吴讳钩沉》，香港中文大学《中国文化研究所学报》第二十二卷，1991 年；《〈三国吴讳钩沉〉补》，香港中文大学《中国文化研究所学报》新第 1 期，1992 年。

　　② 杨朝明：《东晋后讳并不甚严说——陈垣〈史讳举例〉的一处疏失》，《历史教学》1991 年第 7 期，第 54—55 页。

　　③ 贾树新：《刘勰避 "衍" 讳确凿无疑》，《吉林师范大学学报》2005 年第 2 期，第 27—31 页。

　　④ 王新华：《魏晋南北朝时期的忠孝之辨与避讳》，《山东社会科学》2005 年第 5 期，第 106—108 页。

　　⑤ 陈圣宇：《凤毛与避家讳》，《文史杂志》2006 年第 12 期，第 50—51 页。

　　⑥ 王泉根：《魏晋为何盛行单名》，《寻根》2011 年第 6 期，第 115—118 页。

　　⑦ 樊露露：《犯我家讳——〈世说新语〉中的社交禁忌》，《佳木斯大学社会科学学报》2013 年第 4 期，第 110—112 页。

第三节　隋唐五代时期的避讳材料及相关研究

隋朝避讳趋严，虽然祚短，但开唐人风气。唐初政治开明，礼制宽松，避讳趋简，诸如不避嫌名、二名不偏讳等（但民间避讳之风盛行）；后来则趋于森严，甚至出现了专门的法律条文（《唐律疏议》），上升为国家意志；至文宗之世，避讳又趋宽疏；但到唐末宣宗、懿宗时，讳制又趋繁复，并延及五代乱世。

该期记载避讳史料丰赡，论讳材料散见于各处，相关研究论著丰硕。

一　见载隋唐五代时期避讳的典籍

（一）第一部录有避讳条文的法典——《唐律疏议》

《唐律疏议》[①] 是唐高宗永徽年间完成的一部极为重要的法典，也是中国现存最古老、最完整的封建刑事法典；高宗永徽二年（651 年），长孙无忌、李勣等在《贞观律》基础上修订成 12 卷《永徽律》；唐高宗于次年召集律学臣僚对《永徽律》进行逐条解释，成《律疏》30 卷，并与《永徽律》合编在一起成《唐律疏议》。由于疏议的解释权威、统一、具体，给司法审判带来便利，当时"断狱者，皆引疏分析之"（《旧唐书·刑法志》）。杨鸿烈先生在《中国法律发达史》中认为"这部《永徽律》全得疏议才流传至今"，足见疏议的至重作用。

《唐律疏议》中即有对如何避讳、犯讳如何处罚的具体条文，如犯了国讳，卷十《职制篇》规定：

> "诸上书若奏事，误犯宗庙讳者，杖十八；口误及余文书误犯者，笞五十。"［疏］议曰：上书若奏事皆须避宗庙讳，有误犯者，杖十八；若奏事口误及余文书误犯者，各笞五十。

---

① （唐）长孙无忌：《唐律疏议》，中华书局 1983 年版。

又："即为名字触犯者，徒三年。若嫌名及二名偏犯者，不坐。嫌名，谓若禹与雨、丘与区。二名，谓言徵不言在，言在不言徵之类。"［疏］议曰：普天率土，莫匪王臣。制字立名，辄犯宗庙讳者，合徒三年。若嫌名者，则礼云"禹与雨"，谓声嫌而字殊；"丘与区"，意嫌而理别。"及二名偏犯者"，谓复名而单犯并不坐，谓孔子母名徵在，孔子云"季孙之忧，不在颛臾"，即不言徵；又云"杞不足徵"，即不言在。此色既多，故云"之类"。

即使是犯了家讳，卷3《名例篇》也有具体的规定：

"诸府号、官称犯父祖名，而冒荣居之。"［疏］议曰：府号者，谓省、台、府、寺之类。官称者，谓尚书、将军、卿、监之类。假有人父祖名常，不得任太常之官；父祖名卿，亦不合任卿职。若有受此任者，是谓"冒荣居之"。选司唯责三代官名，若犯高祖名者，非。

卷十《职制篇》也有犯家讳的相关条文：

"诸府号、官称犯父祖名而冒荣居之……，徒一年。"［疏］议曰：府有正号，官有名称。府号者，假若父名卫，不得于诸卫任官；或祖名安，不得任长安县职之类。官称者，或父名军，不得作将军；或祖名卿，不得居卿任之类。皆须自言，不得辄受。其有贪荣昧进，冒居此官，……合处徒一年。

唐以前，也有避家讳改选职官之礼制，如《晋书·江统传》载："（江统）迁中郎。选司以统叔父春为宜春令，统因上疏曰：'故事，父祖与官职同名，皆得改选，而未有身与官职同名，不在改选之例。'"但避讳进入刑法条文，《唐律疏议》还是首次。因此，《唐律疏议》的颁行是中国讳制趋严的重要标志，它说明避讳已由礼俗上升为代表国家意志的法律。

自唐代以降，直至清代，历朝法律如《唐律疏议》《宋刑统》《淳熙重修文书式》《绍熙重修文书令》《大明律》《大清律》等中都有很多有关避讳的条文规定，它们也是研究历代避讳的重要文献。

（二）第一部录有历代讳制的政书——《通典》

《通典》为唐杜佑（735—812 年）所撰，是中国第一部专叙历代典章制度的沿革变迁的政书；《通典》从远古时代的黄帝起，到唐玄宗天宝末年止，共二百卷，分为九类，以食货居首，次以选举、职官、礼、乐、兵、刑、州郡、边防。对于历代典章制度，都详述其源流，或列入前人议论，或用说、议、评、论等方式提出作者的见解。

《通典》收录了历朝讳例 64 条，包括食货典 2 条，选举典 3 条，职官典 18 条，礼典 22 条，乐典 3 条，州郡典 11 条，边防典 5 条。如《通典·职官二》"太师"条：

> 太师，魏世不置。晋初置三上公，以景帝讳师，故置太宰，以代太师之名，（晋书曰：惠帝太安元年，"以齐王冏为太师"。当时撰述者之误也。）秩增三司。（蜀李雄僭号，时范长生自西山乘素舆诣成都，雄拜长生为天地太师，封西山侯。）

《通典·职官十一》：

> 初，隗嚣军中尝置军师，至魏武帝又置师官四人。晋避景帝讳，改为军司。凡诸军皆置之以为常员，所以节量诸宜，亦监军之职也。而太尉军司尤重。

《通典·礼典六四》：

> 东晋成帝咸康八年，诏以王允之为卫将军、会稽内史。允之表郡与祖会名同，乞改授。诏曰："祖讳孰若君命之重邪？下八座详之。"给事黄门侍郎谯王无忌议，以为《春秋》之义，

不以家事辞王事，是上之行乎下也，夫君命之重，固不得崇其
私。又国之典宪，亦无以祖名辞命之制也。

《通典·州郡十一》"寿春县"，注曰：

东晋以郑皇后讳，改寿春为寿阳，宜春曰宜阳，富春曰富
阳。凡名春，悉改之。

有关历朝讳制及其沿革，主要集中在《通典·礼典六十四》
（卷104）。《礼典六十四》收有《帝王谥号议》《皇后谥及夫人谥
议》《太子无谥议》《诸侯卿大夫谥议》《君臣同谥议》《单复谥
议》《卒哭后讳及七庙讳字议》《上书犯帝讳及帝所生讳议》《山
川与庙讳同应改变议》《已迁主讳议》《上表称太子名议》《父讳
与府主名同议》《授官与本名同宜改及官位犯祖讳议》《内讳及
不讳皇后名议》等14篇有关避讳的评议。它们涵及了唐天宝之
前历朝的避讳制度以及历朝有关这些讳制的评议。以《卒哭后
讳》为例：

周制，《左传》云："周人以讳事神，名终将讳之。"《曲
礼》曰："卒哭乃讳。（郑玄曰：'敬鬼神之名也。讳，避也。
生者不相避名，卫侯名恶，大夫有石恶，君臣同名，春秋不
非。'王肃曰：'周人以讳事神，名终将讳之。始死哀遽，故卒
哭乃令讳。'）礼不讳嫌名。（郑玄曰：'为其难避也。嫌谓音
声相近，若禹与雨，丘与区也。'王肃曰：'音相似者也。'）
二名不偏讳。（偏讳，二名不一一讳也。孔子母名徵在，言徵
不言在。）逮事父母则讳王父母，不逮事父母则不讳王父母。
（逮，及也。谓幼孤不及识父母，恩不至于祖名。孝子闻名心
瞿，讳之由心。此谓庶人也。嫡士以上庙事祖，虽不逮父母，
犹讳祖耳。）君所无私讳。（卢植曰：'但为公家讳，不得为私
家讳也。'郑玄曰：'谓臣于君前，不避家讳，尊无二也。'）
大夫之所有公讳。诗书不讳，教学临文不讳。（卢植曰：'教，

诗书典籍教训也。临文谓礼文也。诗书执礼皆雅言，故不讳。礼执文行事，故言文也。'郑玄曰：'为其失事正也。'）庙中不讳。（卢植曰：'不讳新君，厌于祖祢也。'郑玄曰：'谓有事于高祖，则不讳曾祖以下，尊无二也。于下则讳上也。'王肃曰：'祝则名君，不讳君也。'）大功小功不讳。入门而问讳。（卢植曰：'邻国之君犹吾君也。'郑玄曰：'皆为敬主人也。'）"《檀弓》曰："卒哭而讳，生事毕而鬼事始已。（卢植曰：'丧朝夕奠，尚生事之。虞而立尸，卒哭讳新，是为以生道事之毕矣，复以鬼道始事之也。已者，辞也。一说生事毕，从生至死也。鬼事始已者，从死至卒哭也。'郑玄曰：'谓不复馈食于下室，而鬼神祭之也。已，辞也。'）既卒哭，宰夫执木铎（王肃曰：'木铎，铃也。以木为舌也。'），以命于官。（卢植曰：'宰夫于周礼为下大夫，小宰之副也。大丧小丧掌小官之戒令，帅执事而理之。大丧，君也。小丧，属官也。戒令即所谓舍故而讳新之属。'）"曰："舍故而讳新。（郑玄曰：'故为高祖之父当迁者也。易说帝乙曰："易之帝乙为成汤，书之帝乙六代王。"天之锡命，疏可同名。'王肃曰：'故谓五庙毁者。'）自寝门至于库门（卢植曰：'振木铎从寝门至库门也。寝门之内，新君所处；库门之内，庙所在也。'郑玄曰：'百官所在也。库门，宫外门也。明堂位曰：库门，天子皋门也。'王肃曰：'百官所在也。库门，宫外门。'）。"《杂记》曰："王父母兄弟伯父叔父姑姊妹，子与父同讳。（郑玄曰：'父为其亲讳，则子不敢不从讳也。为王父母以下之亲讳，是谓士也。天子诸侯为群祖讳也。'王肃曰：'王父母之兄弟、伯父、叔父、姑姊妹，皆父之所讳也。'）"

《通典》将历朝"卒哭后讳"的规定及所有相关的评议全部俱列，其沿革变迁一目了然。再看《内讳及不讳皇后名议》：

周制，《曲礼》曰："夫人之讳，虽质君之前，臣不讳也。（臣于夫人之家恩远也。质，对也。）妇讳不出门。（妇亲远，于宫中言避之耳。）"《檀弓》曰："二名不偏讳。孔子之母名徵在，言在不称徵，言徵不称在。"《杂记》曰："母之讳，宫中讳。妻之讳，不举诸其侧。与从祖昆弟同名则讳。"（郑玄曰："母之所为其亲讳，子于宫中不言。妻之所为其亲讳，夫于其侧亦不言也。孝子闻名心瞿，凡不言人讳者，亦为其相感动也。子与父同讳，则子可尽曾祖之亲也。从祖昆弟在其中，于父轻，不为讳；与母妻之亲同名，重，则讳之。"王肃曰："同名，同从祖昆弟所讳之名也。从祖昆弟之父，小功之亲也，于礼不讳，妻名重则讳之。"）

晋武帝泰始二年正月，有司奏，故事皇后讳与帝讳俱下。诏曰："礼，内讳不出宫，而近代讳之，非也。勿下。"

关于妇讳（包括皇后名讳）的规定、有关妇讳的解释和评论，《通典》纤悉必录，材料周全，其源流非常清晰。

《通典》记载了唐天宝以前历代避讳之例、之制、之评，是研究唐代及以前避讳的重要文献。

（三）第一部录有断代讳制的政书——《唐会要》①

《唐会要》是中国第一部断代典制体史书，专述唐代各项典章制度的沿革，后周入宋人王溥（922—982 年）所撰。《唐会要》直接取材于唐代的实录文案，分类记述了唐朝各种典制及沿革，保存了《新唐书》《旧唐书》和《通典》未载的史实，为研究唐代政治、经济、军事、文化史保存了第一手材料。

《唐会要》中载有唐代有关避讳的制度和讳例，是研究唐代避讳重要的著作。如《唐会要》卷 23《讳》就集中载有关于唐代避讳的令、奏、诏、敕、例：

武德九年六月，太宗居春官总万几，下令曰：依《礼》，二名义不偏讳。尼父达圣，非无前旨。近代以来，曲为节制，两字兼避，废阙已多，率意而行，有违经诰。今其官号人名、

① 王溥：《唐会要》，上海古籍出版社 1991 年版。

及公私文籍，有世及民两字不连续者，并不须避。

永徽二年十月七日，尚书左仆射于志宁奏言：依《礼》，舍故而讳新，故谓亲尽之祖，今皇祖宏农府君，神主当迁，请依礼不讳。从之。

显庆五年正月一日诏：孔宣设教，正名为首；戴圣贻范，嫌名不讳。比见抄写古典，至于朕名，或缺其点画，或随便改换，恐六籍雅言，会意多爽；九流通义，指事全违，诚非立书之本。自今以后，缮写旧典文字，并宜使成。不须随义改易。

景云元年，贾曾除中书舍人，固辞，以父名忠同音。议者以为中书是曹司名，又与曾父音同字别，于礼无嫌。曾乃就职。

今按：以上分别是有关唐初"二名不偏讳""舍故而讳新""不避嫌名""官称犯父祖名仍居之"的记载，说明唐初讳制还较为宽松。

永贞元年十二月，改淳州为睦州①，还淳县为清溪县，横州淳风县为从化县，淳于姓改为于，以音与宪宗名同也。论者以古不讳嫌名，若禹与雨、驱与区。临文不讳，若文王名昌，武王名发，周《诗》曰"克昌厥后"，又曰"一之日觱发"。鲁庄公名同，《春秋》曰"同盟于幽"，宣公名午，书曰"陈侯午卒"之类是也。今古时变，故广避焉。初，宪宗为广陵王，顺宗诏下，将册为皇太子，数日，兵部尚书王诏上陈，请改名绍，本名与宪宗讳同。时君子非之曰：皇太子亦人臣也，东宫之臣，当请改耳，奈何非其属，而遽请改名，以避东宫，岂为礼事上耶？左司员外郎李蕃曰：历代故事，皆因无经学之臣而失之，卒不可复正，多此类。是时，韦贯之为监察御史，名与东宫同，独不请改。既而下诏以陆淳为给事中，改名质。充皇太子侍读，贯之不得已，乃上疏改其名。大臣溺于风俗，以为

① 睦州，《旧唐书·宪宗纪上》作"峦州"。

细事而不正之，非故事也。

今按：唐宪宗李氏初名淳，贞元二十一年（805 年）四月册立为皇太子，更名纯。避正讳"纯"，而"纯"之嫌名"淳"也须避，如以上所举改地名四例。"今古时变，故广避焉。"可见，唐中期时讳制已严苛。

> 开成元年十一月，中书舍人崔龟从奏：前婺王府参军宋昂，与御名同，十年不改。昨日参选，追验正身，改更稍迟，殊戾敕旨，宜殿两选。

今按：开成元年（836 年），王府参军宋昂之名犯唐文宗李昂的名讳，虽作更改，但因更改不及时，在其政绩考核时处以降格两个等级即"殿两选"的惩罚。

> 会昌六年四月二十日敕：中外官寮，有名与御名同者，及文字点画相似，今后即任奏改。音韵文字、点画不同，不在奏改之限。

今按：唐武宗李氏名炎，年号会昌。不仅避正讳，而且"文字点画相似"即形似"炎"之字，也须避讳。

> 天祐元年二月二十九日，中书门下奏：太常寺止鼓两字敔字，上犯御名，请改曰肇。从之。

今按：唐哀皇帝李氏名柷，年号天祐，避嫌名"祝"等字。《旧唐书·哀帝纪》载：天祐元年九月"庚寅，中书奏：太常寺止鼓两字'敔'上字犯御名，请改曰'肇'。从之。"《册府元龟》卷 3 亦载："（唐）哀帝讳祝。……先是大常寺有止鼓两字乐器，上字犯御名，中书门下奏：'……按《尔雅·释乐篇》，"鼓谓之止，敔谓之籈"，今者陛下肇承丕祚，始值迁都，凡厥惟新，式叶正始，窃详《尔雅》，"肇"亦训始，臣等商量，望改为"肇"。'从之。"

唐平卢、范阳、河东三镇节度使安禄山，于玄宗末年叛，僭称帝号。唐肃宗即位，以安禄山为国仇，恶闻其姓。《唐会要》卷 86 记载：

> 至德二载正月二十七日，改……安化门为达礼门，安上门为先天门；及坊名有"安"者，悉改之。

唐中宗李显，神龙元年（705 年）十一月上尊号曰应天皇帝，三年（707 年）九月（或作八月）又加尊号曰应天神龙皇帝。《唐会要》卷 30 记载：

> 麟德二年二月十二日，所司奏乾元殿成。其应天门先亦焚之，及是造成，号为则天门。（神龙元年三月十一日，避则天后号，改为应天门。唐隆元年七月，避中宗号，改为神龙门。）

（四）《通志》① 中有关隋唐及以前避讳的记载

《通志》为南宋郑樵（1104—1162 年）所撰，是一部以人物为中心的纪传体通史，因有关典章制度方面的记载突出，与《通典》《文献通考》并称"三通"。《通志》在体例上做了修正，把"年表"改称"年谱"，把"志"改称"略"，保存了《晋书》的"载记"部分，这样《通志》就成为由纪、传、谱、略、载记五种体例构成的史书。

《通志》所记为上古至隋唐的制度（"二十略"记上古至唐，纪传记三皇至隋）。其中即载有唐代的讳制和讳例，如：

> 《通志·氏族略六》："淳于氏，避唐宪宗讳改为于氏。"

今按：唐宪宗李氏初名淳；贞元二十一年（805 年）四月册立

---

① 郑樵：《通志》，浙江古籍出版社 2000 年版。

为皇太子，更名纯。又避嫌名兼旧讳"淳"。

> 《通志·氏族三》"姬氏"："开元初，明皇以嫌名改为周氏。"

今按：唐玄宗明孝皇帝李氏名隆基。避偏讳"基"，又避偏嫌"姬"。

《通志》亦载有唐代以前的历朝讳制和讳例，如：

> 《通志·氏族略六》：盛氏：周之同姓国也，后为齐所灭。穆天子传云：盛姬之国。《公羊》云：成降于齐师。成者盛也，以讳灭同姓，故言成也。又有奭氏，召公奭之后也，盖以名为氏，后避汉元帝讳，故改奭氏为盛氏焉。汉有司徒盛吉。后汉有北海太守盛苞。

> 《通志》卷189云："（苻生）既自有目疾，其所讳者，'不足'、'不具'、'少'、'无'、'缺'、'伤'、'残'、'毁'、'偏'、'只'之言，皆不得道。左右忤旨而死者不可胜纪。"又云："尝使太医令程延合安胎药，问人参好恶并药分多少，延曰：'虽小小不具，自可堪用。'生以为讥其目，凿延目出，然后斩之。"

今按：前秦厉王苻生眇一目。

《通志》甚至还有北宋时期的讳制和讳例，如：

> 《通志·氏族略二》："洪氏：本共氏，因避仇改为洪。豫章有弘氏，因避宋朝讳，亦改为洪。"

今按：宋太祖赵匡胤，父追尊宣祖武昭皇帝名弘殷，避偏讳"弘"，以"洪"代"弘"。

《通志·氏族略六》云："恒氏，避宋讳改为常氏。"

今按：宋真宗赵氏名恒，避正讳"恒"。

（五）见载隋唐五代避讳的其他史籍

记载隋唐五代历史的史书如《隋书》[①]《旧唐书》[②]《新唐书》[③]《五代会要》中也有大量有关避讳的内容，它们也是研究该期避讳的重要文献。

《隋书》是唐代饱学之士魏征、颜师古、孔颖达、长孙无忌等编修的记载隋代政治、经济、文化的官修正史；其中志的部分有《仪礼志》《音乐志》《律历志》《天文志》《五行志》《百官志》《地理志》《食货志》《刑法志》《经籍志》等十个门类，记载的是整个南北朝时期的典章制度史，又称《五代史志》。因此，《隋书》保存了南北朝以来大量的典章制度，为后人研究隋代以及前几朝的政治、经济、文化制度，提供了丰富的资料。其中也有很多有关讳制和讳例的记载，如：《隋书》卷37之《列传》第二：

> 上曰："公主有大功于我，我何得向其女婿而惜官乎！今授卿柱国。"敏乃拜而蹈舞。遂于坐发诏授柱国，以本官宿卫。后避讳，改封经城县公，邑一千户。

今按：李敏字树生，避偏讳"树"之嫌名"宿"。

《隋书》卷57之《列传》第二十二：

> 李孝贞字元操，赵郡柏人人也。……开皇初，拜冯翊太守，为犯庙讳，于是称字。

今按：隋文帝杨坚，祖追尊献王名祯，避嫌名"贞"。

《隋书》卷76之《列传》第四十一：

---

① 魏征等：《隋书》，中华书局1997年版。
② 刘昫等：《旧唐书》，中华书局1997年版。
③ 欧阳修、宋祁：《新唐书》，中华书局1997年版。

（刘臻）性好啖蚬，以音同父讳，呼为扁螺。

今按：隋文帝朝仪同刘臻，父名显，避嫌名"蚬"。

《旧唐书》是五代后晋时刘昫、张昭远等撰，记载唐朝自高祖武德元年（618年）至哀帝天祐四年（907年）共290年历史的纪传体史书。在北宋编撰的《新唐书》问世以后《唐书》始有新旧之分。《旧唐书》记载了大量唐代的讳制和讳例，如：

《旧唐书·郑余庆传》："（余庆孙）茂谌避国讳，改茂林。"

今按：唐宣宗李氏名忱，兼避嫌名"谌"。

《旧唐书·哀帝纪》天祐二年七月："敕全忠请铸河中、晋、绛诸县印，县名内有'城'字并落下，如密、郑、绛、蒲例，单名为文。"

《旧唐书·哀帝纪》载：天祐二年十月"癸丑，敕成德军宜改为武顺，管内槁城县曰槁平，……栾城曰栾氏，阜城曰汉阜，临城为房子"，又"十一月乙卯朔，敕潞州潞城县改为潞子，黎城曰黎亭"，"甲申，敕……蔡州襄城改为苞孚，同州韩城改为韩原，绛州翼城改为浍川，郓州郓城改为万安，慈州文城改为屈邑，泽州晋城改高都，阳城改为濩泽，安州应城改为应阳，洪州丰城改为吴高。"

今按：唐梁王、五代梁太祖朱温，父追尊烈祖文穆皇帝名诚，兼避嫌名"城"。

《新唐书》是北宋时期宋祁、欧阳修、范镇、吕夏卿等合撰的一部记载唐朝历史的纪传体断代史书，其主编曾公亮曾上皇帝表"其事则增于前，其文则省其旧"，认为这是本书胜过《旧唐书》的地方。《新唐书》亦记载了大量唐代的讳制和讳例，如：

《新唐书·李抱玉传》云：“李抱玉，本安兴贵曾孙，世居河西。……禄山乱，守南阳，斩贼使。至德二载，上言：‘世占凉州，耻与逆臣共宗。’有诏赐之姓，因徙籍京兆，举族以李为氏。”

今按：唐平卢、范阳、河东三镇节度使安禄山，于玄宗末年叛，僭称帝号。唐肃宗即位，以安禄山乃国仇，恶闻其姓。

《新唐书·李回传》：“李回字昭度，新兴王德良六世孙，本名躔，字昭回，避武宗讳改焉。”

今按：唐武宗李炎，初名瀍，避嫌名“躔”。

要研究五代避讳，《五代会要》《旧五代史》《新五代史》是必查的避讳史料，其例如：

《五代会要》卷14“左右丞”条：“梁开平二年四月，改为左、右司侍郎。”注曰：“避庙讳也。”

今按：唐梁王、五代梁太祖朱温，父追尊烈祖文穆皇帝名诚，又避嫌名“丞”。

《旧五代史·杨光远传》：“杨光远，小字阿檀，及长，止名檀，唐天成中，以明宗改御名亶，以偏旁字犯之，始改名光远。”

今按：五代唐明宗李氏名亶，避偏旁字“檀”。

《新五代史·刘昫传》云：“明宗崩，太常卿崔居俭以故事当为礼仪使。居俭辞以祖讳蠡，冯道改居俭秘书监，居俭怏怏失职。中书舍人李详为居俭诰词，有‘闻名心惧’之语，昫辄易曰‘有耻且格’。居俭诉曰：‘名讳有令式，予何罪也？’当时闻者皆传以为笑。"

今按：后唐太常卿崔居俭，祖名蠡，避嫌名"礼"。

二　隋唐五代时期论讳的文献

唐代无名氏撰有一卷《讳行录》，可惜亡佚，《新唐书·艺文志·谱牒类》存目。无名氏撰有《史讳录》，亦佚，唐冯贽《云仙杂记》存目。

（一）韩愈的《讳辩》

唐代很有影响的一篇避讳专论是韩愈（768—824 年）的《讳辩》。"鬼才"诗人李贺因父名"晋肃"，为避家讳嫌名"进"而不得参考"进士"；韩愈对此十分愤慨，专门撰文为李贺辩护。韩文引经据典，对腐朽的社会风气做了激烈的抨击与批评。其文如下：

愈与李贺书，劝贺举进士。贺举进士有名，与贺争名者毁之，曰贺父名晋肃，贺不举进士为是，劝之举者为非。听者不察也，和而唱之，同然一辞。皇甫湜曰："若不明白，子与贺且得罪。"愈曰："然。"

律曰："二名不偏讳。"释之者曰："谓若言'徵'不称'在'，言'在'不称'徵'是也。"律曰："不讳嫌名。"释之者曰："谓若'禹'与'雨'、'丘'与'蓲'之类是也。"今贺父名晋肃，贺举进士，为犯二名律乎？为犯嫌名律乎？父名晋肃，子不得举进士，若父名仁，子不得为人乎？夫讳始于何时？作法制以教天下者，非周公孔子欤？周公作诗不讳，孔子不偏讳二名，《春秋》不讥不讳嫌名，康王钊之孙，实为昭王。曾参之父名晳，曾子不讳昔。周之时有骐期，汉之时有杜度，此其子宜如何讳？将讳其嫌遂讳其姓乎？将不讳其嫌者乎？汉讳武帝名彻为通，不闻又讳车辙之辙为某字也；讳吕后名雉为野鸡，不闻又讳治天下之治为某字也。今上章及诏，不闻讳浒、势、秉、机也。惟宦官宫妾，乃不敢言谕及机，以为触犯。士君子言语行事，宜何所法守也？今考之于经，质之于律，稽之以国家之典，贺举进士为可邪？为不可邪？

凡事父母，得如曾参，可以无讥矣；作人得如周公孔子，亦可以止矣。今世之士，不务行曾参周公孔子之行，而讳亲之名，则务胜于曾参周公孔子，亦见其惑也。夫周公孔子曾参卒不可胜，胜周公孔子曾参，乃比于宦者宫妾，则是宦者宫妾之孝于其亲，贤于周公孔子曾参者邪？（《昌黎先生集·杂著》）

韩文首先交代了写作事由，李贺迫于家讳不去考进士，韩愈曾写信力劝；更有"毁之者"因与李贺争名而蓄意毁谤，反对李贺就试，于是韩愈专文为李贺辩护。接着作者先引律，后引经，再引国家之典，层层辩驳，力透纸背。尤其是"父名晋肃，子不得举进士；若父名'仁'，子不得为人乎"，用合乎逻辑的类比进行了辛辣的讽刺。最后以幽默的笔调，斥责那些"毁之者"仅仅自比于宦官宫妾，但其行为并不光明正大。正如《古文观止》所评："前分律、经、典三段，后尾抱前，婉畅显快，反反复复，如大海回风，一波未平，一波复起，尽是设疑两可之辞，待智者自择。此别是一种文法。"①

但在讳制严苛、讳风盛行的时代，李贺岂能置之度外、贸然就试？最终李贺也只能选择放弃，据《旧唐书·李贺传》载："（李贺）父名晋肃，以是不应进士，韩愈为之作《讳辩》，贺竟不就试。"

宋代理学大师吕祖谦为门人学子学习科考之文而编选并点评的文章选本《古文关键》，韩愈的《讳辩》作为唐宋散文的经典被编入和评点，足见该文的典范意义和重要影响。

（二）李磎的《伸理罚俸状》

唐末大臣李磎（？—895 年），字景望，大中末（约 859 年）中进士，历任史馆修撰、翰林学士，官至户部郎中、分司东都、礼部尚书。《新唐书·李磎传》载其事："磎好学，家有书至万卷，世

---

① 关永礼：《古文观止·续古文观止鉴赏辞典》，同济大学出版社 1990 年版，第500 页。

号'李书楼'。"

咸通十二年（871 年），侍御史李磎在奏文中犯了唐顺宗李诵名讳之嫌名"讼"，被罚没了一季的俸禄。但李磎特撰写《伸理罚俸状》一文，利用《礼记》和《职制律》中有关"不讳嫌名"的条文，为自己申辩，终被免于处罚。其文如下：

　　咸通十二年分司侍御史李磎进状曰：臣准西台牒及金部称，奉六月二十七日敕，内园院郝景全事奏状内"讼"字音与庙讳同，奉敕罚臣一季俸者。右臣官位至卑，得蒙罚俸，屈与不屈不合有，以事至分明，别关理体。若便隐默，恐负圣时。愿陛下宽其罪戾，使得尽言。臣前奏状称："准敕因事告事旁讼他人"，是咸通十一年十月十三日敕语。臣状中具有"准敕"字，非臣自撰辞句。臣谨按《礼》不讳嫌名，又按《职制律》，诸犯庙讳嫌名不坐。注云："谓若禹与雨。"《疏》云："谓声同而字异。"注疏重复，至易分晓。伏惟睿文英武明德至仁大圣广孝皇帝陛下明过帝尧，孝逾大舜，岂自发制敕，而不避讳哉？故是审量礼律，以为无妨耳。即引陛下敕文而言，不敢擅有移改。不谓内园使有此论奏也，臣之罚俸，实为小屈，然今者非敢诉此罚俸也，实以从来制敕及百官奏表，曾有避嫌名例。而因臣致罚，即旧章自此有援引敕格者，亦须委曲回避，便成讹弊。臣今已罚俸，不合上闻。臣闻赵充国为将，不嫌伐一时事，以为汉家后法。魏征为相，不存形迹，以致贞观太平。臣虽未及将相，忝为陛下持宪之臣，岂可为论俸为嫌，而使国家敕命有误也？且顺宗庙讳，万国仪刑，诚不可同于小事。愿陛下留意察纳，别下明敕。使自后章奏，遵礼律处分，则天下幸甚。（《全唐文》卷 803）

今按：《唐会要》卷 23 亦载其事："咸通十二年七月，侍御史李磎以奏状内字与庙讳音同，罚一季俸。复执奏曰：臣按《礼记》'不讳嫌名'，又《职制律》'诸犯庙讳嫌名不坐'，注云：'若禹与雨，谓声则同而字则异也。今若受罚，是违典例。'乃免之。"

（三）唐人义疏中的释讳

义疏产生于六朝时期，是一种既解释古书正文，又解释前人注解的注解方式；唐代出于科举考试和思想统一的需要，以指定的注本为基础，由官方统一解说儒家经、注，这种新的注疏唐人称之为"正义"。

由于《礼记》《春秋》及其三传有大量的记载讳制、解释避讳的内容，因此，唐人为其所作的"正义"中也有大量的释讳内容。

1. 孔颖达释讳

孔颖达（574—648 年），唐代鸿儒，任国子监祭酒，曾奉唐太宗之命主持编纂《五经正义》：《周易正义》《尚书正义》《毛诗正义》《礼记正义》《春秋左传正义》，融合了南北经学家的见解，是集魏晋南北朝以来经学大成的著作，使经学从纷争到定于一尊。

《春秋左传正义》，晋杜预（222—284 年）注、唐孔颖达疏。《春秋》有大量的隐讳笔法，左氏传释之，杜氏注亦释，而孔颖达主持的义疏则对经、传、注都加以解释，自然有很多关于避讳的解释。比如：

> 《左传·隐公十一年》："冬，十有一月，壬辰，公薨。"注："实弑书薨，又不地者，史策所讳也。"［疏］注"实弑"至"讳也"。○正义曰：他君见弑则书弑，鲁君见弑则书薨。公薨例皆地，此公又不地。故解之，言鲁史策书所讳也。不忍言君之见弑，又不忍言其僵尸之处，讳而不书，故夫子因之。传不言书曰，知是旧史讳之也。董狐书"赵盾弑君"，仲尼谓之"良史"。不书君弑，则是史之不良。夫子不改其文而因之者，为人臣者或心实爱君，为讳愆过；或志在疾恶，故章贼名。虽事迹不同，而俱是为国。圣贤两通其事，欲见仁非一涂。僖元年传曰："讳国恶，礼也。"以仲尼之善董狐，知为史必须直也。以丘明之礼讳恶，知为史又当讳也。《释例》曰："臣之事君，犹子事父。微谏见志，造膝跪辞，执其事而谏其非，不必其得，盖匡救将然，而将顺其已然，故有隐讳之义焉。至于激节之士则不然，南史执简而累进，董狐书法而不

隐，鬻拳劫君而自刖，晏婴端委而引直，圣贤亦录而善之，所以广义训，博大道。殷有三仁，此之谓也。"是言圣贤两通之意也。郑伯髡顽、楚子麇、齐侯阳生之徒，俱实见弒，而以"卒"赴鲁，是他国之臣亦有讳国恶者，非独鲁史也。

今按：鲁君被弒，按封建伦理则为大逆不道，《左传》书"薨"以讳之；杜注解释"薨"为史策所讳，实为被弒。孔氏正义则对杜注进行详细的解释和申发。再如：

《左传·桓公六年》："周人以讳事神，名，终将讳之。"注：君父之名，固非臣子所斥然；礼既卒哭，以木铎徇曰："舍故而讳新"，谓舍亲尽之祖而讳新死者，故言"以讳事神，名，终将讳之"。自父至高祖，皆不敢斥言。［疏］"周人"至"讳之"。〇正义曰：自殷以往，未有讳法。讳始于周，周人尊神之故，为之讳名，以此讳法，敬事明神，故言周人以讳事神。子生三月，为之立名，终久必将讳之，故须豫有所辟，为下诸废张本也。终将讳之，谓死后乃讳之。〇注"君父"至"斥言"。〇正义曰："君父之名，固非臣子所斥"，谓君父生存之时，臣子不得指斥其名也。《礼》称"父前子名，君前臣名"。郑玄云："对至尊，无大小皆相名。"是对父，则弟可以名兄；对君，则子可以名父，非此则不可也。文十四年传曰："齐公子元不顺懿公之为政也，终不曰'公'，曰'夫己氏'。"注云："犹言某甲。"是斥君名也。彼以不顺，故斥其名，知平常不斥君也。成十六年传曰："栾书将载晋侯，针曰：'书退，国有大任，焉得专之。'"注云："在君前，故子名其父。"彼以对君，故名其父。知平常不斥父也。虽不斥其名，犹未是为讳。《曲礼》曰："卒哭乃讳。"郑玄云："敬鬼神之名也。讳，辟也。生者，不相辟名。卫侯名恶，大夫有石恶，君臣同名，《春秋》不非。"是其未为之讳，故得与君同名。但言及于君，则不斥君名耳。既言生已不斥，死复为之加讳，欲表为讳之节，故言然以形之。礼既卒哭，以木铎徇曰："舍故而讳新。

自寝门至于库门。"皆《礼记·檀弓》文也。既引其文，更解其意，谓舍亲尽之祖而讳新死者也。亲尽，谓高祖之父，服绝庙毁而亲情尽也。卒哭之后，则以鬼神事之。故言以讳事神，又解终将讳之。所讳世数，自父上至高祖皆不敢斥，言此谓天子诸侯礼也。《曲礼》曰："逮事父母，则讳王父母，不逮事父母，则不讳王父母。"郑玄云"此谓庶人适士以上庙事祖，虽不逮事父母，犹讳祖"，以其立庙事之，无容不为之讳也。天子诸侯立亲庙四，故高祖以下皆为讳，亲尽乃舍之。既言以讳事神，则是神名必讳。文王名昌，武王名发。《诗·雍》，禘大祖，祭文王之庙也，其经曰："克昌厥后"。周公制《礼》，《醢人》有"昌本"之菹。《七月》之诗，周公所作，经曰："一之日觱发。"《烝民》诗曰："四方爰发。"皆不以为讳而得言之者，古人讳者，临时言语有所辟耳，至于制作经典则直言不讳。《曲礼》曰："诗书不讳，临文不讳。"是为诗为书不辟讳也。由作诗不讳，故祭得歌之。《尚书·牧誓》云"今子发"，《武成》云"周王发"。武王称名告众，史官录而不讳，知于法不当讳也。《金縢》云"元孙某"，独讳者，成王启金縢之书，亲自读之，讳其父名，曰改为"某"。既读之后，史官始录，依王所读，遂即云"某"。《武成》《牧誓》则宣诸众人，宣讫则录，故因而不改也。古者讳名不讳字，《礼》以王父字为氏，明其不得讳也。屈原云："朕皇考曰伯庸。"是不讳之验也。(《十三经注疏·春秋左传正义》)

今按：孔疏先释经传，对"周人以讳事神，名，终将讳之"加以解释，并不乏创见，如认为"自殷以往，未有讳法。讳始于周"。后又对杜注加以阐释，既补充史料，又引经据典，洋洋洒洒，丰赡翔实。

《礼记正义》，东汉郑玄注、孔颖达疏。《礼记》汇集了秦汉时期的避讳之制、之俗，东汉郑玄也有相应的阐释，孔颖达的正义对经、注中有关避讳的疏解也是大量的。如：

名子者不以国，不以日月，不以隐疾，不以山川。注：此在常语之中，为后难讳也。《春秋传》曰："名，终将讳之。"隐疾，衣中之疾也，谓若"黑臀""黑肱"矣。疾在外者，虽不得言，尚可指摘。此则无时可辟，俗语云："隐疾难为医。"［疏］"名子"至"山川"。○正义曰：此一节明与子造名字之法，各依文解之。○"名子者不以国"者，不以本国为名，故杜氏注《春秋》桓六年传云："不以本国为名。"如是他国，即得为名，故桓十二年卫侯晋卒，襄十五年晋侯周卒是也。○"不以日月"者，不以甲乙丙丁为名。殷家得以为名者，殷质，不讳名故也。然案《春秋》鲁僖公名申，蔡庄公名甲午者，周末乱世，不能如礼，或以为不以日月二字为名也。○"不以隐疾"者，谓不以体上幽隐之处疾病为名。○注"谓若黑臀、黑肱矣"。○正义曰：案宣二年，晋"使赵穿迎公子黑臀于周而立之"。《周语》单子云："吾闻晋成公之生，梦神规其臀以黑，使有晋国，此天所命也。"有由而得为名。昭元年楚公子黑肱，昭三十一年邾黑肱得为名，或亦有由，或乱世而不能如礼。云"名，终将讳之"者，案桓六年"九月丁卯，子同生，公问名于申繻，申繻对曰：'名有五，有信，有义，有象，有假，有类。以名生为信。'"杜注云："若唐叔虞、鲁公子友"；"以德命为义"，"若文王名昌，武王名发"；"以类命为象"，"若仲尼首象尼丘"；"取于物为假"，"若伯鱼生，人有馈之鱼，因名之曰鲤"；"取于父为类"，若鲁庄公与桓公同日生，名之曰同也。按传文云："不以官，不以畜牲，不以器币。"此《记》文略耳。传云："以官则废职，以山川则废主，以畜牲则废祀，以器币则废礼。晋以僖侯废司徒，宋以武公废司空，先君献武废二山。"杜注云，司徒改为中军，司空改为司城。鲁献公名具，武公名敖，按《国语》："范献子聘鲁，问具敖之山，鲁人以乡名对。献子云：'何不云具敖乎？'对曰：'先君献武之所讳也。'"此等所以皆为名者，以其不能如礼，故申繻言之。周人以讳事神者，谓周人讳神之名而事神，其名终没，为神之后，将须讳之，故不可以为名也。（《十

三经注疏·礼记正义》)

2. 杨士勋释讳

《春秋穀梁传注疏》,(晋)范宁注、(唐)杨士勋疏。杨士勋,唐太宗贞观中期时人,生卒不详,曾参与孔颖达监修的《五经正义》;另在担任国子四门助教时自行根据晋人范宁之《春秋穀梁集解》纂写了《穀梁疏》,后被列入《十三经注疏》中。

杨士勋《穀梁疏》也有很多对"春秋笔法"的解释,如:

> 《春秋穀梁传·僖公元年》:"齐人以归。不言以丧归,非以丧归也。加丧焉,讳以夫人归也。其以归,薨之也。"注:泰曰:"齐人实以夫人归,杀之于夷。讳,故使若自行至夷,遇疾而薨,然后齐人以丧归也。归在薨前,而今在下,是加丧之文也。经不言以丧归者,以本非以丧归也。传例曰:'以者,不以者也。'微旨见矣。"[疏]"不言"至"之也"。○释曰:"不言以丧归",谓承夫人薨于夷下,不云齐人以丧归也。"非以丧归",谓元本实不以丧归,故不得言之也。"加丧焉"者,谓齐人以夫人归,然后杀之,今经书薨文在上,是加丧之文也。谓讳齐人以我夫人杀之,故加丧文于上,似若夫人行至夷,遇疾而死,然后齐人以其丧归也。"其以归,薨之"者,谓其实以归之,然后始薨之。实杀,传言"薨之"者,传以经文讳杀,故顺经为文。○注"传例"至"见矣"。○释曰:桓十四年传文,彼注云:"不以者,谓本非所得制,今得以之也。"范引之者,证齐人不合以夫人见此微旨。

今按:《春秋·僖公元年》:"秋,七月,戊辰,夫人姜氏薨于夷,齐人以归。"这是讳书笔法,姜氏之死不在夷地,而是先接回齐国,然后再将其杀死。《春秋》为隐讳杀死姜氏这件恶事,就只书"以归"而讳言"以丧归"。杨士勋《穀梁疏》则对传、注都作了清晰的解释。

3. 徐彦释讳

《春秋公羊传注疏》，东汉何休（129—182 年）注（《春秋公羊解诂》），唐代徐彦疏。《隋书·经籍志》记何休《解诂》为十一卷；《文献通考》记徐彦《疏》为三十卷①，宋人合刻为二十八卷，通行本为《十三经注疏》本。徐疏为公羊学发展史上的一部重要之作，对公羊学的发展有承上启下之功。

《春秋》微言大义，《公羊》传、注释其隐讳，徐疏亦对传注中释讳内容或补充材料，或交代背景，或申发阐微。如：

> 《春秋公羊传·文公十三年》：夏，五月，壬午，陈侯朔卒。何注：不书葬者，盈为晋文讳也。晋文虽霸，会人孤以尊天子，自补有余，故复盈为讳。[疏] 注"不书"至"盈为讳"。○解云：盈者，相接足之辞。晋文于僖二十八年之时，此朔之父陈侯款夏六月卒，至冬末未葬，而晋文会诸侯于温，经有陈子，是强会人孤，令失子行，亦是文公耻之，是以《春秋》遂卒，竟不书款葬，深为文公讳也。今若款之子陈侯朔书葬，则文公之恶还见，是以此处须去朔葬，使若陈国之君例不书葬然，故言盈为晋文讳。故僖二十八年夏，"陈侯款卒"之下，注云"不书葬者，为晋文讳，行霸不务教人以孝，陈有大丧而强会其孤，故深为耻之"是也。（《十三经注疏·春秋公羊传注疏》）

三　有关隋唐五代时期避讳的研究

宋人的学术笔记如王楙《野客丛书》、周密《齐东野语》、王观国《学林》、洪迈《容斋随笔》等，清人的学术札记如顾炎武《日知录》、钱大昕《十驾斋养新录》和《廿二史考异》、赵翼《陔余丛考》、王鸣盛《十七史商榷》、梁章钜《浪迹丛谈》、周寿昌《思益堂日札》等记载了一些唐人避讳的讳例。陈垣先生《史讳举例》

---

① 徐彦为《公羊传》作疏，《新唐书·艺文志》失载，《崇文总目》始著录，称不知撰人名氏，或云徐彦，《广川藏书志》亦记世传为徐彦撰，但不知时代。

卷 8 之第七十六《唐讳例》、第七十七《五代讳例》① 介绍了唐五代时期的避讳情况，并列举了该期的国讳讳例。王建先生《中国古代避讳史》卷 6 之《隋唐五代避讳》② 分 7 个专题研究该期避讳，分别是：（一）入隋则讳禁稍严；（二）唐讳升沉；（三）君讳与皇统；（四）避讳与法律；（五）《讳辩》的孤独；（六）五代讳例仍严；（七）讳事杂趣。阴小宝先生的硕士学位论文《唐代避讳研究》（2008，陕西师范大学）研究了唐代避讳的制度、类型等，集辑了有关唐代避讳的一些材料。

专题考论方面。杨其群先生的《试论韩愈〈讳辩〉涉及的四个问题》③ 由《讳辩》之文讨论了唐代社会的避讳、科举考试、人才、诗风等问题。张天健先生的《〈秦妇吟〉讳因考》④ 考证了晚唐诗人韦庄的名诗《秦妇吟》的讳因，认为其讳因并非针对王蜀而为的"志希免祸"，而是针对"公卿垂讶"和"谤议横生"。李玉昆《观音之称不始于唐代避李世民讳》⑤、于鸿志先生《"观音"略语考实》⑥、黄先炳先生《"观音"名号非避讳》⑦、冯贺军先生《唐初避讳二例》⑧ 都认为"观音"之称要早于唐代，和李世民之偏讳无关。虞万里、杨蓉蓉先生的《唐五代字韵书所反映之唐代避讳与字形》⑨ 详论了唐代韵书中的避讳与字形的复杂关系以及字韵书在

① 陈垣：《史讳举例》，中华书局 2004 年版，第 119—128 页。

② 王建：《中国古代避讳史》，贵州人民出版社 2003 年版，第 116—170 页。

③ 杨其群：《试论韩愈〈讳辩〉涉及的四个问题》，《山西大学学报》1983 年第 3 期，第 41—50 页。

④ 张天健：《〈秦妇吟〉讳因考》，《河南大学学报》（社会科学版）1985 年第 2 期，第 61—64 页。

⑤ 李玉昆：《观音之称不始于唐代避李世民讳》，《法音》1988 年第 11 期，第 31 页。

⑥ 于鸿志：《"观音"略语考实》，《辽宁师范大学学报》1988 年第 6 期，第 61—71 页。

⑦ 黄先炳：《"观音"名号非避讳》，《辞书研究》2005 年第 4 期，第 187—188 页。

⑧ 冯贺军：《唐初避讳二例》，《中国典籍与文化》2005 年第 1 期，第 99—102 页。

⑨ 虞万里等：《唐五代字韵书所反映之唐代避讳与字形》，《古汉语研究》1993 年第 3 期，第 26—50 页。

固定避讳字形中的作用与影响。王建先生《唐讳升沉》① 论述了唐代避讳的发展变化。江岚先生《唐代墓志天干中"丙"字的避讳》② 认为在唐代墓志中表天干的"丙"常以"景"字代替以避讳，其原因在于：无论在意义上、音韵上，还是从五行与五方、五色、五时的对应关系来看，两者都有相通性。吴福秀先生《〈法苑珠林〉撰者"玄恽"之称非为避唐太宗讳考》③ 认为《法苑珠林》撰者释道世在释道宣《大唐内典录》中均被称为"玄恽"，但这是道宣个人习惯，"时人因避太宗讳，故以字行"的说法不能成立。窦怀永先生《唐代俗字避讳试论》④ 讨论了唐代俗字避讳的状况，认为唐代俗字避讳是避讳制度与俗字形体同时发展到高峰时期的必然产物。

刘福铸先生《释"昏"》⑤ 认为："昏"字本应从人，后又从氏，下从日，初文是会意字；其上面的氏，与人同意，它不是"氏"之省形，也不是"民"字之讳改。由明智先生《谈昏字与昬字的关系》⑥ 认为：字形与字音的演变共同造成了昏字与昬字异体，唐代的避讳改字使两字的关系变得复杂；文献中大量存在的"昏""昬"混用的现象，则是语音的演变导致的。我们认为，两文各有所得，但也有其失于偏颇处，特申发、厘清如下：

昏甲骨文作[image]、[image]，于省吾《甲骨文字诂林》："卜辞昏字从氏，不从民。"徐中舒《甲骨文字典》："从日从[image]氏，与《说文》篆文略同。"昏当为会意字。当然，昏字如何会意论者尚有分歧：一说从《说文》训从日从氏，谓日之氏下；一说从日从人（氏），

① 王建：《唐讳升沉》，《贵州社会科学》2002 年第 4 期，第 100—103 页。

② 江岚：《唐代墓志天干中"丙"字的避讳》，《乐山师范学院学报》2006 年第 10 期，第 58—60 页。

③ 吴福秀：《〈法苑珠林〉撰者"玄恽"之称非为避唐太宗讳考》，《中国文化研究》2007 年春之卷，第 93—99 页。

④ 窦怀永：《唐代俗字避讳试论》，《浙江大学学报》2009 年第 3 期，第 165—174 页。

⑤ 刘福铸：《释"昏"》，《福建师大福清分校学报》1994 年第 1 期，第 46—48 页。

⑥ 由明智：《谈昏字与昬字的关系》，《古汉语研究》2002 年第 2 期，第 95—96 页。

谓日在人下。

昏还有一异体字，即从民声之"昬"字，乃隶变之伪。段玉裁："字从氏声为会意，绝非从民声为形声也。盖隶书淆乱，乃有从民作昬者，俗皆遵用。"《说文·七篇上·日部》云："昏，从日氏省。氏者，下也。一曰民声。"段玉裁反对"一曰民声"说，认为："'一曰民声'四字，盖浅人所增，非许本书，宜删。凡全书内昏声之字，皆不从民，有从民者伪也。"杨树达也认为"以昏婚二文对勘，又知昏下一曰民声之说非矣。"①

可见，昏为正字，昬乃俗体，两书并行。时至唐代，为避太宗李世民之偏讳"民"，"昬"改正体书之，《旧唐书·高宗纪上》："（显庆二年十二月）庚午，改'昬''葉'字，"事当指二字所从之偏旁"民""世"而言；宋张世南《游宦纪闻》、元戴侗《六书故》、清顾炎武《音学五书》均记有改"昬"为"昏"之事，其事可信。但宋晁补之、明张自烈《正字通》、清钱大昕《十驾斋养新录》、钮玉树《段氏说文注订》、桂馥《说文解字义证》、沈涛《说文古本考》、孔广居《说文疑疑》、今人张舜徽《说文解字约注》、王力《汉语史稿》据庙讳之事认为"昏本从民作昬"，那就本末倒置了。不仅甲骨文昏字从氏，唐以前亦有从氏之昏字，如南朝梁王志的《一日帖》中就有从氏的"昏"字，晋王羲之法帖中的"婚"之偏旁就作"昏"。郭沫若在《殷契萃编考释》中也说："殷人昏字实不从民，足证段氏之卓识而解决千载之疑案矣。"

段玉裁："唐人作《五经文字》乃云'缘庙讳，偏旁准式省从氏。凡泯昏之类皆从氏，'以昏类泯，其亦慎矣。"今按：庙讳改字一事当有，只是昏、泯二字使用情况有别：庙讳之前，昏、昬并行，庙讳之后，昏本为正体，有社会使用基础，正字行而俗体废；泯为避讳偶改，其后便正字行而讳字废了。

---

① 杨树达：《积微居小学金石论丛》，中华书局1983年版，第8页。

第四章

避讳史料学时期（下）
——宋元明时期的避讳研究

第一节　宋辽金时期的避讳材料及相关研究

宋代避讳，非常繁复。辽金二朝本无讳制，但受赵宋熏染，遂避皇族国讳。相比之下，金比辽讳风更盛。

由于风气，宋人关注、研究避讳的学者甚多，他们的学术笔记中几乎都有讳例的记载或研究。

一　见载宋辽金时期避讳的主要典籍

（一）《宋会要辑稿》①

《宋会要》是宋代本朝史官收集当时诏书奏章原文的典章制度著作，修纂 10 次，成书 2200 卷余，史料价值很高；久佚后清人徐松从《永乐大典》中辑出宋代官修《会要》之文，成《宋会要辑稿》366 卷。其中有关避讳的材料于《仪制》十三最为集中，共分九个专题收录了宋代的避讳材料，它们是：帝讳、庙讳、群臣名讳、家讳、改地避讳、辞官避讳、犯讳、不讳、私忌。《宋会要辑稿》堪称宋代避讳史料之渊薮，其中大量的有关避讳的原始资料对于研究宋代避讳有很大的参考价值。举其中所载犯家讳辞官一例：

《宋会要辑稿·仪制十三·辞官避讳》：谢克家新除翰林学

---

① 徐松：《宋会要辑稿》，上海古籍出版社 2014 年版。

士，诏以为述古殿直学士、提举杭州洞霄宫。初，克家除翰林学士，以知制诰犯祖讳，有诏权不系知制诰三字。克家言祖宗时，翰林学士若兼领他官，止与职名同。元丰官制既行，专典内制，则必带知制诰三字，此不易之制也，讵可缘微臣轻有改革？乞除一官观故也。

再举一庙讳之例：

《宋会要辑稿·仪制十三·庙讳》：五年七月二日，帝谓宰臣曰："僖祖庙讳本是上声讳避，近见臣僚章奏文字，多避去声朓字。当更令两制详定。"晁迥等言："僖祖讳字从月，按《说文》曰：晦而月见西方也，音土了切。又朓从肉，祭肉也，土了切，一作他吊切。今请止从去声，于义无害。又眺，目不正也，他吊切，音义各异，望不回避。"从之。

今按：宋太祖赵匡胤，四世祖追尊僖祖文献皇帝名朓，避正讳"朓"；宋真宗大中祥符五年（1012 年），大臣晁迥认为"眺""朓"虽然音相近，但于义无害，建议不避嫌名"眺"字；宋真宗从之。

这则讳例和《辑稿》并为宋代三大史料宝库的《宋史》《续资治通鉴长编》都未见载。《辑稿》中还有一些有关宋代避讳的材料为独家所载，足见其于宋代避讳研究的独特价值。

（二）《宋史》《辽史》和《金史》①

《宋史》是元末至正三年（1343 年）由丞相脱脱（1314—1355年）和阿鲁图（生卒待考）先后主持修撰、在宋代官修史书的基础上稍加排次整理修订而成的官修正史，是保存两宋官方史料和私人著述最系统全面的一部史书，具有很高的史料价值。

《宋史》载有两宋时期的讳制和讳例共 400 余条，是研究宋讳

---

① 脱脱等：《宋史》，中华书局 1997 年版；脱脱等：《辽史》，中华书局 1997 年版；脱脱等：《金史》，中华书局 1997 年版。

的重要文献。其例如：

《宋史·礼志十一》："嘉定十三年十月，司农寺丞岳珂言：'孝宗旧讳从"伯"从"玉"从"宗"。考国朝之制，祖宗旧讳二字者，皆著令不许并用。'……既而礼、寺讨论：'所有钦宗、孝宗旧讳，若二字连用，并合回避，宜从本官所请，刊入施行。'从之。"

今按：宋孝宗赵昚，初名伯琮。

《宋史·徐俯传》："时工部侍郎何昌言与其弟昌辰避邦昌，皆改名。"

今按：南宋太宰、被金人立为楚帝的张邦昌，避偏讳"昌"；《经史避名汇考》卷20："按，何昌言改善言，其弟昌辰改知辰。"

《宋史·刘熙古传》："熙古年十五，通《易》《诗》《书》；十九，通《春秋》、子、史。避祖讳，不举进士。"

今按：宋刘熙古祖名实进，避偏讳"进"。

《辽史》亦为元代丞相脱脱主修，与《宋史》《金史》同时修撰，记载上自辽太祖耶律阿保机、下至辽天祚帝耶律延禧的辽代历史（907—1125年）；《辽史》作为现存唯一的一部比较系统、完整地记载了辽朝历史事实的著作，具有较高的史料价值。

《辽史》所载辽代避讳较少，计10余见。举例如：

《辽史·道宗纪四》：大康十年，"冬十二月乙未，改庆州大安军曰兴平。"

今按：辽道宗耶律洪基年号曰"大安"。

《辽史·百官志三》："崇禄寺，本光禄寺，避太宗讳改。"

今按：辽太宗孝武惠文皇帝耶律氏名德光，避偏讳"光"。

《金史》为元丞相脱脱主修三史中最好的一部，记载女真族所建金朝的兴衰始末，其材料主要来源于原金朝史官所撰写的金国之国史、实录、日历。《金史》也有"为尊者讳"的讳书笔法，比如《金史》卷 77《宗弼传》关于公元 1140 年宋金战事的记叙，就避重就轻甚至刻意隐瞒金国军队的败绩，片面地夸大金将的战绩。

《金史》所记载金朝避讳材料 60 余见，例如：

> 《金史·白华传》："用吉者，本姓孛术鲁，名久住。初归入宋，谒制置赵范，将以计动其心，故更姓名范用吉。赵怒其触讳，斥之，用吉犹应对如故。赵良久方悟，且利其事与己符，遂擢置左右，凡所言动略不加疑，遂易其姓曰花，使为太尉，改镇均州。"

今按：南宋京湖安抚制置使赵氏名范，避正讳"范"。

> 《金史·完颜思敬传》："初名思恭，避显宗讳，改焉。"同书《白彦敬传》："初名彦恭，避显宗讳，改焉。"

今按：金章宗完颜璟，父追尊显宗光孝皇帝名允恭，避偏讳"恭"，以"敬"代"恭"。又避偏讳之嫌名"供"，如：

> 《金史·选举志三》云："笔砚承奉，旧名笔砚令史。大定三年，更为笔砚供奉。后以避显宗讳，复更今名。"

> 《金史·光英传》云："天德四年二月，立光英为皇太子。……宋亦改'光州'为'蒋州'，'光山县'为'期思县'，'光化军'为'通化军'云。"

今按：金海陵王完颜亮，太子名光英，避偏讳"光"。

（三）《淳熙重修文书式》和《绍熙重修文书令》

宋代讳制严苛而繁多，有很多有关避讳的法律条文、令、式等。《宋刑统》就因袭了《唐律》有关避讳的条文：

> 诸上书若奏事而误，杖六十，口误减二等。上尚书省而误，笞四十，余文书误，笞三十。即误有害者，各加二等。若误可行非上书奏事者，勿论。（《宋刑统》卷10《职制律》）

宋代"宗庙有讳，刊之令式"（《宋会要辑稿·仪制十三》），即以令、式等法律文件的形式颁布有关避讳的禁令和法规。如《庆元条法事类·名讳》①中即录有有关避讳的文书令：

> 诸官称有所避而授以次官或旧官者，惟序官从所授，余依所避官法。诸府号官称犯父祖嫌名及二名偏犯者皆不避，诸命官不得令人避称官名，有兼官若检校官者听从高称，其曾任职事官者虽已替，听称职事官。（《职制令》）
>
> 诸命官不得令人避家讳。（《仪制令》）

最受关注的还是《绍熙重修文书令》：

> 诸犯圣祖名、庙讳、旧讳（旧讳内贰字者连用为犯，若文虽连，而意不相属者非）。御名，改避。余字（谓"式"所有者）有他音（谓如角徵之类）及经传子史有两音者，许通用（谓如金作赎刑，其赎字一作石欲切之类）。正字皆避之。若书籍及传录旧事者，为字不成，御名易以他字。
>
> 诸犯濮安懿王讳者，改避；若书籍及传录旧事者，皆为字不成；其在真宗皇帝谥号内者，不避；应奏者，以黄纸覆之。

---

① 《庆元条法事类》是宋宁宗赵扩时的法令汇编，所收为南宋初（1127年）至庆元年间（1195—1200年）敕、令、格、式和随敕申明，今存残本有职制、选举、文书等共十六门，为研究宋史特别是中国法制史的珍贵资料。

诸文书不得指斥援引黄帝名，经史旧文则不避（如用从车从干，冠以“帝”字或继以“后”字，合行回避。自余如“轩冕”“轩轾”“轘辕”“车辕”之类，即不合回避）。

该文书令修订于绍熙年间（1190—1194年），之前其内容也历经增补，是有关宋代各类名讳的诏令。其中的“余字（谓‘式’所有者）”，即“文书式”中所列的避讳字，而这个文书式就是《淳熙重修文书式》①：

圣祖名

玄②（胡涓切）县、駭、玹、蹦、额、俄、胸、弄、法、甸、眩、阁、臻、炫、狗、弦、孩、猥。

朗（庐党切）俍、崀、榔、㝗、朖、悢、誏、眼、烺、裉、哴、晭、朤、硠、狼、筤、㝗、阆、浪、埌

庙讳

太祖

匡（去王切）筐、眶、恇、劻、鬒、踁、蛀、莗、軭、頣、眶、框、閪、脏、廷、軖

胤（羊晋切）酳、靷、朋、釼、轴、酌、鼘、洕、濥、蝀、戭、夂、枃、螾、捬

太宗

炅（古迥切）炯、餇、𤑮、泂、颍、耿、㪊、畀、蝙、顋、吞、蓥、扃、憬、皛

真宗

恒（湖登切）峘、姮、佷、楦

仁宗

祯（陟盈切）桢、侦、寊、贞、征、媜、掮、㳎、郎、鄭

① 纪昀总纂：《四库全书总目提要·经部·小学类》之《附释文互注礼部韵略》，河北人民出版社2000年版。

② 原文正讳字均作缺笔处理，这里补正。其余同。

英宗

曙（常恕切）抒、睹、藷、藸、澍、嬞、尌、鬖、侸、梪、

禂、尌、侸、偅、跿、嫛、荞、禂、澍、睰、属、曙

神宗

顼（呼玉切）朒、珝、鱐、顬、祔

哲宗

煦（吁句切）朐、酌、酶、姁、呴、欨、休、咻、蚼、

雨、均

徽宗

佶（极乞）趵、赸、猎、鮚、刉、伇、芞、趚、吉、咭

钦宗

桓（胡官切）梡、瓛、捖、烜、欴、寏、院、峘、岏、洹、

汍、絙、纨、綄、垸、芄、萑、莞、莵、萱、萑、萑、鹳、

鳩、莞、羱、羦、獂、獂、狟、睆、麠、鸐、狟、梡、狟、綄、

査、晥、垣、貆、窏、蜁、薍

高宗

构（古侯切）媾、购、嘼、寈、磟、煹、傋、菁、藕、篝、

鞲、篝、诟、逅、骺、賄、呴、鸲、鞠、怐、佝、雊、耇、

訽、袧、岣、觚、珣、谷、觳、觳、觳、觳、构、觳、觳、觳、

斠、觳、觳、慒、鹳、瞂、够、觳、頓、穀、菁、霽

孝宗

昚（时忍切）脣、鼀、孨、娠、鈏、欣、鋠

光宗

惇（都昆切）譚、餮、镦、稙、墩、憝、驐、瞽、瓨、盩、

諄、㫄、邨、襃、鹑、蜳、蠎、錞、鐜、墩、焞、鞏

宁宗

扩（阔镬切）廓、郭、廱、鄣、霩、鞹、犉、彍、彍、鄟、

劅、挄、籗、籗、篗、嘝、潑

旧讳

光义　匡乂　德昌　元休　元侃　受溢　宗实　仲针　佣亶　烜　伯琮　瑗瑾

今上皇帝御名

昀（俞伦切）匀、畇、驯、敠、沟、巡、砏

御旧名

贵诚

《淳熙重修文书式》修订于淳熙年间（1174—1189 年），规定了宋代从圣祖开始直到理宗时皇族之名的正讳字及嫌名字计 350 余个。宋代的文书式和文书令是《贡举条式》（科举法条的汇编）的重要组成部分，附载于主持科举考试的礼部所编《韵略》之后，供科举试子写诗作文、文武官员撰写文书奏章时遵守。宋代文书令、文书式也是研究宋代避讳值得重视的材料。

二 宋辽金时期的避讳研究

宋代避讳，甚为繁多；与之相应，宋人研究避讳者亦多。北宋史学家宋敏求（1019—1079 年）曾撰《讳行后录》五卷，可惜亡佚，《宋史·艺文志》卷 2 存其目；南宋李椿撰《中兴登科小录》三卷、《姓类》一卷，亦亡佚，南宋目录学家陈振孙《直斋书录解题》卷 7 存其目①。

宋人的学术笔记中有很多专题记载、研究历朝避讳，如彭叔夏《文苑英华辨证》、洪迈《容斋随笔》、庄绰《鸡肋编》、王楙《野客丛书》、王观国《学林》、吴曾《能改斋漫录》、周密《齐东野语》、岳珂《愧郯录》等。

（一）王观国的《学林》②

王观国，生卒年待考，宋代官员、学者，约宋高宗绍兴十年（1140 年）时存世。著有《学林》10 卷，凡 358 则，内容主要以考证字的形、音、义为主；《学林》资料收集详备，辨析精核，是宋人笔记中较有学术价值的一种。《四库全书总目提要》评曰："论

① 《直斋书录解题》卷 7 著录《中兴登科小录》3 卷、《姓类》1 卷，并曰："通判徽州江都李椿撰。新安旧有《登科记》，但逐榜全录姓名而已。椿家藏《小录》，自建炎戊申（1128 年）至嘉熙戊戌（1238 年），节取名字乡贯及三代讳刊之，后以韵类其姓，凡一万五千八百人有奇。太守吴兴倪祖常子武刻之，以备前记之阙文。"

② 王观国：《学林》，中华书局 1988 年版。

其大致，则引据详洽，辨析精核者十之八九。"

王观国《学林》中的避讳研究见于卷 3《名讳》，其文转载如下：

夏商无所讳，讳自周始，然而不酷讳也。《五子之歌》曰"太康尸位，以逸豫灭厥德"，《胤征》曰"惟仲康肇位四海"，此皆称其君之名也。太甲既立，不明，伊尹放诸桐，三年复归，伊尹作《太甲》三篇；沃丁既葬伊尹于亳，咎单遂训伊尹事，作《沃丁》，此臣以其君之名为书之篇目也。然则夏商无所讳，可见矣。周文王，父也，武王，子也，文王名昌，箕子为武王陈《洪范》曰"使羞其行而邦其昌"，是斥其父之名也。武王，祖也，穆王，孙也，武王名发，穆王作《囧命》曰"发号施令"，又作《吕刑》曰"发闻惟腥"，是穆王作诰命自斥其先祖之名也。周康王名钊，而其孙有昭王，此立谥之字与祖先之名同音者也。周昭王名瑕而春秋时有弥子瑕与孔子同时，周穆王名满而定王时有周大夫王孙满，此臣用其君之名以为名者也。鲁献公名具，鲁武公名敖，范献子聘于鲁，问具敖二山，鲁人对曰"先君献武之所讳也"。而春秋时鲁大夫有公孙敖，与鲁武公同名，在武公之后，是与国君同名也。然则讳自周始而不酷讳，可知矣。晋僖侯名司徒，故废司徒而改为中军；宋武公名司空，故废司空而改为司城。凡此类，虽或讳之，鲜有避者。秦汉以来始酷讳矣。秦始皇名政，故正月读音征，而书史释音皆音正月之正为征也。汉高祖名邦，故《史记》《前汉书》不用邦字，凡邦字皆改国字也。吕后名雉，《前汉·吕后纪》注曰"雉之字曰野鸡，故汉人文字皆谓雉为野鸡"，《史记·封禅书》曰"野鸡夜声"，《前汉·郊祀志》曰"野鸡夜鸣"，《杜邺传》曰"野鸡着怪"，若此类是也。汉文帝名恒，《前汉·地理志·常山郡》张晏注曰"恒山在西，避文帝讳改为常山郡"，自此北岳恒山改为常山也。汉景帝名启，故《史记》改微子启为微子开之类是也。汉武帝名彻，故彻侯改为通侯，蒯彻改为蒯通，《史记·天官书》改循车彻之彻为通是也。汉宣帝名询，故荀况改为孙卿之类是也。《宣帝纪》元康二年诏曰："百姓多上书触讳以犯罪者，朕甚怜之，更讳询，诸触讳在令前者赦之。"盖宣帝为皇曾孙时名病已，至是改为询，其诏曰"令前者赦之"，则令以后触讳者罪不赦也。汉元帝王皇后父名禁，王莽讳之，改禁中为省中。《前汉·孔光传》曰："孔莽嗣侯，避王莽，更名均。"后汉光武名秀，故秀才改茂才，光武叔父名良，故东郡寿良县改为寿张县之类是也。汉明帝名庄，故姓庄者皆改姓严。《前汉·艺文志》庄忌改为严忌，庄助改为严助，庄尤改为严尤；又《五行志》春秋庄公改为严公，楚庄王改为楚严王，《异姓诸侯王表》秦昭庄改为昭严；又班固《叙传》谓老庄之术为老严之术，谓庄子为严子之类是也。汉殇帝名隆，故《前汉·地理志》河内隆虑县改为林虑县之类是也。汉安帝父清河孝王庆也，凡姓庆者皆改为贺氏，钟庆纯改为贺纯之类是也。司马迁父名谈，故史记不用谈字，而改赵谈为赵同。范煜父名泰，故《后汉书》不用泰字，"郑泰""郭泰"传皆改为太字，而两传文并称郑公业、郭林宗，盖避泰音而呼其字也。案后汉安帝名祐，而《后汉书》有朱祐、吴祐、刘祐；殇帝名隆，而《书》有刘隆、伏隆、王隆；灵帝名宏，而《书》有卫宏；范煜于汉臣名犯汉帝之名则不改避，而犯其父之名则改避，何私于父而累于君耶？魏武帝名操，故杜操改为杜伯度之类是也。晋文帝名昭，故王昭君改为王明君。经史中昭穆之昭本音招，以避晋文帝讳，皆呼昭音韶，征招、角招亦音为韶，而经史释音并音昭作韶矣。北齐文宣太子名商，改商州为赵州。石勒讳胡字，故本草呼胡荽为香荽，呼胡瓜为黄瓜；又讳勒字，呼罗勒为兰香。羊祜牧荆州，荆州人为讳其名，改户曹为辞曹。孔安国父名愉，安国除侍中，乞不与侍中王愉连书。王舒授会稽内史，以父名会求换他郡，于是改会为郐，舒犹不得已而行。张稷为永宁太守，以父名永故改永宁为长宁。王彧字景文，名与宋明帝讳同，故景文以字行。孔靖字季恭，名与宋武帝祖讳同，故季恭以字行。王懿字仲德，王献字元德，当晋太元末徙居彭城，以懿字犯晋宣帝名、献字犯晋元帝名，故王仲德、王元德兄弟皆以字行。谢裕字景仁，

褚裕之字叔度，张裕字茂度，以宋武帝讳裕而三人名皆与宋武
帝讳同，故皆以字行。隋室讳忠字，改中书省为内书省，凡中
字皆改为内也。隋炀帝名广，故广平郡改为永平郡、广宗县改
为宗城县之类是也。唐高祖之祖名虎、父名昞，故唐人文字改
虎为武，改昞为景。唐高祖名渊，故刘渊改称刘元海，戴渊改
称戴若思，公孙渊改称公孙文懿之类是也。唐太宗名世民，故
唐人书世为卋、书民为㞦，又改葉为枼以避世字，改昬为昏以避
民字，而唐人文字皆改民为人也。唐高宗名治，故唐人文字皆
改治为理。武后名曌，音照，故高宗懿德太子名重照，改名为
重润，而鲍照文集改为鲍昭之类是也。武后父名士彟，韦思谦
本名仁约，以近武后父名为嫌而以字行。唐明皇名隆基，故睿
宗子惠文太子隆范、薛王隆业皆去隆字之类是也。唐睿宗名
旦，张仁愿本名仁亶，以近睿宗讳改为仁愿之类是也。高宗子
封孝钦皇帝名洪，徐有功名洪敏，以避孝钦皇帝名而以字行。
唐宪宗名纯，故王纯改为王绍之类是也。唐穆宗名亘，故亘州
改为镇州之类是也。李涵擢太子少傅，吕渭建言涵父名少康当
避。源干曜以父名师民不拜太子少师，贾曾以父名言忠不拜中
书舍人。李贺父名晋肃，有言贺不当应进士举者，韩愈为作
《讳辩》是也。朱温祖名茂琳，改戊为武，至今北人呼戊为武。
又温父名诚，温篡唐居汴州，人为讳城字，故韦城、考城、胙
城、襄城等县至今但呼为韦县、考县、胙县、襄县也。李克用
父名国昌，克用立，州县名有昌字者悉改避之。又人名有昌字
者亦改避之，高季昌改为季兴之类是也。自秦汉以下至五代，
其酷讳可知也。夫名者所以别同姓而欲知其宗系之次也。《前
汉》高祖十年徙代王如意为赵王，平帝元寿二年立代孝王玄孙
之子如意为广宗王，且刘氏同宗而同名如意，何以别之哉！
《唐书》太宗子纪王慎，慎之子义阳王名琮，而奉天皇帝名琮。
又太宗子郁林王名恪，而宪宗子建王名恪，且李氏同宗而同名
琮、又同名恪，何以别之哉！夏商之时质，质则事简，故无所
讳。周之时文，文则事备，故有讳而不酷讳也。秦汉以来文乎
文者也，文乎文则多事，多事则疑，疑则为之防也密矣。此其

所以酷讳之也。①

　　王氏《名讳》认为"夏商无所讳，讳自周始，然而不酷讳也"，并罗列了夏商不讳的一些例子；又论列了自周至五代避讳的大量讳例，这些讳例多为后来的论者称引和使用，具有较高的资料价值。

　　（二）王楙的《野客丛书》

　　王楙（1151—1213 年），南宋学者、词人，所著《野客丛书》30 卷，凡 618 则，考证经史百家，钩隐抉微，大都考辨精核，是宋人学术笔记中较为著名的一种。

　　《野客丛书》中的避讳研究见于卷 9《古人避讳》、卷 17《昏字》和卷 19《避高祖讳》。卷 9《古人避讳》其文转载如下：

　　　　古今书籍，其间字文率多换易，莫知所自，往往出于当时避讳而然。仆不暇一一深考，姑著大略于兹，自可类推也。秦始皇讳政，呼正月为征月，《史记·年表》又曰"端月"，卢生曰"不敢端言其过"，《秦颂》曰"端平法度"，曰"端直厚忠"，皆避正字也。汉高祖讳邦，汉史凡言邦皆曰国。吕后讳雉，《史记·封禅书》谓"野鸡夜雊"。惠帝讳盈，《史记》万盈数作万满数。文帝讳恒，以恒山为常山。景帝讳启，《史记》微子启作微子开，《汉书》启母石作开母石。武帝讳彻，以彻侯为通侯，蒯彻为蒯通。宣帝讳询，以荀卿为孙卿。元帝讳奭，以奭氏为盛氏。光武讳秀，以秀才为茂才。明帝讳庄，以老庄为老严，以办装为办严，或者以为称人当曰办严，自称曰办装，不知办严即办装也。殇帝讳隆，以隆虑侯为林虑侯。安帝父讳庆，以庆氏为贺氏。魏武帝讳操，以杜操为杜度。吴太子讳和，以禾兴为嘉兴。蜀后主讳宗，以孟宗为孟仁。晋景帝讳师，以师保为保傅，以京师为京都。文帝讳昭，以昭穆为韶穆，昭君为明君，《三国志》韦昭为韦耀。愍帝讳业，以建业

　　① 王观国：《学林》，中华书局 1988 年版，第 77—80 页。

为建康。康帝讳岳，以邓岳为邓岱，山岳为山岱。简文郑后讳阿春，以春秋为阳秋，晋人谓"皮里阳秋"是也，富春为富阳，蕲春为蕲阳。齐太祖讳道成，薛道渊但言薛渊。梁武帝小名阿练，子孙皆呼练为绢。隋祖讳忠，凡言郎中，皆去中字，侍中为侍内，中书为内史，殿中侍御为殿内侍御，置侍郎不置郎中，置御史大夫不置中丞，以治书御史代之，中庐为次庐。至唐又避太子讳忠，亦以中书郎将为旅贲郎将，中舍人为内舍人。炀帝讳广，以广乐为长乐，广陵但称江都。唐祖讳虎，凡言虎率改为武，如武贲、武丘之类是也。高祖讳渊，赵渊为赵文深。太宗讳世民，唐史中凡言世皆曰代，凡言民皆曰人，所谓治人、生人、富人侯之类是也，民部曰户部。高宗讳治，唐史中凡言治皆曰理，如东汉注引王吉语而曰"至理之主，才不代出"者，章怀太子避当时讳也。武后讳曌，以诏书为制书，鲍照为鲍昭，懿德太子重照改曰重润，刘思照改曰思昭。睿宗讳旦，张仁亶改曰仁愿。玄宗讳隆基，惠文太子隆范、薛王隆业，并去隆字，"君基太一"，"民基太一"，并作其字，隆州为阆中，隆康为普康，隆龛为崇龛，隆山郡更名仁寿郡。代宗讳豫，以豫章为钟陵，苏预改名源明，以薯蓣为薯药，至本朝避英宗讳曙曰山药，签署曰签书。德宗讳适，改括州为处州。宪宗讳淳，淳州更名蛮州，韦纯改名贯之，韦淳改名处厚，王纯改名绍，陆淳改名质，柳淳改名灌，严纯改名休复，李行纯改名行谌，崔纯亮改名仁范，程纯改名弘，冯纯改名约。穆宗讳恒，以恒山为平山。敬宗讳弘，徐弘改名有功。文宗讳昂，宋绳《会要》作宋混，郑涵避文宗旧讳涵，改名瀚。武宗讳炎，贾炎改名嵩。宣帝讳忱，常湛改名损，穆湛改名仁格。石晋高祖讳敬瑭，拆敬氏为文氏、苟氏，至汉而复姓敬。本朝避翼祖讳敬，复改姓文，或姓苟。元后父讳禁，以禁中为省中。武后父讳华，以华州为太州。韦仁约避武后家讳，改名元忠。窦怀贞避韦后家讳，而以字行。刘穆之避王后讳，以宪祖字行，后又避桓温母讳，更称小字武生。虞茂避明穆后母讳，改名预。淮南王安避父讳长，故《淮南子》书，凡言长悉曰修。晋以毗陵封东海王世子毗，以毗陵为晋陵。唐避章怀太子讳贤，以崇贤馆为崇文馆。王馆除会稽内史，以犯祖讳会字，以会稽为邻稽。贾曾以父讳至中，不肯拜中书舍人。韦聿迁秘书郎，以父嫌名，换太子司议郎。柳公绰迁礼部尚书，以祖讳换左丞。李涵为太子少傅，吕滑劾涵谓不避父名少康。刘温叟以父讳岳，不听丝竹之音。李贺以父名晋肃，不赴进士举。司马迁以父讳谈，《史记》赵谈曰赵同，张孟谈为孟同。范晔以父讳泰，《后汉》郭泰曰郭太。李翱祖父讳楚金，故为文皆以今为兹。钱王讳镠，以石榴为金樱，改刘氏为金氏。杨行密据扬州，扬人呼蜜为蜂糖。伪赵避石勒讳，以罗勒为兰香。宋高祖父讳城，以武成王为武明王，以武成县为武义县。古人避讳，似此甚多，不可胜举。《闻见录》谓德宗立，议改括州，适处士星应括州分野，遂改为处州。处州合上声呼，呼去声，非也。《容斋随笔》谓严州本名睦州，宣和中以方寇改严州，盖取严陵滩之意。子陵乃庄氏，避明帝讳，以庄为严，合为庄州。李祭酒涪谓晋讳昭，改名佋。案《说文》自有佋穆字，以昭为佋，盖借音耳，公之论如此。仆又观韩退之《讳辩》，谓武帝名彻，不闻又讳车辙之辙。今《史记·天官书》谓车通，此非讳车辙之辙乎？前辈谓马迁《史记》不言谈，今《李斯传》言宦者韩谈，此非《史记》言谈乎？又谓《汉书》无庄字，今《爰盎传》"上益庄"，《郑当时传》"郑庄千里不赍粮"，兹非《汉书》言庄乎？《汉书》注以景字代丙字，如景科、景令之类。《晋书》与唐人文字皆然，《缃素杂记》亦莫晓而可。仆考之，盖唐初为世祖讳耳。①

卷9《古人避讳》考论了自秦至北宋经史中大量的避讳用例以及个别用例的考证，大都可信。但有一讳例误，即"宋高祖父讳城，以武成王为武明王，以武成县为武义县"。今按："宋高祖"当为"梁太祖"之误。唐梁王、五代梁太祖朱温，父追尊烈祖文穆皇

---

① 王楙：《野客丛书》，中华书局1987年版，第95—98页。

帝名诚，又避嫌名"成"，《旧唐书·哀帝纪》载：天祐二年九月"己巳，敕武成王庙宜改为武明王。"又钱大昕《十驾斋养新录》卷11："后梁朱全忠祖名诚，改……朝城县曰武阳，宗城县曰广宗，聊城县曰聊邑。"虽未及"武成"讳例，也可资证。另：周密《齐东野语》卷4："高祖父名诚，以武成王为武明王，武成县为武义县。"其误与王楙同。

卷17《昬字》其文如下：

> 世谓昬字合从民，今有从氏者，避太宗讳故尔。仆观《唐三藏圣教序》，正太宗所作，褚遂良书，其间"重昬之夜"，则从民，初未尝改民以从氏也。谓避讳之说，谬矣。盖俗书则然。又观《温彦博墓志》，正观间欧阳询书，其后言民部尚书唐俭云云，当太宗时，正字且不讳，而况所谓偏旁乎？又有以见太宗不讳之德。①

今按：唐初，讳制尚疏，二名不偏讳，如武德九年，即有"世及民两字不连续者，并不须避"之令（《唐会要》卷23），也有"嫌名不避……自今以后缮写旧典文字，并宜使成，不须随义改易"（《册府元龟·帝王部·名讳》）之诏。但玄宗及以降，渐避"世""民"之偏讳。

卷19《避高祖讳》其文如下：

> 或者读晋潘尼举孔子言"一言而丧国"者，汉避高祖讳，至此犹存。仆谓承袭如此，非避讳也。且《左传》引《周书》之文曰"大国畏其力，小国怀其德"，引《周诗》曰"克长克君，王此大国"。当是之时，高祖之讳未行也，而易邦以国者是出于偶然，非有深意。然固有避讳处，如《汉书》引"尧亲九族，以和万国"，曰"善人为国百年，可以胜残去杀"，王嘉曰："无教逸欲有国"，蔡邕《石经》凡邦字易国字，如

---

① 王楙：《野客丛书》，中华书局1987年版，第188页。

此之处，可以言避讳矣。何则？彼皆汉人也。非汉人则不可谓避讳矣。①

今按：汉高祖刘氏名邦，讳邦为国，如《尚书·尧典》"协和万邦"，《史记·高祖功臣侯者年表序》引，改作"协和万国"，而《五帝本纪》又作"合和万国"；《老子》第十八章有一句通行本为"邦家昏乱，案有贞臣"，帛乙本《老子》抄写于汉，作"国家昏乱，安有贞臣"。

但是两汉讳制尚疏，陈垣先生就指出："汉时近古，宜尚自由，不能以后世之例绳之。"② 对于帝王之名讳，即使是汉人，也不尽避，或者此避彼不避，甚至还遵守古《礼》之临文不讳之规定，如胡适先生就撰《两汉临文不讳考》《读陈垣〈史讳举例〉论汉讳诸条》等文论证汉人临文不讳；王氏所云"蔡邕《石经》凡邦字易国字"，胡适先生就另根据蔡邕的碑文材料考证蔡邕不避汉代皇帝名讳 36 例。若避讳不尽，可能后人追改，或者追改不尽，这些情况使得汉讳呈现出比较复杂的面貌，也增加了研究者考证的难度。

（三）周密的《齐东野语》

南宋周密（1232—1298 年），字公谨，号草窗，南宋学者和文学家，祖籍济南，流寓吴兴（今浙江湖州），宋德祐间为义乌县令，入元不仕。著有《齐东野语》《武林旧事》《癸辛杂识》《志雅堂要杂钞》等杂著数十种。

《齐东野语》20 卷，是宋人笔记杂著中的精品。书中所记，多为宋元之交的朝廷大事，很多为其他史传所不载，甚至可以弥补元代所修《宋史》之不足，是很有价值的资料。

周密的避讳研究主要集中在《齐东野语》卷 4《避讳》，其文转载如下：

古今避讳之事，杂见诸书，今漫集数条于此，以备考览。

---

① 王楙：《野客丛书》，中华书局 1987 年版，第 220 页。
② 陈垣：《史讳举例》，中华书局 2004 年版，第 108 页。

盖殷以前，尚质不讳名，至周始讳，然犹不尽讳。如穆王名满，定王时有王孙满之类。至秦始皇讳政，乃呼正月为征月，《史记·年表》作端月。卢生曰："不敢端言其过。"秦颁端正法度曰"端直"。皆避政字。

汉高祖讳邦，旧史以邦为国。惠帝讳盈，《史记》以万盈数作满数。文帝讳恒，以恒山为常山。景帝讳启，《史记》微子启作微子开，《汉书》启母石作开母石。武帝讳彻，以彻侯为通侯，蒯彻为蒯通。宣帝讳询，以荀卿为孙卿。元帝讳奭，以奭氏为盛氏。明帝讳庄，以老、庄为老、严，庄助为严助，卞庄为卞严。殇帝讳隆，以隆虑为林虑。安帝父讳庆，以庆氏为贺氏。

魏武帝讳操，以杜操为杜度。蜀后主讳宗，以孟宗为孟仁。晋景帝讳师，以师保为保傅，京师为京都。文帝讳昭，以昭穆为韶穆，昭君为明君，《三国志》韦昭为韦耀。愍帝讳业，以建业为建康。康帝讳岳，以邓岳为邓岱，山岳为山岱。齐太祖讳道成，师道渊但言师渊。梁武帝小名阿练，子孙皆呼练为白绢。隋文帝父讳忠，凡郎中皆去中字，侍中为侍内，中书为内史，殿中侍御为殿内侍御，置侍郎不置郎中，置御史大夫不置中丞，以侍书御史代之，中庐为次庐。至唐又避太子讳，亦以中郎为旅贲郎将，中书舍人为内舍人。炀帝讳广，以广乐为长乐，广陵为江都。

唐世祖讳丙，故以景字代之，如景科、景令、景子之类，是也。唐祖讳虎，凡言虎，率改为猛兽，或为武，如武贲、武林之类。李延寿作《南北史》，易石虎为石季龙，韩擒虎为韩擒。高祖讳渊，赵文渊为赵文深，渊字尽改为泉。刘渊为元海，戴渊为戴若思。太宗讳世民，唐史，凡言世，皆曰"代"；民，皆曰"人"，如烝人，治人，生人，富人侯之类。民部曰"户部"。高宗讳治，凡言治皆曰"理"，如"至理之主，不代出者"，章怀避当时讳也。陆贽曰："与理同道罔不兴"，"胁从罔理"。韩文策问："尧、舜垂衣裳而天下理"，又"无为而理者，其舜也钦"。睿宗讳旦，张仁亶改仁愿。玄宗讳隆基，太一君基、臣基，并改为其字。隆州为阆中，隆康为普康，隆龛为崇龛，隆山郡为仁寿郡。代宗讳豫，以豫章为钟陵，苏预改名源明，以薯蓣为薯及山药。德宗讳适，改括州为处州。宪宗讳纯，淳州改为栾州，韦纯改名贯之，之纯改名处厚，王纯改名绍，陆淳改名质，柳淳改名灌，严纯改名休复，李行纯改名行谌，崔纯亮改名行范，程纯改名弘，冯纯敏改名约。穆宗讳恒，以恒山为常山。敬宗讳弘，徐弘敏改名有功。郑涵避文宗旧讳，改名浣。武宗讳炎，贾炎改名嵩。宣宗讳忱，韦谌改名损，穆谌改名仁裕。

梁太祖父烈祖名诚，遂改城曰"墙"。晋高祖讳敬塘，析敬字为文氏、苟氏，至汉乃复旧。至本朝避翼祖讳，复析为文、为苟。

本朝高宗讳构，避嫌名者，仍其字更其音者，勾涛是也；加金字，钩光祖是也；加丝字，绚纺是也；加草头者，苟谌是也；改为句字者，句思是也；增勾龙者，如渊是也；勾龙去上一字者，大渊是也。已上，皆臣下避君讳也。

吴太子讳和，以和兴为嘉兴。唐高宗太子弘，为武后所酖，追尊为孝敬帝，庙曰义宗，弘文馆改为昭文，弘农县为恒农，韦弘机但为机。李舍光本姓弘，易为李，曲阿弘氏易为洪，温彦弘遂以大雅字行。晋以毗陵封东海王世子毗，以毗陵为晋陵。唐避章怀太子贤讳，改集贤为崇文馆之类，皆避太子之讳也。

吕后讳雉，《封禅书》谓"野鸡夜雊"。武后讳曌，以诏书为制书，鲍照为鲍昭。改懿德太子重照为重润，刘思照为思昭。简文郑后讳阿春，以春秋为阳秋，富春为富阳，蕲春为蕲阳。此避后讳也。

元后父讳禁，以禁中为省中。武后父讳华，以华州为太州。韦仁约避武后家讳，改名元忠。窦怀贞避韦后家讳，而以字行。刘穆之避王后家讳，以宪祖字行，后复避桓温母讳，遂称小字武生。虞茂避穆后母讳，改名预。本朝章献太后父讳通，尝改通直郎为同直郎，通州为崇州，通判为同判，通进司为承进司，通奉为中奉，通事舍人为宣事舍人。至明道间，遂复旧。此则避后家讳也。

钱王镠，以石榴为金樱，改刘氏为金氏。杨行密据扬州，州人呼蜜为蜂糖。赵避石勒讳，以罗勒为兰香。高祖父名诚，以武成王为武明王，武成县为武义县。羊祜为荆州，州人呼户曹为辞曹之类，皆避国主、诸侯讳也。

《诗》《书》则不讳。若文王讳昌，而箕子陈《洪范》曰："使羞其行，而邦其昌。"厉王讳胡，而宣王时，《诗》曰："胡不相畏"，"胡为虺蜴"，"胡然厉矣"。《周礼》有"昌本之菹"，《诗》有"鬈发之咏"。《大诰》："弗弃基"，不讳后稷弃字。孔子父叔梁纥，而《春秋》书臧孙纥。成王讳诵，而"吉甫作诵"之句，正在其时，是也。

庙中则不讳。《周颂》祀文、武之乐歌，《雝》曰："克昌厥后。"《噫嘻》曰："骏发尔私"，是也。

临文则不讳。鲁庄公名同，而《春秋》书"同盟"。襄公名午，而书"陈侯午卒"。僖公名申，书"戊申"。定公名宋，书"宋人、宋仲几"。

《汉书》纪元封诏书有"启母石"之言。《刑法志》："建三典以刑邦国"与"万邦作孚"。韦孟诗："总齐群邦"，皆不避高祖讳。

魏太祖名操，而陈思王有"造白"①之句。曹志，植之子，奏议云："干植不强。"

三国吴时，有"言功以权成"，盖斥孙权之名。南史有"宁逢五虎"及"虎视"之语，则虎字亦不尽避。

韩文公潮州上表云："朝廷治平日久。"曰："政治少懈。"曰："巍巍治功。"曰："君臣相戒，以致至治。"举张行素曰："文学治行众所推。"亦不避高宗之讳。又袁州上表曰："显荣频烦。"举韦顗曰："显映班序。"柳文乐曲曰："羲和显耀乘清芬。"皆不尽避中宗之讳。韩贺即位表曰："以和万民。"亦不

_____

① "白"当为"日"之形误。曹植《赠白马王彪》之二："修坂造云日，我马玄以黄。"

讳民字，如此类甚多。

胡翼之侍讲迩英日，讲乾卦"元、亨、利、贞"，上为动色，徐曰："临文不讳。"伊川讲南容三复白圭，内侍告曰："容字，上旧名也。"不听。讲毕曰："昔仁宗时，宫嫔谓正月为初月，饼之蒸者为炊，天下以为非。嫌名、旧名，请勿讳。"

邦、国有不讳者。襄王名郑，郑不改封。至于出居其国，使者告于秦、晋曰："鄙在郑地。"受晋文公朝，而郑伯传。汉和帝名肇，而郡有京兆是也。

嫌名则有避有不避者。韩退之辩讳："桓公名白，传有五皓之称；厉王名长，琴有修短之目。不闻谓布帛为布皓，肾肠为贤修。汉武名彻，不闻讳车辙之辙。"然《史记·天官书》："谓之车通"，此非讳车辙之辙乎？若晋康帝名岳，邓岳改名为岳，此则不讳嫌名也。

二名不偏讳。唐太宗名世民，在位日，戴胄、唐俭为民部尚书，虞世南、李世勣皆不避。至高宗时，改民部为户部，世南已卒，世绩去世字。或云："卒哭乃讳。"

避讳而易字者。按《东观汉记》云，"惠帝讳盈，之字曰满；文帝讳恒，之字曰常；光武讳秀，之字曰茂"云云。盖当时避讳，改为其字，之者，变也。如卦普爻曰之也。

本朝真宗讳恒，音胡登切。若阙其下画，又犯徽宗旁讳。后遂并字不用，而易为常，正用前例也。

淮南王安，避父讳长，故《淮南》书，凡言长，悉曰修。王羲之父讳正，故每书正月为初月，或作一月，余则以政字代之。王舒除会稽内史，以祖讳会，以会稽为郐稽。司马迁以父讳谈，《史记》中，赵谈为赵同子，张孟谈为孟同。范晔父名泰，《后汉书》郭泰为郭太。李翱祖父名楚今，故为文皆以今为兹。杜甫父名闲，故杜诗无闲字。苏子瞻祖名序，故以序为叙，或改作引。曾鲁公父名会，故避之者，以勘会为勘当。蔡京父名准，改平准务为平货务。此皆士大夫自避家讳也。

《史记·李斯传》言"宦者韩谈"，则谈字不能尽避。《汉书·爰盎传》有"上益庄"之文，郑当时有"郑庄千里不赍粮"之类。此不能尽避也。

范晔为太子詹事，以父名泰，固辞，朝议不许。唐窦曾授中书舍人，以父名至忠，不受。议者以音同字别，乃就职。韦聿迁秘书郎，以父嫌名，换司议郎。柳公绰迁吏部尚书，以祖讳，换左丞。李涵父名少康，为太子少傅，吕渭劾之。本朝吕希纯，以父名公著，而辞著作郎。富郑公父名言，而不辞右正言。韩亿绛、缜，家讳保枢，皆为枢密而不避。此除官有避不避也。

至若后唐，郭崇韬父名弘，改弘文馆为崇文馆。建隆间，慕容彦钊、吴廷祚，皆拜使相。而钊父名章，廷祚父名璋，制麻中为改"同为中书门下平章事"为"二品"。绍兴中，沈守约、汤进之二丞相，父皆名举，于是改提举书局为提领。此则朝廷为臣下避家讳也。

元稹以阳城驿与阳道州名同，更之曰避贤驿，且作诗以记之，白乐天和之云："荆人爱羊祜，户曹改为词，一字不忍道，况兼姓呼之。"是也。郑诚过郢州浩然亭，谓贤者名不可斥，更名孟亭。歙有任昉寺、任昉村，以任所游之地故也。虞藩为刺史日，更为任公寺、任公村。此则后人避前贤名也。

至有君臣同名者。襄王名郑，卫成公与之同时，亦名郑。卫侯讳恶，其臣有石恶。宋武帝名裕，褚叔度、王敬弘，皆名裕之；谢景仁、张茂度皆名裕。宋明帝名彧，王景文亦名彧。唐玄宗名隆基，刘子玄名知几。

又有父子、祖孙同名者。周康王名钊，生子瑕是为昭王。宋明帝名彧，其子后废帝亦名昱。魏献文名弘，其子孝文名宏。声虽相近，而字犹异也。若周厉王名胡，而僖王名胡齐。蔡文侯、昭侯，相去五世，皆名中。魏安同父名屈，同之子亦名屈。襄阳有处士罗君墓志曰："君讳靖，父靖，学优不仕。"此尤为可罪也。

若桓玄，呼父温曰清，此不足责。若韩愈，不避仲卿，又何耶？

朱温之父名诚，以其类戊字，司天监上言，请改戊己之戊为武字，此全无义理。如扬都士人名审，沈氏与书，名而不姓，皆谀之者过耳。未如梁谢举闻家讳必哭，近世如赵南仲亦然，此亦不失为孝。

若唐裴德融父讳皋，高锴为礼部侍郎，典贡举。德融入试，锴曰："伊父讳皋，而某下就试，与及第，困一生事。"后除屯田员外郎，与同除一人参右丞卢简。卢先屈前一人，使驱使官传语曰："员外是何人下及第？偶有事，不得奉见。"裴仓促而去。李贺以父名晋肃，终身不赴进士举，抑又甚焉。

崔殷梦知举，吏部尚书归仁晦托弟仁泽，殷梦唯唯，至于三四。殷梦敛色端笏曰："某见进表，让此官矣。"仁晦始悟己姓乃殷梦家讳龟从故也。

后唐天成中，卢文纪为工部尚书，郎中于邺参，文纪以父名嗣业，与同音，竟不见。邺忧畏太过，一夕，雉经而死。

杨行密父名怤，与夫同音，改文散诸大夫为大卿，御史大夫为御史大卿。至有兴唐寺钟题志云："金紫光禄大，兼御史大，及银青光禄大。"皆直去夫字，尤为可怪。

国朝刘温叟，父名乐，终身不听丝竹，不游嵩岱。徐绩父名石，平生不用石器，遇石不践，遇桥则令人负之而过。此皆避讳不近人情者也。

至如唐宪宗时，戎昱有诗名，京兆尹李鸾拟以女嫁之，令改其姓，昱辞焉。

五代有石昂者，读书好学，不求仕进。节度使符习高其行，召为临淄令。习入朝，监军杨彦朗知留后。昂以公事上谒，赞者以彦朗家讳石，遂更其姓曰右昂。昂趋于庭，责彦朗曰："内侍奈何以私害公？昂姓石，非右也。"彦朗大怒，昂即解官去。语其子曰："吾本不欲仕乱世，果为刑人所辱。"

宣和中，徐申干臣，自讳其名，知常州，一邑宰白事，言"已三状申府，未施行"。徐怒形于色，责之曰："君为县宰，岂不知长吏名，乃作意相侮。"宰亦好犯上者，即大声曰："今此事申府不报，便当申监司，否则申户部，申台，申省，申来申去，直待身死即休。"语罢，长揖而退。徐虽怒，然无以罪之。三人者，皆不肯避权贵之讳以自保其姓名。

若北齐熊安生者，将通名见徐之才、和士开。二人相对，以之才讳熊，士开讳安，乃称触触生，群公哂之。

蔡京在相位日，权势甚盛，内外官司公移皆避其名，如京东、京西并改为畿左、畿右之类。蔡门下昂避之尤谨，并禁其家人，犯者有笞责。昂尝自误及之，家人以为言，乃举手自击其口。蔡经国闻京闽音，称京为经，乃奏乞改名纯臣。此尤可笑。

绍圣间，安惇为从官，章惇为相，安见之，但称享而已。

近世方巨山名岳。或谤其为南仲丞相幕客，赵父名方，乃改姓为万。既而又为邱山甫端明属，邱名岳，于是复改名为方山，遂止以为过焉。

善乎胡康侯之论曰："后世不明《春秋》之义，有以讳易人姓者，易人名者。愚者迷礼以为孝；诐者献佞以为忠。忌讳繁，名实乱，而《春秋》之法不行矣。"①

卷4《避讳》考论了历代避讳，汇集了秦到南宋高宗之时的历朝国讳讳例，以见其流变发展；并分"避君讳""避太子讳""避后讳""避国主、诸侯讳""士大夫自避家讳""朝廷为臣下避家讳""后人避前贤名"等类列举，条分缕析，所载讳例确有"以备考览"之资料价值。

（四）洪迈的《容斋随笔》

洪迈（1123—1202年），南宋笔记作家、文学家，字景卢，号容斋、野处。洪迈纂著甚丰，有学术笔记《容斋随笔》、文集《野处类稿》、志怪笔记小说《夷坚志》，编纂的《万首唐人绝句》等。

《容斋随笔》是关于历史、文学、哲学、艺术等方面的学术札记，是《随笔》《续笔》《三笔》《四笔》《五笔》之统称，共74卷，凡1220则。《容斋随笔》积作者40余年研学成果，以考证、议论、记事为主要内容，资料丰赡，考证确切，议论精彩，被《四库全书总目提要》推为南宋笔记之冠。

《容斋随笔》中涉及避讳的札记共55则，其中《随笔》6则，

① 周密：《齐东野语》，中华书局1983年版，第55—64页。

《续笔》19 则，《三笔》14 则，《四笔》7 则，《五笔》9 则。其中专论避讳的札记则有 9 则，附载如下：

随笔·卷四·孟蜀避唐讳

蜀本石《九经》皆孟昶①时所刻，其书"渊世民"三字皆缺画，盖为唐高祖、太宗讳也。昶父知祥，尝为庄宗、明宗臣，然于"存勖嗣源"字乃不讳。前蜀王氏已称帝，而其所立龙兴寺碑，言及唐诸帝，亦皆半阙，乃知唐之泽远矣。②

随笔·卷六·严州当为庄

严州本名睦州，宣和中以方寇之故改焉。③ 虽以威严为义，然实取严陵滩之意也。④ 殊不考子陵乃庄氏，东汉避显宗讳以"庄"为"严"⑤，故史家追书以为严光，后世当从实可也。⑥

随笔·卷九·古人无忌讳

古人无忌讳。如季武子成寝，杜氏之葬在西阶之下，请合葬焉，许之，入宫而不敢哭，武子命之哭。曾子与客立于门侧，其徒有父死，将出哭于巷者，曾子曰："反哭于尔次。"北面而吊焉。伯高死于卫，赴于孔子，孔子曰："夫由赐也见我，吾哭诸赐氏。"遂哭于子贡寝门之外，命子贡为之主，曰："为尔哭也来者，拜之。"夫以国卿之寝阶，许外人入哭而葬，己所居室，而令门弟子哭其亲，朋友之丧，而受哭于寝门之外，今人必不然者也。圣贤所行，固为尽礼，季孙宿亦能如是。以

---

① 孟昶（919－965 年），后蜀高祖孟知祥第三子，五代十国时期后蜀末代皇帝；母亲李氏，本是后唐庄宗李存勖之嫔妃，李存勖将李氏赐给了孟知祥。

② 洪迈：《容斋随笔》，喀什维吾尔文出版社 2002 年版，第 36 页。

③ 南宋俞成《萤雪丛说》卷 2："本朝宣和间，方腊寇江浙，改睦州为严州，盖本于此。"今按：方腊起事并割据于睦州；方腊作乱被宋平息后，睦州被改为严州，取意"草莽之地，须严加治理"之意。（据杭州社科门户网）

④ 严子陵，名严光，字子陵，东汉著名隐士，浙江会稽余姚人，他原姓庄，后人因避明帝讳改姓严。严陵滩相传为严子陵钓鱼的地方，也因严氏得此名。

⑤ 东汉显宗孝明皇帝刘氏名庄，避正讳"庄"。

⑥ 洪迈：《容斋随笔》，喀什维吾尔文出版社 2002 年版，第 62 页。

古方今，相去何直千万也。①

续笔·卷二·唐诗无讳避

　　唐人歌诗，其于先世及当时事，直辞咏寄，略无避隐。至官禁嬖昵，非外间所应知者，皆反复极言，而上之人亦不以为罪。如白乐天《长恨歌》讽谏诸章，元微之《连昌宫词》，始末皆为明皇而发。杜子美尤多，如《兵车行》《前后出塞》《新安吏》《潼关吏》《石壕吏》《新婚别》《垂老别》《无家别》《哀王孙》《悲陈陶》《哀江头》《丽人行》《悲青阪》《公孙舞剑器行》，终篇皆是。其他波及者，五言如："忆昨狼狈初，事与古先别。""不闻夏商衰，中自诛褒妲。""是时妃嫔戮，连为粪土丛。""中宵焚九庙，云汉为之红。""先帝正好武，寰海未凋枯。""拓境功未已，元和辞大炉。""内人红袖泣，王子白衣行。""毁庙天飞雨，焚宫火彻明。""南内开元曲，常时弟子传。法歌声变转，满座涕潺湲。""御气云楼敞，含风彩仗高。仙人张内乐，王母献宫桃。""须为下殿走，不可好楼居。""固无牵白马，几至着青衣。""夺马悲公主，登车泣贵嫔。""兵气凌行在，妖星下直庐。""落日留王母，微风倚少儿。""能画毛延寿，投壶郭舍人。""斗鸡初赐锦，舞马更登床。""骊山绝望幸，花萼罢登临。""殿瓦鸳鸯坼，宫帘翡翠虚。"七言如："关中小儿坏纪纲，张后不乐上为忙。""天子不在咸阳宫，得不哀痛尘再蒙。""曾貌先帝照夜白，龙池十日飞霹雳。""要路何日罢长戟，战自青羌连白蛮。""岂谓尽烦回纥马，翻然远救朔方兵。"如此之类，不能悉书。此下如张祜赋《连昌宫》《元日仗》《千秋乐》《大酺乐》《十五夜灯》《热戏乐》《上巳乐》《邠王小管》《李谟笛》《退宫人》《玉环琵琶》《春莺啭》《宁哥来》《容儿钵头》《邠娘羯鼓》《耍娘歌》《悖拿儿舞》《华清宫》《长门怨》《集灵台》《阿㤘汤》《马嵬归》《香囊子》《散花楼》《雨霖铃》等三十篇，大抵咏开元、天宝间事。李义

---

① 洪迈：《容斋随笔》，喀什维吾尔文出版社 2002 年版，第 91 页。

山《华清宫》《马嵬》《骊山》《龙池》诸诗亦然。今之诗人不敢尔也。①

续笔·卷十一·唐人避讳

唐人避家讳甚严，固有出于礼律之外者。李贺应进士举，忌之者斥其父名晋肃，以晋与进字同音，贺遂不敢试。韩文公作讳辩，论之至切，不能解众惑也。旧唐史至谓韩公此文，为文章之纰缪者，则一时横议可知矣。杜子美有送李二十九弟晋肃入蜀诗，盖其人云。裴德融讳"皋"，② 高锴以礼部侍郎典贡举，德融入试，锴曰："伊讳'皋'，向某下就试，与及第，困一生事。"后除屯田员外郎，与同除郎官一人，同参右丞卢简求。到宅，卢先屈前一人入，前人启云："某与新除屯田裴员外同祇候。"卢使驱使官传语曰："员外是何人下及第？偶有事，不得奉见。"裴苍遽出门去。观此事，尤为乖刺。锴、简求皆当世名流，而所见如此。语林载崔殷梦知举，吏部尚书归仁晦托弟仁泽，殷梦唯唯而已。无何，仁晦复诣托之，至于三四。殷梦敛色端笏，曰："某见进表让此官矣。"仁晦始悟己姓，殷梦讳也。按宰相世系表，其父名龟从，此又与高相类。且父名晋肃，子不得举进士，父名皋，子不得于主司姓高下登科，父名龟从，子不列姓归人于科籍，揆之礼律，果安在哉？后唐天成初，卢文纪为工部尚书，新除郎中于邺公参，文纪以父名嗣业，与同音，竟不见。邺忧畏太过，一夕雉经于室。文纪坐谪石州司马。此又可怪也。③

续笔·卷十四·忌讳讳恶

《周礼·春官》："小史诏王之忌讳。"郑氏曰："先王死日为忌，名为讳。"《礼记·王制》："太史典礼，执简记，奉讳恶。"注云："讳者先王名，恶者忌日，若子卯。恶，乌路反。"

---

① 洪迈：《容斋随笔》，喀什维吾尔文出版社2002年版，第175—176页。
② 唐裴德融，祖名皋，避嫌名"高"。
③ 洪迈：《容斋随笔》，喀什维吾尔文出版社2002年版，第258页。

左传："叔弓如滕，子服椒为介。及郊，遇懿伯之忌，叔弓不入。"懿伯，椒之叔父，忌，怨也。"椒曰：公事有公利无私忌，椒请先入。"观此乃知忌讳之明文。汉人表疏，如东方朔有"不知忌讳"之类，皆戾本旨。今世俗语言多云"无忌讳"及"不识忌讳"，盖非也。①

三笔·卷十一·帝王讳名

帝王讳名，自周世始有此制，然只避之于本庙中耳。"克昌厥后，骏发尔私。"成王时所作诗。昌、发不为文、武讳也。宣王名诵而"吉甫作诵"之句，正在其时。厉王名胡，而"胡为虺蜴""胡然厉矣"之句，在其孙幽王时。小国曰胡，亦自若也。襄王名郑，而郑不改封。至于出居其国，使者告于秦、晋曰："鄙在郑地。"受晋文公朝，而郑伯傅王。唯秦始皇以父庄襄王名楚，称楚曰荆，其名曰政，自避其嫌，以正月为一月。盖已非周礼矣。汉代所谓邦之字曰国，盈之字曰满，彻之字曰通，虽但讳本字，而吏民犯者有刑。唐太宗名世民，在位之日不偏讳。故戴胄、唐俭为民部尚书，虞世南、李世勣在朝。至于高宗，始改民部为户部，世勣但为勣。韩公《讳辩》云："今上书及诏，不闻讳浒、势、秉、机，惟宦官宫妾，乃不敢言喻及机，以为触犯。"此数者皆其先世嫌名也。本朝尚文之习大盛，故礼官讨论，每欲其多，庙讳遂有五十字者。举场试卷，小涉疑似，士人辄不敢用，一或犯之，往往暗行黜落。方州科举尤甚，此风殆不可革。然太祖讳下字内有从木从匀者，《广韵》于进字中亦收。张魏公以名其子，而音为进。太宗讳字内有从耳从火者，又有梗音，今为人姓如故。高宗讳内从勹从口者亦然。真宗讳从心从亘，音胡登切。若缺其一画，则为恒，遂并恒字不敢用，而易为常矣。②

---

①　洪迈：《容斋随笔》，喀什维吾尔文出版社 2002 年版，第 288—289 页。
②　同上书，第 409—410 页。

三笔·卷十一·家讳中字

士大夫除官，于官称及州府曹局名犯家讳者听回避，此常行之法也。李焘仁甫之父名中，当赠中奉大夫，仁甫请于朝，谓当告家庙，与自身不同，乞用元丰以前官制，赠光禄卿。丞相颇欲许之。予在西垣闻其说，为诸公言，今一变成式，则他日赠中大夫，必为秘书监，赠太中大夫，必为谏议矣，决不可行。遂止。李愿为江东提刑，以父名中，所部遂呼为"通议"①，盖近世率妄称"太中"也。李自称只以本秩曰"朝散"。黄通老资政之子为临安通判，府中亦称为通议，而受之自如。②

五笔·卷三·士大夫避父祖讳

国朝士大夫，除官避父祖名讳，盖有不同。不讳嫌名，二名不偏讳，在礼固然，亦有出于一时恩旨免避，或旋为改更者。建隆创业之初，侍卫帅慕容彦钊、枢密使吴廷祚皆拜使相，而彦钊父名章，廷祚父名璋，制麻中为改同中书门下平章事为同二品。绍兴中，沈守约、汤进之二丞相，父皆名举，于是改提举书局为提领。③ 自余未有不避者。吕希纯除著作郎，以父名公著而辞。④ 然富韩公之父单名言，而公以右正言知制诰，韩保枢之子忠宪公亿，孙绛、缜，皆历位枢密，未尝避。岂别有说乎？⑤

以上 9 则中的避讳研究，涉及了国讳（帝王名讳）、官讳、家讳等内容，相当广泛。《孟蜀避唐讳》记述蜀本石《九经》避李渊、李世民名讳之事，为少见的隔朝避讳之例；《严州当为庄》考辨了"严州"之得名于境内的"严陵滩"，当为确证。《古人无忌

---

① 通议："通议大夫"之简称，下"太中""朝散"同，并属阶官。宋制，通议大夫为四品阶，太中大夫为从四品，朝散大夫为从五品上。
② 洪迈：《容斋随笔》，喀什维吾尔文出版社 2002 年版，第 410 页。
③ 宋高宗相沈该字守约，汤思退字进之，父并名举。
④ 宋吕希纯，父名公著，避偏讳"著"，《宋史·吕希纯传》载："（希纯）历宗正、太常、秘书丞。……迁著作郎，以父讳不拜。擢起居舍人，权太常少卿。"
⑤ 洪迈：《容斋随笔》，喀什维吾尔文出版社 2002 年版，第 929 页。

讳》说明古人丧葬时讳制宽松，而今讳制严苛，表达了作者心向往
之之情；《唐诗无讳避》列举了部分诗歌中没有避讳的现象，反映
唐代诗讳宽松的风气。《唐人避讳》考证了唐时避家讳的情况；《忌
讳讳恶》分析了先秦时期的讳例，揭示了人们共有的忌讳、恶讳心
理；《帝王讳名》以列举历朝讳例的形式简述了帝王名讳的发展；
《家讳中字》《士大夫避父祖讳》考论了宋时为避官员士大夫家讳
而改称官职之名的几则讳例。

但洪迈的避讳考论也有失误的地方，如《续笔》卷 6 "戊为
武" 条：

> 十干戊字，与茂同音，俗辈呼为务，非也。吴中术者又称
> 为武。偶阅《旧五代史》："梁开平元年，司天监上言：日辰内
> 戊字，请改为武。" 乃知亦有所自也。今北人语多曰武。朱温
> 父名诚，以戊类成字，故司天诮之。

今按：《旧五代史·梁太祖纪第三》云：开平元年六月 "癸卯，
司天监奏：'日辰内有 "戊" 字，请改为 "武"。' 从之。" 五代梁
太祖朱晃，曾祖追尊敬祖光献皇帝名茂琳，避偏讳之嫌名 "戊"，
改 "戊" 为 "武"。洪迈则认为是为避梁朱温父名 "诚" 之嫌名
"成"，"以戊类成字"，洪氏误。《旧五代史·梁书·太祖纪第三》
注："今 '崇福侯庙碑' 立于开平三年，正作 '武辰'。可见当时
避讳之体。" 陈垣《史讳举例》引《金石文字记》卷 5 谓：以城为
墙、以戊为武者，全忠父名诚，曾祖名茂琳。城，诚之嫌名；戊，
茂之嫌名。《容斋续笔》谓以戊类成故改，其说非。

洪迈《容斋随笔》有关避讳的札记为研究唐宋避讳补充了一些
资料；有的讳例仅洪氏一家见载，如《三笔》卷 11《家讳中字》
所载李愿避家讳的讳例，"李愿为江东提刑，以父名中，所部遂呼
为 '通议'，盖近世率妄称 '太中' 也。李自称只以本秩曰 '朝
散'"，其他宋代史料均未记载。

（五）岳珂的《愧郯录》和《刊正九经三传沿革例》

岳珂（1183—1243 年），南宋文学家，岳飞嫡孙，著有《金佗

粹编》《桯史》《玉楮集》《愧郯录》《刊正九经三传沿革例》等。

《愧郯录》共 15 卷，凡 117 则，是考证典章的笔记，或考论宋代职官、选举、礼仪制度、地理等典章制度，或参证旧典之异同，或述论掌故之沿革。书中保存了许多宋人避讳的一手材料，如宋代庙讳的原始材料及考论、文书式及文书令的材料等，它们对于研究宋代避讳有很大参考价值。

如卷 2《宗庙旧讳》《旧讳训名》就记载、考辨了宋代避庙讳、君主旧讳的史料，其文如下：

愧郯录·卷二·宗庙旧讳

绍兴文书令曰：庙讳、旧讳正字皆避之。故哲宗孝宗之旧讳单字者凡三，皆著令改避。惟钦宗旧讳二字，一则从宀从回从旦，一则从火从亘，今皆用之不疑。又令之注文曰：旧讳内二字连用为犯，若文虽连而意不相属者，非。故太宗、仁宗、英宗、神宗之旧讳二字者凡八，皆著令不许并用。惟孝宗旧讳从伯从玉从宗者，今亦联书自若，甚至有以为名者。珂窃谓：尊祖事神，固存终讳，祖宗酌礼用中，单字则尽避。二字则不连，不简不苛，惟情之称，弗可改也。钦皇祔清祧称宗，而旧讳之避，乃不得与诸庙比。孝庙初潜，故名虽已赐更，然上拟英祖，亦正同濮邸故事。真、神二朝，初亦与宗藩联称，既改复讳，顾今独不然，皆非也。孝宗会要史牒，皆不著初名，殊不知英宗正史实录会要，盖皆尝书之，遂使旧讳罕传，后世莫考。当世士大夫犹有不及知者，容台史观之失，不既甚乎？李心传系年要录，载此讳于绍兴二年五月辛未，明年二月庚子，除和州防御使，复见焉。他书则未之载也。①

愧郯录·卷二·旧讳训名

太宗旧讳，自大中祥符二年六月二十四日，诏中外文字，有与二字相连及音同者，并令回避。至宝元元年四月四日，翰

---

① 岳珂：《愧郯录》，丛书集成初编本，中华书局 1985 年版，第 9—10 页。

林侍读学士李淑奏请毋得连用真宗旧名；治平元年十一月三日，翰林学士贾黯奏请毋得连用仁宗旧名。自后遂著之文书令，以为不刊之典。珂尝考今宗室训名，或犯旧讳，私谓不安。参稽典故，则可疑者有三，而大可据者有一。景祐四年正月十三日，诏自今宗室训名，令宗正寺与修玉牒官同议定，勿得重叠。夫重叠犹不可，而可与旧讳重乎？一可疑也。治平三年七月十九日，翰林学士承旨张方平言皇族赐名，其属绝无服，而异字同音，或上下一字同者，请勿避。从之。则是治平以前，凡同族之名，一字之同，皆在当避之域，曰同族且不可，而况宗庙乎？二可疑也。绍圣三年五月十九日，宗正寺丞宋景年奏请宗室赐名，非祖免亲本家命名，于本祖下有服亲，虽音同字异，并避。于本祖下无服亲，及别祖下有服亲，即音同字异，许用；于别祖下无服亲，非连名，即虽本字亦许用，从之。旧讳则非正讳矣，其视音同字异者，不犹重乎？三可疑也。大中祥符八年六月十五日，诏改含光殿名曰会庆，以光字乃太宗旧名之上字，故避之。光字，旧名之偏讳也。自二年已诏但禁连用，而今又六年之后，乃改殿名，岂非殿名常用之称，与文书偶及者为不同乎？殿名犹易，而属籍□□□□□□□□李文简焘续通鉴长编，天圣六年九月丙午，兵部郎中集贤院修撰杨大雅知制诰，大雅初名侃，以犯真宗旧讳，诏更之。此乃灼然明据。以此论之，不特宗姓非所当为，庶姓士大夫或袭用之，亦非也。会庆为孝宗诞节，与殿名复出，哲宗神御殿名曰重光，又自慈圣后以来，再以入庙号，似违祥符故事云。①

卷3《赠官回避》《阶官避家讳》考论了宋代为避官员家讳而更改官名或改授他官的史料，并表达了作者对此类避讳的看法。其文如下：

愧郯录·卷三·赠官回避

避讳之制，虽见于令甲，而赠官告第阶称。或所犯司封，

---

① 岳珂：《愧郯录》，丛书集成初编本，中华书局1985年版，第10—11页。

乃无明文。珂在故府，尝访其事于天官，竟无晓者。后阅洪文敏迈《容斋三笔》，纪李焘仁甫之父名中，当赠中奉大夫，仁甫请诸朝，谓当告家庙与自身不同。乞用元丰以前官制，赠光禄卿，丞相颇欲许之，予在西垣，闻其说，为诸公言，今一变成式，则他日赠中大夫，必为秘书监；赠大中大夫，名为谏议大夫，决不可行。遂止。按周人以讳事神，名，终将讳之。锡告荣先，焚黄丘垄，为人子之荣也。而顾犯其所讳，不安孰大焉。父前子名、君前臣名、朝廷之著位，以一人之私而易之，亦非也。况纶告之中，固书所赠官之姓名，而今世士大夫仕于朝者，亦未尝自避其名。推此言之，虽无避可也。其或祖名某，而赠父官称实犯之，使父而在，犹将避而不敢当。如此，虽赠以次官亦可也。臆度如此，未知其当，更俟博识。①

愧郯录·卷三·阶官避家讳

律文有私讳冒荣之禁，故四铨之法，遇磨勘阶官之称与其三代讳相值者，许其自陈，授以次官，谓之"寄理"，遂以系之官称之首。珂按：国朝着令，诸官称避家讳者，拟以次官。元丰改官制，或有或无，于是元符令又附益之云，或授旧官。历考条令，初无以二字入衔者。厉世磨钝之柄，而下之人得以寄称，掌故之野亦明矣。士习目睫，恬不知怪，开禧丙寅，李参预壁为小宗伯，会课，当迁中奉大夫，正其祖讳，援故实，自言不带"寄理"，当是时诏从之。继参大政，复迁中大夫而称朝议大夫自若也。朝论以为得体，然铨法迄今亦遂莫之改也。②

今按：宋代官职名犯拟任者家讳，朝廷遂以次官授之，并于官衔前冠以"寄理"二字以避讳；岳珂此条便考论之。清人王士禛（1634—1711年）《池北偶谈》卷4之"阶官避家讳"条，即引岳

---

① 岳珂：《愧郯录》，丛书集成初编本，中华书局1985年版，第25—26页。
② 同上书，第25页。

珂此条以资证，其文如下："予尝疑六朝以来，朝廷为臣下避家讳，至改州郡名者有之。考《愧郯录》，乃知宋时律文，有私讳冒荣徒一年之禁。四铨之法，遇磨勘阶官之称，与其三代讳相值者，许其自陈，授以次官，谓之寄理，遂以系之官称之首。"①

另外，岳珂还撰有《刊正九经三传沿革例》1卷。岳氏取廖刚厘定重刻本《九经》并增以《公》《穀》二传及《春秋年表》《春秋名号归一图》二书，校刊于相台书塾。其中也有考辨避讳的内容，如前文所举岳氏对"二名不偏讳"的解释。再如：

> 唐太宗讳世民，若单言民，则阙斜钩而作"㞋"；若从偏旁，则阙上画而作"氏"。如《书·盘庚》之"不昏作劳"，《吕刑》之"泯泯棼棼"，《左传·昭公二十九年》"若泯弃之"之类。②

（六）庄绰的《鸡肋编》

庄绰（约1079—?），生卒年在两宋之际，字季裕，泉州惠安县人③。庄氏历任襄阳、顺昌、南雄州等地方官，博学多闻，其学问涉及考证、民俗、天文、医药等多个方面的研究，现存有《膏肓腧穴灸法》和《鸡肋编》。其中《鸡肋编》深得推崇，共3卷300余条6万余字，内容为考证古义、记述史迹旧闻及各地风土逸事，颇有价值，《四库全书总目》就评曰："统观其书，可与后来周密《齐东野语》相埒，非《辍耕录》诸书所及也。"④

《鸡肋编》有大量的有关语言避讳的记载。比如有关各地俗讳的记载：

---

① 王士禛：《池北偶谈》，中华书局1982年版，第76—77页。
② 岳珂：《刊正九经三传沿革例》，丛书集成初编本，第15页。
③ 庄绰曾被误认为是山西太原人，《中国人名大词典·历史人物卷》也载其为"南宋太原清源（今山西清徐）人"。近世学者余嘉锡在著《四库提要辩证》时，经多方考证，确定庄绰为泉州惠安人。此说已为学术界所接受。
④ 永瑢等：《四库全书总目》卷141，中华书局1965年版，第1199页。

　　天下方俗各有所讳，亦有谓而然。渭州潘原讳"赖"。云始太祖微时，往凤翔谒节度使王彦才，得钱数千，遂过原州，卧于田间，而树阴覆之不移，至今犹存，谓之"龙潜木"。至潘原与市人博，大胜，邑人欺其客也，殴而夺之。及即位亡，几欲迁废此县，故以赖为耻，然未知以欺为赖，其义何见。常州讳"打爷贼"。云有子为伍伯而父犯刑，恐它人挞之楚而自施杖焉。虽有爱心，于礼教则疏矣。楚州讳"乌龟头"。云郡城像龟形，尝被攻，而术者教以击其首而破也。泗州多水患，故讳"靠山子"。真州多回禄，故讳"火柴头"。涟水地褊多荒，人以食芦根为讳。苏州人喜盗，讳言"贼"。世云范文正乃平江人，警夜者避不敢言贼，乃曰"看参政乡人"，是可笑也。而京师僧讳和尚，称曰"大师"。尼讳"师姑"，呼为"女和尚"。南方举子至都讳"蹄子"，谓其为爪，与獠同音也。而秀州又讳"佛种"，以昔有回头和尚以奸败，良家女多为所染故尔。卫卒讳"乾"，医家讳"颠狂"，皆阳盛而然。疑乾者谓健也。俗谓神气不足为九百，或以乾为九数，又以成呼之，亦重阳之义耳。蜀人讳"云"，以其近风也。刘宽以客骂奴为畜产，恐其被辱而自杀。浙人虽父子朋友，以畜生为戏语，而对子孙呼父祖名，为伤毁之极。在龙泉，见村人有刻石而名蛮名娇之类，可耻贱者，问之，云欲人难犯，又可怪也。

　　天长县炒米为粉，和以为团，有大数升者，以胭脂染成花草之状，谓之"炒团"。而反以"炒团"为讳，想必有说，特未知耳。（《鸡肋编》卷上）①

　　两浙妇人皆事服饰口腹而耻为营生，故小民之家不能供其费者，皆纵其私通，谓之贴夫，公然出入不以为怪。如近寺居人，其所贴者皆僧行者，多至有四五焉。浙人以鸭儿为大讳，北人但知鸭羹虽甚热亦无气。后至南方，乃知鸭若只一雄，则虽合而无卵，须二三始有子。其以为讳者，盖为是耳，不在于

_____

① 庄绰：《鸡肋编》卷上，中华书局1983年版，第13—14页。

无气也。（《鸡肋编》卷中）

今按：庄绰这里记载了各地的俗讳，如讳"赖""打爷贼""乌龟头""靠山子""贼""和尚""蹄子""佛种""乾""颠狂""云""鸭儿"等，并对各地俗讳进行了解释，即"有谓而然"；但对天长人讳"炒团"则"想必有说，特未知耳"，阙疑待考。

也有记载官讳的逸闻，如：

> 世有自讳其名者，如田登在至和间为南宫留守，上元，有司举故事呈禀，乃判状云："依例放火三日。"坐此为言者所攻而罢。又有典乐徐申知常州，押纲使臣被盗，具状申乞收捕，不为施行。此人不知，至于再三，竟寝不报。始悟以犯名之故，遂往见之云："某累申被贼，而不依申行遣，当申提刑，申转运，申廉访，申帅司，申省部，申御史台，申朝廷，身死即休也！"坐客笑不能忍。许先之监左藏库，方请衣，人众，有武臣亲往恳之曰："某无使令，故躬来请，乞早支给。"许允之。久之未到，再往叩之云："适蒙许先支，今尚未得。"许谕曰："公可少待。"遂至暮，不及而去。汪伯彦作西枢，有副承旨当唤状，而陈牒姓张校尉，名与汪同，遂止呼张校尉。其人不知为谁，久不敢出。再三喻令勿避，竟不敢言。既又迫之，忽大呼曰："汪伯彦。"左右笑恐。汪骂之曰："畜生！"遂累月不敢复出。（《鸡肋编》卷中）

还有记载家讳之俗，以及官员因家讳而影响职官科举之事：

> 浙东人以畜产相呼，乃笑而受之。若及父祖之名，则为莫大怨辱，有殴击因是而致死者。又其语音讹谬，讳避尤可笑。处州遂昌县有大姓潘二者，人呼为"两翁"，问之，则其父名义也。（《鸡肋编》卷中）

> 唐李贺父名晋肃，而贺不敢应进士举，韩愈作《讳辩》以

讥避之为非。绍兴中，范漴知鄂州，以父名嶙辞，不听。而唐冯宿父名子华，及出为华州刺史，乃以避讳不拜。贾曾景云二年授中书舍人，以父名忠言因辞，拜谏议大夫；开元初复拜中书舍人，又固辞。议者以中书是曹司名，又与曾父音同而字别，于礼无嫌，乃就职。此字同而音异，与字异而音同，事盖相类。又二名偏讳，皆所不当避者，而唐世法乃听之，与今条令盖少异矣。宗室令时德麟，父名世曼，及除提举万寿观，虽字有古今之殊，比之子华，则若可避，而朝廷亦不许。法谓府号官称犯父祖名者皆合避，而马隅父名安仁，绍兴八年知衡州，以县有安仁乞避，则遂听其辞。虽不应令，而推之人情，亦近厚之一端也。（《鸡肋编》卷下）

而引起聚讼最多的还是《鸡肋编》卷中所载的如下避讳材料：

甄彻，字见独，本中山人，后居宛丘，大观中登进士第。时林摅为同知枢密院，当唱名，读甄为坚音，上皇以为真音，摅辩不逊，呼彻问之，则从帝所呼，摅遂以不识字坐黜。后见甄氏旧谱，乃彻之祖屯田外郎履所记云："舜子商均封虞，周封于陈，为楚惠王所灭。至烈王时，有陈通奔周，王以为忠，将美其族，以舜居陶甄之职，命为甄氏，皆通之后，而居中山者于邯为近。按许慎《说文》'甄，陶也，从瓦垔，音居延反。'《吴书》孙坚入洛，屯军城南，甄官井上，旦有五色气，令人入井，探得传国玺。坚以甄与己名相协，以为受命之符。则三国以前，未有音为之人切者矣。孙权即位，尊坚为武烈皇帝，江左诸儒为吴讳，故以陶甄之甄，因其音之相近者转而音真。《说文》颠、瞋、滇、阗以真为声，烟、咽以甄为声，驯、紃以川为声，诜、侁、駪以先为声，此皆先真韵中互以为声也。况吴人亦以甄音旃，则与真愈近矣。其后秦为世祖苻坚，隋为高祖杨坚，皆同吴音，暂避其讳。然秦有冀土止一十五年，隋帝天下才三十七载，避讳不久，寻即还复，既殊汉庆为贺，又异唐丙为景。字且不易，恶能遽改？故世处镇定者，犹守旧姓，奈何世俗罕识本音？纵不以真见呼，又乃反为坚字。虑后从俗，致汩本真，是用原正厥音，参考世系，叙为家谱云。"余按《千姓编》①通作二音，而张孟押韵，真与甄皆之人切。云舜陶甄河滨，因以为氏。又稽延切，而稽延之音，训察与免，而不言陶与氏也。坚自音经天切，与甄之音异矣。嘉祐中，王陶作彻之曾祖说马济墓铭云："甄以舜陶，氏出于陈。避吴、苻、隋，时有为甄。南北涸讹，姓音莫分。本之于古，乃识其真。"（《鸡肋编》卷中）

今按：林摅唱榜并把"甄"读作"坚"而因此被黜之事，《鸡肋编》所载简略，南宋张邦基《墨庄漫录》卷5载其事：

大观三年状元贾安宅榜，徽庙御集英殿唱名，至第五甲有甄彻者，中书侍郎林摅彦振唱名，呼甄为诸延切。彻自言姓甄之人切，摅犹强辩之，近侍皆笑。继而御史有言，摅罢而出。

《宋史》卷351《林摅传》亦载其事：

集英胪唱贡士，摅当传姓名，不识"甄""盎"字。帝笑曰："卿误邪？"
摅不谢，而语诋同列。御史论其寡学，倨傲不恭，失人臣礼。黜知滁州。言者不厌，罢，提举洞霄宫。

南宋彭百川《太平治迹统类》卷27《祖宗科举取人》亦有记载：

中书侍郎林摅唱进士第，姓甄而呼坚，名盎而呼怏。于是，中丞石公弼论摅不学无术，传笑中外。

---

① 《千姓编》早已失传，南宋学者陈振孙《直斋书录解题》存目：《千姓编》一卷，为"嘉祐八年（1063年）采真子记。"

明代《续资治通鉴纲目》卷 9 则评论道：

> 林摅不识甄、盉字，御史论其寡学，倨傲不恭，失人臣礼，故黜之。且甄、盉二字其果难识者邪？苟于此字而不识，则其于理道，必槩乎其未有闻也。故不惟"月"之，而又去其官，书"有罪"者，鄙之也。

综合五家，可知事情原委：大观三年（1109 年），甄彻考中进士第五甲；皇帝亲自主持放榜仪式，由中书侍郎林摅唱中举人名，当念到第五甲的"甄彻"时，林摅把"甄"读作"坚"；徽宗提醒当念"真"，林摅不以为然，还当面向甄彻求证，甄说读如"真"。林摅则被讥为不学无术，并因在皇帝面前倨傲不恭、失人臣之礼而丢官。

庄绰又引甄氏家谱和其曾祖墓志铭，说明甄氏源流，并认为作为姓氏之"甄"本读"坚"，为三国孙坚、前秦苻坚、隋朝杨坚之讳而改读"真"。但因三朝祚短，或者偏隅而治，暂避其讳，后来就有犹守旧姓者。

宋人孙奕《示儿编》卷 18 则认为"甄"本有二音：

> 甄有二训。音真者，陶甄也；音坚者，察也，免也。见于十七真、二仙韵中，粲然可考。

陈垣先生《史讳举例》卷 1 就据引《示儿编》反对庄绰之说，认为北方早有"真"音，北人张华非避南吴之讳，云：

> 甄之有真音，宋人以为避孙坚讳，亦非也。庄绰《鸡肋编》中云："甄，三国以前未有音之人切者。孙权即位，尊坚为帝，江左诸儒为吴讳，故改音真。"《示儿编》十八则云："甄有二音，学者皆押在先韵，独真韵反未尝押。《文选》张华《女史箴》云：'散气流形，既陶且甄，在帝包羲，肇经天人。'则已押入真韵矣。"张澎《姓氏辨误》九驳之，谓"《女史箴》

在三国后，孙氏未详考"云。

今考《晋书·张华传》："华，范阳方城人。始仕魏，司马炎谋伐吴，华与羊祜实赞成其计。及吴灭，封广武县侯。"诚如《鸡肋编》言，则华固北人，与江左何涉！《女史箴》以甄与人为韵，则河北早有是音，非为吴讳矣。[①]

王彦坤先生也疑庄氏之误，并引张说、陈垣作按语曰：

彦按：张说《唐故广州都督甄公碑》云："当烈王之王也，有陈通奔周，王以为忠，将美其族，言舜居陶甄之职，命为甄氏。锡姓因生如'坚'之读；形声转注，以'真'为音。"（见《张燕公集》卷20）并不将甄姓之读"真"音视为避讳。近人陈垣亦引《示儿编》十八云："甄有二音，学者皆押在先韵，独真韵反未尝押。《文选·张华〈女史箴〉》云：'散气流形，既陶且甄。在帝包羲，肇经天人。'则已押入真韵矣。'"因谓："今考《晋书·张华传》：'华，范阳方城人。始仕魏，司马炎谋伐吴，华与羊祜实赞成其计。及吴灭，封广武县侯。'诚如《鸡肋编》言，则华固北人，与江左何涉！《女史箴》以'甄'与'人'为韵，则河北早有是音，非为吴讳矣。"（见《史讳举例》卷1）[②]

今按：甄上古有"真"音，亦当有"坚"音。甄以"陶"为本义，《说文》："甄，陶也。"《说文》徐铉音"居延切"；而甄氏正来源于陶甄之职，其音亦当为本义音"居延切"，即"坚"音。上古"甄"确有"坚"音，《楚辞·九思》"鹿蹊兮，貒貉兮蟫蟫，鶄鷎兮轩轩，鹎鵯兮甄甄"，正谐此音韵。"甄"《广韵》"居延切"，《释文》"音坚"，《康熙字典》"《唐韵》居延切，《集韵》《韵会》稽延切"，也有"坚"音；其虽为中古韵书，但已杂糅古

---

① 陈垣：《史讳举例》，中华书局 2004 年版，第 8 页。
② 王彦坤：《历代避讳字汇典》，中华书局 2009 年版，第 136 页。

今方殊。

姓氏、地名因为口耳相传，最容易保留古音；且姓氏为宗族图腾，古人坐行不更姓名，因此也最为保守。而且"甄"作地名时①仍读"规掾切"②，正与"坚"音近，可作"甄"姓之"坚"音的旁证。但遇国讳改姓更名、改易地名则是经常之事，庄绰引《甄氏旧谱》所云三国前甄无"真"音，不符实际；但所记甄氏为避孙坚、苻坚、杨坚名讳而更读"坚"氏为"真"氏，当在情理之中，何况"甄"本为"真""坚"二读的多音字。但毕竟三朝或祚短，或偏安，避讳不久，"甄"姓读如"真"音可能还没有完全约定俗成。

时至宋代，林摅作为中书侍郎，肯定知道甄有"真""坚"二读，但他作为饱读诗书的大臣，出于对甄彻的尊重，仍读"甄"姓之古读"坚"。正如在笔者的家乡，一般人读"江"姓为"jiang"，但在知识阶层，出于对江姓人的尊重，仍读"江"姓为古音"gang"。徽宗对林摅进行纠正，说明其时"甄"姓读"真"已约定俗成；而甄彻自己也同意徽宗，可能有慑于皇帝权威的原因。由《续资治通鉴纲目》卷9的评论可以看出，林摅被罢黜的真正原因也并不是所谓"不识甄字"，林摅只是对异读字进行了从古、从雅并符合礼貌原则的特殊处理；其实是另有原因：因"倨傲不恭，失人臣礼"而"黜之"。

（七）彭叔夏的《文苑英华辨证》

彭叔夏，庐陵（吉安）人，南宋学者，学识渊博，有校勘著作《文苑英华辨证》10卷。《文苑英华辨证》卷8之《避讳》专门考论避讳，其文如下：

> 凡避讳而易以他字者，如庾信《萧太志》，《周书》《北史》并作萧泰，庾信盖避周太祖讳，泰故作太字。虞寄谏陈宝应书，见《南史》本传，以世故作艰故，不世作动俗，庇民作

---

① 今山东鄄城北旧城。本鄄城县，五代梁避太祖朱城讳，改作"鄄县"。
② 《集韵》："规掾切，音绢。同鄄。"

庇人，乃作史者避唐讳耳。许敬宗举贤良诏，用生民吏民致治成治字，而唐大诏令，改为生灵吏人致政成化。当太宗时二名不偏讳（见《实录》及《会要》），高宗虽讳治，而此诏在贞观二十一年六月，疑是后人追改。新罗王《织锦作》诗，理物体含章，理唐书本传作治，此在高宗永徽元年献诗，当避高宗讳，则理字是。崔沔对应封神岳举贤良策，用治字世字，时神功元年，武后虽已革命，不应便用唐讳。苏颋《册开元神武皇帝文》，开者，泰也，罔不享，享疑作亨。或谓肃宗讳亨，故改作享，然此先天二年册文也，时肃宗讳嗣升；开元十三年，改讳浚；二十六年改讳绍，天宝二载方改讳亨，安得豫为之讳乎？又有避家讳者，如杜甫《宴王使君宅》诗"留欢上夜关"，世谓子美不避家讳，诗中两押闲字①，麻沙传孙氏（觌）《杜诗押韵》作卜夜闲、北斗闲，今《文苑》亦作卜夜闲，其实皆非也。或改作夜阑，又不在韵。按卞氏集注《杜诗》及别本自是留欢上夜关，盖有投辖之意，上字误为卜字，关字讹为闲字耳。北斗闲者，乃《诸将》诗"曾闪朱旗北斗殷"，殷于颜切，红色也，用班固《燕然铭》"朱旗绛天"之意，或者当国初时，宣祖讳殷正紧，音虽不同，字则一体，遂改为闲耶（《文苑》不载《诸将》诗因并及之）。②

今按：彭文首先考辨了避唐代太宗、高宗、肃宗之讳例，当是。又考证了杜甫的家讳"闲"字，认为杜诗均讳"闲"字，杜诗中"卜夜闲"之"卜"乃"上"之讹，"闲"（閑）乃"关"（關）之讹；"北斗闲"中"闲"乃是避宋宣祖讳"殷"而改，所论亦当是；另有相关之论如宋人著《侯鲭录》卷7引薛向家藏五代本、《明道杂志》引北宋王仲至家古写本、《邵氏闻见后录》卷14、《苕溪渔隐丛话前集》卷20引《蔡宽夫诗话》、周必大《二老堂诗话》、清人著《杜诗详注》卷16、《浪迹三谈》卷3，今人萧涤非

---

① 杜甫父名闲。
② 彭叔夏：《文苑英华辨证》卷8，中华书局1985年版，第54—55页。

主编《杜甫全集校注》等，他们考论杜诗避家讳内容和彭文一致，有的还引彭文参证。

（八）吴曾的《能改斋漫录》①

吴曾（1162 年前后在世），江西抚州人，南宋笔记文作家，有《得闲文集》《君臣论》《南北事类》等近 200 卷，均佚，唯有《能改斋漫录》传世。《能改斋漫录》分事始、辨误、事实、沿袭、地理等 13 门，记载史事，辨证典故，解析名物，资料丰赡，征引广博，保存了许多亡佚文献的材料，多为后代资取。主要版本有《丛书集成初编》本、《笔记小说大观》本和中华书局 1960 年标点本。

《能改斋漫录》也有一些记载、研究避讳的内容。如：

> 卷 1《事始》"省名禁"条：省中旧名禁中，避元后讳，改为省中。见《汉书》。

今按：汉孝元帝王皇后，父名禁。蔡邕《独断》上："禁中者，门户有禁，非侍御者不得入，故曰禁中。孝元皇后父大司马阳平侯名禁，当时避之，故曰省中。"

> 卷 11《记诗》"贤女浦"条：南康有贤女浦，盖祥符间女子，姓刘氏，夫死誓不再嫁，父兄强之，因自沉于江，浦因以取名。初号贞女，后避昭陵讳，改为贤女。汪革信民尝赋二绝句云："贤女标名几度秋，行人抚事至今愁。湘云楚雨知何处，月冷风悲江自流。""女子能留身后名，包羞忍耻漫公卿。可怜呜咽滩头水，浑似曹娥江上声。"

今按：宋仁宗赵祯，避嫌名"贞"；陵名永昭陵，吴曾这里省称昭陵。贤女浦在今江西省南康市境内，本名贞女浦，宋避仁宗赵祯讳，改为贤女浦。今人李德清先生《中国历史地名避讳考》据吴

---

① 吴曾：《能改斋漫录》，上海古籍出版社 1979 年版。

曾设立"贤女浦"条。①

卷13《记事》"禁名意僭窃"条：（宋徽宗）政和八年七月，迪功郎饶州浮梁县丞陆元佐上书："窃见吏部左选有徐大明者为曹官，有陈丕显者为教官。盖大明者，文王之德，丕显者，文王之谟，又况大明者有犯神明馆御殿，臣故曰，有取王者之实以寓其名。窃见饶州乐平县有名孙权者，浮梁县有名刘项者，臣故曰有取霸者之迹以寓其名云云。昔元祐间，文彦博之子守河阳，作堂以迎彦博之来。苏轼名其堂曰'德威'，盖取书'德威惟畏'之意，言者以谓'德威惟畏'乃尧事，不当以此名其堂。皇祐中，御笔赐蔡襄字君谟，后唱进士第日，有窃以为名者，仁宗怒曰：'近臣之字，卿何得而名之。'遂令更改。恭睹政和二年春赐贡士第，当时有吴定辟、魏元勋等十余人，名意僭窃，陛下或降或革。"奉御笔："陆元佐所言可行。下逐处并所属，令改正禁止。"

今按："大明""丕显"涉圣贤文王事，"德威"关圣贤尧事，汉高祖刘氏名邦，秦末西楚霸王项氏名籍，三国吴大帝孙氏名权，宋仁宗朝知制诰蔡襄字君谟，遂以"大明""丕显""德威""邦""权""籍""君谟"为讳。

卷7《事实》"茂才、英俊、英雄"条：西汉自武帝始下诏举茂才异等，可为将相。应劭曰："旧言秀才，避光武讳称茂才。"然汉以后所举者，皆称秀，不复称茂矣。唐孔颖达尝引《辨名记》云："倍人曰茂，十人曰选，倍选曰隽，千人曰英，倍英曰贤，万人曰杰，倍杰曰圣。"而魏刘劭《人物志·英雄》第八卷云："草木之精秀者为英，兽之群特者为雄。故人之文武茂异者，取名于此。是故聪明秀出谓之英，胆气过人谓之雄。"

---

① 李德清：《中国历史地名避讳考》，华东师范大学出版社 2002 年版，第 76 页。

《能改斋漫录》也有体现吴曾学术能力的内容，即对讳例的考证，如：

> 卷4《辨误》"喻氏姓"条：《芸阁姓苑》云："喻氏，出汝南。其先帝颛顼之苗裔，周文王之裔绪。《左传》：'郑公子渝弥为周司徒。'后立别族为渝氏。历秦汉至景帝，皇后讳志，字阿渝。中元二年，避讳，改水为口，因为喻氏。"《元和姓纂》云："喻见《姓苑》，亦音树。"《南昌姓苑》云："南昌有喻氏，东晋有喻归，撰《西河记》三卷。"予按，《南史·陈庆之传》云："梁世寒门达者，唯庆之与俞药。药初为武帝左右，帝谓曰：'俞氏无先贤，世人云俞贱，非君子所宜，改姓喻。'药曰：'当令姓自于臣。'"然药竟不知中元二年避讳改喻邪？

今按：吴曾广征博引以考喻氏源流：最早为渝，因避汉景帝王皇后（字阿渝）讳，改为喻氏；南朝梁时（502年），梁武帝重用士族，赐安州刺史俞药为喻姓，俞药认为这是喻姓之始，但吴曾辨俞药之误，因为汉代早有避讳改喻氏。吴说当是。宋人邓名世《姓氏书辩证》卷30亦载："郑公子渝弥，周桓王时为郑司徒，后立别族为渝氏。历秦汉至景帝，皇后讳志字阿渝，中（元）二年，避讳改水为'喻'，因为喻氏。"

> 卷5《辨误》"丁产簿书言丁推"条：毕仲询《幕府燕谈录》云："今之州县造丁产簿书，言丁推者，其推字殊无意义。当为稚字，言其童稚未成丁也。盖唐避高宗庙讳，治与稚音同，故改作推。"又宋敏求《春明退朝录》云："吴正肃言，律令有丁推，推字不通。少壮之意，当是丁稚。唐以大帝讳避之，损其点画。"予以二公言非是。且推者，推排之意，择其及丁而升之。故至今州县谓之推排，其义甚明。

今按：唐高宗李氏名治，避嫌名"稚"；毕仲询、宋敏求认为"丁推"无义，当为"丁稚"，少壮之意，为避高宗李治嫌名而改。

但吴曾不以为然，认为还是"丁推"，推排之意。今检《四库全书》电子版、北大古代汉语数据库等，并无"丁推"一词之用法，但有毕、宋两家之说。今人编《汉语大词典》，也据毕、宋两家设立"丁稚"条和义训。因此，毕、宋是而吴曾非。

　　卷9《地理》"镜湖"条：会稽鉴湖，今避庙讳，本谓镜湖耳。《舆地志》曰："山阴南湖，萦带郊郭。白水翠岩，互相映发，若镜若图。故王逸少云：'山阴路上行，如在镜中游。'名始羲之耳。"李太白《登半月台》诗亦云："水色渌且静，令人思镜湖。终当过江去，爱此暂踟蹰。"则知湖以如镜得名，无可疑者。而梁任昉《述异记》以为："镜湖，世传轩辕氏铸镜湖边，因得名。今有轩辕磨镜石尚存。石畔常洁，不生蔓草。"恐不然也。或陆贽《月照鉴湖赋》曰："光无不临，故丽天并耀；清可以鉴，因取镜表名。"乃知湖以如镜得名，审矣。太白又有《送友人寻越中山水》诗："湖清霜镜晓，涛白雪山来。"

　　今按：宋太祖赵匡胤，祖追尊翼祖简恭皇帝名敬，避嫌名"镜"，以"鉴"代"镜"，会稽镜湖为"鉴湖"。《舆地纪胜》卷10绍兴府《景物》上云："镜湖在会稽、山阴两县界，又曰鉴湖、照湖。"吴曾所考是。李德清先生《中国历史地名避讳考》据吴曾设立"鉴湖"条。[①]
　　另，"镜湖"还不是最早的名称，最早叫庆湖，为避汉安帝父清河王"庆"之名讳，改为镜湖。《宋史·文苑传五》载其事："贺铸字方回，卫州人……尝自言唐谏议大夫知章之后。且推本其初，出王子庆忌，以庆为姓，居越之湖泽所谓镜湖者，本庆湖也。避汉安帝父清河王讳，改为贺氏；庆湖亦转为镜，当时不知何所据。故铸自号庆湖遗老，有《庆湖遗老集》二十卷。"

---

① 李德清：《中国历史地名避讳考》，华东师范大学出版社2002年版，第152页。

（九）陆游的《老学庵笔记》

南宋大诗人陆游（1125—1210 年）的《老学庵笔记》10 卷（《老学庵续笔》1 卷），以其镜湖岸边的"老学庵"书斋得名，内容多为作者亲历、亲见或亲闻之事，或为读书考察心得，是一本很有价值的笔记。

《老学庵笔记》记载、讨论避讳的内容共有 16 则。例如：

> 政和末，议改元，王黼拟用"重和"。既下诏矣，范致虚间白上曰："此契丹号也。"故未几复改"宣和"。然宣和乃契丹宫门名，犹我之宣德门也。年名则实曰"重熙"。建中靖国后，虏避天祚嫌名，追谓"重熙"曰"重和"耳。不必避可也。（《老学庵笔记》卷 1)①

今按：辽兴宗有年号曰"重熙"，天祚帝延禧即位，以避讳追改"重和"。

> 田登作郡，自讳其名，触者必怒，吏卒多被榜笞。于是举州皆谓灯为火。上元放灯，许人入州治游观。吏人遂书榜揭于市曰："本州依例放火三日。"（《老学庵笔记》卷 5)

今按：宋至和间南宫留守田氏名登，避嫌名"灯"，庄绰《鸡肋编》卷中亦载此事。

> 承平日，有宗室名宗汉，自恶人犯其名，谓"汉子"曰"兵士"，举宫皆然。其妻供罗汉，其子授《汉书》，宫中人曰："今日夫人召僧供十八大阿罗兵士，大保请官教点《兵士书》。"都下哄然，传以为笑。（《老学庵笔记》卷 3)

今按：宋英宗赵曙幼弟、嗣濮王名宗汉，避偏讳"汉"，"汉

---

① 陆游：《老学庵笔记》，中华书局 1979 年版，第 7 页。

子"改称"兵士"。

> 庙讳同音。"署"字常恕反，"树"字如遇反，然皆讳避，则以为一字也。《北史·杜弼传》："齐神武相魏时，相府法曹辛子炎咨事云：'取署字。'子炎读'署'为'树'，神武怒其犯讳，杖之。"则"署"与"树"音不同，当时虽武人亦知之，而今学士大夫乃不能辨。方嘉祐、治平之间，朝士如宋次道、苏子容辈，皆精于字学，亦不以为言，何也？（《老学庵笔记》卷10）

今按：宋英宗赵氏名曙，避嫌名"树"；北齐高祖神武皇帝高欢，父迫尊文穆皇帝名树生，避偏讳"树"。

> 本朝废后入道，谓之"教主"。郭后曰金庭教主，孟后曰华阳教主，其实乃一师号耳。政和后，群黄冠乃敢上道君尊号曰教主，不祥甚矣。孟后在瑶华宫，遂去教主之称，以避尊号。吁，可怪也！（《老学庵笔记》卷2）

今按：宋徽宗赵佶崇奉道教，乃于政和七年（1117年）四月讽道箓院上章册己为教主道君皇帝。

其他例如下：

> 苏东坡祖名序，故为人作序皆用"叙"字，又以头未安，遂改作"引"，而谓《字序》曰《字说》。（《老学庵笔记》卷6）
>
> 张芸叟父名盖，故表中云："此乃[1]伏遇皇帝陛下"。今人或效之，非也。（《老学庵笔记》卷6）
>
> 王荆公父名益，故其所著《字说》无"益"字。（《老学庵笔记》卷6）
>
> 老杜《寄薛三郎中》诗云："上马不用扶，每扶必怒嗔。"东坡《送乔仝》诗云："上山如飞嗔人扶。"皆言老人也。盖老

---

[1] 宋张舜民字芸叟，父名盖，舜民属文讳"盖"，以"此乃"代替。

人讳老，故尔。若少壮者，扶与不扶皆可，何嗔之有。（《老学庵笔记》卷8）

祖宗时，有知枢密院及同知、签署之类。治平后，避讳改曰签书。政和以后，宦者用事，辄改内侍省都知曰知内侍省事，都知曰同知内侍省事，押班曰签书内侍省事，盖僭枢密院也。建炎中，始复旧。近有道士之行天心法者，自结衔曰知天枢院事，亦有称同知、签书者，又可一笑也。（《老学庵笔记》卷10）

司马侍郎朴陷虏后，妾生一子于燕，名之曰通国，实取苏武胡妇所生子之名名之，而国史不书，其家亦讳之。（《老学庵笔记》卷10）

晋人避某君名，犹不避嫌名。康帝名岳，邓岳改名岳。唐初不避二名。太宗时犹有民部，李世勣、虞世南皆不避也。至高宗即位，始改为户部。世南已卒，世勣去"世"字，惟名勣。或者尚如古卒哭乃讳欤？（《老学庵笔记》卷10）

唐初，魏郑公等撰《隋书》，以隋文帝之父名忠，故凡"忠"字皆谓之"诚"，谓死事之臣为《诚节传》，书中凡忠臣皆曰"诚臣"。书作于唐，犹为隋避讳，骤读之，殆不可晓。太宗诗云："疾风知劲草，板荡识诚臣。"亦是避隋讳耳。（《老学庵续笔记》）

王羲之之先讳"正"，故《法帖》中谓"正月"为"一月"，或为"初月"，其他"正"字率以"政"代之。（《老学庵续笔记》）

（十）王应麟的《困学纪闻》①

王应麟（1223—1296年），南宋著名学者，著作有《困学纪闻》《汉艺文志考证》《汉制考》等20余种；其中《困学纪闻》博涉经史子集，展示了作者深厚的考据功力，其与洪迈的《容斋随笔》、沈括的《梦溪笔谈》并称为宋代三大考据笔记。

---

① 王应麟：《困学纪闻》，上海古籍出版社2008年版。

《困学纪闻》中的避讳研究共有 12 则，或解释讳例，或考证讳制，或考史辨误，都展现了作者非凡的考据功力。相关内容如下：

卷 6《左氏传》：周人以讳事神，名终将讳之。《曲礼注》云："生者不相辟名，卫侯名恶，大夫有石恶。君臣同名，《春秋》不非。"《理道要诀》云："自古至商，子孙不讳祖父之名，周制方讳。"夷狄皆无讳。汉宣帝诏曰："古天子之名，难知而易讳也。其更讳询。"则生而称讳矣。《博议》谓：名子者当为孙地。出《颜氏家训》。

今按：王氏征引《左传》、郑玄《礼》注等典籍，认为周人只避鬼神、死人名讳，不避生者名讳；而周之前无名讳、夷狄无讳、汉代避生者名讳。

卷 5《礼记》：《王制》：太史典礼，执简记，奉讳恶。《保傅传》谓：不知日月之时节，不知先王之讳，与大国之忌，不知风雨雷电之眚，太史之任也。愚谓：人君所讳言者，灾异之变；所恶闻者，危亡之事。太史奉书以告君，召穆公所谓史献书也。

今按：《礼记·王制》郑玄注："讳，先王名。恶，忌日，若子、卯。"郑注泥于具体，而张氏将"讳"和"恶"解释为"灾异之变"和"危亡之事"，包括了人们忌讳的所有凶恶之事，更符合实际。比较清人孙希旦的《集解》："恶，若日月食、四镇五岳崩、大傀异裁、大札、大凶、大裁、大臣死、诸侯薨、国之大忧之类，皆是也。"足见张氏解释之宏通。

卷 5《乐》：《仁宗实录·叙皇祐新乐》云："古者黄钟为万事根本，故尺量权衡，皆起于黄钟。至晋、隋间，累黍为尺而以制律，容受卒不能合。及平陈得古乐，遂用之。唐兴，因其声以制乐，其器虽无法，而其声犹不失于古。王朴始用尺定律，而声与器皆失之。太祖患其声高，特减一律，至是又减半律。然太常乐比唐之声犹高五律，比今燕乐高三律，失之于以尺而生律也。"其言皆见于范蜀公《乐书实录》，盖蜀公之笔也。……蜀公父名度，故以度量为尺量。然《实录》不宜避私讳。

今按：宋蜀郡公范镇，父名度，为避家讳，讳"度"为"尺"；"尺量"一词令人费解，王氏也认为"不宜"。

卷8《经说》石经有七，汉熹平则蔡邕，魏正始则邯郸淳，晋裴颁，唐开成中唐玄度，后蜀孙逢吉等。本朝嘉祐中杨南仲等。中兴高庙御书。后蜀石经，于高祖、太宗讳，皆缺画。唐之泽深矣。

卷17《评文》宋玉《钓赋》：宋玉与登徒子偕受钓于玄渊。《淮南子》作蜎蠉，《七略》：蜎子名渊，楚人。唐人避讳改"渊"为"泉"，《古文苑》又误为"洲"。

卷20《杂识》：成都石经，孟蜀所刻。于唐高祖、太宗之讳，皆缺画。范鲁公相本朝，其《诫子侄诗》曰："尧舜理日，深泉薄冰。"犹不忘唐也。

今按：蜀石经，通称"广政石经"，五代十国时蜀后主（孟昶）广政元年（938年）始刻，到宋代统一之后，在宋徽宗宣和六年（1124年）才最后完成，历时186年。《刊正九经三传沿革例》云："唐太宗讳世民，若单言民，则阙斜钩而作'𰯲'。"《养新余录》卷上亦云："唐石经遇'民'字皆作'𰯲'。"即使是隔了朝代，石经于唐高祖李渊、太宗李世民之名讳"渊""世""民"等字也缺笔避讳。范鲁公即范质（911—964年），北宋宰相，其诗"深泉薄冰"当为"深渊薄冰"，为避隔代唐李渊名讳而改。

卷13《考史》：济北氾稚春谓氾毓。《晋书》有传。《集》云"范稚春"，误。《南史》氾幼春，盖避唐讳治字之嫌。

今按：唐高宗李氏名治，避嫌名"稚"；济北儒士氾毓，字稚春（《晋书·卷九十一·氾毓传》），讳"稚"为"幼"，成"氾幼春"。

卷13《考史》：梁武帝曰："应天从人。"致堂谓：《易》之《革》曰："顺天应人。"未闻"应天"也。为是言者，不知天之为天矣。愚按：梁武之父名顺之，故不云"顺天"，避讳也。后人应天之语，盖袭其误。萧道成之篡夺，顺之为爪距，岂知祚移其子乎？

今按：南朝梁武帝萧衍，父追尊太祖文皇帝名顺之，避偏讳"顺"。

卷14《考史》：《李德裕传》：韦弘质建言，宰相不可兼治钱谷。嘉祐六年《制策》：胡武平撰。钱谷，大计也，韦贤之言不宜兼于宰相。盖弘字避讳，误以"质"为"贤"。

今按：宋太祖赵匡胤，父追尊宣祖名弘殷，避偏讳"弘"；"韦弘质"因省阙"弘"而作"韦贤"，而"贤（賢）"为"质（質）"之形误。

卷14《考史》：杨文庄公徽之好言唐朝士族，阅《讳行录》，悉能记之。按《馆阁书目》，《讳行录》一卷，以四声编登科进士族系、名字、行第、官秩，及父祖讳、主司名氏。起兴元元年，尽大中七年。宋敏求续为《后录》五卷。

今按：唐代无名氏撰有《讳行录》一卷，可惜亡佚，《新唐书·艺文类·谱牒类》存目，但无任何介绍；宋敏求续之，作《讳行后录》5卷，可惜也亡佚，《宋史·艺文志》卷2存目。王氏这里简介了《讳行录》的大致内容，相当宝贵。

卷 20《杂识》："陈自明，绍熙初宏词已入等，同试者摘《周礼五射记》用'襄尺'字，以为犯濮王讳。庆元四年，从臣荐之，谓'襄'字虽同音，嫌名不当避。乃赐同进士出身。"

今按：宏词，制科名目之一，始于唐，宋、金相沿。制科，科举时代临时设置的考试科目。《新唐书·选举志下》："凡试判登科谓之'入等'，甚拙者谓之'蓝缕'。选未满而试文三篇，谓之'宏词'；试判三条，谓之'拔萃'。中者即授官。"宋英宗赵曙，父濮安懿王名允让，避偏讳"让"之嫌名"襄"。

卷 20《杂识》唐有代宗，即世宗也，本朝有真宗，即玄宗也，皆因避讳而为此号。祥符中，以圣祖名改玄武为真武，玄枵为真枵。《崇文总目》谓《太玄经》曰《太真经》。若迎真、奉真、崇真之类，在祠官者非一。其末也，目女冠为女真，遂为乱华之兆。

今按：宋真宗大中祥符五年（1012 年），附会赵氏始祖名玄朗（上尊号曰"圣祖"），避偏讳"玄"。

（十一）张世南的《游宦纪闻》

张世南（生卒待考，1225 年前后在世），鄱阳人，尝官于闽之永福，所著《游宦纪闻》仅 10 卷计 108 条，但内容广涉当代掌故、杂事旧闻、风土人情、文物鉴赏等。

《游宦纪闻》专论避讳的内容有 2 则，其文如下：

昔人有诫后生，不可称前辈表字，此忠厚之至也。然一时出于中心至诚，未尝深考。字，所以表德也，古人以为美称。殷人以讳事神，而后有字。《仪礼》子祭父云："敢昭告于考伯某父。"称字也。子思子作《中庸》，称其祖曰："仲尼曰云云。"爱盎之侄问盎曰："丝能日饮几何？"近世子由与坡公，多言子瞻兄。陈了斋师事龟山，简中称中立先生。非若今世俗，既讳其名，又讳其字也。

又，今往往有"台讳""尊讳"之语，尤非是。生曰"名"，死曰"讳"，载之礼经可覆。礼部《韵》载，先帝庙讳曰"讳"，今上皇帝御名只曰"名"。称生人名乃曰"讳"，不祥之甚也。（《游宦纪闻》卷3）①

今按：张氏认为"殷人以讳事神，而后有字"，即字是因为避名讳而产生的，很有见地；称人字而讳其名，方符礼制。由于字供人称呼，便赋予其表德之美称，正如颜氏谓："名以正体，字以表德。"但后来讳制趋严，至于名、字皆避。

由于生曰"名"，死曰"讳"，张氏对"称生人名乃曰'讳'"甚不理解。其实"讳"字本来只有"避忌"一义，《说文》："讳，忌也。"但由于古人避讳最多的还是君主、官员、尊长之名，而且"名讳"一词经常使用，所以，久而久之，就使"讳"产生了"名字，名称"这一义项。如《三国志·武帝纪》"姓曹，讳操，字孟德"，"讳操"即"名操"；《晋书·宣帝纪》"宣皇帝讳懿，字仲达"，"讳懿"即"名懿"。

字学不讲，多因前代讳恶，遂致书画差误。汉以火德王，都于洛阳，恶水能灭火，遂改"洛"为"雒"。故今惟经书作"洛"，而传记皆作"雒"矣。②秦始皇嫌"辠"字似"皇"。改为"罪"，自出己意，谓非之多则有辠也。今经书皆以"罪"

---

① 张世南：《游宦纪闻》，中华书局1981年版，第21—22页。
② 《汉书·地理志上》"雒阳县"条颜师古注："鱼豢云：汉火行忌水，故去洛'水'而加'隹'。如鱼氏说，则光武以后改为'雒'字也。"王彦坤按曰：李涪《刊误》、王观国《学林》据《史记》已用"雒"字，且"汉"亦从"水"，何独"洛"字忌之，以为鱼说非是。《丹铅杂录》卷5亦云："字书云：后汉都洛阳，以火德王，为水克火，故改为'雒'。此说非也。《春秋经》书'公子遂会雒戎，盟于暴'，《左传》凡'洛'皆作'雒'，已十余处，岂由后汉而始改乎？"而周广业氏则为之辩曰："《魏志·文纪》注引《魏书》曰：'诏以汉火行也，火忌水，故"洛"去"水"而加"隹"。魏于行次为土……水得土而流，土得水而柔，故除"隹"加"水"，变"雒"为"洛"。'诏书出于当时，岂得有误？且高祖都咸阳，故不以'汉'为嫌；光武都洛阳，与国号字皆从'水'，物忌太盛，亦理之常。《史记》经后人传写，未可因一字定为西汉旧本。"两说是非，今难遽定，并录于此，以待来哲。（《历代避讳字汇考》，中华书局2009年版，第186页。）

易"皋"，独《礼记》《尔雅》犹有可考。① "无"字、乃子云奇字古文"天屈西北为'无'"。今《易》中"無"，皆从"无"，它书则杂之矣。"世"字因唐太宗讳世民，故今"喋""叶""棄"皆去"世"而从"云"。"漏泄""缧绁"又去"世"而从"曳"。"世"之与"云"，形相近；与"曳"，声相近。若皆从"云"，则"泄"为"沄"矣，故又从"云"而变为"曳"也。"民"则易而从"氏"。"昏""惽""泯"之类，至今犹或从"氏"也。以至如晋讳"昭"，改昭穆之"昭"为"韶"音；秦讳"政"，而改正月之"正"为"征"音，至今从之，此何理耶？(《游宦纪闻》卷9) ②

今按：这里张氏通过一些讳例说明避讳造成了汉字使用的混乱，造成了大量的错字、别字、新造字、异体字等。文末又对"秦讳'政'，而改正月之'正'为'征'音"提出质疑。确实，关于此讳例，历代聚讼纷纭。

认为"正月"之"正"改读"征"音为避秦讳。《史记·秦始皇本纪》唐张守节《正义》："正音政……始皇以正月旦生于赵，因为政。后以始皇讳，故音征。"宋王楙《野客丛书》卷9："秦始皇讳政，呼正月为征月。"宋人周密《齐东野语》卷4、王观国《学林》卷3、魏泰《东轩笔录》卷15、张淏《云谷杂记》卷2、孙奕《示儿编》卷11，今人王建《史讳辞典》亦持同样观点。

认为"正月"之"正"改读"征"音非为避讳。元人戴侗《六书故》卷16曰："正月之'正'，今人读之平声，说者谓避始皇之名，不然。'正'自有平声也。《诗》云：'终日射侯，不出正兮'，与'名、清、成、甥'协。"清人卢文弨注《游宦纪闻》曰："案，'正'，未必为始皇作'征'音也。"卢氏又跋曰："又言正月因避始皇讳，故读为'征'，此则未然。如尚书音'常'，星宿音

---

① "罪"字本作"皋"，《说文·辛部》："皋，犯法也。从辛从自，言罪人蹙鼻苦辛之忧。秦以'皋'似'皇'字，改为'罪'。"

② 张世南：《游宦纪闻》，中华书局1981年版，第77—78页。

'秀'，自是当时所呼如是，岂亦有讳耶？且'政'本字尚不改音，而独改正月一音，不可通矣。"段玉裁《古文尚书撰异》："正，《释文》曰：'徐音征。'玉裁按：此旧音也。古耕部字皆有平无上、去，'正'字不论何训皆读平声，正月其一也。或谓秦人讳'政'而改正月字为平声，真浅陋之说。"今人陈垣《史讳举例》卷1："然正本有'征'音，《诗·齐风》：'猗嗟名兮，美目清兮，终日射侯，不出正兮。'《释文》：'正音征。'《小雅·节南山》，'正'与'平'、'宁'为韵，《大雅·云汉》，'正'与'星、嬴'为韵，其非为秦讳明矣。"

以上四家均认为"正"本有"征"音，当是；因"正"和"征"为谐声字，后起的"征"字当以谐声偏旁"正"为声。既有"征"音，"正月"读如"征月"则不一定为秦讳（因为也存在为避讳改读多音字之另一音的情况）；如果段氏说（"正"仅有平声）确证，"正月"读如"征月"则肯定不为秦讳。

三　宋代避讳研究兴盛的原因

历数宋人笔记，几乎每种或多或少都有与避讳有关的内容，或记载，或考论，或点评，使宋代避讳研究几乎成为了"显学"。出现这种局面不是偶然的，主要有文化环境、避讳发展和笔记体裁的适应性等诸多原因。

（一）文化学术环境

由于转向庶族地主经济和小自耕农经济，宋型文化和感性、开放、外倾而色调热烈的唐型文化不同：理性、内倾、重文轻武、色调淡雅。

宋代统治者重文抑武，"兴文教，抑武事"①，文化制度宽松，文人地位得以空前提升，并实行文官政治，"满朝朱紫贵，尽是读书人"，正是这种制度的写照。宋代以诗文取士，"取士不问家世"②，科举制度成熟定型，官学书院发达，进而培养了大量的读书

① 《续资治通鉴长编》卷18，太平兴国二年正月。
② 郑樵：《通志二十略》，中华书局1995年版，第1页。

人，知识阶层兴起。同时，宋代理学兴起、宗教势力式微、市民文化勃兴、商品经济繁荣、雕版印刷术发明，使宋代文化登峰造极，正如陈寅恪先生所评："华夏民族之文化，历数千年之演进，造极于赵宋之世。"①

文化兴，学术昌。宋代文化的丰盛带来优秀文人、学者的迭出，着意于心性内趋、知性反省的理学精神也培养了这些文人学者的自觉意识：重视历史，格物致知，学术自觉。因此，充斥于经籍和人们社会生活方方面面的避讳现象自然成了学者们必然关注和研究的内容。

（二）避讳本身的发展

避讳制度发展到宋代，渐趋森严。清人周广业在《经史避名汇考》卷20中就谓："避讳之礼，莫重于宋。"卷21又："避讳之繁，宋为最甚。"陈垣先生《史讳举例》卷8也指出："宋人避讳之例最严。"从法律层面看，宋代避讳已制度化。《宋刑统》沿袭了唐代有关国讳和家讳的条文；历代皇帝都定期颁布具有法律效力的有关避讳的文书式、文书令。从道德层面看，民间避讳之风盛行，已经礼俗化，士大夫和知识阶层避家讳、官讳是最基本的社交礼仪。从避讳内容看，敬讳严苛，俗讳风行，偏讳、嫌名兼避，还首次出现了圣讳，即孔子、孟子等圣贤之名也须避讳。

可见，避讳充斥于整个宋代社会，已成为宋人尤其是文人的生活方式之一。仅以淳熙年间修订的《淳熙重修文书式》为例，规定了须避讳的汉字就有350余个；如果一个读书人想考取功名，这些讳字必须烂熟于心，否则一旦犯讳，不仅功名无望，甚至还要锒铛入狱。因此，避讳对于知识阶层而言，关系甚大，他们关注、研究避讳，其实也是对自身命运的关注。

（三）笔记体裁与宋人避讳研究特点的适应性

宋代的学术笔记甚丰，据统计，现存宋人笔记约500余种，超过了宋代以前所见笔记的总和；涉及政治、经济、军事、文化、社会、宗教、哲学、文学、历史、天文地理等社会生活的各个方面。

---

① 陈寅恪：《金明馆丛稿二编》，上海古籍出版社1980年版，第245页。

而避讳研究多见于宋人笔记，也是笔记体裁和避讳题材相适应的特点决定的。

　　学术发展到宋代，虽有长足进展，但还没有达到形成以鸿篇巨制论述的阶段，它们篇幅都不大，一般几十字到数百字不等；而这样的篇幅恰好适应避讳题材的关注：或记载讳例，或著录讳制，或简扼点评。宋人的学术笔记其实是读书札记，他们读书的目的一般不是为了研究，而是要考取功名，甚至是已有功名的士大夫阶层，也保留有述而不作的传统；就宋人研究避讳的内容看，大都未能深入，而是浅尝辄止、述而不作，而这样的研究特点也契合了学术笔记的体裁。当然，也有一些避讳研究且述且作，但也都体现了宋人雅致细腻的士大夫文化：或小而短，或巧而新，或精而致，均没有长篇大论，适合以学术札记的形式来表达。

四　有关宋辽金时期避讳的研究

　　陈垣先生《史讳举例》卷 8 之第七十七《五代讳例》、第七十八《宋讳例》、第七十九《辽金讳例》① 介绍了五代及宋、辽、金时期的避讳情况，并列举了该期的国讳讳例。王建先生《中国古代避讳史》卷 7 之《宋辽金元避讳》② 分 7 个专题研究该期避讳，分别是：（1）走向荒诞的宋朝避讳；（2）《淳熙重修文书式》和《绍熙重修文书令》；（3）宋人避讳研究之例最严；（4）濮议风波；（5）外戚讳与私讳；（6）不许百姓点灯；（7）宋人的避讳研究；（8）辽朝避讳研究简述；（9）金朝避讳简述。周源先生的硕士学位论文《宋代避讳制度研究》（2007，安徽师范大学）介绍了宋代避讳的讳例、讳制、讳制的特征等。朱瑞熙先生的《宋代的避讳习俗》③ 通俗地介绍了宋代的一些避讳讳例。韩小忙先生《西夏避讳

---

　　① 陈垣：《史讳举例》，中华书局 2004 年版，第 124—131 页。
　　② 王建：《中国古代避讳史》，贵州人民出版社 2002 年版，第 171—229 页。相关内容发表在《贵州文史丛刊》2002 年第 4 期，第 18—22 页。
　　③ 朱瑞熙：《宋代的避讳习俗》，《上海师范大学学报》1988 年第 4 期，第 88—94 页。

制度初探》① 考论了西夏避讳制度的特点，并从文化因素和政治因素两个方面分析了西夏避讳的特殊原因。王曾瑜先生《辽宋西夏的避讳、称谓和排行》② 简单介绍了辽宋西夏的几则讳例。吕富华先生《试论辽代的避讳》③ 简述了辽代避讳的制度、方法及特点。辛时代先生的硕士学位论文《避讳制度与宋辽金南北对峙时期的人文政治》（2009，辽宁师范大学）从人文政治的角度简单介绍了宋辽金的避讳状况。

　　专题考论方面，古清尧、林荣贵先生《道宗讳名与辽宋关系》④ 通过翔实的材料考证得出辽代道宗之名"弘基"写作"洪基"，当属避宋朝国讳"弘殷"，并以避讳为基点，考论了辽宋的复杂关系。樊文礼先生《"绍兴和议"中宋方文献讳载的几个情节》⑤ 考论了宋方史籍中因为避讳而不载的"绍兴和议"中几个情节。李学铭先生《"至道三年避真宗讳"考》⑥ 考论了陈垣先生"至道三年避真宗讳"一语，认为似是父避子讳，其实是新君未改元时在旧君年号中避新君讳。曹洁、程水龙先生《避讳在〈近思录〉版本鉴别中的作用》⑦ 讨论了《近思录》各版本中的避讳情况。方燕先生《〈鸡肋编〉的语言避讳习俗》⑧ 对庄绰《鸡肋编》所载称谓、语讳、隐语等语言材料进行分析，说明了宋人的语言避讳民俗及文化心理。

---

　　① 韩小忙：《西夏避讳制度初探》，《宁夏社会科学》1994 年第 5 期，第 60—63 页。

　　② 王曾瑜：《辽宋西夏的避讳、称谓和排行》，《安徽师范大学学报》2005 年第 5 期，第 559—566 页。

　　③ 吕富华：《试论辽代的避讳》，载《辽宁省博物院馆刊》2008 年第 3 辑，第 633—636 页。

　　④ 古清尧、林荣贵：《道宗讳名与辽宋关系》，《民族研究》1983 年第 4 期，第 33—41 页。

　　⑤ 樊文礼：《"绍兴和议"中宋方文献讳载的几个情节》，《文献》1999 年第 4 期，第 85—92 页。

　　⑥ 李学铭：《"至道三年避真宗讳"考》，《学术研究》2001 年第 8 期，第 98—100 页。

　　⑦ 曹洁等：《避讳在〈近思录〉版本鉴别中的作用》，《合肥学院学报》2006 年第 4 期，第 21—24 页。

　　⑧ 方燕：《〈鸡肋编〉的语言避讳习俗》，《四川师范大学学报》2010 年第 6 期，第 100—107 页。

张彩霞先生《宋代词话中的"为名家讳"现象》①介绍了宋代词话传播过程中的特有现象：为名家讳，认为其原因或是出于隐讳，或是出于对词人的尊崇。

苏芃先生《原本〈玉篇〉避讳字"统""纲"发微》②围绕原本《玉篇》残卷未收两个字"统"和"纲"展开讨论，认为未收的原因是为避梁朝萧统、萧纲名讳，进而探讨这两个避讳字的研究价值。邱靖嘉先生《辽道宗"寿隆"年号探源——金代避讳之新证》③认为，今本《辽史》中的"寿隆"纪年应是陈大任《辽史》讳改"寿昌"年号的结果，而"寿昌"之讳来源于金世宗曾于大定二年下令避其嫡母钦慈皇后蒲察氏汉名"寿昌"之名讳。张志鹏先生《从避讳字考明末刻本〈宋史纪事本末〉刊刻时间》④通过《宋史纪事本末》中的避讳字以及刊刻者生平之考察，得出明末张溥刻本的《宋史纪事本末》应该为崇祯刻本。

第二节　元明时期的避讳材料及相关研究

元初不讳，但后来受中原避讳文化影响，也逐渐有讳制，但执行起来并不严格；明初承元风气，避讳之制也较为宽疏，但万历以后，讳法稍密；避讳之渐趋严苛，是在天启崇祯之世及以降。

明人的学术笔记如郎瑛的《七修类稿》、沈德符的《野获编》、陆容的《菽园杂记》等著录、研究避讳。

①　张彩霞：《宋代词话中的"为名家讳"现象》，《山西师大学报》2010年第5期，第56—60页。

②　苏芃：《原本〈玉篇〉避讳字"统""纲"发微》，《辞书研究》2011年第1期，第173—179页。

③　邱靖嘉：《辽道宗"寿隆"年号探源——金代避讳之新证》，《中华文史论丛》2014年第4期，第211—228页。

④　张志鹏：《从避讳字考明末刻本〈宋史纪事本末〉刊刻时间》，《当代图书馆》2015年第1期，第57—59页。

一　见载元明时期避讳的主要典籍

（一）《元史》①

《元史》是明人宋濂（1310—1381 年）、王濂（1322—1373 年）主编的记录元朝史事的纪传体史书。元代讳疏，《元史》所载避讳不多，仅见载一例元朝国讳，如下：

> 《元史·程巨夫传》云："巨夫名文海，避武宗庙讳，以字行。"

今按：元武宗仁惠宣孝皇帝奇渥温氏名海山，避偏讳"海"。陈垣先生《史讳举例》卷 8："余无所见。巨夫盖生宋世，犹习宋人之遗风，其实元制不全用御名不避也。"陈氏又解释了讳例甚少的原因："元帝名皆译音，又不如辽金诸帝之兼有汉名，故元世文书上避讳之例甚少也。"陈说当是。

《元史》也记载有元代庙讳的相关法律规定：

> 《元史·刑法志一》："诸内外百司，凡进贺表笺，缮写誊籍印识各以式，其辄犯庙讳御名者，禁之。"

《元史》还记载一"为贤者讳"之例：

> 《元史·儒学传一》："张頔字达善，其先蜀之导江人。……至元中，行台中丞吴曼庆闻其名，延致江宁学官，俾子弟受业，中州士大夫欲淑子弟以朱子《四书》者，皆遣从頔游，或辟私塾迎之。其在维扬，来学者尤众，远近翕然，尊为硕师，不敢字呼，而称曰导江先生。"

今按：元江左硕儒张立，字达善，为贤者讳，而称"导江先

---

① 宋濂等：《元史》，中华书局 1997 年版。

生"。

另外，《元史》还载有一些宋辽金时讳例，兹从略。

（二）《元典章》①

《元典章》是由元地方官员自行编修的至治二年（1322 年）以前元朝法令文书的分类汇编，全由元代的原始文牍资料组成，是研究元代避讳及其他典章制度的重要原始材料。

如至元三年（1266 年）四月中书礼部《表章定制体例》所规定的《表章回避字样》：

> 极、尽、归、化、忘、亡、忘、望同。播、晏，征，祚同。霭、哀、爱同。奄、昧、驾、遐、仙、斯、司、四、死同。病、苦、没、泯、灭、凶、祸、倾、颓、毁、偃、仆同。坏、破、晦、刑、伤、孤、坠、堕、服、布、孝、短、夭、折、灾、要同。困、危、乱、暴、虐、昏、迷、遇、羞、过、改、替、败、废、寝、杀、绝、忌、优、切、激、切、辱、菅系旧式。患、袁、囚、往、弃、丧、庆、空、陷、厄、艰、忽、除、扫、摈、奸同。缺、落、典、宪、法、典字近用不驳。奔、崩、摧、珍、陨、慕、稿、出、祭、奠、飨、享同。鬼、狂、藏、怪、渐、愁、梦、幻、弊、疾、迁、尘、亢、蒙、隔、离、去、辞、追、考、板、荡、荒，右、逆、师、剥、革、暧、违、尸同。挽、升、退、换、移、非字近用不驳。暗、了、休、罢、覆、弟、断、收、诛、厌、讳、恤、罪、辜、怨、土、别、逝、誓同。众、陵。土字近用不驳。右一百六十余字。其余可以类推。（《元典章》卷 28）

表中所列"除庙讳御名"之外的文书避讳字凡 160 余个，全为凶恶不吉之字。陈垣先生《史讳举例》卷 8 解释说："唯《元典章》廿八载至元三年表章回避字样，凡一百六十余字。是时去宋之灭，尚十有余年，此等字样，必沿自金人，非元人所创。观其所记

① 元朝地方官：《元典章》，天津古籍出版社 2011 年版。

注，有'某字系旧式'，'某字近用不驳'之文，则其来历必非一朝。元初诸帝不习汉文，安知有忌讳！"

但到延祐元年（1314 年）十一月，回避字样放宽，"休""祥""极""化"等字无须避：

> 延祐元年十一月，行省准中书省咨，科举事件，送礼部约会翰林院官议得：称贺表章，元禁字样太繁，今拟除全用御名庙讳不考外，显然凶恶字样，理应回避。至于休、祥、极、化等字，不须回避。都省请依上施行。（《元典章》卷 28）

延祐三年（1316 年）八月，《表章回避字样》解除，仅有御名庙讳：

> 延祐三年八月……中书省札付，礼部呈翰林国史院议得：表章格式除御中庙讳，必合回避，其余字样，似难定拟。都省仰钦施行。（《元典章》卷 28）

(三)《明史》①

《明史》是清代官修记载明朝历史的纪传体史书，自明朱元璋洪武元年（1368 年）始，至朱由检崇祯十七年（1644 年）止，张廷玉等主持修纂；《明史》是二十四史的最后一部，也被认为是最好的一部。

明代避讳比较宽疏，因此，《明史》所记国讳讳例不是很多，比如，明代御名避讳的讳例仅有 37 宗②。其例如：

> 《明史·张璁传》云："(嘉靖) 十年二月，璁以名嫌御讳，请更。乃赐名孚敬，字茂恭。"

---

① 张廷玉等：《明史》，中华书局 1997 年版。
② 王建先生根据《史讳辞典》的统计。

今按：明世宗朱氏名厚熜，避偏嫌"璁"。

《明史·成基命传》云："成基命，字靖之，大名人。后避宣宗讳，以字行。"

今按：明宣宗朱氏名瞻基，避偏讳"基"。

《明史·礼志五》：天启元年正月，从礼部奏，凡从点水加各字者，俱改为"雒"，从木加交字者，俱改为"较"。惟督学称较字未宜，应改为学政。各王府及文武职官，有犯庙讳御名者，悉改之。

今按：明光宗朱氏名常洛。避偏讳"洛"，以"雒"代"洛"。

《明史·地理志一》"延庆州"："永乐十二年三月置隆庆州……隆庆元年改曰延庆州。"注曰："东南有岔道口，与居庸关相接。关口有居庸关守御千户所，洪武三年置。建文四年，燕王改为隆庆卫，隆庆元年曰延庆卫。"

今按：明穆宗朱载垕年号曰隆庆，避偏讳"隆"。
《明史》中有一些名人避家讳的记载：

《明史·宋一鹤传》云：杨嗣昌"以一鹤能，荐之，擢右金都御史，代方孔照巡抚湖广。……嗣昌父名鹤，一鹤投揭，自署其名'一鸟'，楚人传笑之。"

今按：明末兵部尚书杨嗣昌，父名鹤。

《明史·姜士昌传》云："士昌五岁受书，至'惟善为宝'①，以父名辍读拱立。师大奇之。"

今按：明代姜士昌，父名宝。

《明史·曾鲁传》："（曾鲁）超六阶，拜中顺大夫、礼部侍郎。鲁以顺字犯其父讳辞，就朝请下阶。吏部持典制，不之许。"

今按：明曾鲁，父名顺，字至顺。洪武五年（1372 年），曾鲁由主事除中顺大夫一职。

明代政治宦官当政，结党专权。因此，宦官也大兴名讳，如明末之魏忠贤：

《明史·宦官传二》云："所有疏，咸称'厂臣'不名。大学士黄立极、施凤来、张瑞图票旨，亦必曰'朕与厂臣'，无敢名忠贤者。"（另，郑仲夔《耳新》卷 7："天启年间，凡一切奏章，不敢斥魏忠贤姓名而称厂臣，稽古迄今，对君之言，从无此体也。"）

今按：明熹宗朝司礼秉笔太监魏氏名忠贤，并兼掌东厂事。周广业《经史避名汇考》卷 34 引《杂史》亦载："神庙时凡宣召太监，田义等皆直指其名，曰'叫某人来'，如值圣怒，则曰'采某人来'；至逆贤，则凡遇传召，后必接声或数十人欢然齐跪曰：'叫老公哩。'于君前臣名之义何居，而乃恬不为异耶……至国子监生陆万龄、曹代阿等疏请建祠国学，乃云：'圣辅督厂魏'，但称姓而不名，又云圣辅者，蔡士顺所谓'便是舜禹之案'者也，罪尤擢发难数，尽废君前臣名之礼。"

《明史·宦官传一》："公侯勋戚以下，莫敢钧礼，每私谒，

---

① 《礼记·大学》中有"惟善以为宝"之句。

相率跪拜。章奏先具红揭投瑾，号红本，然后上通政司，号白本，皆称刘太监而不名。都察院奏谳误名瑾，瑾怒詈之，都御史屠滽率属跪谢乃已。"《汇考》卷34引《史述遗》亦云："都察院一日审录重囚，事内写'刘瑾传奉'字样，重复数多。瑾大怒，骂之。都御史屠滽率十三道御史谢罪。御史跪阶下，瑾数其罪斥责，皆叩头，不敢仰视。"

今按：明武宗朝宦官刘氏名瑾，刘瑾掌司礼监，权擅天下。

二　元明时期研究避讳的文献

（一）郎瑛的《七修类稿》①

郎瑛（1487—1566年），明代藏书家，博览群书，撮取精华，辨异同，考谬误，著有《七修类稿》《订正孝经》《大学格物传》《萃忠录》《青史衮钺》等。其中《七修类稿》55卷影响最大，荟萃各类史料，记载风俗民情，为后世的明史研究所资取。

《七修类稿》有10余条考论避讳的内容，所论材料翔实，考证充分，如卷4《天地类》"虎林考"条：

> 按，虎林乃杭山名，即今祖山寺之山也，不知者以为杭郡旧名，后世改虎为武。尝自以为虎林人也，知其为山者又不知其改虎之义。今摭数说而订正之，使人易知，庶不贻笑于外方。宋楼攻媿诗云："武林山出武林水，灵隐后山毋乃是。此山亦复用此名，细考其来真有以。从来有龙必有珠，此虽培塿千山余。"《四朝闻见录》云："虎林即灵隐山，因避唐讳，改为武林。"杨正质又谓："钱氏有国时此山在郭外，异虎出焉，故名。吴音承讹，转虎为武耳。"据三说，惟杨为是，《四朝》最非。若以避讳易而为武，则《汉志》已名为武林山，唐帝虽始祖名虎而亦不在此论矣。即以为灵隐者，盖灵隐原名武林，入人已深，而吴音又易于讹，遂以此山亦称之为武林也。楼诗

_____

① 郎瑛：《七修类稿》，上海书店出版社2001年版。

亦不知改武之义，故指为培塿，为灵隐千山之余耳。如今人见此山独于城中，则曰祖山之意。又考晏元献《舆地志》云："武林山，钱塘泉所出。"顾夷吾《山川记》又云："钱塘泉自南徂东，临浙江一派，谓之灵隐浦，即冷泉亭下之水。"此可见武林山自是灵隐，而虎林之地又何有泉之出耶？今志取《淳熙志》断为决非城内之山，彼自正言灵隐者也，差收入虎林之下。

今按：关于地名"虎林"改"武林"是否为避唐讳，颇有聚讼，如叶绍翁《四朝闻见录》《宋本方舆胜览》卷1、周广业《经史避名汇考》卷14等认为系避唐讳而改，杨正质《虎林山记》则认为不为唐讳。郎瑛则认同杨氏之说，认为不为唐讳，而系吴方言讹读"虎"为"武"；并引《汉书·艺文志》《舆地志》《山川记》等材料论证，所言当是。

又：《浙江通志》卷9"虎林山"条亦云："叶绍翁《四朝闻见录》谓虎林即灵隐山，因避唐讳改为武林者，非。《汉志》明载武林山为武林水所出，安有避唐讳之说？虎林、武林原有二山，未可混为一也。"《逊志堂杂钞》乙集亦云："世以杭州称武林，本名虎林，避唐讳改为武，非也。《汉书·地理志》：会稽郡武林山，武林水所出。可证。"《淳祐临安志》卷8亦曰："《西汉志》武林山，武林水所出，绝非城内之山，自汉已名武林，亦非避唐讳为武。"今人李德清所编著《中国历代地名避讳考》亦持此说。

卷5《天地类》"钱塘"条：

钱塘之名，按《史记》"始皇浮江下丹阳，至钱唐"，历代地志亦有钱唐县名，至唐避国号，始加土焉。《辍耕录》谓唐字从土，误矣。至以为以钱易土筑塘，避钱湖之水等事，杭志已辩其讹。考之《释文》："唐，途也。"杭地五代以前，路止西北一带，逼近于钱湖（即西湖也），故谓钱塘耳。

今按：隋末李渊灭隋称帝，建国号唐。《万历钱塘县志》："（唐代）钱唐隶杭州，讳国号，易'唐'为'塘'，县名钱塘，则自唐武德昉也。"清人周广业《经史避名汇考》卷 14 则疑曰："《隋地志》尚作'钱唐'，新、旧《唐书》始作'钱塘'，则避国号之说似非无因。然《水经注》引《钱塘记》曰：郡议曹华信议立塘防海，募有能致一斛土者，与钱一千，来者云集，云不复取，人皆弃土而去，塘以之成，故改钱塘。而《越绝书》已言筑吴塘，曰辟首，则非始于唐矣。且唐世唐姓甚多，不闻讳改，何独避一县名乎？"疑者有理。

卷 19《辩证类》"州名称讹"条：

> 东汉严光本姓庄，因避显宗之讳，遂称严氏。范晔作史，不究其由，遽曰严光，其台其滩，遂俱以严称，循习之讹，已可笑也。宋宣和间，方腊作乱，又遂改睦州为严州，至今不知其义，尤为可笑。故宋俞无德有诗曰："千载英风想子陵，钓台缘此几人登？谁知避讳更严氏，滩与州名总误称。"此已见于他书，奈无此诗之明白也。

今按：相关讳例，本书引述《容斋随笔》卷 6《严州当为庄》时已有所考。郎瑛所云"改睦州为严州，至今不知其义"，南宋俞成《萤雪丛说》卷 2 则解释说："严子陵本姓庄，避显宗讳，遂称严氏。若钓台、若七里滩，亦皆以严命名，无非循习之讹，而莫知其非也。本朝宣和间，方腊寇江浙，改睦州为严州，盖本于此。至如范晔操东汉之史笔，初不究其姓氏之由，遽曰严光而传之，无乃以田千秋为车千秋乎？"但据杭州社科门户网站，睦州被改为严州，取意"草莽之地，须严加治理"之意。两说似都合理，或者兼而有之。

卷 22《辩证类》"避讳"条，以翔实的讳例材料考论了历代国讳、家讳和为贤者讳。其文如下：

> 避讳之说有几，臣下避君上之讳，理也。如汉祖讳邦，旧史以邦为国；魏文帝讳昭，以昭君为明君；唐祖讳虎，以武为

虎已矣；又凡言虎，率改为猛兽可乎；或去一字，如齐太祖讳道成，师道渊止称师渊；或因一字而全文易之，如唐代宗讳豫，以豫章为钟陵，薯蓣为山药巳矣；或拆其一字，如晋高祖讳敬瑭，拆敬字为文氏、苟氏可乎。或避字之外又避其音，如宋高宗讳构，勾、钩、苟皆避之；仁宗讳祯，真、贞、征俱避之。《随笔》中载有五十字之避之说，是何理耶？子孙避祖考之讳，理也。如淮南王父讳长，《淮南子》凡言长处悉曰修。苏子瞻祖讳序，故以叙为序可也；而范晔以父名泰，而不拜太子詹事；吕希纯以父名公著而辞著作郎；以至刘温叟父名乐，而终身不听丝竹，不游嵩岱。徐积父名石，而平生不用石器，遇石不敢践之。此可谓不近人情，不知韩文浒势秉机之诮矣。

后人避前贤之讳，亦理也。如元稹改阳城驿为避贤驿可矣，郑诚改浩然亭为孟亭，已觉有碍；以至皇后家讳，僭王父之讳，亦欲避之，如则天后父名华，改华州为泰州；章宪太后父名通，改通判为同判；朱温父名诚，以其类戊，改戊己为武己，杨行密父名怘，与夫同音，而于御史大夫、光禄大夫直去夫字，此皆真可笑而可尤者也。况古人避讳改字，又有义焉。如司马迁父名谈，改谈为同；汉帝名庄，改庄为严，殊不知谈、庄古与同、严一音，所以取也，岂后之谬哉。昨吾府知府名仕贤，而照磨亦名仕贤，予曰："改于金公座时，似有同名之嫌乎？"照磨曰："尝欲改之，太守以今朝廷尚文，忌二名之嫌，汝父命之，今为长官，改之可乎？"因知今之过于前代。

卷 26《辩证类》"元朝讳谥"条对元朝避讳的概论和评论颇为精辟，很有见地，其文如下：

元主质而无文，讳多不忌，故君臣同名者众。后虽有讳法之禁，不过临文缺其点画；谥必死而后定，不过一二字，以称生前善恶。要之二事暗合于礼，足见嘉也，岂如宋室一字而有数十字之避。唐时生加美谥，至多谀言，肖秦皇之所为，可哂也。此则礼失求之野耳，亦新莽井田之事乎？至国朝则又大过于元。君臣无敢同名，临文止缺点画，必死而谥，字多取旧，不尚虚文，可谓酌中之道矣。

但郎瑛对避讳的辨证也有可商之处，如卷26《辩证类》"子美不咏父母名"条：

> 诗话尝云：杜子美父名闲，诗中多不用闲字；母名海棠，故不咏海棠。予思杜诗中如"曾闪朱旗北斗闲"，"娟娟戏蝶过闲幔"，何尝忌讳？至如花卉多矣，而子美皆无所咏焉，岂独海堂也哉，或者偶尔不赋之也。善乎东坡有云："少陵为尔牵诗兴，可是无心赋海棠。"尽之矣。

今按：唐代私讳盛行①，杜诗当避家讳"闲"和"海棠"。"曾闪朱旗北斗闲"当为"曾闪朱旗北斗殷"，系避宋宣祖讳"殷"字而被改，本书在引述《文苑英华辨证》卷8之《避讳》时已考论。至于"娟娟戏蝶过闲幔"，"闲幔"颇不好解，疑为"开幔"，戏蝶飞过"开幔"，理通。"闲幔"一作"开幔"，而且"闲（閑）""开（開）"形近，很易混作。《苕溪渔隐词话前集》卷20引《蔡宽夫诗话》："老杜家讳闲，而诗中有'翩翩戏蝶过闲幔'，此字在句中，容或印本有误。"《明道杂志》似得之："'娟娟戏蝶过闲幔，片片惊鸥下急湍'，本作'开幔'。'开幔'语更工，因开幔见蝶过也。"

"海棠"之讳，清人周广业《经史避名汇考》卷43之论颇令人信服，云："母名海棠，少陵辍咏，乃情理所应有，词人调弄笔端，最是无谓。白香山母堕井死而赋《新井》，致招物议，使少陵偶咏此花，后人更如何讥议耶？《猗觉寮杂记》以为：'小名海棠，出何典记？世间花卉多矣，偶不及之耳。'《闲居录》云：'李白、李贺等《集》亦无之，岂其母亦同名耶？盖蜀多海棠，故厌而不言。'

_____

① 《苕溪渔隐丛话前集》卷20引《蔡宽夫诗话》云："唐人避家讳严甚，韩退之为李贺作《讳辩》，当时哄然非之。举子就试，题目有犯其家讳者，皆托题目不便，不敢就试而出。其严固可知。"

此与杨诚斋'少陵未见'云云，同为梦呓也。"

卷20《辩证类》"汉讳不讳"条则对汉代避讳提出疑问：

> 汉以火德，从所胜，故"洛"字改从"雒"；而国号
> "汉"字，又何不忌耶？"刘"字为卯金刀，故作刚卯行金
> 刀，而国姓《说文》何以无"刘"字？止有卯金田镏字耶？
> 此皆不可晓。

今按：国号即朝代名称，犹人之姓，古无避国号之先例。《说
文》不载"刘"字，当避汉代国讳。如前所述，汉代讳制尚疏，讳
与不讳，多有变数。

（二）沈德符的《万历野获编》①

沈德符（1578—1642年），明朝文学家，所撰《万历野获编》
（30卷，补遗4卷）多记万历以前的朝章国故，为研究明代史的重
要参考书。

《万历野获编》也有较多记载、研究避讳的内容。如卷26"云
南雕漆"条：

> 又近日一友亦名家子，为古董巨擘，曾蓄一宋刻《新唐
> 书》，索价甚高，云此真宋初刻板也，坐客皆谀之以为然。予
> 适同集，翻一纸视之，偶见"诚"字缺一笔，予曰："此南宋
> 将亡时板也。"此友起而辨之。予曰："诚字为理宗旧名，若此
> 史刻于初盛时，何以预知二百年后御名而减笔讳之也？"虽无
> 以应予，而意色甚恶，今之鬻古者，大抵然矣。（《万历野获
> 编》卷26）

今按：南宋理宗赵昀，旧名贵诚，避偏讳"诚"。沈德符见到
《新唐书》中"诚"字作缺笔处理，断其为南宋版本，并非藏者所
诩北宋刻本，因北宋时不可能为二百年后的理宗避讳。沈说当是。

---

① 沈德符：《万历野获编》，中华书局1989年版。

这是避讳学史上首次明确利用避讳学知识进行版本之时代鉴定之例，为清人利用避讳学进行文史考证开启了先河。

《万历野获编》中有许多有关明朝避讳的记载，它们是研究明代避讳乃至明代历史的重要材料，如：

> 古来人主多拘避忌，而我朝世宗更甚。当辛巳登极，御袍偶长，上屡俯而视之，意殊不惬。首揆杨新都进曰："此陛下垂衣裳而天下治。"天颜顿怡。晚年，在西苑召太医院使徐伟察脉，上坐小榻，衮衣曳地，伟避不前。上问故，伟答曰："皇上龙袍在地上，臣不敢进。"上始引衣出腕，珍毕，手诏在直阁臣曰："伟顷呼地上，具见忠爱。地上人也，地下鬼也。"伟至是始悟，喜惧若再生。又乙丑会试第一题为"绥之斯来"二句，下文则"其死也哀"。上已恶之矣。第三题《孟子》，又有两"夷"字，时上苦虏之扰，最厌见"夷""狄"字面，至是大怒，欲置重典。时主文为高新郑，徐华亭诡辞解之而止。然初年讲章，有进《曾子·有疾章》，去却"人之将死"一节，上谓："死生常理，有何嫌疑？"促令补进。又似豁然无所讳者。盖进讲时，讲官为学士徐瑺，上方富于春秋，嗣位未久，乐闻启沃，恐臣下有所避匿，故亦优容。至乙丑之春，上年已六旬，不豫且久，宜其倦勤多疑也。按世庙晚年，每写"夷""狄"字，必极小，凡诏旨及章疏皆然。盖欲尊中国卑外夷也。而新郑出题犯之。又有前一题，益益原作盖。据写本改。疑其诅咒矣。高之得免，谓非全出华亭不可。新郑晚途与徐讲和书，亦引先帝见疑，赖公调解为言，亦是天理难泯处。（《万历野获编》卷2"触忌"条）

> 古人因事改名者甚多。本朝景泰中，翰林编修王振，因与内宦同名，土木之变，改为王恂。成化中编修王臣，因有奸人与之同名伏法，请改名舜功，上不许也。嘉靖间刑科徐学诗，以劾严分宜罢去，时徐宗伯太宰为礼部郎，姓名与之同，乃改诗为谟。后致位通显。亦有讥之者，宗伯辨白良苦，时人疑信

犹相半也。名为父所命，苟非犯君父讳，及同奸恶名如二王者，似不必轻改。若徐公即非媚龟，亦多此一事矣。(《万历野获编》卷10"改名被疑"条)

明初贸易文契，如吴元年，洪武元年，俱以"原"字代"元"字，盖民间追恨元人，不欲书其国号也。(《万历野获编补遗》卷1)

今按：赵宋亡，蒙古贵族政权统治中国，国号元，明初忌用"元"字。《戒庵老人漫笔》卷1亦载："余家先世分关中，写吴原年，洪武原年，俱不用'元'字。想国初恶胜国之号而避之，故民间相习如此。"

《万历野获编》中也记载和点评了他朝避讳的材料，如：

古来帝王避讳甚严。如唐元宗讳隆基，则刘知几改名。宋钦宗讳桓，则并嫌名"丸"字避之，科场韵脚用"丸"字者，皆黜落。高宗讳构，则并"勾"字讳之，至改"句龙氏"为"缑氏"，盖同音宜避，亦臣子至情宜然。唯本朝则此禁稍宽。然有极异者，如懿文太子既有谥号矣，何以少帝仍名允炆？盖当时已改尊称为兴宗康皇帝，犹为有说。而建文年号，音同御名，举朝称之凡四年。何以不少讳也？至建文二子，长名文奎，次曰文圭，其音又与"炆"字无少异，又可也？岂拘于太祖所定帝系相传之二十字耶？似亦宜变而通之。当时方、黄诸大儒在事，纷纷偃武修文，何以不议及此？至后章谥号，又犯太祖御讳，抑更异矣！(《万历野获编》卷1"避讳"条)

宋南渡后，人主书"金"字俱作"今"，盖与完颜世仇，不欲称其国号也。至高宗之刘贵人、宁宗之杨后，所写"金"字亦然，则宫闱亦改用矣。然则世宗之细书，亦不为过。(《万历野获编》卷2"触忌"条)

宇文周天元帝好自尊，令臣下不得有"高""上""天""大"之名，至改高祖称远祖，后世非之。至宋政和中，给事中赵野奏：陛下寅奉高真，世俗以"君""王""圣"三字为名字者，悉令厘正；尚有以"天"字为称，亦当禁约。徽宗依奏。本朝正德初，刘瑾盗柄时，亦矫诏禁官民名字有"天"字者，俱更正。总皆非盛世事也。惟避讳一事，古今最重而本朝最轻，如太祖旧名单一字，及后御讳下一字，当时即不避。宣宗、英宗庙讳下一字，与宪宗潜邸旧名，及再立东宫所改新名下一字，则士民至今用之，无一避者，斯为异矣！（《万历野获编补遗》卷2"命名禁字"条）

《万历野获编》还记载了一些明代科举考试中有关避讳的一些材料，以下3例即为其独家见载：

高中元主乙丑会试，孟题有二"夷"字，犯上所讳，赖首揆徐存斋力解而止，人皆能言之。然实以首题为"绥之斯来"二句，则下文有"其死也哀"。为上深怒，谓有意诅咒，忽问徐此题全文，令具以对，徐云："臣老耄健忘，止记上文有臣名与字，犹天之不可阶而升，差能记忆耳。"上意顿释，不复治。使其具述讳语，高无死所矣。（《万历野获编》卷15"乙丑会试题"）

又正统十二年，山西乡录内《诗经》题"维周之桢"，以"桢"字犯楚昭王讳，为礼部所纠，上宥之，但令罚俸。今若如例回避，将无题可出矣。（《万历野获编补遗》卷2"乡试怪事"条）

世宗朝，章奏触忌者，例得重谴。至中年，而乡会试录，尤多讳忌。然亦有不尽然者。如初登极时不必论，嘉靖十六年丁酉，顺天乡试，次题为"天地之道博也"一节，则犯御名上一字。次年戊戌会试，出"博厚所以载物"一节，又犯御名。

十九年庚子，福建出"至诚无息"五节，凡四犯御名。然是时犹未逮治考官也。至二十八年己酉，浙江题为"博厚配地"一节，亦犯御名，是年山东以"无为而治"，程文语涉讥讪，逮按巡御史叶经，死于杖下，何以独不问浙江也？至三十一年壬子，四川出"博厚所以载物"二节，则两犯御名。三十七年戊午，山西、云南、贵州俱出"征则悠远"三节，则三犯御名，俱置若不闻。至四十年辛酉，顺天、山东俱出"久则征至，博厚则高明"，湖广出"征则悠远"一节，俱两犯御名，以上俱不见诘。虽云二名不偏讳，然张永嘉嫌名亦已奉钦改，何诸臣不照顾及此？盖上是时方修祈年永命故事，臣下争进谀词以求媚，故"至诚无息"一章，层出迭见，初不计及御名上一字也。揆之唐宋臣子避讳同音者，何啻千里云。（《万历野获编补遗》卷 2 "场题犯讳"条）

（三）陆容的《菽园杂记》①

陆容（1436—1497 年），明代学者，所著《菽园杂记》15 卷是其代表作。《菽园杂记》是关于明代朝野掌故的史料笔记，多有见解，其中所记明代典制、故事，多为《明史》所未详。

《菽园杂记》中有数则有关避讳的记载和评论，其中多被称引的还是以下有关吴中地区民间俗讳的记载：

> 民间俗讳，各处有之，而吴中为甚。如舟行讳"住"，讳"翻"，以"箸"为"快儿"，"幡布"为"抹布"；讳"离""散"，以"梨"为"圆果"，"伞"为"竖笠"；讳"狼藉"，以"榔槌"为"兴哥"；讳"恼躁"，以"谢灶"为"谢欢喜"。此皆俚俗可笑处，今士大夫亦有犯俗称"快儿"者。（《菽园杂记》卷 1）

其例再如：

---

① 陆容：《菽园杂记》，中华书局 1985 年版。

　　为人上者言动不可不谨，否则下人承讹踵误，不胜其弊矣。丁酉岁，予有考牧之役，至迁安，适同年刘御史廷圭按其地，遣人招饮。予戏语云："馔有驴板肠即赴。"盖京师朋辈相戏，各有指斥风土所讳以为诟者。如苏浙云盐豆，江西云腊鸡，湖广云干鱼之类是已。河南人讳偷驴，廷圭南卫辉人，而旧传有"西风一阵板肠香"之句，故以戏之。日暮归，县官率吏人捧熟馔以进，问之，云："闻公嗜驴板肠，故以奉也。"予以实告而遣之。既而自悔，自是不敢戏言。（《菽园杂记》卷6）

《菽园杂记》还有关于明代国讳的记载，如：

　　国初，江岸善崩，土人谓有水兽曰猪婆龙者搜抉其下而然。适朝廷访求其故，人以猪与国姓同音，讳之，乃嫁祸于鼋。上以鼋与元同音，益恶之，于是下令捕鼋。大江中，鼋无大小，索捕殆尽。老鼋逃捕者，不上滩浅，则以炙猪为饵钓之。众力掣不能起，有老渔云："此盖四足爬土石为力耳。当以翁穿底，贯钓缗而下，翁罩其头，必用前二足推拒，从而并力掣之，则足浮而起矣。"如其言，果然。猪婆龙，云四足而长尾，有鳞甲，疑即鼋也，未知是否。闻鼋之大者能食人，是亦可恶。然搜抉江岸，非其罪也。夫以高皇之聪明神智，人言一迁就，祸及无辜如此。则朋党狱兴之时，人之死于迁就者，可胜言哉！（《菽园杂记》卷3）

　　今按：赵宋亡，蒙古贵族政权统治中国，国号元，明初忌用"元"字，又忌"元"之同音字"鼋"。

　　唐人避讳甚者，父名岳，子终身不听乐。父名高，子终身不食糕。父名晋肃，子不举进士。最为无谓。今士大夫以禁网

疏阔，全不避忌，如文皇御讳，诗文中多犯之。杨东里作"棠杕"，似为得体。（《菽园杂记》卷4）

今按：明成祖文皇帝（即位前封燕王）朱氏名棣，遂以"杕"代"棣"。

三　有关元明时期避讳的研究

陈垣先生《史讳举例》卷8之第八十《元讳例》、第八十一《明讳例》① 介绍了元明时期的避讳情况，并列举了该期的国讳讳例。王建先生《中国古代避讳史》卷7之《元朝避讳简述》②、卷8之《明朝讳禁稍宽》③ 分别研究了元、明时期的避讳情况。

专题考论方面，王宏凯先生《〈明史·诸王世表〉名讳、谥法勘误》④ 勘正了《明史》中的几则名讳之误；张和平先生《明初讳元说辨析》⑤ 认为明初讳"元"不是出于憎恨元朝，而是为避明太祖朱元璋之偏讳；两者所论翔实，俱成一家之言。赵永泉先生《明代公讳宽疏考》⑥ 考论明代公讳，认为明代公讳宽疏，其原因主要有元代避讳不严之遗风、明代理学与心学的巨大影响等原因。

明清时期，统治者还大兴文字狱；所谓文字狱，就是因犯了文字避讳而获罪的案件，是敬讳发展的极端形式。有关明代文字狱的研究，吴晗先生的专著《朱元璋传》⑦ 之《明初的文字狱》考论了明初朱元璋施行文字狱的情况；陈学霖先生《明太祖文字狱案考疑》⑧ 详细考论了史料所载有关明太祖文字狱案的诸多疑点。

---

① 陈垣：《史讳举例》，中华书局2004年版，第131—135页。
② 王建：《中国古代避讳史》，贵州人民出版社2003年版，第229—2236页。
③ 同上书，第237—248页。
④ 王宏凯：《〈明史·诸王世表〉名讳、谥法勘误》，《文献》1990年第2期，第273—276页。
⑤ 张和平：《明初讳元说辨析》，《明史研究》1991年刊，第260—268页。
⑥ 赵永泉：《明代公讳宽疏考》，《沈阳大学学报》2009年第6期，第86—89页。
⑦ 吴晗：《朱元璋传》，陕西师范大学出版社2008年版。
⑧ 陈学霖：《明太祖文字狱案考疑》，载《明史研究论丛》1991年第五辑，第418—450页。

附件一　避讳史料学相关典籍一览①

（按书名首字音节拼音字母次序排列）

B

《八家后汉书辑注》　周天游辑注

《白居易选集》　王汝弼选注

《稗史》　（元）仇远撰

《宝章待访录》　（宋）米芾撰

《抱璞简记》　（明）姜南撰

《抱朴子》　（晋）葛洪撰

《北梦琐言》　（宋）孙光宪撰

《北齐书》　（唐）李百药撰　中华书局标点本附校勘记

《北史》　（唐）李延寿撰　中华书局标点本附校勘记

《北史札记》　（清）李慈铭撰

《备急千金要方》　（唐）孙思邈撰

《本草纲目》　（明）李时珍撰

《避讳录》　（清）黄本骥撰

《避暑录话》　（宋）叶梦得撰

《宾退录》　（宋）赵与时撰

《泊宅编》　（宋）方勺撰

C

《蔡中郎集》　（汉）蔡邕撰

《草木子》　（明）叶子奇撰

《册府元龟》　（宋）王钦若等撰

《茶香室丛钞》《茶香室续钞》《茶香室四钞》　（清）俞樾撰

《茶余客话》　（清）阮葵生撰

《长安志》　（宋）宋敏求撰　（清）毕沅校

---

① 部分期刊文献前已述，此处略。感谢王师彦坤先生提供大部分资料。

《长沙方言词典》 李荣主编 鲍厚星、崔振华、沈若云、伍云姬编纂

《晁氏客语》 （宋）晁说之撰

《朝野类要》 （宋）赵升撰

《朝野佥载》 （唐）张鹭撰

《陈书》 （唐）姚思廉撰 中华书局标点本附校勘记

《称谓录》 （清）梁章钜撰

《成都氏族谱》 （元）费着撰

《成都文类》 （宋）程遇孙等辑

《池北偶谈》 （清）王士禛撰

《崇文总目》 （宋）王尧臣等编次 （清）钱东垣等辑释

《初学记》 （唐）徐坚等撰

《楚词补注》 （宋）洪兴祖撰

《楚辞集注》 （宋）朱熹撰

《吹网录》 （清）叶廷管撰

《春明退朝录》 （宋）宋敏求撰

《春秋繁露》 （汉）董仲舒撰

《春秋公羊传注疏》 （汉）公羊寿传 （汉）何休解诂 （唐）徐彦疏

《春秋穀梁传注疏》 （晋）范宁集解 （唐）杨士勋疏

《春秋胡氏传》 （宋）胡安国撰

《春秋左传补注》 （清）惠栋撰

《春秋左传正义》 （周）左丘明传 （晋）杜预注 （唐）孔颖达正义

《词学指南》 （宋）王应麟撰

《辞海》 1979 年版

《辞源》 1979 年修订本

D

《大戴礼记》 （汉）戴德撰

《大广益会玉篇》 （南朝·梁）顾野王原著 （宋）陈彭年

等重修

《大金国志》　（宋）宇文懋昭撰

《大宋重修广韵》　（宋）陈彭年等撰

《大唐创业起居注》　（唐）温大雅撰

《大唐新语》　（唐）刘肃撰

《大学衍义补》　（明）丘浚撰

《大业杂记》　（唐）杜宝撰

《大元圣政国朝典章》　（元）□□撰

《丹铅杂录》　（明）杨慎撰

《丹铅总录》　（明）杨慎撰

《道光武康县志》　（清）疏筤修　陈殿阶、吴敬羲纂

《道山清话》　（宋）道山先生王□撰

《滇载记》　（明）杨慎撰

《冬夜笺记》　（清）王崇简撰

《东都事略》　（宋）王偁撰

《东观余论》　（宋）黄伯思撰

《东观奏记》　（唐）裴庭裕撰

《东汉书刊误》　（宋）刘攽撰

《东里续集》　（明）杨士奇撰

《东坡志林》　（宋）苏轼撰

《东轩笔录》　（宋）魏泰撰

《独断》　（汉）蔡邕撰

《独醒杂志》　（宋）曾敏行撰

《独异志》　（唐）李亢撰

《读书敏求记》　（清）钱曾撰

《读书杂志》　（清）王念孙撰

《杜清献集》　（宋）杜范撰

《杜诗详注》　（清）仇兆鳌撰

《遁斋闲览》　（宋）范正敏撰

E

《耳新》 （明）郑仲夔撰

《尔雅义疏》 （清）郝懿行撰

F

《法书要录》 （唐）张彦远辑

《法帖刊误》 （宋）黄伯思撰

《范忠宣集》 （宋）范纯仁撰

《方言》 （汉）扬雄撰 （晋）郭璞注

《方舆胜览》 （宋）祝穆撰

《放翁题跋》 （宋）陆游撰

《分甘余话》 （清）王士禛撰

《封氏闻见记》 （唐）封演撰

《风俗通义》 （汉）应劭撰

《枫窗小牍》 （宋）袁褧撰 （宋）袁颐续

《附释文互注礼部韵略》 （宋）丁度等撰

《负暄杂录》 （宋）顾文荐撰

G

《纲目订误》 （清）陈景云撰

《庚申避难日记》 （清）佚名撰

《觚不觚录》 （明）王世贞撰

《古辞辨》 王凤阳著

《古今合璧事类备要》 （宋）谢维新撰

《古今姓氏书辩证》 （宋）邓名世撰

《古书疑义举例》 （清）俞樾撰

《古文尚书撰异》 （清）段玉裁撰

《关中金石记》 （清）毕沅撰

《管子校注》 （周）管仲著 黎翔凤校注 梁运华整理

《光绪慈溪县志》 （清）冯可镛修 （清）杨泰亨纂

《光绪丹徒县志》　（清）何绍章等修　（清）杨履泰等撰

《光绪荆州府志》　（清）倪文蔚等修　（清）顾嘉蘅等撰

《光绪漳州府志》　（清）李维钰原本　（清）沈定均续修
（清）吴联熏增纂

《广东通志》　（清）郝玉麟等修

《广弘明集》　（唐）释道宣撰

《广雅疏证》　（魏）张揖著　（清）王念孙疏证

《龟巢稿》　（元）谢应芳撰

《归里杂诗》　（清）丁葆和撰

《归田录》　（宋）欧阳修撰

《癸巳存稿》　（清）俞正燮撰

《癸辛杂识》　（宋）周密撰

《桂苑丛谈》　（唐）冯翊撰

《贵耳集》　（宋）张端义撰

《国朝文类》　（元）苏天爵辑

《国朝献征录》　（明）焦竑撰

《国初礼贤录》　（明）□□撰

《国语》　（三国吴）韦昭注

《过庭录》　（宋）范公偁撰

H

《海岳题跋》　（宋）米芾撰

《韩昌黎集》　（唐）韩愈撰

《韩非子》　（周）韩非撰

《韩门缀学》　（清）汪师韩撰

《韩诗外传》　（汉）韩婴撰

《汉隶字源》　（宋）娄机撰

《汉书》　（汉）班固撰　（唐）颜师古注　中华书局标点本
附校勘记

《汉书艺文志考证》　（宋）王应麟撰

《汉魏南北朝墓志集释》　赵万里撰

《汉语大字典》（第二版）　2010 年版

《汉语方言概要》　袁家骅等著

《翰苑新书》　（宋）□□撰

《翰苑遗事》　（宋）洪遵撰

《河南通志》　（清）王士俊等修

《鹤林玉露》　（宋）罗大经撰

《鹤山先生大全文集》　（宋）魏了翁撰

《珩璜新论》　（宋）孔平仲撰

《红楼梦》　（清）曹雪芹著

《侯鲭录》　（宋）赵令畤撰

《后汉书》　（南朝·宋）范晔撰　（唐）李贤等注　中华书局标点本附校勘记

《后汉书补注》　（清）惠栋撰

《后汉书集解》　（清）王先谦撰

《后鉴录》　（清）毛奇龄撰

《后秦录》　（后魏）崔鸿撰

《后赵录》　（后魏）崔鸿撰

《华阳国志校补图注》　（晋）常璩著　任乃强校注

《画禅室随笔》　（明）董其昌撰

《淮南子》　（汉）刘安撰　（汉）高诱注

《寰宇通志》　（明）陈循等撰

《黄帝内经太素》　（隋）杨上善撰

《挥尘前录》《挥尘后录》　（宋）王明清撰

J

《稽古录》　（宋）司马光撰

《畿辅通志》　（清）李卫等修

《鸡肋编》　（宋）庄绰撰

《急就篇》　（唐）颜师古注　（宋）王应麟补注

《集古录》　（宋）欧阳修撰

《集韵》　（宋）丁度等撰

《继世纪闻》　（明）陈洪谟撰

《嘉靖太平县志》　（明）曾才汉修　（明）叶良佩纂

《嘉泰会稽志》　（宋）沈作宾修　（宋）施宿等纂

《甲申传信录》　（明）钱𣾰撰

《兼明书》　（唐）丘光庭撰

《坚瓠集》　（清）褚人获撰

《建康实录》　（唐）许嵩撰　张忱石点校

《江南别录》　（宋）陈彭年撰

《江南通志》　（清）赵宏恩等修

《交州稿》　（元）陈孚撰

《鲒埼亭集》　（清）全祖望撰

《戒庵老人漫笔》　（明）李诩撰

《金陵省难纪略》　（清）张汝南撰

《金楼子》　（南朝·梁）萧绎撰

《金石萃编》　（清）王昶辑

《金石录》　（宋）赵明诚撰

《金石文字记》　（清）顾炎武撰

《金史》　（元）脱脱等撰　中华书局标点本附校勘记

《晋书》　（唐）房玄龄等撰　中华书局标点本附校勘记

《荆川先生文集》　（明）唐顺之撰

《经典释文》　（唐）陆德明撰

《经史避名汇考》　（清）周广业撰

《敬业堂诗集》　（清）查慎行撰

《敬斋古今黈》　（元）李冶撰

《九国志》　（宋）路振撰

《旧唐书》　（后晋）刘昫等撰　中华书局标点本附校勘记

《旧闻证误》　（宋）李心传撰

《旧五代史》　（宋）薛居正等撰　中华书局标点本附校勘记

K

《刊正九经三传沿革例》　（宋）岳珂撰

《康熙太平县志》　（清）曹文珽修　（清）林槐等纂

《康熙字典》　张玉书、陈廷敬等编

《考古质疑》　（宋）叶大庆撰

《孔子家语》　（三国·魏）王肃注

《愧郯录》　（宋）岳珂撰

《困学纪闻》　（宋）王应麟撰　（清）翁元圻注

L

《懒真子》　（宋）马永卿撰

《郎潜纪闻初笔》　（清）陈康祺著

《浪迹三谈》　（清）梁章钜撰

《老学庵笔记》　（宋）陆游撰

《老学庵续笔记》　（宋）陆游撰

《老子》　（周）李耳撰

《类篇》　（宋）司马光等撰

《冷庐杂识》　（清）陆以湉撰

《李长吉歌诗》　（唐）李贺撰　（清）王琦汇解

《李涪刊误》　（唐）李涪撰

《李太白全集》　（唐）李白撰　（清）王琦辑注

《李文饶文集》《李文饶外集》　（唐）李德裕撰

《李义山文集笺注》　（唐）李商隐著　（清）徐树谷笺（清）徐炯注

《礼记正义》　（汉）郑玄注　（唐）孔颖达正义

《历代建元考》　（清）钟渊映撰

《历代讳名考》　（清）刘锡信撰

《历代讳字谱》　（民国）张惟骧撰

《隶释》　（宋）洪适撰

《梁书》　（唐）姚思廉撰　中华书局标点本附校勘记

《梁溪漫志》　（宋）费衮撰

《梁元帝集》　（南朝·梁）萧绎撰

《两般秋雨盦随笔》　（清）梁绍壬撰

《聊斋志异》　（清）蒲松龄著

《辽史》　（元）脱脱等撰　中华书局标点附校勘记

《列仙传》　（汉）刘向撰

《邻几杂志》　（宋）江休复撰

《麟原文集》　（元）王礼撰

《刘宾客嘉话录》　（唐）韦绚录

《六朝事迹编类》　（宋）张敦颐撰

《六臣注文选》　（南朝·梁）萧统辑　（唐）李善等注

《六经正误》　（宋）毛居正撰

《六书故》　（元）戴侗撰

《龙虫并雕斋文集》　王力著

《路史》　（宋）罗泌撰　（宋）罗苹注

《吕氏春秋校释》　（秦）吕不韦著　陈奇猷校释

《论语集解义疏》　（三国·魏）何晏集解　（南朝梁）皇侃义疏

《论语集注考证》　（宋）金履祥撰

《论语注疏》　（三国·魏）何晏注　（宋）邢昺疏

《论衡》　（汉）王充撰

《骆临海集笺注》　（唐）骆宾王著　（清）陈熙晋笺注

M

《马王堆汉墓帛书》　马王堆汉墓帛书整理小组编

《毛诗笺音义证》　（后魏）刘芳撰　（清）马国翰辑

《毛诗名物解》　（宋）蔡卞撰

《毛诗传笺通释》　（清）马瑞辰撰

《孟子注疏》　（汉）赵岐注　（宋）孙奭疏

《明道杂志》《明道续志》　（宋）张耒撰

《明皇杂录》　（唐）郑处诲撰

《明会典》　（明）徐溥等撰

《明末农民战争史》　顾诚著

《明诗综》　（清）朱彝尊辑

《明实录》　（明）明史馆臣撰

《明史》　（清）张廷玉等撰　中华书局标点本附校勘记

《明史稿》　（清）明史馆臣分撰　（清）万斯同审订（清）王鸿绪删改

《明文海》　（清）黄宗羲辑

《明一统志》　（明）李贤等撰

《明斋小识》　（清）诸联撰

《墨客挥犀》　（宋）彭乘撰

《墨庄漫录》　（宋）张邦基撰

N

《南部新书》　（宋）钱易撰

《南村辍耕录》　（元）陶宗仪撰

《南丰先生元丰类稿》　（宋）曾巩撰

《南汉地理志》　（清）吴兰修撰

《南烬纪闻录》　（宋）辛弃疾撰

《南齐书》　（南朝·梁）萧子显撰　中华书局标点本附校勘记

《南省公余录》　（清）梁章钜撰

《南史》　（唐）李延寿撰　中华书局标点本附校勘记

《南唐书》　（宋）陆游撰

《南唐书》　（宋）马令撰

《南燕录》　（后魏）崔鸿撰

《能改斋漫录》　（宋）吴曾撰

《廿二史讳略》　（清）周矩撰

《廿二史考异》　（清）钱大昕撰

O

《鸥陂渔话》　（清）叶廷管撰

P

《佩觿》　（后周）郭忠恕撰

《皮子文薮》　　（唐）皮日休撰

《曝书亭集》　　（清）朱彝尊撰

Q

《七修类稿》　　（明）郎瑛撰

《齐东野语》　　（宋）周密撰

《齐民要术》　　（后魏）贾思勰撰

《齐乘》　　（元）于钦撰

《千顷堂书目》　　（清）黄虞稷撰

《千字文》　　（南朝·梁）周兴嗣编

《前定录》　　（唐）钟辂撰

《乾隆淳安县志》　　（清）刘世宁修　　（清）方楘如纂

《乾道临安志》　　（宋）周淙撰

《乾隆南安府大庾县志》　　（清）余光璧撰修

《乾隆歙县志》　　（清）张佩芳修　　（清）刘大櫆等纂

《乾隆峄县志》　　（清）忠琏纂修

《潜夫论》　　（汉）王符撰

《桥西杂记》　　（清）叶名沣撰

《樵香小记》　　（清）何琇撰

《钦定日下旧闻考》　　（清）朱彝尊原著　　（清）朱昆田等增补

《青门旅稿》　　（清）邵长蘅撰

《青箱杂记》　　（宋）吴处厚撰

《清稗类钞》　　（民国）徐珂编撰

《清波别志》　　（宋）周辉撰

《清波杂志》　　（宋）周辉撰

《清容居士集》　　（元）袁桷撰

《清史稿》　　（民国）赵尔巽等撰

《清异录》　　（宋）陶谷撰

《曲洧旧闻》　　（宋）朱弁撰

《全唐诗》　　（清）彭定求等编

《却扫编》　　（宋）徐度撰

《阙里广志》　（清）宋际、宋庆长撰

R

《日知录》　（清）顾炎武撰　（清）黄汝成集释

《容斋随笔》　（宋）洪迈撰

《入蜀记》　（宋）陆游撰

S

《三朝野纪》　（明）李逊之撰

《三辅黄图》　（汉）□□撰

《三国志》　（晋）陈寿撰　（南朝·宋）裴松之注　中华书局标点本

《山东通志》　（清）岳浚等修

《山海经》　（晋）郭璞传　袁珂校注

《山堂肆考》　（明）彭大翼撰

《山西通志》　（清）石麟等修

《陕西通志》　（清）刘于义等修　（清）沈青崖等纂

《伤寒杂病论》　（汉）张仲景著

《尚书大传》　（汉）伏胜撰

《尚书正义》　（汉）孔安国传　（唐）孔颖达等疏

《邵氏闻见后录》　（宋）邵博撰

《升庵集》　（明）杨慎撰

《渑水燕谈录》　（宋）王辟之撰

《诗经》　（汉）毛亨传　（汉）郑玄笺　（唐）孔颖达疏

《诗经世本古义》　（明）何楷撰

《诗经韵读》　（清）江有诰撰

《诗林广记》　（宋）蔡正孙撰

《十国春秋》　（清）吴任臣撰

《十驾斋养新录》　（清）钱大昕撰

《十七史商榷》　（清）王鸣盛撰

《十三经注疏校勘记》　（清）阮元撰

《十一经问对》　（元）何异孙撰

《石湖居士诗集》　（宋）范成大撰

《石林燕语》　（宋）叶梦得撰　（宋）宇文绍奕考异

《史讳举例》　陈垣撰

《史记》　（汉）司马迁撰　（南朝）裴骃集解（唐）司马贞索隐、张守节正义

《史通》　（唐）刘知几撰

《士礼居藏书题跋记》　（清）黄丕烈撰

《示儿编》　（宋）孙奕撰

《世说新语》　（南朝·宋）刘义庆撰　（南朝·梁）刘孝标注

《事物纪原》　（宋）高承撰

《事原》　（宋）刘孝孙撰

《释名》　（汉）刘熙撰

《书品》　（南朝·梁）庾肩吾撰

《书史》　（宋）米芾撰

《菽园杂记》　（明）陆容撰

《鼠璞》　（宋）戴埴撰

《述书赋》　（唐）窦臮撰　（唐）窦蒙注

《双剑誃诸子新证》　于省吾撰

《水东日记》　（明）叶盛撰

《水经注》　（后魏）郦道元撰　（清）王国维校

《水经注释》　（清）赵一清撰

《水经注选注》　谭家健、李知文选注

《水心集》　（宋）叶适撰

《水云村稿》　（元）刘埙撰

《说略》　（明）顾起元撰

《说嵩》　（清）景日昣撰

《说文解字》　（汉）许慎撰

《说文解字系传》　（南唐）徐锴撰

《说文解字注》　（清）段玉裁撰

《说文通训定声》　（清）朱骏声撰

《说苑》　（汉）刘向撰

《四朝闻见录》　（宋）叶绍翁撰

《四川通志》　（清）张晋生等编纂

《四库全书总目》　（清）永瑢、纪昀等撰

《四六话》　（宋）王铚撰

《四六谈麈》　（宋）谢伋撰

《四书集注》　（宋）朱熹撰

《松漠纪闻》　（宋）洪皓撰

《宋朝事实类苑》　（宋）江少虞撰

《宋景文公笔记》　（宋）宋祁撰

《宋诗钞》　（清）吴之振辑

《宋史》　（元）脱脱等撰　中华书局标点本附校勘记

《宋书》　（南朝·梁）沈约撰　中华书局标点本附校勘记

《宋书札记》　（清）李慈铭撰

《宋文宪公全集》　（明）宋濂撰

《酸甜苦辣咸》　唐鲁孙著

《隋书》　（唐）魏征等撰　中华书局标点本附校勘记

《隋唐嘉话》　（唐）刘餗撰

《绥寇纪略》　（清）吴伟业撰

《孙公谈圃》　（宋）刘延世撰

T

《太平寰宇记》　（宋）乐史撰

《太平清话》　（明）陈继儒撰

《太平天国避讳研究》　吴良祚著

《太平御览》　（宋）李昉等撰

《太宗皇帝实录》　（宋）钱若水等撰

《唐国史补》　（唐）李肇撰

《唐会要》　（宋）王溥撰

《唐李义山诗集》　（唐）李商隐撰

《唐六典》　唐玄宗撰　（唐）李林甫注

《唐律疏义》　　（唐）长孙无忌等撰

《唐诗鼓吹》　　（金）元好问辑

《唐诗纪事》　　（宋）计有功撰

《唐孙樵集》　　（唐）孙樵撰

《唐文粹》　　（宋）姚铉辑

《唐音癸签》　　（明）胡震亨撰

《唐语林》　　（宋）王谠撰

《唐月令注》　　（唐）李林甫等撰

《唐摭言》　　（南汉）王定保撰

《天启衢州府志》　　（明）林应翔等修　　（明）叶秉敬等纂

《天中记》　　（明）陈耀文撰

《苕溪渔隐丛话前集》《苕溪渔隐丛话后集》　　（宋）胡仔撰

《铁围山丛谈》　　（宋）蔡绦撰

《桯史》　　（宋）岳珂撰

《通典》　　（唐）杜佑撰

《通鉴纪事本末》　　（宋）袁枢撰

《通志》　　（宋）郑樵撰

《同治当阳县志》　　（清）沅恩光等修　　（清）王柏心等纂

《推篷寤语》　　（明）李豫亨撰

W

《万历黄岩县志》　　（明）袁应祺修　　（明）牟汝忠等纂

《万历兰溪县志》　　（明）程子鏊修　　（明）徐鲁源纂

《万历钱塘县志》　　（明）聂心汤纂修

《万历野获编》　　（明）沈德符撰

《万首唐人绝句》　　（宋）洪迈辑

《汪悔翁乙丙日记》　　（清）汪士铎著　　（清）邓之诚辑

《魏书》　　（北齐）魏收撰　中华书局标点本附校勘记

《魏书札记》　　（清）李慈铭撰

《文馆词林》　　（唐）许敬宗等辑

《文献通考》　　（元）马端临撰

《文献学概要》　杜泽逊撰

《文献征存录》　（清）钱林撰

《文心雕龙》　（南朝梁）刘勰撰

《文选李注义疏》　（民国）高步瀛撰

《文苑英华》　（宋）李昉等辑

《文苑英华辨证》　（宋）彭叔夏撰

《文忠集》　（宋）周必大撰

《吴地记》　（唐）陆广微撰

《吴越备史》　（宋）范坰、林禹撰

《无声诗史》　（清）姜绍书撰

《五代会要》　（宋）王溥撰

《五代史补》　（宋）陶岳撰

《五代史阙文》　（宋）王禹偁撰

《五代史纂误》　（宋）吴缜撰

《五国故事》　（宋）□□撰

《五杂俎》　（明）谢肇淛撰

《武昌纪事》　（清）陈徽言撰

X

《西河文集》　（清）毛奇龄撰

《西湖游览志余》　（明）田汝成撰

《咸淳临安志》　（元）潜说友撰

《闲燕常谈》　（宋）董弅撰

《闲中今古录》　（明）黄溥撰

《孝经正义》　唐玄宗注　（宋）邢昺疏

《笑笑录》　（清）独逸窝退士辑

《新校正梦溪笔谈》　（宋）沈括撰　胡道静校注

《新旧唐书人名索引》　张万起编

《新书》　（汉）贾谊撰

《新唐书》　（宋）欧阳修、宋祁撰　中华书局标点本附校勘记

《新唐书纠谬》　（宋）吴缜撰

《新五代史》　（宋）薛居正等撰

《新语校注》　（汉）陆贾著　王利器校注

《行都纪事》　（宋）陈晦撰

《姓氏急就篇》　（宋）王应麟撰

《古今姓氏书辩证》　（宋）邓名世撰

《虚舟题跋》　（清）王澍撰

《续博物志》　（宋）李石撰

《续汉志》　（晋）司马彪撰　（南朝）刘昭注补　中华书局标点本附校勘记

《续墨客挥犀》　（宋）彭乘撰

《续资治通鉴》　（清）毕沅撰

《续资治通鉴长编》　（宋）李焘撰

《续资治通鉴纲目》　（明）商辂等撰

《学林》　（宋）王观国撰

《荀子》　（周）荀况撰

《训诂学简论》　张永言著

《逊志堂杂钞》　（清）吴翌凤撰

Y

《颜鲁公文集》　（唐）颜真卿撰

《颜氏家训集解》　（北齐）颜之推撰　王利器集解

《盐铁论》　（汉）桓宽撰

《万历野获编》　（明）沈德符撰

《野客丛书》　（宋）王楙撰

《邺中记》　（晋）陆翙撰

《一切经音义》　（唐）释玄应撰

《医心方》　［日］丹波康赖撰

《夷坚志》　（宋）洪迈撰

《疑狱集》　（后晋）和凝、（宋）和㠓合撰

《仪礼注疏》　（汉）郑玄注　（唐）贾公彦疏

《猗觉寮杂记》　（宋）朱翌撰

《益公题跋》　　（宋）周必大撰

《逸周书》　　（晋）孔晁注

《艺文类聚》　　（唐）欧阳询等撰

《因话录》　　（唐）赵璘撰

《音学五书》　　（清）顾炎武撰

《萤雪丛说》　　（宋）俞成撰

《雍录》　　（宋）程大昌撰

《雍正肥乡县志》　　（清）王建中修　　（清）宋锦、程囊锦纂

《墉城集仙录》　　（前蜀）杜光庭撰

《涌幢小品》　　（明）朱国桢撰

《游宦纪闻》　　（宋）张世南撰

《酉阳杂俎》　　（唐）段成式撰

《虞文靖公道园全集》　　（元）虞集撰

《舆地纪胜》　　（宋）王象之撰

《雨巷》　　汤吉夫著

《庾子山集》　　（北周）庾信撰

《语文闲谈（上）》　　周有光著

《玉海》　　（宋）王应麟撰

《玉壶野史》　　（宋）释文莹撰

《玉泉子》　　（唐）□□撰

《玉照新志》　　（宋）王明清撰

《豫变纪略》　　（清）郑廉撰

《元丰九域志》　　（宋）王存等撰

《元和郡县志》　　（唐）李吉甫撰　　（清）张驹贤考证

《元和姓纂》　　（唐）林宝撰

《元史》　　（明）宋濂等撰　中华书局标点本附校勘记

《越绝书》　　（汉）袁康撰

《越史略》　　［越南］□□撰

《乐府诗集》　　（宋）郭茂倩撰

《云谷杂记》　　（宋）张淏撰

《云麓漫钞》　　（宋）赵彦卫撰

Z

《杂记》　（明）于慎行撰

《增广注释音辩唐柳先生集》　（唐）柳宗元撰　（宋）童宗说等注释、音辩

《增修互注礼部韵略》　（宋）毛晃增注　（宋）毛居正重增

《战国策》　（汉）刘向集录

《张燕公集》　（唐）张说撰

《浙江通志》　（清）嵇曾筠等修

《贞观政要》　（唐）吴兢撰

《正字通》　（明）张自烈编

《郑所南先生文集》　（宋）郑思肖撰

《直斋书录解题》　（宋）陈振孙撰

《至元嘉禾志》　（元）徐硕撰

《至正直记》　（元）孔齐撰

《中国大百科全书·中国文学卷》

《中国古今地名大辞典》　（民国）臧励龢等编

《中国人名大辞典》　（民国）臧励龢等编

《中华大字典》　陆费逵、欧阳溥存等编

《中论》　（汉）徐干撰

《中山诗话》　（宋）刘攽撰

《中吴纪闻》　（宋）龚明之撰

《中医工具书使用法》　程宝书编著

《中州集》　（金）元好问辑

《中州金石记》（清）毕沅撰

《周礼注疏》　（汉）郑玄注　（唐）贾公彦疏

《周书》　（唐）令狐德棻等撰　中华书局标点本附校勘记

《周易集解》　（唐）李鼎祚撰

《周易正义》　（魏）王弼（晋）韩康伯注　（唐）孔颖达疏

《朱子语类》　（宋）朱熹撰

《竹云题跋》　（清）王澍撰

《资暇集》　　（唐）李匡乂撰

《资治通鉴》　　（宋）司马光撰　　（元）胡三省注

《资治通鉴考异》　　（宋）司马光撰

附件二　陈垣先生《史讳举例》征引书目表①

《廿四史》	《廿二史考异》	《三史拾遗》
《诸史拾遗》	《廿二史劄记》	《十七史商榷》
《荀悦汉纪》	《通鉴》	《通鉴稽古录》
《续通鉴长编》	《建炎以来系年要录》	《史通》
《新唐书纠谬》	《金史详校》	《东都事略》
《十国春秋》	《华阳国志》	《邺中记》
《蜀梼杌》	《齐乘》	《元和郡县志》
《元丰九域志》	《嘉泰会稽志》	《舆地纪胜》
《孙庆瑜丰润县记》	《雍正江西通志》	《通典》
《唐律疏议》	《唐会要》	《五代会要》
《通志》	《通考》	《礼部韵略》
《大金集礼》	《元典章》	《崇文总目》
《郡斋读书志》	《直斋书录解题》	《东观余论》
《四库提要》	《四库全书考证》	《元和姓纂》
《避讳录》	《韩柳年谱》	《帝王庙谥年讳谱》
《文献征存录》	《姓氏辨误》	《说文》
《说文系传》	《佩觿》	《唐石经》
《宋高宗御书石经》	《蜀石经》	《隶释》
《石刻铺叙》	《集古录跋尾》	《宝刻类编》
《金石文字记》	《潜研堂金石文字跋尾》	《金石萃编》
《金石屑》	《邻苏老人手书题跋》	《方言疏证》
《蔡邕独断》	《崔豹古今注》	《经典释文》
《李涪刊误》	《兼明书》	《梦溪笔谈》
《容斋随笔》	《示儿编》	《野客丛书》

---

①　陈垣：《史讳举例》，中华书局2004年版，第138—139页。

《能改斋漫录》　　　《老学庵笔记》　　　《疑耀》

《日知录》　　　　　《十驾斋养新录》　　《读书记疑》

《雪堂校刊群书叙录》《挥尘前录》　　　　《鸡肋篇》

《游宦纪闻》　　　　《梁溪漫志》　　　　《闻见后录》

《桯史》　　　　　　《齐东野语》　　　　《至正直记》

《野获编》　　　　　《大云山房杂记》　　《茶香室续钞》

《老子》　　　　　　《庄子》　　　　　　《荀子》

《淮南子》　　　　　《颜氏家训》　　　　《元经》

《中说》　　　　　　《朱子四书集注》　　《本草纲目》

《艺文类聚》　　　　《册府元龟》　　　　《韩昌黎集》

《柳河东集》　　　　《范文正公集司》　　《马光文集》

《济南集》　　　　　《渭南文集》　　　　《曝书亭集》

《鲒埼亭集》　　　　《潜研堂文集》　　　《文选》

《文馆词林》　　　　《唐文粹》　　　　　《文苑英华》

《全唐文》　　　　　《东华录》　　　　　《南宋杂事诗》

第五章

避讳学的萌芽期
——清代的避讳研究

清朝国讳，始于康熙。雍正、乾隆时期，避讳至严；其时文字狱案迭出，登峰造极。道咸以降，避讳渐宽。晚清太平天国对峙清廷 14 年，虽然祚短，但政权所颁《钦定敬避字样》等法律文件，足以说明其讳制不疏。

有清一代，避讳研究者众多，出现了很多研究避讳的专著和专题，尤其是周广业和钱大昕的避讳研究：周氏《经史避名汇考》集避讳材料之大成，是避讳史料学的终结者；钱氏运用避讳解决文史考证等问题，于避讳学的应用研究筚路蓝缕，有开启之功，为避讳学的形成准备了条件。因此，我们称清代为避讳学的萌芽期。

第一节　见载清代避讳材料的主要典籍

一　《清史稿》①

《清史稿》是民国时期由赵尔巽主持编修的清朝（1616—1911年）296 年历史的正史——《清史》的未定稿，汇集了比较丰富的清史资料。

《清史稿》载有清代讳制和讳例共 120 余条，是研究清朝避讳的重要文献。例如：

---

① 赵尔巽等：《清史稿》，中华书局 1977 年重印本。

　　《王士祯传》：士祯初名士禛，卒后，以避世宗讳，追改士
正。乾隆三十年，高宗与沈德潜论诗，及士正，谕曰："士正
绩学工诗，在本朝诸家中，流派较正，宜示襃，为稽古者劝。"
因追谥文简。三十九年，复谕曰："士正名以避庙讳致改，字
与原名不相近，流传日久，后世几不复知为何人。今改为士
祯，庶与弟兄行派不致淆乱。各馆书籍记载，一体照改。"
（《清史稿》）卷 266）

　　今按：清世宗宪皇帝爱新觉罗氏名胤禛，避偏嫌"禛"。张
惟骧《历代讳字谱》："清世宗名胤禛，讳禛，旧用'正'字
代，后以'祯'字代。改王士禛作'士正'，《四库全书》又改
作'士祯'。"

　　《职官一》：宣统元年，避帝讳，改仪制司曰典制。（《清史
稿》）卷 114）

　　今按：清宣统皇帝爱新觉罗氏名溥仪，避偏讳"仪"。

　　《和瑛传》："和瑛，原名和宁，避宣宗讳改。"（《清史稿》
卷 353）

　　今按：清宣宗爱新觉罗氏名旻宁，避偏讳"宁"。

　　《性德传》："性德，纳喇氏，初名成德，以避皇太子允礽
嫌名改，字容若，满洲正黄旗人，明珠子也。"（《清史稿》卷
484）

　　今按：清圣祖康熙皇帝第二子、初立皇太子名允礽，避偏讳
"礽"嫌名"成"。

二 《清稗类钞》①

《清稗类钞》是徐珂（1869—1928 年）所辑的关于清代典章、掌故、遗闻之汇编。全书分时令、气候、地理、姓名、称谓、方言等 92 类、13000 余条，许多资料可补正史之不足。

《清稗类钞》所辑有关清代避讳的材料约有 200 余条，是研究清代避讳者必须重视的文献。

比如有关国讳的记载：

> 《清稗类钞·姓名类》"陈文恭改名避弘字"条："陈文恭公宏谋，初名弘谋，乾隆丁亥三月授东阁大学士，始奏请将原名改用宏字，恭避御名。前此扬历数十年，章奏书名，均与御名上一字同。"

今按：清高宗纯皇帝爱新觉罗氏名弘历，避偏讳"弘"，遂以"宏"代"弘"。

> 《清稗类钞·姓名类》"臣工不避世宗嫌名"条：庙讳御名，前代悬为厉禁，列圣谕旨，亦只令敬避下一字。世宗见臣工有避嫌名者，辄怒曰："朕安得有许多名字？非朕名而避，是不敬也。"

> 《清稗类钞·考试类》"朝考避翠浪字"条：孝钦后之咳名为翠妞儿三字，故馆阁中人应试，凡诗赋中翠字，均避不用，然惟久于京华者始知之，外省士子不及悉也。某年新进士朝考，题为"麦天晨气润"，一进士诗中用"翠浪"二字，阅卷者大骇，谓翠字已不可用，况更加以浪字。倘进呈，必大触圣怒。盖京中俗谚，以浪为妇女风骚之代名词也。同列以是卷诗文均佳，拟为周旋之，然终恐或遭不测，无人肯负责任，卷遂

---

① 徐珂：《清稗类钞》，中华书局 1984 年版。

被斥。

今按：孝钦后即慈禧，叶赫那拉氏，咸丰帝妃嫔，同治帝生母。关于慈禧乳名有聚讼，一曰"兰儿"，后改"杏儿"；一曰"阿翠"。陈寅恪先生曾回忆说："寅恪十余岁时，曾见日本人所著书，言后小名阿翠，曾朴《孽海花》亦有是说，但无从证实。"（《寒柳堂记梦未定稿·孝钦后最恶清流》）《清稗类钞·考试类》"岁科考忌翠珠字"条还有"翠"字讳的记载："溥良之任江苏学政也，实以奥援而得之。忌讳尤深，岁科考诗中有用翠珠等字样者，虽佳文不录也。幕宾怜多士之无辜被累也，试帖题，或采语录，或用经书，则不避而自避矣。"

如有关官讳的记载：

《清稗类钞·称谓类》"称谓避庄有恭嫌名"条：属吏上大宪书，向用"恭惟大人"四字。乾隆朝，庄滋圃相国有恭总督南河，僚属具禀，改为"仰维"，或作"辰维"，避恭字也。

《清稗类钞·称谓类》"称谓避左文襄嫌名"条：定例称大学士曰中堂，左文襄公宗棠自陕甘总督入相，两省官吏避宗棠二字之嫌名，皆称伯相，比晋封二等侯，又称为侯相。

如有关家讳的记载：

《清稗类钞·姓名类》"裕德贵秀铁良锡良之讳名"条：裕德多忌讳，最恶人触犯其先人之名。光绪某科入闱，尝以其父名崇纶之故，令各房官不准荐直犯崇纶二字之卷，即拿破仑仑字，英伦伦敦之伦字，以与纶字同音，亦不得巧为回护。又一日，阅稿有"轮奸"字样，嘱司官改之。司官言此系律例应用之字，若大人欲改，请大人吩咐。裕不怿，卒亦无如何。

《清稗类钞·考试类》"考官恶触家讳"条：光绪时，尚书裕德屡充主试或阅卷，见字句中有犯其家讳者，即起立，肃衣冠行致敬礼，毕，将卷阁置，不复阅矣。故遇裕主试时，有知其家讳者，恒戒所亲勿误触之。

《清稗类钞》中还有一些有关民间俗讳的记载，也是研究俗讳值得注意的材料，如：

《清稗类钞·迷信类》"兰人忌食鸽"条：兰州多鸽，盈城皆是也，常飞入粮食肆啄米麦，肆主辄听之。盖兰人不食鸽，谓食之必有灾。

《清稗类钞·迷信类》"鼋为老爷"条：南昌人畏鼍与鼋，呼之为老爷。南康府附近有老爷庙，所祀为鼋老爷。相传明太祖与陈友谅战时，曾救御舟出险。赣人祀之甚虔，且相戒不食鼋鼍，恐犯老爷之怒也。

《清稗类钞·迷信类》"都人忌言龟兔"条：京师忌讳，莫如"龟""兔"二字。然其土著，亦以此类为多。尝有人定梨园花榜，一须生以李龟年相喻。翌日，须生觅定榜者而殴之。又有在乡会场中，以试帖诗用"兔魄"二字，致遭摈弃者。

三　《清实录》①

《清实录》即《大清历朝实录》，4484卷，是清代历朝的官修编年体史料汇编，也是研究清代历史必须凭借的重要文献，其中有关清代避讳的记载也是研究清朝避讳的重要材料。

《清史稿》中的避讳记载多采自《清实录》，但也有较多的避讳材料《清史稿》未采，只见载《清实录》，凸显后者对于研究清代避讳之独特的原始资料价值，如以下两例。

《大清圣祖合天弘运文武睿哲恭俭宽裕孝敬诚信中和功德大成

---

① 清代史官：《清实录》，中华书局2008年版。

仁皇帝实录》卷 148：

> 康熙二十九年。庚午。八月。己未朔。日食。……壬午。朝鲜国王李焞遵上□日回奏："前请封侧室张氏疏内、有应避讳字样、不行避讳。又称德冠后宫、实属违例。惟候严加处分。"得上□日、李焞着从宽免议。

今按：此则记载朝鲜国王李焞就"应避讳字样、不行避讳"等事遵旨向清康熙帝回奏。此则《清史稿》未载。

《大清德宗同天崇运大中至正经文纬武仁孝睿智端俭宽勤景皇帝实录》卷 1：

> 道光二十六年三月，皇祖宣宗成皇帝，特降谕旨。以二名不偏讳，将来继体承绪者。上一字仍旧毋庸改避，亦毋庸缺笔。其下一字，应如何缺笔之处，临时酌定。以是着为令典等因钦此。今朕钦遵成宪，将御名上一字，仍旧书写，毋庸改避，下一字着缺写末一笔，书作湉字，以示改避之意。其奉旨以前所刻书籍，俱毋庸议。

今按：清德宗爱新觉罗氏名载湉，避偏讳"湉"。此则《清史稿》亦未载。

第二节　清代避讳学研究概述

一　清人避讳研究的学术背景

清朝康、雍、乾时期实行高压政治，钳制文人思想，大兴避讳之风和文字狱，尤以雍、乾为甚。文人学者逃避严苛的政治现实，或耻立于异族之朝，遂埋首故纸，潜心学术，考据之学勃兴。在如此环境下，与每位文人命运攸关的避讳现象自然成为他们的研究内容，并取得了前所未有的成就。

明清之际，社会动荡，理学空疏衰败，清代学术开山之祖顾炎武高举反理学之大旗①，讲求证据，经世致用，开"朴学"学风之端绪；中经胡渭、阎若璩、惠栋、戴震、钱大昕等人的推阐发扬，迄至乾嘉学者段玉裁、王念孙父子而臻于极盛。清代"朴学"继承古代经学家考据训诂的方法，学风平实、严谨，不尚空谈。但清代"朴学"不是简单地重复"许郑之学"，而是不墨守、敢创发、讲方法、有历史观念的新"朴学"。正是这样的新"朴学"之学术环境才孕育出集避讳史料之大成的巨著——周广业的《经史避名汇考》。

明清之际及以降，西方传教士挟其科学东渐，培养了学者们科学的学术精神，正如王力先生所言："一个人养成了科学的头脑，一理通，百理通，百理融，研究起小学来，也就比前人高一等。"②同样，用这种科学的头脑研究起避讳来，自然也会多一些理性的思考。"有清学者，以实事求是为学鹄，饶有科学的精神，而更辅以分业的组织。"③正是朴学传统的回归、致用之风的倡导、科学精神的介入，使得清人的避讳研究必然不为研究而研究，还要致其实用，即通过避讳的研究解决一些校勘、版本、辨伪等文史考证问题，正如戴方震所云："致用之学，自亭林以迄颜李，当时几成学者时尚。"④而钱大昕运用避讳学知识解决了大量的辨伪、校勘、考据、版本等问题也顺应了这一致用"时尚"。

二　清人丰硕的避讳学研究成果

清代学人避讳学研究成果丰硕，有许多著录、考证历朝避讳的论著，其荦荦大者，当为周广业（1730—1798 年）和钱大昕（1728—1804 年）的避讳研究。周广业广搜博览，历时 34 年，撰成《经史

---

① 梁启超："清学之出发点，在对于宋明理学一大反动。……当此反动期而从事于'黎明运动'者，则昆山顾炎武其第一人也。"《清代学术概论》，天津古籍出版社 2003 年版，第 14—15 页。

② 王力：《中国语言学史》，复旦大学出版社 2006 年版，第 140 页。

③ 梁启超：《清代学术概论·自序》，天津古籍出版社 2003 年版，第 5 页。

④ 戴方震：《清代学术概论·序》，天津古籍出版社 2003 年版，第 3 页。

避名汇考》46卷；该书考证精当，内容丰赡，可谓集历代避讳材料之大成，后来的研究者受其沾溉良多。钱大昕的避讳学成就，主要体现在学术札记《廿二史考异》《十驾斋养新录》《潜研堂金石文跋尾》《潜研堂文集》中；钱氏将避讳学知识应用于文史考证，其研究对后来陈垣先生撰《史讳举例》乃至现代避讳学的形成，均有开启之功。

清代的避讳专著还有宋余怀所撰《帝讳考略》1卷（已佚，《廿二史讳略》存目）。又有周榘所撰《廿二史讳略》1卷，陆费墀所撰《历代帝王庙谥年讳谱》1卷，黄本骥所撰《避讳录》5卷；但三书缺漏较多，价值不高。刘锡信所撰《历代讳名考》1卷考证精当，材料多注出处，文献价值高出以上三书。

清人的避讳学研究成果还散见于他们的学术札记中，主要有顾炎武所撰《日知录》32卷、王鸣盛所撰《十七史商榷》100卷、王昶所撰《金石萃编》160卷、凌阳藻所撰《蠡勺编》40卷、周寿昌所撰《思益堂日札》10卷、赵翼所撰《陔余丛考》43卷、俞正燮所撰《癸巳存稿》15卷、尤侗所撰《艮斋杂说》10卷、王敬之所撰《王宽甫全集》、梁章钜所撰《浪迹三谈·避家讳》《南省公余录·文字敬避》、杭世骏所撰《订讹类编·历朝避讳字宜改正》、张之洞所撰《𬨎轩语·敬避字》等。

第三节　清人的避讳学论著及相关研究

一　顾炎武的避讳学论著

顾炎武（1613—1682年），明清之际"三大儒"之一，著名经学家、史地学家和音韵学家，提倡实学，反对空谈，是清代学术的开山之祖。

《日知录》是顾炎武经年累月撰成的大型学术札记，内容宏富，涉及经义、史学、官方、吏治、财赋、典礼、舆地、艺文等，共32卷1019条。《日知录》中的避讳研究主要集中在卷23，具体包括《已祧不讳》《皇太子名不讳》《二名不偏讳》《嫌名》《以讳改年号》《前代讳》《以字为讳》《生而曰讳》《生称谥》等诸条。

比如《前代讳》条：

> 孟蜀所刻石经，于唐高祖、太宗讳皆缺书。石晋《相里金神道碑》，"民""珉"二字皆缺末笔。南汉刘岩尊其父谦为代祖圣武皇帝，犹以"代"字易"世"。至宋，益远矣，而乾德三年，卜謹《伏羲女娲庙碑》"民""珉"二字，咸平六年孙冲序《绛守居园池记碑》"民""珉"二字，皆缺末笔，其于旧君之礼何其厚与！
>
> 杨阜，魏明帝时人也，其疏引《书》："协和万国"，犹避汉高祖讳。韦昭，吴后主时人也，其解《国语》，凡"庄"字皆作"严"，犹避汉明帝讳。唐长孙无忌等撰《隋书》，易《忠节传》以"诚节"，称苻坚为"苻永"，固亦避隋文帝及其考讳。自古相传忠厚之道如此，今人不知之矣。
>
> 元移剌迪为常州路总管，刻其所点《四书章句》《或问》《集注》，其凡例曰："凡《序》《注》《或问》中题头及空处并存其旧，以见当时忠上之意。近岁新刊《大学衍义》亦然。"时天历元年也。《资治通鉴》周太祖《世宗纪》太祖皇帝皆题头，至今仍之。《孟子》见梁襄王章未注苏氏曰："予观《孟子》以来，自汉高祖及光武及唐太宗及我太祖皇帝，能一天下者四君。""太祖"上空一字。永乐中修《大全》，于其空处添一"宋"字，后人之见，与前人相去岂不远哉！①

避前代讳之例，本不多见。顾氏博学于文，几乎归纳了所有避前代讳的讳例，体现了其学识渊博、擅长归纳的考据方法之研究特点。

再如《皇太子名不讳》条：

---

① 顾炎武撰，严文儒、戴杨本点校：《日知录·日知录之余》，上海古籍出版社2012年版，第897—898页。

《册府元龟》："唐王绍为兵部尚书，绍名初与宪宗同。宪宗时为广陵王，顺宗即位，将册为皇太子，绍上言请改名。议者或非之曰：'皇太子亦人臣也，东宫之臣当请改尔，奈何非其属而遽请改名，岂为以礼事上邪？'左司员外郎李藩曰：'历代故事，皆自不识大体之臣而失之，因不可复正，无足怪也。'"

《三国志注》言魏文帝为五官中郎将，宾客如云，邴原独不往，太祖微使人问之，原答曰："吾闻国危不事冢宰，君老不奉世子。"万历中年，往往有借国本之名而以为题目者，得无有愧其言。

唐中宗自房州还，复立为皇太子，左庶子王方庆上言："太子皇储，其名尊重，不敢指斥，晋尚书仆射山涛启事，称'皇太子'而不言名。朝官犹尚如此，宫臣讳则不疑。今东宫殿及门名皆有触犯，临事论启，回避甚难。孝敬皇帝为太子时，改'宏教门'为'崇教门'；沛王为皇太子，改'崇贤馆'为'崇文馆'，皆避名讳，以遵典礼。伏望依例改换。"制从之。① 史臣谓方庆欲尊太子，以示中兴之渐，然则方庆之言，盖有为言之也。

有明之制，太子、亲王名俱令回避，盖失之不考古也，崇祯二年，兵部主客司主事贺烺以避皇太子名，改名世寿。② 而光宗为太子，河南府及商州属县并未尝改。

《实录》言洪武十四年十月辛酉，给事中郑相同"请依古制，凡启事皇太子，惟东宫官属称臣，朝臣则否，以见尊无二上之义"。诏下群臣议。翰林院编修吴沈言：'太子所以继圣体而承天位者也，尊敬之体宜同。'从之。"历代不称臣之制，自

---

① 《旧唐书·王方庆传》载：圣历二年，中宗时为皇太子，左庶子王方庆上言则天帝曰："谨按史籍所载、人臣与人主言及上表，未有称皇太子名者。当为太子皇储，其名尊重，不敢指斥，所以不言。晋尚书仆射山涛启事，称皇太子而不言名。涛中朝名士，必详典故，其不称名，应有凭准。朝官尚犹如此，宫臣讳则不疑。今东宫殿及门名，皆有触犯，临事论启，回避甚难。孝敬皇帝为太子时，改弘教门为崇教门；沛王为皇太子，叫改崇贤馆为崇文馆。皆避名讳，以遵典礼。此即成例，足为轨模。伏望天恩因循旧式，付司改换。"制从之。

② 明毅宗朱由检长子、献愍太子名慈烺，避偏讳"烺"。

斯而变。

亲王之名尤不必讳，而亦讳之。正统十二年，山西乡试《诗经》题内"维周之帧"，"帧"字犯楚昭王讳，考试及同考官俱罚俸一月。①

此条顾氏征引《册府元龟》《三国志注》《旧唐书》《明实录》等和"皇太子名不讳"相关的材料，非常宏富。但顾氏的避讳考论也有失误的地方，如《日知录》卷23之《已祧不讳》条：

文宗开成中刻石经，凡高祖、太宗及肃、代、德、顺、宪、穆、敬七宗讳，并缺点画。高、中、睿、玄四宗，已祧则不缺。文宗见为天子，依古卒哭乃讳，故御名亦不缺。②

清人钱大昕则指出："唐人避上讳，如章怀太子注《后汉书》，改治为理，正在高宗御极之日，初无卒哭乃讳之例也。文宗本名涵，即位后改名昂，故《石经》不避涵字。亭林失记文宗改名一节，乃有卒哭而讳之说，贻误后学，不可不正。"③钱说当是。

梁启超先生评论说："（顾）亭林的著述，若论专精完整，自然比不上后人。若论方面之多，气象规模之大，则乾嘉诸老，恐无人能出其右。要而论之，清代许多学术，都由亭林发其端，而后人衍其绪。"④梁氏这段话用以评论顾氏的避讳学论著，也是合适的。

二　周广业的避讳学论著

周广业（1730—1798年），浙江海宁人，清藏书家、经史学家，字勤圃，号耕厓。著有《蓬庐诗文集》《目治偶抄》《季汉官爵考》《经史避名汇考》《孟子四考》《周广业诗稿》《耕厓初稿》

---

① 顾炎武撰，严文儒、戴杨本点校：《日知录·日知录之余》，上海古籍出版社2012年版，第892—893页。
② 同上书，第890页。
③ 转引自陈垣《史讳举例》，中华书局2004年版，第68页。
④ 梁启超：《中国近三百年学术史》，山西古籍出版社2001年版，第66页。

《洞川志抄》等多种。

周广业自乾隆壬午年（1762 年）始撰《经史避名汇考》①（下简称《汇考》），至嘉庆元年（1796 年）完成，历时 34 年搜集周秦以降的历代避讳史料，终成 46 卷巨著，共 50 余万字。该书分"原名""序例""帝王"等 16 大门类，其内容列表 5—1：

表 5—1　　　　　　　**《经史避名汇考》主要内容简表**

卷次	门类	主要内容
卷 1—卷 2	原名	据《礼记》等书述历代命名之制，分命名、同名、二名、改名、字以敬名、小名小字、别字别号、自名、不名称字或并字不称、斥名、某以代名、谥以尊名十二则。
卷 3	序例	分讳名、生称讳、书讳、前朝讳、家讳、内讳（即妇女讳）六则。
卷 4—卷 23	帝王	周附西周、东周一卷，秦、楚附陈一卷，汉附吕后一卷，汉附叛逆新、更始一卷，后汉附仲家袁氏、董卓一卷，季汉附魏、吴一卷，晋一卷，东晋附叛逆楚一卷，十六国一卷，宋、齐、梁、后凉附叛逆汉、陈一卷，魏、西魏、东魏、北齐、后周、隋、附许、郑、夏、梁一卷，唐一卷，唐附周一卷，唐附燕、汉、齐、越一卷，梁、唐、晋、汉一卷，周附十国一卷，宋一卷，宋附楚、齐一卷，南宋一卷，辽、金、元附宋、天完、汉、夏、周一卷，明附大顺、大西一卷。帝王门各朝代下首列得国经过及先世事迹。于每帝下记名、谥名、陵地、葬地。
卷 24—卷 25	宫掖	记后妃之有讳事可考者。
卷 26	储副	小序所谓"惟前星方曜而短夭、废黜，及追册赐谥诸人可考见者，具列于篇。诸侯世子，春秋时间有不名者，并附载之。"
卷 27—卷 28	藩封	记诸王名字及受封经过，因避王名而臣民改名字等事。
卷 29	戚畹	记外戚专权，臣民因之改名等事。
卷 30—卷 33	官僚	记诸大臣不直称名等事。
卷 34	宦寺	记太监等不名事。

---

① 周广业：《经史避名汇考》，北京图书馆出版社 1999 年版。

续表

卷次	门类	主要内容
卷35—卷39	亲属	记历代臣民之家讳事。
卷40—卷41	师友	记尊师亲友而不名诸事。
卷42	道释	记二教讳事。
卷43	闺阁	小序所谓"今于后妃公主之外，汇朝野所有，系之终篇，补彤管所未详，作捆中之余话焉"。
卷44	神祠	小序所谓"至于功德在民，祀为贵神，本不应斥名，书传所载，触犯绝少，约举见例而已"。
卷45	远服	小序曰："王会首列秽良，夷乐兼陈株禁，是知外内殊域，尊亲义一：以故单于人觐，优以不名；林邑将亡，讥其无别。每览历朝史例，具详属国姓名，今撮举之，将并欢于阑阁，岂难解夫楼罗。遐荒教俗，即此可观焉。"
卷46	杂讳	包括列代避忌、士庶避忌、阴阳避忌、方俗避忌、物类避忌五门。

《汇考》以经史为纲，以诸子百家为条目，避讳材料见于经史者纤悉必录，周氏在该书自序中亦云："是考以经史为纲领，以诸子百氏为条目，旁征曲引，宁详毋略。"比如"帝王"门类下收录先秦至明代各朝之国讳，像南明的福王、唐王、鲁王、桂王政权之避讳也一并收录，甚至明末李自成的大顺、张献忠的大西政权之避讳，也均在记录之列。

《汇考》材料丰赡。试看其搜集有关明思宗朱由检名讳的材料：

崇祯元年《会试录》，同考官金秉干、姚明察、雷跃龙皆以赞善兼翰林院简讨，谢德溥、张四知俱翰林院简讨，此正改也。《明诗综》称王偁永乐初授国史院简讨，及林廷机简讨之类，此追改也。全祖望跋其先检讨公告身云："先公告身在世宗时，故是检字。崇祯后避御讳，尽改之。先赠公曰：涿州入相，特请仍改简讨为检讨，以泄其忿。吾家祀板当仍用'简'字，以追体先人避讳之意。"语载《家乘》中。知当时新旧官衔，无不改者。明季书于芝检、石检、玉检、防检、闲检等，概作"捡"。汲古书籍雕自崇祯年者，亦不免焉。（《汇考》卷23）

再看其搜集三国吴大帝孙权兄长沙桓王名策的相关避讳材料：

汉以前，策无有称"诏"者。《蜀志》载后妃、太子、诸王及诸葛、张、马策书极详，俱首言"策曰"，《魏志》甄后亦然。《吴志·孙权传》载受魏文帝九锡文，作"策命曰"，余并作"诏"。嘉禾二年策命公孙渊，注引《江表传》，《吴五子·孙虑传》注引《吴书》，俱首言"诏曰"，盖当时避桓王讳，凡策皆称诏。《步夫人传》"策"字为衍也。孙权赤乌元年诏："智无遗计"，又："乐闻异计"，孙休永安元年诏："首建大计"，又："霍光定计"，《顾谭传》疏上权曰："贾谊陈治安之计"，《朱异传》："建计破其外围"，则知"策"改为"计"也。（《汇考》卷9）

以上二则足见《汇考》确以材料丰赡见长。今人王彦坤编著《历代避讳字汇典》、王建编著《史讳辞典》等书，均有相当多的材料直接取自周氏。王彦坤先生在其书之前言中就指出："本书在广泛吸收前人避讳研究的基础上写成，其中特别是利用了清代周广业氏《经史避名汇考》的丰富避讳材料。"[①] 可以想见，如果没有《汇考》，《历代避讳字汇典》也不会成为"迄今为止汇录历代避讳字材料最为丰赡的工具书"。[②] 陈垣先生当年撰《史讳举例》时，《汇考》尚未刊行；[③] 也可想见，如果陈氏见到周书，《史讳举例》

---

① 王彦坤：《历代避讳字汇典》，中华书局2009年版，第6页。
② 卞仁海：《王彦坤〈历代避讳字汇典〉及其避讳学述评》，《古籍整理研究学刊》2014年第5期，第111—113页。
③ 陈垣在《历史补助科学避讳学》（载于《北京平民大学寒假学术讲演录》1928年4月）中说，周书四十六卷很可观，可惜未刻；又在《史讳举例》序言中说周书"可谓集避讳史料之大成矣"。

至少也不会是今天的规模。《汇考》集历代避讳史料之大成，周氏作为避讳史料学的终结者，是当之无愧的。

有人认为："周氏《汇考》是构建避讳学的水泥、沙石、钢筋，是有用的建筑材料，但未经加工、组合。"① 但周氏并不仅仅以材料见长，还以考据取胜：南齐太祖高皇帝萧氏名道成，避偏讳"道"，试看《汇考》对相关讳例的考证：

> 魏郦道元注《水经》四十卷，见《魏书》《北史》本传，而李贤注《后汉书》、张守节《史记正义》、李吉甫《六典注》《郡县志》诸书称引，皆曰"郦元"，唐于"道"字无所避，何以割截其名？《隋志》又但举字曰"郦善长"，至《旧唐志》始正称"郦道元"，历来治此经者未尝论及。考是时南北交通，魏孝文借书于齐，郦《注》亦引沈约《宋书》，知是书成后，江左必竞传抄，特以名犯齐高帝、梁治事、陈太常偏讳，故永明四部、文德目录及太建写本，俱相仍删去"道"字单称"元"，与齐薛渊同例。其举字，又与宋王景文同例。唐人所用，皆江左本也。（《汇考》卷12）

周氏这里排比讳例，辨其传抄，断其所本，充分体现了《汇考》材料丰赡、考证精当的特色。

再看周氏对汉王莽名讳的考证：为避"莽"之形近字"奔"，遂以"贲"代"奔"，也体现了周氏的考据能力：

> 《续汉百官志》"虎贲中郎将"，刘昭《补注》引蔡质《汉仪》云："虎贲旧作'虎奔'，言如虎之奔也，王莽以古有勇士孟贲，故改焉。"沈约《宋书·百官志》亦云："莽辅政，以'奔'为'贲'。"《御览》引应劭《汉官仪》："虎贲中郎将，古官也。《书》称武王伐纣，虎贲三百人，言其猛忽如虎之奔赴。平帝元始元年，更名虎贲郎。古有勇者孟贲，改'奔'为

---

① 范志新：《避讳学》，台湾学生书局 2006 年版，第 312 页。

'贲'。"广业案：虎贲，今《尚书》《礼记》《孟子》《春秋》内外《传》，注家从未有言及此者。《前汉百官志》：武帝置期门，"平帝元始元年更名虎贲郎"，师古注："贲读与'奔'同，言如猛兽之奔。"卫尉属"旅贲"，注："与'奔'同，言为奔走之任也。"但云同义，不云本字。至《周礼·夏官》有虎贲氏、旅贲氏，杜、郑诸儒皆信为古书，固宜略而不言矣。然蔡、应皆汉人，蔡著《汉官典职仪式》，必无妄语。而"奔"与"莽"字形近，元始改制，谄莽者为易"贲"以避其名，乃事之必然者。《周礼》，刘歆所上，王莽时奏置博士，立之学官，林硕、何休皆疑之。至宋，司马温公、胡致堂、胡五峰、苏颍滨、晁说之、洪景卢皆谓歆所作。然则诸经"贲"字，为歆所改无疑矣。（《汇考》卷7）

周氏并不拘泥材料，而是能辨其伪，疑其误，进而发表很有见地的论断，如他对杜甫家讳"海棠"的评论：

母名海棠，少陵辍咏，乃情理所应有，词人调弄笔端，最是无谓。白香山母堕井死而赋《新井》，致招物议，使少陵偶咏此花，后人更如何讥议耶？《猗觉寮杂记》以为："小名海棠，出何典记？世间花卉多矣，偶不及之耳。"《闲居录》云："李白、李贺等《集》亦无之，岂其母亦同名耶？盖蜀多海棠，故厌而不言。"此与杨诚斋"少陵未见"云云，同为梦呓也。（《汇考》卷43）

当然，《汇考》作为一部50余万字的皇皇巨著，肯定存在疏失或可商之处，如隋末西秦齐公薛仁杲，书或作薛仁果，周氏云：

案薛名自作"杲"，唐避武昭嫌讳，改从"果"，犹先天太皇本字元杲，而《新唐》《南唐》二书亦作元果也。唐初既为讳名，明皇复追尊兴献，追远之意可谓盛矣。（《汇考》卷11）

王彦坤先生则认为，"杲""果"形近，遽难断定"杲"之作"果"究为避讳或因形误，周氏之说可商。① 王氏商兑当是。

台湾学者乔衍琯先生曾指出《汇考》之失有四：（1）不及本朝；（2）重石经不重版刻抄本；（3）四裔藩属相对薄弱；（4）只是数据集成，未能建立完整的避讳学体系。② 所评显然有失公允：由周书题名可以看出，材料仅限经史，并以归纳避讳材料和考据见长，或以其为目的；至于建立"避讳学体系"云云，非周氏初衷；即便是处于现代的乔氏，也未见建立他所谓的体系。郑炳纯先生对《汇考》的评论倒比较客观："《经史避名汇考》成书于乾隆后期，当时正是考据学盛行的时候，他还不可能作出进一步的学术研究，将避讳知识总结成为一种科学，但已经为校勘学和考古学（鉴别古器物古书等真伪及时代）在避讳资料方面奠定了有力的基础，而又非仅钞撮群书不加论断的'类书'可比。"③

《经史避名汇考》诚为清代以前避讳资料之渊薮，是所有避讳之学的研习者都必须重视的参考书和工具书；如果现在有人编一个详尽的讳字索引，补上清代讳例和太平天国避讳，并将其中的引用材料重新校对（有一些错讹），其实用价值就会更高。

三　钱大昕的避讳学论著

钱大昕（1728—1804 年），字晓徵，号辛楣，上海嘉定人，清代最为渊博和专精的乾嘉学术大师之一；钱氏著述繁复，有《经典文字考异》《廿二史考异》《诸史拾遗》《潜研堂金石文跋尾》《十驾斋养新录》《潜研堂文集》等。

钱大昕的避讳研究，散见于《十驾斋养新录》《廿二史考异》《潜研堂金石文跋尾》《潜研堂文集》④ 等诸书中。

《十驾斋养新录》并《余录》凡 23 卷是钱大昕的有关小学、经

---

① 王彦坤：《历代避讳字汇典》，中华书局 2009 年版，第 68 页。
② 范志新：《避讳学》，台湾学生书局 2006 年版，第 352 页。
③ 郑炳纯：《记周广业的〈经史避名汇考〉》，《文献》1983 年第 2 期，第 126—138 页。
④ 钱大昕著，陈文和主编：《嘉定钱大昕全集》，江苏古籍出版社 1997 年版。

学、史学等诸多领域的学术札记，其中专论避讳的有《朱子四书注避宋讳》（卷3）、《石经避讳改字》（卷3）、《居官避家讳》（卷6）、《宋人避轩辕字》（卷7）、《孔子讳》（卷7）、《避老子名字》（卷7）、《避讳改郡县名》（卷11）、《讳辩》（卷16）、《文人避家讳》（卷16）、《题讳填讳》（卷16）、《避讳改姓》（余录卷下）等条。这些专论多以揭示避讳讳例为主，如卷3之"朱子四书注避宋讳"条：

> 《论语》"管仲之器小"章注"相威公，霸诸侯"；"天生德于予"章注"威魋，朱司马向魋也，出于威公，故又称威氏"；又"威魋其奈我何""管仲非仁者与"章引程子"威公兄也"一条，"威"字六见；"禄之去公室"章注"历悼、平、威子、三威、三家、皆威公之后"；又引苏氏"三威以微""公山弗扰"章注"与阳虎共执威子"；"齐人归女乐"章注"季威子，鲁大夫"；《孟子》"齐桓晋文之事"章注"齐威公、晋文公皆霸诸侯者"；"夫子当路于齐"章注"威公独任管仲"；"以力假仁"章注"若齐威晋文是也"；"或谓孔子"章注"威司马，宋大夫向魋也"；"五霸者，三王之罪人"章注"齐威晋文"两见；"古之君子"章注"若孔子于季威子是也"；"为政不难"章注"麦邱邑人祝齐威公"云云。此避钦宗讳也，见赵氏《四书纂疏》。今世俗本皆改"桓"字矣，唯《论语》"谲而不正"章、"召忽死之"章，《孟子》"敢问交际"章注，于"桓"字俱未回避。盖刊《纂疏》时校书人妄改，犹幸改有未尽耳。
>
> 《纂疏》本《大学章句》"先谨乎德"承上文"不可不谨"而言，自"先谨乎德"以下至此，此三"谨"字本皆"慎"字，避孝宗讳以"谨"代之，今本改"先谨"为"先慎"，而于"不可不谨"之"谨"则不知改，进退皆失据矣。《论语》"慎终追远"章注"谨终者，丧尽其礼"；"君子食无求饱"章注"谨于言者，不敢尽其所有余也"；"子张学干禄"章注"谨言行者守之约"；"恭而无礼"章注"谨不葸，谨终追远之

意"；今《注》中谓"谨字"皆改为"慎"，独《孟子》"鲁欲使慎子"章注中"慎子"四见，《纂疏》亦不回避，盖亦刊本辄改。

《论语》"君子无所争"章注"揖逊而升者，《大射》之礼"；"能以礼让"章注"逊者，礼之实也"；改"让"为"逊"，避濮安懿王讳，今本皆作"让"字。

《孟子》"夫子当路于齐"章注"一正天下"，改"匡"为"正"，避太祖讳也。然《论语注》中匡人、《孟子注》中匡章，《纂疏》亦未改，此校书者之失，非赵氏有误也。

《孟子》"或谓孔子于卫"章注"司城正子亦宋大夫之贤者也。孔于去陈，主于司城正子"；改"贞"为"正"，避仁宗讳也，今本皆作"贞"字。（《十驾斋养新录》卷3）

该条汇集了《四书注》之全部的避宋讳之例，涉及版本、校勘，且述且作，体现了钱氏广博精审的考证特点。

但钱氏对避讳学的贡献不仅仅在于揭示大量避讳之例，更在于他把避讳当作工具，将避讳学知识应用于校勘经史、鉴定版本、考订年代等文史考证工作，并多有创获。

（一）用避讳学知识进行校勘、考据

钱氏揭示避讳义例，用以校勘，如《十驾斋养新余录》"史汉目录"条：

范氏《后汉书》始有目录也，于《因习篇》又云："蔚宗既移题目于传首，列姓名于卷中，而犹于列传之下，注为《烈女》《高隐》等目。范史本题《逸民》，此云《高隐》者，避唐讳，非误记也。"（《十驾斋养新余录》卷中）

今按：唐太宗李氏名世民，避偏讳"民"。钱氏揭示范晔《后汉书》中《逸民》被唐人为避讳改为《高隐》之例，以明校勘。

《新五代史·卷五十·杂传第三十八》："周太祖入立，从阮历徙宣义、保义、静难三镇。"钱氏用避讳勘正其误，曰：

宣义当作义成，滑州军额也。梁时避讳，改为宣义。后唐仍复旧名，晋、汉、周皆因之。从阮，周之藩镇，不当用宣义之号。(《廿二史考异》卷61)

今按：唐梁王、五代梁太祖朱温，父追尊烈祖文穆皇帝名诚，避嫌名"成"，改"义成"为"宣义"。《新五代史·职方考》云："滑州，唐故曰义成。以避梁王父讳改曰宣义。"《寰宇记》卷9亦云："滑州本义成军节度，光启二年改为宣义军，避梁祖讳。"入后周以后又复旧名"义成"。而从阮属后周之藩镇，当不避梁王父讳嫌名"成"，因此，从阮和"宣义"之名无涉。钱说当是。

《十驾斋养新录》"《后汉书》注搀入正文"条云：

《郭太传》："初，太始至南州"以下七十四字，章怀注引谢承《后汉书》之文，今误作大字，溷入正文。予尝见南宋本，及明嘉靖己酉福建本，皆不误。蔚宗书避其家讳，于此传前后皆称林宗字，不应胡尔称名，且其事已载《黄宪传》，毋庸重出也。(《十驾斋养新录》卷6)

今按：古注多为文内夹注，以小字区别，极易搀入正文；该则就是钱氏利用避讳勘出混入《后汉书》之谢承注文。南朝宋范晔(字蔚宗)，父名泰，避正讳"泰"，以"太"代"泰"，如《后汉书·郭太传》："郭太字林宗"，李贤注云："范晔父名泰，故改为此'太'。郑公业之名亦同焉。"《闻见后录》卷14亦云："范晔父名'泰'，改'郭泰'、'郑泰'为'太'字。"范氏为避家讳，《郭泰传》作为标题，就写作《郭太传》，但行文中就用其字"林宗"代替其名以避讳。钱氏发现部分行文也作"郭太"，从而断定相关的七十四字文为所搀入之谢承注文。

再如《十驾斋养新录》"韦苏州集"条云：

《韦苏州集》十卷，前有嘉祐元年王钦臣序，后附沈作喆所撰《补传》，最后有拾遗三叶，其目云："熙宁丙辰校本添四首，绍兴壬子校本添三首，乾道辛卯校本添一首。"验其款式，当即是乾道椠本。而于宋讳初不回避，盖经元人修改，失其真矣。（《十驾斋养新录》卷 14）

晋武帝司马炎，父追尊太祖文皇帝名昭，避正讳"昭"，《三国志·吴书·韦曜传》裴注云："曜本名昭，史为晋讳，改之。"钱大昕则疑其误，曰：

> 按《三国志》于晋诸帝讳多不回避，如《后妃传》"惟色是崇，不本淑懿"，《高堂隆传》"故宜简择，留其淑懿"，《吴主王夫人传》"追尊大懿皇后"，《步夫人传》"有淑懿之德"，以至"太师""军师""昭挞""昭献""昭文""昭德""昭告"之类，不胜枚举。《蜀后主传》景耀六年改元炎兴，亦未回避。……此韦曜之名，注家以为避音讳，① 予考书中段昭、董昭、胡昭、公孙昭、张昭、周昭辈皆未追改，何独于曜避之，疑宏嗣（韦昭字弘嗣）本有二名也。（《廿二史考异》）

今按：利用避讳进行考据如果能结合其他方面的证据，结论会更加可靠；钱氏仅仅根据《三国志》中并未尽讳"昭"字，得出《三国志》将"韦昭"写作"韦曜"非为晋讳，于是怀疑韦昭本有二名，但缺乏其他方面的证据；清人叶廷管《吹网录》卷 1 则对钱氏提出异议，认为韦曜改名为避晋讳，而余处不避，是体例不划一之原因，曰："余按《魏志·文帝纪》：黄初元年，'京都有事于太庙。'钱氏谓'晋史臣避景帝讳，称京师为京都，或曰京邑。今检本书，凡应书京师处，所讳皆合。观此，则《三国志》于晋讳，又未尝不避矣。'《考异》此条，与辨韦昭名一条，其说前后不符，偶失检点。窃谓宏嗣二名，恐未必然。若果二名，裴松之年代相隔，

---

① 如南宋张淏《云谷杂记》卷 2 曰："字有因讳易以他音而寻复从元称，亦有终不能易者。……晋文帝讳昭，故昭穆音'韶'。……至今不易。"

容有未知，陈寿则近在同时，谅无不晓，作传岂有不为举明者？且宏嗣为字，与昭字之义相协，故避讳改名之说，自非无因。盖《三国志》于晋诸帝讳，或避或不避，其体例本未能画一耳。"

二氏聚讼，莫衷一是，唯有其他的证据辅助，方能断之。

（二）用避讳学知识鉴定版本

比如《十驾斋养新录》"龙龛手鉴"条：

> 契丹僧行均《龙龛手鉴》四卷，予所见影宋钞本……书中"完"字阙末一笔，知是南宋所钞。晁氏、马氏载此书本名《龙龛手镜》，今改"镜"为"鉴"，盖宋人避庙讳嫌字，如石镜县改为石照矣。（《十驾斋养新录》卷 13）

今按：宋钦宗、孝慈渊圣皇帝赵氏名桓，避嫌名"完"字。钱氏发现所持《龙龛手鉴》本避钦宗赵桓名讳，从而断定该本为南宋钞本（赵桓为北宋末皇，在位约 1 年后被废，故钱氏断避赵桓名讳的钞本为南宋时。）。

《十驾斋养新录》"论语注疏正德本"条云：

> 首叶板心有正德某年刊字，但遇宋讳，旁加圈识之。疑本元人翻宋板，中有避讳不全之字，识出令其补完耳。若明刻前代书籍，则未见此式，必是修补元板也。（《十驾斋养新录》卷 13）

《十驾斋养新录》"颜氏家训"条云：

> 淳熙中，高宗尚在德寿宫，故卷中构字，皆注太上御名，而阙其文。前序后有墨长记云"廉台田家印"。宋时未有廉访司，元制乃有之。意者元人取淳熙本印行，间有修改之叶，则于宋讳不避矣。（《十驾斋养新录》卷 14）

今按：南宋高宗赵氏名构，避正讳"构"，如南宋袁枢《通鉴纪事本末》卷 3《武帝伐匈奴纪》："秦祸北构于胡"，"构"字不书，"北"字下小注云："高宗御名。"

（三）用避讳学知识考订年代

《潜研堂文集》"跋宋太宗实录"条云：

> 《宋太宗实录》八十卷，集贤院学士钱若水撰，今吴门黄孝廉菱圃所藏。仅十二卷，有脱叶。每卷末有书写人及初对复对姓名，书法精妙，纸墨亦古。于宋讳皆阙笔，即慎、敦、廓、筠诸字亦然。予决为南宋馆阁钞本，以避讳验之，当在理宗朝也。刘廷让避太宗讳改名，《宋史》阙而不书，亦当依《实录》增入。（《潜研堂文集》卷28）

今按：南宋孝宗赵氏名昚，避"昚"字异体"慎"；南宋光宗赵氏名惇，避"惇"之嫌名"敦"；南宋宁宗赵氏名扩，避"扩"之嫌名"廓"；南宋理宗赵氏名昀，避正讳"昀"。钱氏发现《宋太宗实录》缺笔避南宋国讳"慎""敦""廓""筠"，断为南宋钞本；又据其避讳截至理宗，遂断为理宗朝钞本。

《潜研堂文集》"宝刻类编"条：

> 《宝刻类编》，不著撰人姓名。考其编次，始周秦，讫唐五代。其为宋人所撰无疑。宋宝庆初避理宗嫌名，改江南西路之筠州为瑞州。此编载碑刻所在，有云瑞州者，又知其为宋末人也。（《潜研堂文集》卷25）

今按：南宋理宗赵氏名昀，避"昀"之嫌名"筠"。《宋史·理宗纪一》，宝庆元年十一月诏曰："筠州与御名音相近，改为瑞州。"

《潜研堂金石文跋尾》"祈泽寺残碑"条：

> 《祈泽寺残碑》，寺在江宁通济门外三十里，碑已碎裂，仅存中间一段。有云："保大三年起首，迄于四载兴功。"又云："升元岁末，保大惟新。"知其为南唐碑也。予初见碑中有宋代字，疑为宋初刻，及读元僧伯元所撰记云："寺建于宋营阳王

义符景平元年。"始悟碑云宋代，乃追叙之词，谓刘宋，非赵宋也。观碑文匡字并未回避，其为南唐石刻无疑。（《潜研堂金石文跋尾》卷11）

《潜研堂金石文跋尾》"石林亭诗"条：

　　《石林亭诗》，永兴军路安抚使兼知军府事刘敞作。次其韵者，守大理评事签书凤翔府节度判官厅公事苏轼也。嘉祐七年十二月十五日，守凤翔府麟游县令郭九龄建。按签署改为签书，本是避英宗嫌名。嘉祐七年之冬，英宗尚未即位，无缘先为改易，殆刻于次年三月以后也。（《潜研堂金石文跋尾》卷13）

　　今按：宋英宗赵氏名曙，避嫌名"署"，以"书"代"署"。《老学庵笔记》卷10："祖宗时，有知枢密院及同知、签署之类。治平后，避讳改曰'签书'。"《史讳举例》卷3亦云："《宋史·宰辅表一》：'太平兴国四年正月，石熙载自枢密直学士迁签书枢密院事。'签书本作签署。张齐贤、王沔、杨守一、张逊、冯拯、陈尧叟、韩崇训、马知节、曹玮、王德用诸人，皆除签署，或同签署，史家避英宗讳曙，追改为'书'。"

　　嘉祐七年（1062年），宋英宗赵曙尚未即位，其时不可能避英宗名讳；治平元年（1064年）农历3月，仁宗去世，英宗即位。由于石刻避英宗讳，钱氏判断其建于嘉祐七年，而刻于赵曙登基的治平元年3月以后。钱说当是。

（四）钱氏避讳研究的影响

　　钱氏的避讳论著所记载的大量避讳之例，为后世提供了可资利用的避讳研究材料；以《十驾斋养新录》卷11之"避讳改郡县名"条为例，该条翔实丰赡，几乎囊括了自汉至明历代所有的讳改地名之例，而这些材料为后来的《中国地名大词典》《中国历史地名避讳考》等所有有关地名的辞书所资取。再以现代学者王彦坤先生所编《历代避讳字汇典》为例，其所引钱氏仅《十驾斋养新录》一书就有 36 条之多。

　　钱氏首开避讳的应用研究之先河，将避讳学知识运用于校勘、鉴定版本、考订年代等文史考证工作，在"述而不作"的经学时代是非常难能可贵的。钱大昕于避讳学的应用研究筚路蓝缕，对后世的陈垣之避讳学研究有直接影响。

　　陈氏作《史讳举例》，全面系统地构建了避讳学的学科框架和理论体系，被称为现代避讳学形成的标志性著作。而陈书直接明言引自钱氏的有 31 例，其中卷 7《避讳学之利用》引用最多，达 18 例。比如，卷 7 之"因讳否不画—知有小注误入正文例"条依一条讳例设立，而这一条即来自钱氏；"因讳否不画—知书有补版例"全据钱氏 4 条设立；"因避讳断定时代例"列举 9 条，有 7 条来自钱氏；"避讳存古谊古音例"列举 5 条，有 4 条据钱氏改写①。因此，我们可以说，钱氏于现代避讳学的形成，有开启之功。关于钱氏之于陈氏，范志新先生有一个很恰当的比喻，他说："钱氏的著作是奠基之作，是奠定避讳学的宏伟建筑的毛坯房，而《举例》则是对毛坯房的再加工、装修、粉饰，分别卧室、客厅、煤卫而美化之，使之最终成为一座现代化的辉煌建筑。"②

四　陆费墀的《历代帝王庙谥年讳谱》③

　　陆费墀（1731—1790 年），浙江桐乡人，清代学者和藏书家，曾任《四库全书》编修，编撰有《历代帝王庙谥年讳谱》（简称《讳谱》）1 卷。

　　陆氏在《讳谱》自序中述其编书目的和体例：

　　　　避讳兴而经籍淆，汉唐以来指不胜屈，宋人尤甚。《淳熙文书式》所载一帝之讳，多者至五十余字，或离其文曰从某从某，或阙其文而注曰某讳某一字，体例不一。又叙述帝王，或

---

　　①　陈垣多采钱大昕，与陈氏作书缘由也有关。《史讳举例》作于 1928 年，适逢钱大昕诞辰 200 周年，陈书即为纪念钱氏诞辰而作。

　　②　范志新：《避讳学》，台湾学生书局 2006 年版，第 312 页。

　　③　陆费墀：《历代帝王庙谥年讳谱》，中华书局 1936 年版。

称其庙号，或陵或谥或其纪年，而纪年之字大安、太安所殊一点，兴元、元兴不过互文，转写易讹，辄滋疑问。余因取而谱之，汰其僭闰，以从简约；若新莽武周之属，群书援据每及者，则从附录。校理之余用，便检省焉。(《历代帝王庙谥年讳谱·自序》)

可见，陆氏有感于避讳淆乱文字，目的是要编撰查检历代帝王庙谥年讳的工具书。

《讳谱》创以表格的形式，收录自汉代始、迄于明代各朝帝王庙谥年讳，包括庙谥、名、世次、历年、纪元、葬、所讳字七方面的内容。以西汉孝昭皇帝为例看陆氏所列：

表 5—2　　　　　　　《历代帝王庙谥年讳谱》内容示例

庙谥	名	世次	历年	纪元	葬	所讳字
孝昭皇帝	弗陵，后以二名难讳但名弗	武帝少子	元年乙未在位，十三年丁未崩	始元七元凤六元平一	平陵	弗之字曰不

这种表格形式简明扼要，便于查检。但《讳谱》实用价值不高，一是因为《讳谱》缺略较多，东吴、东晋、南朝齐、梁、陈、北齐、北周、后周、南唐、金、元等 11 朝讳谥全部缺漏，而且缺漏了很多避讳字；二是因为表格形式所限，相关的庙谥年讳内容太简单，仅仅是部分朝代讳谥的"一览表"，缺乏相关的材料和考据，其知识性、学术性也因之而大打折扣。

现代学者杨家骆（1912—1991 年）仿陆氏体例，补有《清帝庙谥年讳谱》。

五　周榘的《廿二史讳略》①

周榘（生卒无考），福建莆田人，清代学者，辑有《廿二史讳

---

① 周榘：《廿二史讳略》，葛元煦刻啸园丛书本，清光绪五年（1879 年）。

略》1卷。其自序曰："日来余怀山人出所录《帝讳考略》示余，纸才数翻而资用甚多，讵可以俭帙少之？余乃排纂增辑得一万余言，有附考诸则。"可见其《廿二史讳略》是在宋余怀《帝讳考略》的基础上增辑而成，但宋余怀《帝讳考略》其人其书无从考证。

《廿二史讳略》辑集了较多的历代国讳讳例，如：

> 敬祖讳"茂"，并避"戊"字，改茂名县为越常县，改戊己之"戊"为"武"，改"戊己校尉"为"武己校尉"，殷王"太戊"为"太武"。"武"与"务"音相近，后人遂讹读戊为"务"，失其本音。《容斋续笔》亦载此事，但云朱温父名诚，戊类"成"，改戊音为"武"，则误说也。（《廿二史讳略》啸园丛书本19页）

今按：五代梁太祖朱晃，曾祖追尊敬祖光献皇帝名茂琳，避偏讳"茂"，又避偏嫌"戊"，《旧五代史·梁太祖纪第三》：开平元年六月"癸卯，司天监奏：'日辰内有"戊"字，请改为"武"。'从之。"周广业《经史避名汇考》卷17："《广韵》《礼部韵略》'戊'、'茂'同在去声五十候，皆莫候切……案古者'茂'、'戊'音义相同，《白虎通》曰：'戊者，茂也'，《释名》曰：'戊，茂也，物皆茂盛也。'字亦通用，《史记》《国策》有秦甘茂，《说苑·杂言》《汉书·（古今）人表》并作'甘戊'，皆读莫后切。自梁改'戊'为'武'，音随以变，读'戊己'之'戊'若'务'，始此也。"因此，后梁改"戊"之音为"武"，实为避朱温曾祖"茂琳"之讳，非避朱温之父"诚"之讳也。洪迈非，周说当是。

以区区万言论二十二史之避讳，其所略之处是可以想见的。葛元煦在《廿二史讳略》跋文中所谓"援引精凿，考据详明，足为读史之指南，论古之先导，正非雕云琢月无关实用而徒侈才华者比"云云，当有不实之言。周氏也有可商之处，如：

> 秦庄襄王姓嬴讳楚，改楚为荆，谓楚人为荆人；始皇讳政，

并避正，改正月为端月。此避嫌讳之始也。（《廿二史讳略》啸园丛书本4页）

今按：依照陈垣先生，讳"正"非秦始皇嫌名，亦非避嫌名之始。《史讳举例》卷5则曰："或谓秦始皇名政，兼避'正'字，故《史记·秦楚之际月表》称正月为端月，此避嫌名之始也。不知'政'与'正'本通，始皇以正月生，故名政。《集解》引徐广曰：'一作正。'宋忠云：'以正月旦生，故名正。'避'正'非避嫌名也。"陈氏又："嫌名之讳，起于汉以后。《三国·吴志》二：'赤乌五年，立子和为太子，改禾兴为嘉兴。'此讳嫌名之始也。"陈氏之说从之者多。

　　《廿二史讳略》："孝和帝讳肇……兼避兆、照，改兆民为万民，照临为烛临。"

今按：东汉穆宗孝和皇帝刘氏名肇，避正讳"肇"。其时当不避嫌名，《释文》曰："案汉和帝名肇，不改京兆郡。"当不讳"兆"字。周广业《经史避名汇考》卷8批驳道："《讳略》妄云兼避兆、照，改兆民为万民，照临为烛临，谬甚。"《汇考》当是。

《廿二史讳略》确有阙谬，《经史避名汇考》批驳《讳略》达数十次之多，但《汇考》所批也不尽全是，如下则：

　　《廿二史讳略》云："太宗初讳光义，改讳炅，太祖庙号义祖改为艺祖。"

　　《经史避名汇考》卷19驳曰："案义祖创于南唐，郭威效之，初无典据。艺祖出《尚书》，马融、王肃皆云：'祢也。'孔安国谓即文祖。宋臣议礼，岂得因下避太宗旧讳而改称为'艺'？《礼志》所无，斯妄说也。"

今按：说有易，说无难。宋太宗赵炅旧名光义，避旧名偏讳"义"，《宋史·祁廷训传》云："祁廷训本名廷义，避太宗旧名改焉。"《九域志》卷 10："所载太平兴国二年，改义州为仪州。"确有太宗旧名偏讳"义"之例证，《讳略》并非无理，但尚缺"义祖改为艺祖"之典据。而《汇考》则斥为妄说，略嫌武断。

六　黄本骥的《避讳录》

黄本骥（1781—1856 年），湖南宁乡人，对经史、地理、目录学都有研究，有《历代职官表》《圣域述闻》《三礼从今》等 30 余种。

黄本骥撰有《避讳录》5 卷①。该书按照朝代分卷辑录历代避讳，材料较以上两种丰富详明，如卷 3：

> 刘知几《史通》不避世字，其论李百药《齐书》曰"变世祖为文襄，改世宗为武成"，是讥百药不应避时讳也。其他征引书目，则世本、世说，屡见于篇。其第五篇以世家标目。书中泛言世字，如春秋之世，高惠之世，不下二十余处。又曰民者冥也，两言民无得而称焉，民到于今称之，皆一以人代民，一则直言民字，是太宗二名皆不讳也。其引古人，则石虎、刘晔、邓渊、张渊、石显、萧子显、韩显宗、高堂隆、卫隆景，皆直言其名；崔伯渊、季彦渊，皆直书其字。其泛言虎、渊等字，则曰画虎不成，虎踞龙蟠，临朝渊默，治国字人，旦行不臣之礼，基业未彰，而用显微、显晦、隐显、幽显等字，亦不下十余处，皆不用同义字代。是于祖宗庙讳，明皇御名，皆所不避，又不独太宗偏讳也。然《史通》称鲁庄公曰严公，称楚庄王曰严王，远避汉明之名，而于本朝不讳，殊属怪谬。且知几以明皇嫌讳，改以字行，嫌且改避，隆基正名，绝不顾忌，是谨于问安小礼，而不顾父母之养，恶得为孝子！（《避讳录》卷 3）

黄氏所辑刘知几之不避唐讳材料，可谓详尽丰赡，这也是黄书

---

① 黄本骥：《避讳录》，三长物斋丛书本，附有《避讳录补正》。

高于以上二氏的地方。但对于本条，陈垣先生《史讳举例》卷6之
"已避讳而以为未避讳例"则批评道："唐以前避讳，多用改字法；
唐以后避讳，改字缺笔，二法兼用。既有缺笔之法，则临文较前方
便。然古书辗转传写雕版，则原文缺笔与否，无由得知。《避讳录》
讥《史通》不避唐讳，安知非后人校改，而必断定今所传本为知几
原文耶！"但陈氏也未能提供刘知几《史通》之避唐讳典据。

陈氏对《避讳录》及以上两种评价不高，他在《史讳举例》序
言中说：

> 陆费墀《帝王庙谥年讳谱》一卷，刊《历代帝王年表》
> 末，黄本骥《避讳录》五卷、周榘《廿二史讳略》一卷，分刊
> 《三长物斋》及《啸园丛书》中。此三书同出一源，谬误颇多
> 不足为典要。如开篇即谓"汉文帝名恒，改恒农曰弘农；汉和
> 帝名肇，兼避兆、照"之类。人云亦云并未深考。其所引证，
> 又皆不注出典，与俗陋类书无异。其所记录，又只敷陈历代帝
> 王名讳，未能应用之于校勘学及考古学上发人深思，所以有改
> 作之必要也。①

三书对于查检历代避讳有一定的参考价值，但均缺略单薄，陈
氏所指出的"人云亦云""谬误颇多"等在一定范围内确也存在。
张之洞《书目答问》于黄本骥《避讳录》下也注云："此书尚略。"
《史讳举例》有多处批驳《避讳录》，如卷6之"非避讳而以为避
讳例"条：

> 汉碑中秀作秀，《避讳录》二以为避光武讳；庄作庄作壮，
> 以为避明帝讳；肇从殳，以为避和帝讳；隆作隆作隆，以为避
> 殇帝讳；缵作缵，以为避质帝讳；志作忎，以为避桓帝讳，皆
> 非也。汉隶之变体多矣，岂得以避讳解释之。
> 《避讳录》又谓"汉文帝名恒，改恒农郡曰弘农"，"北魏

---

① 陈垣：《史讳举例》，中华书局2004年版，第2页。

献文帝名弘，复弘农郡为恒农"，"唐穆宗名恒，改恒山恒农作常"，"宋真宗名恒，改恒山为常山"，亦非也。弘农汉武时置，文帝时未有恒农，从何而改！此盖沿陆费墀《帝王庙谥年讳谱》之误。北魏以前，既无恒农之名，则献文之改，又何所谓复！唐神龙初改弘农为恒农，开元十六年已复故名，穆宗时安得恒农而改之！恒山，唐穆宗时已改为镇州，宋真宗又安得恒山而改之！应参看数朝同讳例。

《避讳录》又谓"晋愍帝名业，改建业为建邺"，"北魏太武帝名焘，改平陶县为平遥"，亦非也。晋愍改建业为建康，邺之从邑，与避讳何涉！《册府元龟》三且谓"晋愍名邺，改邺为临漳"也。《魏书》一〇六《地形志》，济阴郡有定陶，阳平郡有馆陶，巨鹿郡有廮陶，与廮遥并列，南安阳郡有中陶，皆不避讳，何独平陶避讳。且《魏志》《隋志》，均无是说，是说出《旧唐志》，臆说不足据。(《史讳举例》卷6)

今按：以上诸条陈氏所论似均合理，惟所言"晋愍改建业为建康，邺之从邑，与避讳何涉"似可商。业、邺为古今字，建业一作建邺。《晋书·孝愍帝纪》载：建兴元年（313年）8月，"改建邺为建康，改邺为临漳。"《宋书》卷35《州郡一》载："太康三年，分秣陵之水北为建业。愍帝即位，避帝讳，改为建康。"宋王楙《野客丛书》卷9之"古人避讳"、周密《齐东野语》卷4之"避讳"并载："愍帝讳邺，以建邺为建康。"钱大昕《十驾斋养新录》卷11"避讳改郡县名"条："愍帝名业，改建业县为建康，邺县曰临漳。"

七　刘锡信的《历代讳名考》①

刘锡信，字桐村，通州人（生卒年无考），乾隆三十年（1765年）举人；刘氏淡泊名利，著述精详，撰有《历代讳名考》《煮石山房存稿》《菱溪笔记》等。

---

① 刘锡信：《历代讳名考》，畿辅丛书本，并附《补遗》《避家讳》。

刘锡信在《历代讳名考》自序中介绍撰书缘由:

> 第前代著述家如年号、谥法之类皆有专辑之书,惟避讳更改名物至多,向无专书纪录,斯亦艺林之阙也。仆偶从往籍留意搜讨哀而集之,类分十二,间附鄙见,援引证据,辑成《历代讳名考》。

据其自序落款"乾隆岁在阏逢执徐"①,可知刘书大约成于1784年,其时周广业《讳考》未成,所以刘氏才有于避讳更名"向无专书纪录"之说。刘书"类分十二",指其分星神、岁时、谥号、礼乐、宫室、管制、地理、姓氏、人名、书籍、鸟兽、花木等十二类编排避讳内容,书末附有"避家讳"。但每类下内容不多,少则只有几条。

《历代讳名考》部分讳例注明了出处,如:

> 《历代讳名考·地理》:宋太宗初讳光义,改义武军为定武,昭义军为昭德,义州为仪州,归义为归信,义丰为蒲阴,义兴为宜兴,义川为宜川,义阳为信阳。见《宋志》。

刘氏也有"间附鄙见"处,如:

> 《历代讳名考·人名》:徐陵《玉台新咏》、钟嵘《诗品》,皆于王融独书字称元长,疑齐和帝讳宝融,当时避讳以字行,入梁犹相沿未改耳。

今按:南朝齐和帝萧氏名宝融,避偏讳"融";刘氏疑《玉台新咏》《诗品》称王融以字为避讳,即所谓"以字行",当是。陈垣《史讳举例》卷5亦曰:"《南齐书·王融传》:'字元长'。而《梁书》柳恽、徐勉二《传》,于王融皆字而不名。盖当时避齐和

---

① 古时以干支纪年,十干中"甲"的别称为阏逢,岁在辰为执徐。

帝宝融讳，唐史臣未及更易也。"两相比较，陈、刘二氏非常相似，如果言陈氏参考刘氏，也完全可通。

正因为以上诸点，《续修四库全书总目提要》就评论《历代讳名考》说："持论颇精切，多所发明，其有沿习至今而不改者，均为指明。是则不特有裨典故，且足为读史之助也。"

但《讳名考》虽名为"考"，但多为辑集，新考无多，极少发明，而且整书内容很单薄。《提要》之所以评价很高，可能是基于和陆、黄、周三氏之书的比较，并兼顾了刘氏他书之精详考证的总体特点。

八　赵翼的《廿二史札记》① 和《陔余丛考》②

赵翼（1727—1814 年），江苏阳湖（常州）人，字云崧，清代史学家、诗人。于文学主创新，与袁枚、张问陶并称清代性灵派三大家；于史学长于考据，所著《廿二史札记》与王鸣盛《十七史商榷》、钱大昕《廿二史考异》并为清代三大史学名著。赵翼的避讳研究主要见于《廿二史札记》和《陔余丛考》。

《廿二史札记》36 卷（补遗 1 卷）是赵翼之读史笔记，按二十四史之先后分卷，每卷以类相从，并各立标题，共 609 题；是书以史证史，有考有论。《廿二史札记》也有较多论讳的内容，如卷 8 之"唐人避讳之法"条：

> 唐人修诸史时，避祖讳之法有三：如"虎"字、"渊"字，或前人名有同之者，有字则称其字，如《晋书》公孙渊称公孙文懿，刘渊称刘元海，褚渊称褚彦回，石虎称石季龙是也。否则竟删去其所犯之字，如《梁书》萧渊明、萧渊藻，但称萧明、萧藻，《陈书》韩擒虎但称韩擒是也。否则以文义改易其字，凡遇"虎"字皆称猛兽，李叔虎称李叔彪，殷渊源称殷深源，陶渊明称陶泉明，魏广阳王渊称广阳王深是也。其后讳

---

① 赵翼撰，董文武注译：《廿二史札记》，中华书局 2008 年版。
② 赵翼：《陔余丛考》，中华书局 2006 年版。

"世"为"代"，讳"民"为"人"，讳"治"为"理"之类，皆从立义改换之法。（《廿二史札记》卷8）

今按：赵翼以唐祖讳"虎""渊"二字为例说明唐人修史避讳之三法：或以字行，或删去讳字，或代以同义字。当补上"缺笔"之法，陈垣《史讳举例》卷3："避讳缺笔，当起于唐高宗之世。"顾炎武《金石文字记》卷5云：唐国子学石经，今在西安府儒学。"凡经中'虎'字皆缺末笔作'虍'、'㺢'、'號'、'虤'、'餐'、'澔'、'簝'、'襦'字皆同，避太祖讳。"

《廿二史札记》也有利用避讳进行考证的内容，如卷9之"宋书多徐爰旧本"条：

> 沈约于齐永明五年（武帝）奉敕撰宋书，次年二月即告成，共纪、志、列传一百卷。古来修史之速，未有若此者。今案其自序而细推之，知约书多取徐爰旧本而增删之者也。……余向疑约修宋书，凡宋齐革易之际，宜为齐讳；晋宋革易之际，不必为宋讳。乃为宋讳者，反甚于为齐讳。然后知为宋讳者，徐爰旧本也；为齐讳者，约所补辑也。人但知宋书为沈约作，而不知大半乃徐爰作也。观宋书者，当于此而推之。（何尚之，何偃之父也，乃偃传在五十九卷，尚之传反在六十六卷，可见宋书时日促迫，仓猝编排，前后亦不暇审订。）（《廿二史札记》卷9）

今按：沈约《宋书》多取徐爰之旧本。但徐爰（394—475年）为宋人，当避宋讳，沈约（441—513年）为齐人，但避齐讳。赵氏认为可根据避讳断定《宋书》之徐爰旧文，其说可从。

《陔余丛考》43卷为赵翼之读书笔记，编次以类相从，每则均有标题，论及经义、史学、掌故、艺文、纪年、管制、科举、风俗、丧志、器物、称谓等。该书于史考证精赅，于物明辨源流。《陔余丛考》多有利用避讳说明史籍之凝滞的内容，专论避讳的内容则主要集中在卷31，有《避讳》《嫌名》《二名》《古人临文避讳之法》《逮事不逮事》《觌面犯讳》等条。如"避讳"条：

　　避讳本周制，《左传》所谓"周人以讳事神，名终将讳之"是也。然周公制礼时，恐尚未有此。虽《金縢》有"以旦代某"之语，然《金縢》之真伪不可知，而祀文王之诗曰"克昌厥后"，戒农官之诗曰"骏发尔私"，皆直犯文、武之名。虽曰临文不讳，然临文者但读古书遇应讳之字不必讳耳，非谓自撰文词亦不必讳也。而周初之诗如此，则知避讳非周公制也。今以意揣之，盖起于东周之初。晋以僖侯废司徒，宋以武公废司空，鲁以献武废具敖。考数公之生，皆在西周，若其时已有避讳之例，岂肯故犯之而使他日改官及山川之名乎？想其命名时尚未有禁，及后避讳法行，乃不得不废官及山川名耳。孔门以后，习礼者益加讲求，如《礼记》所载嫌名不讳，二名不偏讳，逮事父母则讳王父母，不逮事父母则不讳王父母，君所无私讳，大夫之所有公讳，临文不讳，庙中不讳之类，可谓情义兼尽。然朝廷之上，犹未有听以私讳避官名之制。故汉时孔安国为侍中，以王瑜名犯其私讳，不肯连署，求解官。有司以公所无私讳驳之，遂不许。至晋江统疏曰："故事：祖父名与官同者，皆许改；若身与官同名，不在改选之例。但身没之后，子孙难以称其位号，宜听其一并回避。"诏从之。则是时已著为令甲矣。《宋史·贾黯传》：律载府号官称，犯祖父名而冒荣居之者，有罪。则并有不避讳而议罪之律矣。雍熙中，诏除官若犯私讳者，三省御史台五品、文班四品以上，许用式奏改。则更有因私讳而改官之律矣。合而观之，盖自晋、六朝以至唐、宋无不以避讳著为律文也。其见于史传者：《宋书》范蔚宗为太子詹事，以父名泰，遂不拜。《陈书》孙奂欲以王廊为太子詹事，后主曰："廊父名泰，不可为太子詹事。"《唐书》源乾曜迁太子少师，避祖名更授少傅。裴胄授京兆少尹，以父名不拜，换国子司业。萧俛拜太仆少卿，以父名不拜，徙太子右卫率。李涵为太子少傅，吕渭谓其父名少康，当避。《宋史》仁宗命胡瑗修国史，瑗以避祖名不拜。

李建中直昭文馆，以父名昭恳辞，乃改集贤院。吕希纯擢著作郎，以父名公著，不拜，遂改授。此皆以私讳而改授官者也。（《宋史》：张亢授庆州，亢以父名余庆，力辞，不许。李若拙授太子赞善，若拙以父名光赞辞，不许避者。）晋咸和中，以王舒为会稽内史，舒以父名会，不拜，诏改会为郐。后唐以郭崇韬父名宏，乃改宏文馆为崇文馆。宋慕容延钊父名章，太祖乃授廷钊同中书门下三品，去平章二字。吴延祚亦以其父名章，授同中书门下三品。程元凤拜右正言兼侍讲，以祖讳辞，诏权以右补阙系衔。此因私讳而并为改官名者也。（《陔余丛考》卷31）

该条考论了历代避讳之制的沿革，可谓材料详赡，明辨源流。

《陔余丛考》卷38集中考论了一些民间俗语和俗讳，其广博丰赡的考据特点同样让人印象深刻，比如"讳龟"条：

　　庄绰《鸡肋编》：浙人以鸭为讳，谓鸭仅一雄者，不能生卵，须二三雄始有子，故俗以此为讳也。今俗以纵妻淫行者为龟，不知起于何时。《左传》宋有公子围龟，楚有斗韦龟。汉有京兆尹陈龟，幽州刺史朱龟。曹魏有典农刘龟。北魏孝明帝以神龟纪年，孝昌中有大臣叱列伏龟，正始中有羽林监王元龟。唐时宗室有楚王灵龟，嗣曹王龟年，大臣有崔从龟、王龟、刘崇龟、李权龟，僚有乐朋龟、薛元龟，协律有李龟年，进士有张仁龟，处士有陆龟蒙，道士有解元龟，白乐天名其侄曰龟儿，宇文籍字夏龟，张志和本名龟龄，王俦字兴龟，贺知章称殷践猷为"五总龟"，谓龟千年五聚，问无不知也。五代前蜀有京兆李龟祯。宋则吕蒙正之父名龟图，其弟名龟祥，即夷简之祖也。何承炬之子名龟龄，范雍之祖名从龟，王大宝字元龟，《丁陟传》有员外郎董龟正，《毕士安传》有郎中王龟从，陈尧封之子渐自号金龟子，陈季常作龟轩；东坡赠诗所谓"人言君畏事，欲作龟头缩"也；江阴葛延之访东坡于儋耳，以亲制龟冠献坡，坡答以诗；杨时号龟山，绍兴中有侍御史黄龟年，庆元中有真讲彭龟年、洪龟父，王十朋字龟龄，陆放翁筑堂曰龟堂，又以龟壳作冠，高二寸许，有诗云"龟屋新裁二寸冠"；《孟珙传》有随守张龟寿。金宣宗诏赵秉文、杨云翼作《龟鉴万年录》。元至正中，谢应芳自号龟巢老人，所著有《龟巢集》；又戴良自署其居曰龟毛庐。是唐宋以来，并未以龟为讳也。惟魏太武斥宋文帝为"龟鳖小竖，夫何能为！"则亦仅喻其渺小耳。皮日休谒归仁绍不得见，因作咏龟诗（《北梦琐言》谓夹蛇龟讯之）："硬骨残形知几秋，尸骸终是不风流。顽皮死后钻须遍，只为平生不出头。"亦谓其不见客耳。《鸡肋编》又谓楚人讳乌龟头，云郡城象龟形，尝被攻，有术者教以系其首而破，故讳之。然所讳又是一义，皆非谓纵奸也。王阮亭《池北偶谈》谓：讳龟自明始。惟张江陵生时，母梦一大龟，因名之，后仍改名云。按明人阚庄驹《阴冗记》谓：三山士人郑唐好讥谑，尝为一老人题真容曰："精神炯炯，老貌堂堂，乌巾白发，龟鹤呈祥。"有人横读之，乃"精老乌龟"四字也，老人遂毁之，此可为明人讳龟之证。然所以讳之之故，终莫得其说也。及阅《辍耕录》，记秀州多故家大姓，其子孙不肖，废败荡尽，有金方所作诗嘲之曰："兴废从来古有之，尔家忒煞欠扶持。诸坟掘见黄泉骨，两观番成白地皮。宅眷多为撑目兔，舍人总作缩头龟。强奴猾干欺凌主，说与人家子弟知。"撑目兔谓兔望月而孕，以见其不夫而妊也；缩头龟则以喻其夫也。想其时已有此谚语，而入之诗。又《坚瓠集》：张伯雨赠叶景修诗："家藏逸少笼鹅帖，门系龟蒙放鸭船。"龟蒙句讥其妇女不洁，故藏一龟字云。则讳龟起于元时无疑矣。（《陔余丛考》卷38）

赵氏考论"讳龟"之习俗，遍考上自先秦、下迄清世之历代有关材料，非常宏富；最后得出结论，讳龟之俗起于元时。

九　王鸣盛的《十七史商榷》①

王鸣盛（1722—1797 年），字凤喈，别字西庄，上海嘉定人，清代"吴派"考据学大师，代表作《十七史商榷》100 卷被称为传统史学进入总结时代的一部重要考证学著作。

《十七史商榷》有很多有关避讳考证的内容，如表5—3所列24条：

表 5—3　　　　　　　《十七史商榷》考证避讳内容例表

卷次	卷目	条目	页码②
卷 2	史记二	高祖纪不书讳	14
卷 30	后汉书二	讳肇	209
卷 31	后汉书三	父讳武	218
卷 54	南史合宋齐梁陈书二	武帝文帝孝武帝明帝称讳顺帝称名	394
		宋书讳齐高帝名南史不讳	408
卷 55	南史合宋齐梁陈书三	各帝书讳	422
卷 62	南史合宋齐梁陈书十	齐书讳南史直书	493
		齐讳嫌名	495
卷 64	南史合宋齐梁陈书十二	渊明改深明	521
		避讳	538
卷 66	北史合魏齐周隋书二	唐人为周讳恶	555
		李讳	556
卷 68	北史合魏齐周隋书四	齐人避讳	578
		避讳之例	590
卷 70	新旧唐书二	旧书避唐讳	599
		世民不偏讳	603
		改昬葉宫	607
卷 84	新旧唐书十六	旧书避唐讳	736

---

① 王鸣盛编，黄曙辉点校：《十七史商榷》，上海书店出版社 2005 年版。
② 以下所标页码系上海书店出版社 2005 年版之页码。

卷次	卷目	条目	页码
卷87	新旧唐书十九	裴炎为崔察诬奏	769
卷89	新旧唐书二十一	萧复父讳更官名	796
卷90	新旧唐书二十一	韦聿避父嫌名	809
卷94	新旧五代史二	改戊为武	870
		闵帝改愍	876
卷95	新旧五代史三	李斥威	889

如卷64之"渊明改深明"条：

"陶潜字渊明，或云字深明，名元亮"，此《南史》文，乃校书者改，其谬不可胜言。《宋书》则云："陶潜字渊明，或云渊明字元亮"，其上《周续之传》云："续之入庐山，时刘遗民遁迹庐山，陶渊明亦不应征命，谓之寻阳三隐。"然则本字渊明，后以字行，故又字元亮，甚显白，李延寿避讳改"深明"，并《续之传》亦改"深明"，后之校《南史》者既改为"字渊明"矣。此下两句延寿原本必是"或云深明，字元亮"，乃又妄改如右，展转惑人，校者之谬至此。

今按：唐高祖李氏名渊，避正讳"渊"，如南朝宋范晔，弟名广渊，唐人李延寿《南史·范泰传》但称"广"；南朝齐长水校尉贾渊，《南史》本传则但称其字希镜；武昌王刘浑字休渊，《南史·宋宗室及诸王传下》改作"休深"。均为避唐讳。《南史》渊明当讳作"深明"，其作"渊明"者，当为校书者回改；而"或云字深明"云云，当不明唐讳致误，《商榷》所论当是。

《南史》中华书局标点本校勘记云："'或云字深明'，乃《南史》避唐讳，改'渊'作'深'。传文首句'字渊明'，据例亦当作'字深明'，今作'渊明'，盖经后人追改。"陈垣《史讳举例》卷4："《南史·隐逸传》：'陶潜字渊明，或云字深明，名元亮。'

上渊字亦当为深，后人回改。《宋书》云：'陶潜字渊明，或云渊明字元亮。'甚显白。《南史》原文必与《宋书》同，但避讳改渊为深耳。后人校《南史》者不察，遂传写颠倒如此。"校勘记、陈氏盖均本王氏《商榷》。

黄曙辉先生评论说："西庄学问，博大有之，精深则未也。"①黄先生所言用以评论《商榷》中的避讳研究，也是恰如其分的：所考避讳博大繁复，但精深处无多。比如卷87"裴炎为崔察诬奏"条：

> 裴炎请还政豫王旦，为御史崔察诬奏死。《新、旧书》同，其事甚明。孙樵可之《文集》第五卷《孙氏西斋录》云："崔察贼杀中书令裴者何，诡谇梯乱，肇杀机也。""裴"字下注云："名犯武宗庙讳。"其下又自注云："裴为顾命大臣，屡白天后归政，御史崔察廷诘裴曰：'若不有异谋，何故白太后归政。'天后遂发怒，斩裴于都亭驿，故书曰崔察贼杀中书令裴也。"按武宗讳瀍，孙氏云云，未详，其书法之妄不必论。

今按：唐武宗李炎，初名瀍，避正讳"瀍"，《新唐书·地理志二》河南郡河南县，注云："有瀍水，避武宗名，曰吉水。"但后来武宗改名"炎"，遂避正讳"炎"，《野客丛书》卷9即云："（唐）武宗讳炎，贾炎改名言嵩。"孙樵所注裴炎"名犯武宗庙讳"即此"炎"字讳。而王鸣盛失检于武宗"炎"字讳，反讽孙氏妄论，其"精深则未"并非黄氏虚言。陈垣《史讳举例》卷5亦曰："今考《新、旧唐书·武宗纪》，开卷即云'帝讳炎'，西庄偶未检两书本纪，徒记武宗旧讳，忘其曾改名炎，遂反讥孙氏。"陈垣又在《通鉴胡注表微·避讳篇第五》中驳道："西庄盖只知武宗旧讳，不知新讳，故反讥孙氏为谬也。然《唐书·武宗纪》，开篇即云'帝讳炎'，西庄失之眉睫耳。"

---

① 黄曙辉：(《十七史商榷》)《整理弁言》，上海书店出版社2005年版，第6页。

十　王昶的《金石萃编》①

王昶（1725—1806年），字德甫，青浦人，清代学者，工诗
文，"吴中七子"之一，著有《使楚从谭》等多种。王昶所辑《金
石萃编》160卷以著录历代碑刻为主，多达1500余种，王氏于碑刻
文有按语、考释。罗尔纲先生在《金石萃编校补》中评论说："王
昶积50年精力成160卷《金石萃编》。金石文字自欧、赵以来，至
此蔚成巨观，嘉、道后作者，皆循循守其藩篱。"②

陈垣："王氏《金石萃编》等，对于避讳亦皆有特别著录之
条。"③比如在《金石萃编》所辑颜师古《等慈寺塔记铭》后，就
有一篇《碑文避讳字》，专论碑刻中的避讳字，其文如下：

> 古者临文不讳，汉法"邦"字曰"国"，"盈"字曰
"满"，"恒"字曰"常"，"启"字曰"开"，"彻"字曰
"通"，"弗"字曰"不"，"询"字曰"谋"，"奭"字曰
"盛"，"骜"字曰"俊"，"欣"字曰"喜"，"衎"字曰
"乐"，"秀"字曰"茂"，"庄"字曰"严"，"炟"字曰
"著"，"肇"字曰"始"，"隆"字曰"盛"，"祜"字曰
"福"，"保"字曰"守"，"炳"字曰"明"，"缵"字曰
"继"，"志"字曰"意"，"宏"字曰"大"，"协"字曰
"合"，皆臣下所避以相代也。但用改字未尝缺画，至本书见经
传者未尝改易，其见于书册者，如《说文》，遇讳字直书上讳
而本字不书。今汉碑中有《开母庙石阙铭》，因避景帝讳，改
"启"为"开"，汉讳之见于碑文者只此。④余碑皆不见有避讳
之文。魏晋而下至于北朝所录诸碑，字多别体，不能勘定其何

---

① 王昶：《金石萃编》（3卷本），陕西人民美术出版社1990年版。
② 罗尔纲：《金石萃编校补》，中华书局2003年版，第1页。
③ 陈垣：《史讳举例》，中华书局2004年版，第1页。
④ 王氏自注：《汉书·武帝纪》"元丰元年春，正月，行幸缑氏，诏曰：'朕用事
华山，至于中岳，见夏后启母石'"云云，未尝作"开母"，殆经后人校订《汉书》，
直作"启母"，在武帝时，诏或作"开母"也。

者为避讳字，如"戊戌"字，缺笔作伐、伐，其体至唐宋间用之，且辽碑中如《泳州石经幢记》"戊"尚作"伐"，当由别体流传，后人好奇相沿用之。故避讳至唐宋碑文始确有可按，唐列祖讳在诸碑中惟《开成石经》为最备，今总纪于前。宋避讳之见于《史》《礼》《志》者，建隆元年改天下郡县犯御名庙讳者，绍兴二年礼官言今定渊圣御名，若姓氏之类，去木为亘，其见经传以威武为义者，读曰"威"，以回旋为义者，读曰"旋"，以植立为义者，读曰"植"，本字即不改易。绍兴末祧翼祖，礼官请依礼不讳诏臣庶命名，仍避祧屈正讳，此避讳之见于史者只此。考宋一代帝讳，太宗讳医、允，上四世僖祖讳朓，顺祖讳珽，翼祖讳敬，宣祖讳宏、殷，太宗初名匡义，改赐光义，即位二年改讳炅，真宗讳恒，仁宗讳祯，英宗讳曙，神宗讳顼，哲宗讳煦，徽宗讳佶，钦宗讳桓，高宗讳构，孝宗讳眘，宁宗讳扩，理宗讳昀，度宗讳禥。诸讳之见于宋人墨迹、宋刻书籍、碑文法帖及说部杂家叙论者，惟匡、允、敬、宏、殷、恒、祯、曙、桓、构、眘等字最为显著。近世有宋迹、宋椠流传，往往以此数字有无缺笔定其真赝。当时避讳之法不一，本字缺笔或改用他字，固无论已，至于偏旁、嫌名无不缺画，如因敬字连及竟、境、镜等字，或改用恭字，殷之作㲯，或改用商字，又如因祯字连及贞、桢、征，因曙字连及署、树、竖，因构字连及勾、购、抅，因眘字连及慎、真，或改用谨字，经籍所见不一而足，然碑文所录却无多字。(《金石萃编》卷42)

　　王氏之文对历代碑刻中的避讳用字情况进行了考论，堪称一篇简明的碑文避讳史略。

　　《金石萃编》也有对碑文避讳内容的考释，如卷127关于《宋永兴军文宣王庙大门记》"玄圣"讳例的考释：

　　　　《宋永兴军文宣王庙大门记》："顺考礼文，因开元之旧封，增玄①圣之新号。"（王昶）按："大中祥符元年十一月事。是时封禅回跸，幸阙里，因加封玄圣。至五年十二月，改谥至圣，《宋史·礼志》谓以国讳改谥。按宋代历世无讳'玄'者，或因是时加号北岳为安王元圣而改之也。"（《金石萃编》卷127）

今按：宋真宗大中祥符五年，附会赵氏始祖名玄朗（上尊号曰"圣祖"），避偏讳"玄"；孔子谥号"玄圣"，为避宋圣祖偏讳，改称"至圣"。《文献通考·学校四》云："（大中祥符）五年，诏改玄圣文宣王谥为至圣文宣王，避圣祖名也。"又，《宋史·礼志八》曰：真宗大中祥符二年五月，"亲制《玄圣文宣王赞》，命宰相等撰颜子以下赞……既以国讳，改谥至圣文宣王。"《挥尘前录》卷1亦曰：孔子谥文宣，"大中祥符元年，始加'玄圣'二字，后避圣祖讳，易曰'至圣'"。因此，王昶云"宋代历世无讳'玄'者"，误。陈垣《史讳举例》卷6也驳曰："不知宋人以玄朗二字为其始祖名，大中祥符五年闰十月，诏内外文字不得斥犯，事详《续通鉴长编》七九。《金石萃编》未之注意，故谓宋代历世无讳玄。"

十一　其他人的避讳学研究
（一）周寿昌的《思益堂日札》②
周寿昌（1814—1884年），清代诗人、学者，所撰学术笔记《思益堂日札》10卷有关避讳的内容有《言止不关内讳》（卷1）、《避前朝讳》（卷2）、《语忌》（卷5）、《名讳别称至宋始严》（卷9）四条，其中《语忌》条记载了宋、元、明初一些有关避讳的史料。但《思益堂日札》所论避讳基本上是知识性内容，学术价值不高。
（二）杭世骏的《订讹类编》③
杭世骏（1696—1773年），清代画家、学者，所撰《订讹类

---

① "玄"字原文写作"庙讳"，兹据讳改作"玄"。
② 周寿昌：《思益堂日札》，中华书局2007年版。
③ 杭世骏：《订讹类编》，上海书店出版社1986年版。

编》录得作者读书心得和其他考证文字。《订讹类编》卷 3 有一文《历朝避讳字宜改正》谈及避讳，但仅仅是录得历朝的一些讳例，而且人云亦云，乏善可陈。

（三）梁章钜的《浪迹三谈》和《南省公余录》①

梁章钜（1775—1849 年），清代学者，所撰《浪迹三谈》卷 3 有两条论及唐人避家讳，一则是《唐人避讳》，另一则是《避家讳》。如《避家讳》条：

> 世传杜子美母名海棠，故全诗不及海棠，此不知所出何典。子美父名闲，见《旧唐书·文苑》本传。或疑本集诗曾两押"闲"字，一《留夜宴诗》云"临欢卜夜闲"，一《诸将诗》云"曾闪朱旗北斗闲"，以为不避家讳，其实非也。有卞氏园《杜诗》本，盖出宋时，《夜宴诗》作"留欢上夜关"，盖有投辖之意，"卜"字似"上"字，"关"字似"闲"字，因而笔误耳；"北斗闲"作"北斗殷"，盖《汉书》有"朱旗绛天"语，朱旗既闪，北斗自赤，应用"殷"字，惟是时宣祖正讳殷，俗本遂改作"闲"，全无义理。后此祧庙不讳，则所谓"曾闪朱旗北斗殷"者，万无可疑，又何必改字以触讳乎？

表达了作者认同杜甫避家讳"闲"字之观点。

梁章钜另有《南省公余录》卷 4 之《文字敬避》条，考论了清代的若干国讳字，其文如下：

> 《会典》中载，恭遇圣祖仁皇帝圣讳，上一字敬避作"元"字，如有偏旁及字中全书者，俱于本字敬阙末笔，下一字敬讳作"煜"字。又载世宗宪皇帝圣讳，上一字敬避作"允"字，有偏旁者，敬缺末笔，下一字敬避作"祯"字。高宗纯皇帝圣讳，上一字敬避作"宏"字，如有偏旁及字中全书者，敬缺末笔，下一字写作"林"字，下写作"止"字。仁宗睿皇帝圣

---

① 梁章钜：《南省公余录》，四川大学出版社 2014 年版。

讳，上一字右旁之下敬缺二笔，下一字右旁之下作"又"字。睿庙之讳，只须敬就本字缺笔，并无偏旁字缺笔明文，而今人每于"谈"字、"淡"字之右下，亦作"又"，则无所据矣。（《南省公余录》卷 4）

（四）张之洞的《輶轩语·敬避字》

张之洞（1837—1909 年），晚清官员、学者，所撰《輶轩语》指摘读书门径，其中有"敬避字"第五，考论了清圣祖元皇帝、世宗宪皇帝、高宗纯皇帝的一些庙讳字。

（五）戴震、段玉裁的避讳学研究

戴震（1724—1777 年），乾嘉皖派学术大师。戴氏没有专著，也没有专门之条目论及避讳，但在一些小学考证类论著中有若干条论及避讳，诸如《毛诗补传》《答段若膺论韵》《屈原赋注》《石经补字正非》《经考》《方言疏证》等利用避讳校读史籍，很见考据功底和朴学风气。对此，徐道彬先生在《浅论戴震与避讳学》[1] 一文中有详细论述，兹处不再赘论。

段玉裁（1735—1815 年），乾嘉学派考据大师，所撰《说文解字注》[2]《经韵楼集》[3] 等论著多有考证避讳的内容。如《经韵楼集》卷 4 之《"二名不偏讳"说》，本书第三章已论及。《说文解字注》则较多，如本书前文所及有关唐讳之"昬"字的解释；再如有关《说文》之"上讳"的解释：《说文·示部·祥》下段注："此书之例，当是不书其字，但书'上讳'二字。书其字，则非讳也。今本有篆文者，后人补之。"又如，《说文·艸部》："莊，上讳。"徐锴《系传》曰："后汉孝明帝讳，故许慎不解说而最在前也。"段玉裁《说文解字注》曰："'莊'字篆文本不书，今书之者，后人补也。"段氏所论都很有见地。

另外，凌扬藻（1760—1845 年）所撰《蠡勺编》40 卷[4]、俞

---

① 徐道彬：《浅论戴震与避讳学》，《语文知识》2011 年第 2 期，第 12—14 页。
② 段玉裁：《说文解字注》，上海古籍出版社 1988 年版。
③ 段玉裁：《经韵楼集》，上海古籍出版社 2008 年版。
④ 凌扬藻：《蠡勺编》，中华书局 1985 年版。

正燮（1775—1840 年）所撰《癸巳存稿》15 卷①、尤侗（1618—1704 年）所撰《艮斋杂说》10 卷②、王敬之（1777—1856 年）所撰《王宽甫全集》等清人论著中也间有一些谈论避讳的内容，但罕见发明，学术价值不高，此处从略。

十二　有关清代（含太平天国）避讳的研究

专著方面，陈垣先生《史讳举例》卷 8 之第八十《清讳例》③介绍了清代的避讳情况，并列举了该期的国讳讳例。王建先生《中国古代避讳史》卷 8 之《明清避讳》④ 分 4 个专题研究清代避讳，它们是：（一）雍乾之世，避讳至严；（二）清朝的避讳与文字狱；（三）清朝避讳轶闻；（四）太平天国避讳研究。吴良祚先生《太平天国避讳研究》⑤ 分太平天国避讳概说、太平天国避讳分类、太平天国避讳方法、太平天国避讳实施、太平天国避讳问题辨析、太平天国避讳利用、太平天国讳字谱六章详细研究了太平天国避讳时期的避讳。赵文友先生的硕士学位论文《周广业〈经史避名汇考〉研究》（2009，北京师范大学），运用现代避讳学理论、方法，对《经史避名汇考》的成书、材料、考证方法、成就与不足进行了分析。董婷婷先生的硕士学位论文《太平天平宗教避讳词语研究》（2011，山东师范大学）从汉语词汇学的角度介绍了汉语词汇所受太平天国避讳的影响。范惟先生的硕士学位论文《清"上书奏事犯讳"律考论》（2007，南开大学）通过清代文书犯讳材料的分析，考论了清"上书奏事犯讳"律作为有关文书写作的规范在文书管理和规范官员行为中的作用。肖茜先生的硕士学位论文《清代文字狱案研究——以科举引发的文字狱案为中心》（2004，武汉大学）考

---

① 俞正燮：《癸巳存稿》，辽宁教育出版社 2003 年版。
② 尤侗：《艮斋杂说》，中华书局 1992 年版。
③ 陈垣：《史讳举例》，中华书局 2004 年版，第 135—137 页。
④ 王建：《中国古代避讳史》，贵州人民出版社 2003 年版，第 248—270 页。
⑤ 吴良祚：《太平天国避讳研究》，广西人民出版社 1993 年版。相关内容发表在以下期刊：吴良祚：《太平天国避讳字说》，《浙江学刊》1987 年第 5 期，第 120—125 页；吴良祚：《太平天国避讳制度述论》，《浙江学刊》1983 年第 4 期，第 101—107 页；吴良祚：《太平天国避讳方法探略》，《浙江学刊》1988 年第 2 期，第 106—112 页。

证了清代与科举考试有关的文字狱案件。

专题考论方面，范志新先生《〈红楼梦〉避讳谭——兼论清初避讳》① 通过研究《红楼梦》中避家讳、国讳的情况，说明了清初的避讳政策和特点。欧阳健先生《关于〈脂砚斋重评石头记〉的讳字问题》② 通过研究《红楼梦》脂本中的避讳字，认为"由避讳字鉴别古籍版本时代绝无例外，因此，各种脂本只能是产生于清亡以后的伪作。"张莹先生《浅议清朝的避讳（国讳）制度》③ 分四个阶段详细介绍了清代的避讳情况，并介绍了清代的文书避讳制度。罗盛吉先生《清朝满文避讳漫议》④ 考论了清朝历代满语避讳的情况，并介绍了满文避讳的版本应用。许元先生《略论避讳在太平天国史料考订中的利用》⑤ 论述了在考订太平天国史料时如何利用避讳的问题；通俗性地介绍清代避讳的论文有赵增越先生《清代皇帝的起名与避讳》⑥、李国强先生《清代殿本古籍中的避讳实例分析》⑦、葛培林先生《太平天国的讳字》⑧ 等。张兵、张毓洲先生《清代文字狱的整体状况与清人的载述》⑨ 考论了清代文字狱案的整体状况，并介绍了清人记载文字狱案的文献以及有关清人文字狱案的研究文献。张杰先生《〈四库全书〉与文字狱》⑩ 考论了《四库全书》编修过程中有关的文字狱案件。霍存福先生《从文字狱看弘

---

① 范志新：《〈红楼梦〉避讳谭——兼论清初避讳》，《苏州大学学报》2008 年第 2 期，第 78—82 页。

② 欧阳健：《关于〈脂砚斋重评石头记〉的讳字问题》，《山西师大学报》1994 年第 3 期，第 60—64 页。

③ 张莹：《浅议清朝的避讳（国讳）制度》，载《多维视野下的清宫史研究——第十届清宫史学术研讨会论文集》，第 110—132 页。

④ 罗盛吉：《清朝满文避讳漫议》，《满语研究》2014 年第 2 期，第 17—24 页。

⑤ 许元：《略论避讳在太平天国史料考订中的利用》，《历史档案》2005 年第 1 期，第 71—76 页。

⑥ 赵增越：《清代皇帝的起名与避讳》，《中国档案》2015 年第 5 期，第 74—75 页。

⑦ 李国强：《清代殿本古籍中的避讳实例分析》，《鉴藏》2007 年第 1 期，第 102—103 页。

⑧ 葛培林：《太平天国的讳字》，《历史教学》1987 年第 1 期，第 62 页。

⑨ 张兵、张毓洲：《清代文字狱的整体状况与清人的载述》，《西北师大学报》2008 年第 6 期，第 62—70 页。

⑩ 张杰：《〈四库全书〉与文字狱》，《清史研究》1997 年第 1 期，第 45—54 页。

历的思想统治观念》① 通过乾隆时期的文字狱案件，解析了乾隆皇帝正统的政治观念与意识形态，认为弘历并没有利用文字狱维护程朱理学的独尊地位，也没有刻意诋毁程朱理学的言行。

　　清代避讳学之研究方面，严修先生《避讳义例是钱大昕的训诂之钥》② 从利用避讳解释文字淆乱和版本问题两大方面说明了钱氏于训诂中对避讳的利用。郑炳纯先生《记周广业的〈经史避名汇考〉》③ 详细考论了周书的成书、刊印过程以及主要内容。武秀成先生《段玉裁"二名不徧讳说"辨正》④ 认为段氏之"二名不徧讳说"不成立。徐道彬先生《浅论戴震与避讳学》⑤ 通过一些实例论述了戴震的避讳学研究。徐吉军先生《评〈太平天国避讳研究〉》⑥ 认为《太平天国避讳研究》全面系统、新颖独特，史料翔实，填补了太平天国研究史的空白。

　　① 霍存福：《从文字狱看弘历的思想统治观念》，《吉林大学学报》1998 年第 6 期，第 32—36 页。
　　② 严修：《避讳义例是钱大昕的训诂之钥》，《复旦学报》1986 年第 5 期，第 96—101、108 页。
　　③ 郑炳纯：《记周广业的〈经史避名汇考〉》，《文献》1983 年第 2 期，第 126—138 页。
　　④ 武秀成：《段玉裁"二名不徧讳说"辨正》，《文献》2014 年第 2 期，第 175—186 页。
　　⑤ 徐道彬：《浅论戴震与避讳学》，《语文知识》2011 年第 2 期，第 12—14 页。
　　⑥ 徐吉军：《评〈太平天国避讳研究〉》，《浙江学刊》1995 年第 2 期，第 121 页。

第六章

避讳学的形成期
——近代的避讳学研究

第一节　近代避讳学研究概述

一　近代的学术背景与避讳学的形成

民国以前的传统学术，文史研究都沦为经学之附庸，学者以通晓经学、考取功名为第一要务。在此学术格局下，文史类的诸多研究均不是作为独立的学科存在的。既无功利驱动，又无学科建设之虞，遂衍生了传统学术的又一陈陈相因之陋习：述而不作。以避讳研究为例，传统的避讳研究文献非常宏富，但多为讳制和讳例的记载，而像清人钱大昕、赵翼等述而有作的研究者则凤毛麟角。

近代社会转型，封建寿终，科考正寝，近 2000 年的经学时代正式完结。清晚的洋务运动和维新变法加速了西学东渐；时至近代，西方学术的理论方法介入，甲骨卜辞、敦煌佛经等新材料发现，古今中西交融会合，正是这种学术文化的碰撞交织成就了近代学术的辉煌时代，形成了近代学术的新格局：一是摆脱传统经学的笼统形态，在学科上发生了分化重组，分立出文学、历史、哲学、语言等不同学科。比如处于附庸地位的"小学"在章太炎的大力提倡下也嬗变为汉语言文字学，又继分为文字学、音韵学、训诂学等学科；"史学二陈"（陈寅恪、陈垣）也正是这次分化重组的见证者和实践者，比如陈寅恪之于佛教史、敦煌学的开创意义，而陈垣所撰《校勘学释例》又直接为现代校勘学奠基。二是在具体研究上，近代学术形式上复古，内容上创新，方法上注重实证、历时比较甚至东西方比较。"史学二陈"之研究在此点上表现得尤为典型。

　　陈垣先生于 1928 年撰成的《史讳举例》[①] 则鲜明地体现了近代学术新格局的特征：学科意识强烈，形式上复古，内容上创新，方法上实证。《史讳举例》进而也被公认为构建了避讳学的学科框架，是现代避讳学形成的标志。陈垣《史讳举例》缘为纪念钱大昕诞辰 200 周年而作，也说明了近代学术的清学渊源。陈垣推尊清代学术开山顾炎武，服膺乾嘉大师赵翼、钱大昕，三氏于陈垣的避讳学乃至史学就有直接而深刻的影响。陈氏曾自述说："从前专重考证，服膺嘉定钱氏；事变后颇趋重实用，推尊昆山顾氏。近又进一步，颇提倡有意义之史学。"[②] 他又有"百年史学推瓯北"之诗句（"瓯北"是清人赵翼之号）。蔡尚思先生曾总结说："他生平在学术上的大成就，仍然属于清代以顾炎武、钱大昕等为首的考证学系统。"[③] 可以如是说，没有清人的考据之学，就没有陈氏的《史讳举例》乃至史学。

　　因此，清代考据之学的继承，民族特点的发扬，西学风气的沾溉，加上陈氏个体因应时势的现代观念，终使避讳研究能破茧化蝶，而成现代避讳学。

二　近代避讳学研究述略

　　近人的避讳研究，陈垣除有专著《史讳举例》（1928）外，还有《旧五代史辑本发覆》《薛史辑本避讳例》（1937）[④] 两种，是对四库馆臣辑本《旧五代史》中避讳用例的阐释发明；又《资治通鉴

---

　　① 《史讳举例》有 1928 年初版；后经刘乃龢校订，科学出版社 1958 年重印；1962 年改由中华书局出版，河北教育出版社 1996 年版《中国现代学术经典·陈垣卷》所选《史讳举例》即据此；2004 年、2012 年、2016 年由中华书局再版。

　　② 陈垣：《1943 年致方豪函》，载陈智超编注《陈垣来往书信集》，上海古籍出版社 1990 年版，第 302 页。

　　③ 蔡尚思：《陈垣先生的学术贡献》，载《励耘书屋问学记》，生活·读书·新知三联书店 1982 年版，第 24—25 页。

　　④ 陈垣：《旧五代史辑本发覆》（《薛史辑本避讳例》），载刘梦溪主编、刘乃龢编校《中国现代学术经典·陈垣卷》，河北教育出版社 1996 年版，第 445—490 页。

注表微》（1945）卷 5《避讳篇》①，是对胡注《资治通鉴》中有关避讳的专论。

张惟骧的专著《历代讳字谱》（1928）②，以表格的形式按声韵排列汉至清朝帝王的名讳；内附《家讳考》一卷，收帝王之外 46 人避家讳用字。另有柴连复著有《说讳》六卷③。

孙德谦（1869—1935 年）所撰《避讳例》④ 将古籍阅读和古代避讳联系起来谈论避讳之利用。另有杨树达先生（1898—1956 年）所撰《与陈援庵论〈史讳举例〉书》（1928）⑤，日本学者穗积陈重的专著《实名敬避俗研究》（1926）⑥，以及前文论及的胡适先生所撰《两汉人临文不讳考》《读陈垣史讳举例论汉讳诸条》等两种。

第二节　近代的避讳学研究论著

一　陈垣的避讳学论著

陈垣（1880—1971 年），广东新会人，著名史学家、教育家，主要著述有《元西域人华化考》《校勘学释例》《史讳举例》《旧五代史辑本发覆》《清初僧诤记》《中国佛教史籍概论》《通鉴胡注表微》等 20 多种。

陈垣的避讳专著包括《史讳举例》《旧五代史辑本发覆》（附《薛史辑本避讳例》），《资治通鉴注表微》卷 5《避讳篇》等。

（一）《史讳举例》

《史讳举例》是传统避讳学的终结之作，又是现代避讳学的开山之作。它直接为现代避讳学奠基，也是学习、研究中国避讳学的

---

① 陈垣：《资治通鉴注表微·避讳篇》，载刘梦溪主编、刘乃龢编校《中国现代学术经典·陈垣卷》，河北教育出版社 1996 年版，第 548—560 页。
② 张惟骧：《历代讳字谱》，小双寂庵丛书本，民国 21 年（1932 年）刻本。
③ 柴连复：《说讳》，民国 1935 年石刻本。
④ 孙德谦：《避讳例》，载《古书读法略例》卷 6，商务印书馆 1936 年影印本。
⑤ 杨树达：《与陈援庵论〈史讳举例〉书》，载《积微居小学金石论丛》，中华书局 1983 年版。
⑥ ［日］穗积陈重：《实名敬避俗研究》，东京刀江书院 1926 年版。

最重要参考书。全书约 9 万字，材料丰富，引用经史子集和金石材料等各类文献达 140 余种，条分缕析，考证缜密。

该书以史为主，略仿俞樾《古书疑义举例》之体例，考论避讳之例 82 类，共 8 卷。

第 1 卷讲避讳所用之法。将避讳方法概括为 4 类：（1）避讳改字；（2）避讳空字；（3）避讳缺笔；（4）避讳改音。

第 2 卷讲避讳之种类。将史讳归纳为 17 类：（1）避讳改姓；（2）避讳改名；（3）避讳辞官；（4）避讳改官名；（5）避讳改地名；（6）避讳改干支名；（7）避讳改经传文；（8）避讳改常语；（9）避讳改诸名号；（10）避讳改物名；（11）文人避家讳；（12）外戚讳；（13）宋辽金夏互避讳；（14）宋金避孔子讳；（15）宋禁人名寓意僭窃；（16）清初书籍避"胡虏夷狄"字；（17）恶意避讳。

第 3 卷讲避讳改史实。主要有 7 类：（1）避讳改前人姓；（2）避讳改前人名；（3）避讳改前人谥号；（4）避讳改前代官名；（5）避讳改前代地名；（6）避讳改前代书名；（7）避讳改前朝年号。

第 4 卷讲因避讳而生讹异。主要分 14 类：（1）因避讳改字而致误；（2）因避讳缺笔而致误；（3）因避讳改字而原义不明；（4）因避讳空字而误作他人；（5）因避讳空字后人连写遂出现脱字；（6）讳字旁注本字而混入正文；（7）因避讳使一人二史异名；（8）因避讳使一人一史前后异名；（9）因避讳导致一人数名；（10）因避讳使二人误为一人或一人误为二人；（11）因避讳使一地误为二地或二地误为一地；（12）因避讳使一书误为二书；（13）避讳改前代官名而遗却本名；（14）避讳改前代地名而遗却本名。

第 5 卷讲避讳学应注意之事项。列举了 11 类应注意的问题：（1）避嫌名；（2）二名偏讳；（3）已祧不讳；（4）已废不讳；（5）翌代仍讳；（6）数朝同讳；（7）旧讳新讳；（8）前史避讳之文后史沿袭未改；（9）避讳不尽或后人回改；（10）避讳经后人回改未尽；（11）南北朝父子不嫌同名。

第 6 卷讲不讲避讳学之贻误。主要讲 7 类贻误：（1）不知为避讳而致疑；（2）不知为避讳而致误；（3）不知为避讳而妄改前代官名；（4）不知为避讳而妄改前代地名；（5）非避讳而以为避讳；（6）已避讳而以为未避讳；（7）以为避讳回改而致误。

第7卷讲避讳学之利用。主要讲了11个方面的利用：（1）因讳否不画一知有后人增改；（2）因讳否不画一知有小注误入正文；（3）因讳否不画一知有他书补入；（4）因讳否不画一知书有补版；（5）因避讳断定时代；（6）因避讳断定二人为一人；（7）因犯讳断定讹谬；（8）因犯讳知有衍文脱文；（9）因犯讳或避讳断为伪撰；（10）据避讳推定而讹误；（11）避讳存古谊古音。

第8卷讲历朝讳例。首先简介秦汉、三国、晋、南北朝、唐、五代、宋、辽金、清11个历史时期的避讳情况，然后列出历朝的世次、帝号、所出、名讳和讳例。

《史讳举例》具有以下四个方面的特征：

第一，强烈的学科建设意识。陈氏自述其撰书目的就是："意欲为避讳史作一总结，而使考史者多一门路一钥匙也"（《史讳举例·序》）。陈氏以前，避讳之研究者很多，见诸文献者也特别丰富，可惜都"散在诸书，未能为有系统之董理"（《史讳举例·序》）。显然，陈书意欲成为传统避讳学的终结者。陈书在序言中还分别给"避讳"和"避讳学"下了定义："民国以前，凡文字上不得直书当代君主或所尊之名，必须用其他方法以避之，是之谓避讳。""研究避讳而能应用之于校勘学及考古学者，谓之避讳学。避讳学亦史学中一辅助学科也。"明确提出了建设"避讳学"学科，足见其强烈的学科意识。

第二，全面系统地构建了避讳学的学科框架，成为现代避讳学的开山之作。陈书筚路蓝缕，首次全面而系统地归纳、总结了诸多避讳学的一般规律和特殊规律，考论了避讳的方法、种类、避讳所致的讹误、避讳的利用、避讳之注意事项、避讳的历史等八大方面，又次分为82条以举例的形式逐条论证，涵及了避讳之学的方方面面。因此，《史讳举例》构建了现代避讳学的学科框架。陈书问世以来，所有的避讳学研究都不出其所构建的框架，或者说均是在陈书的基础上做避讳研究的。仅此一端，足见陈书的开山意义。

　　第三，强调避讳学的工具属性。一门学科的存在依据全在于它的应用价值，避讳学的应用价值在于它有指导文史阅读和考证的工具属性。陈书揭示避讳的方法、种类、避讳对文史研究的影响、避讳学的注意事项、不讲避讳学的贻误等等，其根本目的还是在于将避讳学知识应用于文史考证，认为："不讲避讳学，不足以读中国之史也。"（《通鉴胡注表微》）他在《史讳举例》序言中认为避讳"流弊足以淆乱古文书，然反而利用之，则可以解释古文书之疑滞，辨别古文书之真伪及时代，识者便焉。盖讳字各朝不同，不啻为时代之标志，前乎此或后乎此，均不能有是，是与欧洲古代之纹章相类，偶有同者，亦可以法识之"。卷 7 "避讳学之利用"就总结了 11 条，包括了以下四个方面，一是利用避讳考证人物，二是利用避讳考年代，三是利用避讳辨典籍真伪，四是利用避讳校勘古籍。

　　第四，具有注重实证的考据学特点。赵翼之《廿二史札记》、钱大昕之《廿二史考异》都以考证精审著称。陈垣服膺二氏，其作《史讳举例》，也从二氏那里继承了注重实证的考据学特点。比如《史讳举例》卷 5 之 "避嫌名例" 中对 "避嫌名之始" 的考证：

　　　　《曲礼》："礼不讳嫌名。"郑注："嫌名，谓音声相近，若禹与雨，丘与区也。"陆氏《释文》十一谓："汉和帝名肇，不改京兆郡；魏武帝名操，陈思王诗云'修阪造云日'，是不讳嫌名。"

　　　　嫌名之讳，起于汉以后。《三国·吴志》二："赤乌五年，立子和为太子，改禾兴为嘉兴。"此讳嫌名之始也。然《吴志》三："永安五年，立子为太子。"裴注引《吴录》载休诏："为四男作名字，𩅦音湾，𩅦音觥，𩅦音莽，𩅦音褒。"则吴时仍不讳嫌名。果讳嫌名，则𩅦𩅦𩅦𩅦之字虽易避，而湾觥莽褒之音仍难避也。今既制新字，以为易避，则其不讳嫌名可知。

　　　　然讳嫌名之俗，实起于三国。《晋书·羊祜传》："祜卒，荆州人为祜讳名，屋室皆以门为称，改户曹为辞曹。"嫌名之讳，遂浸成风俗。其后晋简文帝名昱，改育阳县为云阳。桓温父名彝，改平夷郡曰平蛮，夫夷县曰扶县，夷道县曰西道。后魏道武帝名珪，改上邽县曰上封。皆避嫌名实例也。

陈氏认为避嫌名始于汉以后的三国时期，可谓材料翔实丰富，立论缜密，其结论已为学界所公认。相比之下，再看清人周榘《廿二史讳略》的论证：

> 始皇讳政，并避正，改正月为端月，此为避嫌名之始也。

周氏仅据人云亦云之秦讳一条，武断秦为避嫌名之始。对此，陈氏同条反驳道：

> 或谓秦始皇名政，兼避正字，故《史记·秦楚之际月表》，称正月为端月，此避嫌名之始也。不知政与正本通，始皇以正月生，故名政。《集解》引徐广曰："一作正。"宋忠云："以正月旦生，故名正。"避正非避嫌名也。

陈氏还在同条进一步补充论证：

> 《后汉书·陈纪传》："不复办严。"或以此为避庄嫌名，故称办装曰办严。不知装妆古通作庄，故《续汉·祭祀志》称妆具曰严具；《魏志·田畴传》称治装曰治严，非避嫌名也。嫌名之讳，实起于汉以后。

陈氏论证的精审还体现在同条：

> 韩愈《讳辩》，专辨嫌名，而谓："今上章及诏，不闻讳'浒''势''秉''饥'。"不知《南史·沈约传》，称约先世"浒"为"仲高"，即讳"虎"之嫌名"浒"。贞观廿三年，改兴势县为兴道，即讳"世"之嫌名"势"。《南史》十三《刘秉传》，称彦节而不名，即讳"昞"之嫌名"秉"。德宗

《九日赐曲江宴》诗"时此万枢暇"，即讳"基"之嫌名"机"也。

今按：唐高祖李渊，祖追尊太祖景皇帝名虎，避嫌名"浒"。但唐世的韩愈却未闻"浒"等嫌名之讳，陈氏便指出唐修《南史·沈约传》避唐讳嫌名"浒"之例。《南史·沈约传》："（沈戎）第二子仲高，安平相。"《南史》之中华书局标点本校勘记遂根据《史讳举例》曰："'仲高'《宋书》作'浒字仲高'，此唐人避李虎嫌名而行其字。"

陈氏同条还解释韩愈未闻嫌名"浒"等讳的原因：

> 然因愈之言，足证唐时嫌名之讳，尚未垂为定制。至宋始颁布所谓"文书令"，应避嫌名，有一帝至五十字者，其繁极矣。此等"文书令"，见当时《礼部韵略》卷首。

陈氏对材料的谙熟，逻辑的缜密，以及对嫌名肇始及其流变的论证，让人叹为观止。

陈氏服膺钱大昕，《史讳举例》也多采钱氏，甚至据以设立条例，但他也并不盲从后者，如卷5之"旧讳新讳"条：

> 《十驾斋养新录》十九云："予向见宋椠本，有避亶字，注'从亩从旦'于下，未审其故。顷见岳倦翁《愧郯录》，有一条云：'绍兴文书令，庙讳旧讳正字皆避之。故哲宗孝宗之旧讳，单字者三，（哲宗初名佣。孝宗旧名瑗，又名玮。）皆着令改避。唯钦宗旧讳二字，一则从宀从回从旦，一则从火从亘，今皆用之不疑。'乃知亶字回避，由于钦宗旧讳。但倦翁著此书在嘉定甲寅，其时尚未避亶烜二字也。"此事并见《宋史》一〇八《礼志》。唐人不避旧讳，宋人则有避有不避，不能执此以为断定时代之据。

今按：此条足见陈氏审慎。避讳和时代有对应规律，可据以判定时代，但须结合其他方面的证据；因为避讳比较复杂，此避彼不避，后人回改，回改不尽，版本问题等等，文献避讳和时代的对应关系就不会严整，如果再据避讳判定时代，难免致误。

就陈氏所论之本条而言，宋钦宗赵桓，初名亶，又名烜，岳珂（号倦翁）曾奏请避此二旧名，事见《宋史·礼志十一》："嘉定十三年十月，司农寺丞岳珂……又言'钦宗旧讳二字，其一从亩从旦，其一从火从亘，皆合回避。乞并下礼、寺讨论，颁降施行。'既而礼、寺讨论：'所有钦宗、孝宗旧讳，若二字连用，并合回避，宜从本官所请，刊入施行。'从之。"岳珂奏请避"亶""烜"二旧名，并诏施行，按说钦宗旧名之讳当始于嘉定十三年十月后，但由于宋人于旧名讳"有避有不避"，因此就不能据此来断定时代，陈说当是。

《史讳举例》的问世是划时代的，它第一次初步建立了现代避讳学的学科体系，标志着现代避讳学的形成。胡适先生在《读陈垣〈史讳举例〉论汉讳诸条后记》中指出："陈先生此书，一面是结避讳制度的总账，一面又是把避讳学做成史学的新工具。"[①] 杨树达先生在《积微居小学金石论丛》中也说："自有此书，而避讳之学卓然成为史学中之一专科，允为不祧之名著。"[②]

但是，任何学术都要受其时代背景和个体因素的制约。今天看来，《史讳举例》也有其局限性。

第一，陈垣先生是立足于史学做避讳研究的，其书也取以"史讳"之名；他所要建立的避讳学仅仅是"史学中一辅助学科"（《史讳举例序》），1928 年他在北平大学的演讲题目就直接用"历史辅助学科的避讳学"之名[③]。如前述，避讳学和历史学、民俗学、语言学等诸多学科相关，立足于史学而建立起来的避讳学仅仅是历史学的下位学科。今天看来，这对避讳学的学科建设是不利的；如果仅限于史学之利用，避讳学的工具价值也会大打折扣。我们无意

---

① 胡适：《胡适书评序跋集》，岳麓书社 1987 年版，第 124 页。
② 杨树达：《积微居小学金石论丛》，中华书局 1983 年版，第 268 页。
③ 刘梦溪主编，刘乃龢编校：《中国现代学术经典·陈垣卷》，河北教育出版社 1996 年版，第 895 页。

苛求前人，但对于这一点，今天的读者在研习《史讳举例》时是要必须注意的。

第二，陈书名为"举例"，体例略仿《古书疑义举例》；虽其条理远高俞氏，但以举例的形式来驾驭庞杂的避讳学理论体系，诸多内容的阐发是要受其形式约束的，比如避讳的起源等问题。这种举例的形式于今天的读者来说也是有诸多不便的。卷2"避讳之种类"将避讳分为"避讳改姓""避讳改名"等17类，其实包含了避讳的对象、避讳的内容、避讳的原因等分类标准；并且又另立卷3"避讳改史实"，并分"避讳改前人姓""避讳改前人名"等7条，虽和卷2略有不同，其实还是可以归并和重组的。卷4"因避讳而生之讹异"和卷6"不讲避讳学之贻误"虽然例子不同，但都是讲避讳致误，似乎可归并为一卷，然后再细分。

"形式上复古，内容上创新"，我们不必纠结于"复古"的形式，它或许是传统走向现代的必由之路。

第三，陈氏论证严谨，但也有极少数结论可待商榷：因为虽难言其谬，但也难言其确，他并没有确切的证据，如本书第五章所论陈氏指摘《避讳录》之谬误处，黄氏可商，陈氏似也无据。再如：

> 《南史·王彧传》云："（王）绚字长素，早惠。年五六岁，读《论语》至'周鉴于二代'，外祖何尚之戏之曰：'可改耶耶乎文哉。'"
>
> 《史讳举例》卷7云："六朝人呼父为'耶'……读此《传》，知六朝时《论语》本为'彧'字，今以'郁夷'字代之，音同而义别矣。"

今按：南朝宋秘书丞王绚，父名彧。王彦坤先生即指出："据《传》文实难断定六朝本《论语》即用'彧'字。"[1] 通检《王彧传》，全无"郁"本作"彧"之线索。当然，陈氏并非臆说，确有古本"彧彧乎文哉"之近说。《希麟音义》卷十"郁郁"注："或

———————

[1] 王彦坤：《历代避讳字汇典》，中华书局2009年版，第228页。

作'馘'，古文作'或'，皆文采貌也。"《论语》"郁郁乎文哉"刘宝楠正义："汗简谓古《论语》作'馘'。"或许陈氏有更确实的证据，但并未列出。

（二）《旧五代史辑本发覆》（附《薛史辑本避讳例》）

宋人薛居正（912—981 年）撰《旧古代史》，但 80 年后，欧阳修（1007—1072 年）另撰《五代史记》，即《新五代史》。后来《新五代史》被官学所立，薛史遂散佚。清代乾隆时期修《四库全书》之馆臣根据《册府元龟》《永乐大典》辑得薛史佚文，成今日所流通之《旧五代史辑本》，准确地说，应该是陈垣所说的《旧五代史辑本》，或者《薛史辑本》。这也就是薛史辑本的乾隆"殿本"。因为乾隆时期避讳至严，馆臣于清庙讳改字，而且稍嫌忌讳之字，便加改易，致使殿本改易较多。薛史辑本还有两个印本，一是民国十年熊氏影印南昌彭氏藏本，这个是《四库全书》的初写本，遇清庙讳只缺笔不改字；二是民国十四年刘氏刻东卢氏藏本，大体与熊本同。

陈氏《旧五代史辑本发覆》鉴于乾隆殿本避讳改易较多，参考《册府元龟》《永乐大典》《欧史》等书，以及薛史辑本的刘本和熊本，校出薛史殿本避讳改字、删文之例 194 条，成书三卷，以发其覆。如卷 1《忌虏第一》：

"卷 3《梁太祖纪》：开平元年十月，先是帝欲亲征河东，命朝臣先赴洛都，至是缓其期。"

《册府》卷 197《朝会门》，作"帝欲亲征北虏"。今改。刘本误注《册府》卷 179。

卷 2《忌胡第三》：

"五三《唐李存贤传》：时契丹强盛，城门之外，烽尘交警，一日数战。存贤性忠谨周慎，昼夜戒严，不遑寝食。"

《册府》四三一《勤戒事门》，作城门之外，鞠为胡貊，援军自瓦桥关万众防卫，与胡骑一日数站。存贤晓夕警备，废寝与食。今删改，避胡貊、胡骑等字也。

陈氏也是现代校勘学的开山之人，《发覆》就是将校勘学的方法运用于史学研究，并考论出薛史殿本 194 条因避讳擅改之例。《旧五代史辑本发覆》所考论避讳删改内容列表 6—1：

表6—1　　　《旧五代史辑本发覆》考论避讳内容表

内容	《薛史辑本》之殿本避讳改易情况	条数
忌虏第一	虏改敌10例，虏骑改敌骑8例，虏改契丹23例，北虏改契丹8例，虏主改契丹主9例，其他22例	80
忌戎第二	戎王改契丹11例，戎王改契丹王11例，其他17例	39
忌胡第三	胡寇、胡虏、胡骑改契丹各1例，删胡骑、胡虏3例，胡骑改敌骑、走胡改出塞、群胡改诸藩各1例，其余3例	12
忌夷狄第四	夷狄改强敌、异姓、部落各1例，北狄改北方、夷王改其王、獯戎犯阙改契丹入汴、群夷改部众、删夷狄各1例	8
忌犬戎第五	犬戎改沙陀、犬戎猾夏改边裔狡逞、犬戎改仇敌各1例	3
忌藩忌酋第六	藩丑改沙陀、北藩改北地、藩王改契丹、藩人改匈奴、酋帅改队帅、藩酋改首领各1例，删酋长3例	9
忌伪忌贼第七	伪诏改下诏、伪制改宣制各1例；删伪、伪命共8例，贼骑改敌骑、北贼给北敌、藩贼改藩人、贼锋改敌锋个1例，删贼1例	16
忌犯阙第八	犯阙改入汴7例，犯阙改入中原1例，犯阙改入晋1例	9
忌汉第九	归汉改归款、汉地改京师各1例；删汉、汉家宗社2例	4
杂忌第十	删败衄1例，北朝、腥膻、猃狁改契丹3例，引契丹改张彦泽、穷庐之长改远使契丹、左衽改西走、藩寇改藩兵、殊俗改远俗、戎虏盗国改契丹入汴、乱华之志改薛地之志、俗皆编发做俗尚质朴各1例，删湩酪贱类1例	14

陈氏还有《薛史辑本避讳例》一文（附于《发覆》之后），考论了《薛史辑本》中因避清庙讳改字之例 31 条。其中"玄"改"元" 6 例，"玄穹"改"昊穹"或"上穹" 2 例，"玄元皇帝"改"圣祖" 4 例，"玄宗"改"明皇" 3 例，"郑玄"改"郑氏"、"玄色"改"黑色" 3 例，删"玄"字、"烨"改"煜" 2 例，"胤"回改"胤""允" 3 例，"胤"未回改"胤""允" 3 例，"弘"改"宏" 3 例，误解改前代讳 2 例。

陈氏作《发覆》更有微言大义，该书作于 1937 年，其时北平沦陷，中国历史被禁读或窜改，陈氏膺愤不已，遂著是书以言其志。陈氏曾自述他治史之三阶段，蔡尚思先生继而总结说："由钱大昕的精密考证学，而顾炎武的经世致用之学，到胡三省、全祖望的民族气节和爱国思想。"[①] 陈氏有关避讳三书则经历了这三个阶段，《史讳举例》受钱氏考证学影响，《旧五代史辑本发覆》则有顾氏经世致用思想，而《通鉴胡注表微》就与胡三省有关，表现的是"有意义之史学"了。

（三）《通鉴胡注表微》卷 5《避讳篇》

《资治通鉴胡注》系南宋遗民胡三省所作，胡氏作注时，南宋已亡，胡氏继承《通鉴》之"通史致用"精神，在异族高压统治下怀着故国之思、亡国之恨的复杂心情完成其书。陈垣作《通鉴胡注表微》时困居沦陷的北平，家险国危，和 660 年前的胡三省感同身受，于是发扬经世致用之史学精神，作《表微》以表其微言大义：民族之气节，爱国之热情。[②]

《资治通鉴胡注》有很多解释《通鉴》避讳的内容，陈氏《通鉴胡注表微》之第五《避讳篇》就是对胡注释讳内容的阐释发扬。《避讳篇》共有 40 条，或长或短，或解释阐明，或发凡其例，或发

---

① 蔡尚思：《陈垣先生的学术贡献》，载《励耘书屋问学记》，生活·读书·新知三联书店 1982 年版，第 24—25 页。

② 陈氏说："北京沦陷后，北方士气萎靡，乃讲全谢山之学以振之。谢山排斥降人，激发故国思想。所有《辑覆》《佛考》《诤记》《道考》《表微》等，皆此时作品，以为报国之道止此矣。所著已刊者数十万言，言道、言僧、言史、言考据，皆托词，其实斥汉奸、斥日寇、责当政耳。"陈智超编：《陈垣来往书信集》，生活·读书·新知三联书店 2010 年版，第 216 页。

明辨误，都考据精审。陈氏采取先列《通鉴》，次列胡注，最后是自己的阐释（表微）之传统注疏形式，如：

> 周赧王四年，燕王请献常山之尾五城以和。
>
> 注曰：常山即北岳恒山也。汉文帝讳恒，改曰常山，置常山郡。（卷3）
>
> 此避讳改地名。汉文帝、唐穆宗、宋真宗皆讳恒。汉改恒山为常山，中经屡变，唐乾元年复为恒州，元和间避穆宗讳，又改为镇州。其沿革复杂，半由避讳而然。

此则为阐释发扬胡注。再如：

> 唐昭宗天复三年，温公宦官论曰：崔昌遐无如之何。
>
> 注曰：崔胤字昌遐，《通鉴》称其字，避宋朝太祖庙讳也。（卷263）
>
> 此避讳称其字。《新唐书·公主传》，驸马程昌胤，《杨贵妃传》作程昌裔，吴缜《纠谬》以为未知孰是，亦因避"胤"为"裔"，致有异文耳。

也有指摘胡注之误者，如《避讳篇》首条：

> 周安王十一年，初，田常生襄子盘。
>
> 注曰：田常，即《左传》陈成子恒也。温公避仁庙讳，改"恒"曰"常"。（卷1）
>
> 此避讳改前人名。然宋真宗讳恒，仁庙讳祯，此以避讳为解释在第一卷即误者。《鉴注》自序所谓"人苦不自觉，前注之失吾知之，吾注之失吾不能知也"。陈景云、赵绍祖辈著书专纠《胡注》，对此亦无所举正，何耶！

今按：宋真宗赵氏名恒，宋仁宗赵氏名祯。司马光（温公）改"田恒"为"田常"，所避为真宗庙讳，非仁宗庙讳。这里胡三省犯了一个低级错误。

二　张惟骧的《历代讳字谱》

民国张惟骧于 1928 年编有《历代讳字谱》2 卷，隶属其家刻丛书《小双寂庵丛书》之九。

《历代讳字谱》将自汉至清历代帝王的名讳字列以表格，按《广韵》音系顺序排列，卷上所列为避讳字，卷下所列为避讳所改字。如卷上、支韵、上平声：

> 姬：唐玄宗名"隆基"，兼避"姬"，改"姬"姓为"周"，"姬处逊"改为"周处逊"。
>
> 司徒：晋僖侯名"司徒"，改"司徒"为"中军"。

卷下、江韵、上平声：

> 江都：隋炀帝名广，改广陵县为江都。
>
> 双流：隋炀帝名广，改广都县为双流。

《历代讳字谱》也有个别的考证，如：

> 《讳字谱》卷上：《水经注》："豫章以树氏都"，《困学纪闻》引作"木氏郡"。盖"都"应作"郡"，乃郦氏之误；"木"字则王氏避嫌改也。

今按：宋英宗赵氏名曙，避嫌名"树"，以"木"代"树"，王氏《困学纪闻》改"树氏郡"为"木氏郡"，张氏说当是。所考"郦氏之误"，盖为传抄时"郡"形讹为"都"，不一定为郦氏原作。

《历代讳字谱》表格简明，以避讳字和所改字分别立目，而且按音韵顺序排列，查检很方便。这种以讳字立目编排的体例，对今人也有借鉴意义，比如今人王彦坤编《历代避讳字汇典》、王建编

《史讳辞典》都以讳字立目，应该是受张氏影响。王彦坤先生就特别指出其书"借鉴了民国张惟骧《历代讳字谱》以讳字立条目的编写体例"①。可见，张氏的体例具有开创意义。

《历代讳字谱》避讳字例多为辑得，发明无多，材料也不丰富，又多为知识性内容，学术意义无多。今天看来，有王彦坤《历代避讳字汇典》、王建《史讳辞典》两种，其价值就不大了。

张氏另有《家讳考》1 卷，隶属其家刻丛书《小双寂庵丛书》之九，辑收帝王之外历史上 46 人所避家讳字 46 个，家讳所改字 21 个，按朝代先后次序编排，对于研究家讳者，有一定参考价值。

三　柴连复的《说讳》

柴连复（1868—1940 年），民国时河南信阳人，著有《说讳》一书；该书搜集历代国讳、家讳之讳名、讳事，成书 6 卷。

卷 1 详列自太古纪盘古氏至夏商周三代帝王名讳，并认为"三代以上并无帝号，周朝始有谥无讳"。卷 2 所列为秦汉魏晋南北朝历代讳名和讳事。卷 3 所列为隋唐五代国讳和私讳。卷 4 所列为宋、西夏、辽、金、元、明、清、太平天国等各朝（政权）国讳、家讳讳例。卷 5 所录为唐韩愈、宋王应麟、清王士禛等 12 人论讳的文章。卷 6 所录为作者考论避讳的专题，共有"张昭论讳""因讳造字""宋刻讳字""民间俗讳"等 39 条。书末所附《说讳补遗》补有"广改作博""匡改作正""唐石经讳""讳不押韵""填讳非礼"等 18 条。

作者在自序中说明作书目的：

> 吾思秦汉晋魏隋唐宋元明清以来，为帝王者不止百余人，名而讳者，不止百余字。孔曰：史有阙文，孟曰：诸侯去籍。自竹简易而版刻兴，讳字愈出，伪书愈见，相率为伪，真解全无，鲁鱼亥豕，夏五郭公，仓沮复起，吾不知将何以怨！此历代霸王与献媚臣宰耶！民国成立，百政维新，文化大关，亦当

---

① 王彦坤：《历代避讳字汇典》，中华书局 2007 年版，第 6 页。

整理。但简册浩繁，误伪滋多，谁纠正是，谁注解是？一盲众盲，谁又指引是也？吾性好读，苦乏学问，书史渊海，无从遍及，仅就所知者，摘录一二，分著列朝帝王名讳之次，使阅者知某某帝王是何名讳，某某朝代是何改易。

可见，作者有感于民国初立时无可资利用之查检历代避讳工具书而作。该书作者初作于 1924 年，时陈垣《史讳举例》、张惟骧《历代讳字谱》尚未问世；惟有周广业《经史避名汇考》，但其卷帙浩繁，而且清代、太平天国避讳阙如。从内容上看，该书按朝代分列秦至清（太平天国）历朝帝王名讳，间有家讳，引经据典，确有很强的资料性和工具书价值。但该书整体学术价值不高，著者按语只申发无发明，甚至还有将引自明人陆容《菽园杂记》的引文误为明人刘元卿《贤奕编》之低级错误（卷 6 “民间俗讳”条）。

盖由于刻本数量有限，虽初成较早，但刊刻在 1935 年，其学术性又不及此前刊布的《史讳举例》（1928），柴氏之书并未受到学界重视，甚至极少提及，也是很可惜的事情。

第七章

避讳学的发展期
——现代的避讳学研究

《史讳举例》问世以来，避讳之学在避讳辞书的编纂、避讳的专题研究、应用研究和学科建设等方面取得长足进展，出现了大量的专著和论文，但相关研究大致不出陈垣先生所构建的避讳学框架。我们称该期为避讳学的发展期。

第一节　现代避讳学工具书的编纂

有关避讳辞书，前虽有清人陆费墀的《历代帝王庙谥年讳谱》、民国张惟骧的《历代讳字谱》等书，但如前述，它们缺略多，实用价值不大。长期以来，一直缺少高质量的避讳学工具书可资利用。王彦坤先生所编《历代避讳字汇典》、王建先生所编《史讳辞典》和李德清先生所编《中国历史地名避讳考》就是现代避讳学工具书的力作，填补了现代避讳学辞书的空白。

一　王彦坤的《历代避讳字汇典》
王彦坤，广东澄海人，著名语言学家和文献学家，暨南大学教授；主要著作有《古籍异文研究》《历代避讳字汇典》《名趣录》《前四史生僻词语考释》等近十种。

　　《历代避讳字汇典》①（下称《汇典》）名为避讳字典，但它不仅能查避讳字，还可以查检到和讳字相关的大量避讳材料或史料，诚为避讳材料之渊薮。《汇典》在编排、内容上有以下特点：

　　（一）搜集广博，材料丰赡

　　《汇典》以广义避讳材料为收集对象，敬讳、俗讳材料兼收；史乘、经传、专论、辞书、类书甚或笔记散文并录，征引先秦至现代的古今典籍约 530 种，作者非常注重辞书的资料性和实用性，引用典籍一律详细注明出处。该书是截至目前汇辑历代避讳字材料最为丰赡的工具书。② 如"弘"字条下，尽收北魏至清共 8 朝相关名讳，相关讳例 70 余条，正讳、偏讳、嫌名并辑；"民"字条下，相关讳例 100 余条，征引典籍 100 余种，仅"民"字一条，就用 9000 余言。材料之宏富翔实，足见一斑。

　　（二）讳字立目，查检方便

　　《汇典》按避讳字立目，共收历代避讳字词 1040 余个，依避讳对象和朝代分立 1400 余条，涉及各类相关讳例 1 万余条。如何编排如此众多的材料，作者颇具匠心。正文之前是音序法排列的"讳字目录"，条目亦按音序排列；书后则附书中所有避讳字（包括嫌名）、避讳代用字，和避讳有关的人名、地名、书名、职官名等，以及"四角号码综合索引"；书末还附有全书避讳字的"拼音检字表"。因此，可以从多个角度快捷方便地查到所需的避讳内容，从而满足不同读者的需要。

　　（三）条分缕析，体例谨严

　　《汇典》以字为条目按音序编排后，每个条目下汇录历代避讳史实；若有数朝或多人共讳一字之情况，则按时代先后分条考述，如"洪"字条：

---

　　① 王彦坤：《历代避讳字汇典》，中州古籍出版社 1997 年版；王彦坤：《历代避讳字汇典》（修订版），中华书局 2009 年版。
　　② 陈焕良：《一部详尽精审、方便实用的避讳工具书——评历代避讳字汇典》，《湘潭师范学院学报》1998 年第 2 期，第 125—126 页。

264. 洪

（一）

隋炀帝忌讳"洪"字。

"（炀）帝讨辽东，有方士安伽陀，自言晓图谶，谓帝曰：'当有李氏应为天子。'劝尽诛海内凡姓李者。"①又，"大业中，童谣曰：'桃李子，鸿鹄绕阳山，宛转花林里。莫浪语，谁道许。'"②时有光禄大夫李敏，"或言敏一名洪儿，帝疑'洪'字当谶，③尝面告之，冀其引决。敏由是大惧，数与金才、善衡等屏人私语。宇文述知而奏之，竟与（李）浑同诛，年三十九。"④

注：①见《隋书·李穆传》。

②见《隋书·五行志上》。

③"洪"与童谣中"鸿鹄"之"鸿"同音。

④见《隋书·李敏传》。

（二）

辽道宗孝文皇帝耶律氏名洪基，天祚皇帝耶律氏名延禧。

避偏讳"洪"与"延"：

〔改称〕〈寺名〉《日下旧闻》卷 155，朱彝尊按云："延洪、开泰二寺，元混一，《方舆胜览》中犹载之。至明修《一统志》及《寰宇通志》无有。寺未必尽废也，大约易其名，故迹遂不可考矣。"《汇考》卷 22 曰："案延洪犯孝文、天祚讳，则改名当在辽末，宜明世之无考也。"

（三）

宋广府帅方滋，弟名洪。

〔改称〕〈姓氏〉《夷坚支志》甲卷第四云："（洪）文惠公顷游广府，①府帅方务德滋，因留摄幕属，与其弟稚川同官。稚川名洪，胥吏、倡优避其名，呼公为共通判。"

注：①洪文惠公：洪迈兄、宋孝宗朝宰相洪适。

（四）

太平天国天王洪秀全。

太平天国避国姓"洪"，1862 年版本的《钦定敬避字样》规定："洪，凡用以'鸿'、'宏'代"。（余从略）

避讳材料按照先正讳后嫌名的顺序编排；为方便读者阅读和使用材料，还以［缺笔］、［改称］、［拆字］、［代字］、［辞官］等标出避讳方法或形式；有关触犯名讳的材料，则标以［触犯］；作者认为有误或可疑的材料，则标以［疑误］或［存疑］；并以〈书名〉、〈人名〉、〈山名〉、〈篇籍〉等标示讳例所涉及的具体范畴。整体编排可谓条分缕析，体例谨严。

（四）述而有作，考论精湛

《汇典》不仅仅是编辑避讳材料，而且述而有作。作者根据需要，在一些讳例之后略加按语：或解释，或阐发，或点评，或辨误，或发明，而且立论公允，言之有据。我们仅仅以"虎"字条之（二）（唐追尊太祖景皇帝名虎）来看作者的按语：

〈品物〉《旧唐书·高祖本纪》："武德元年九月，改银菟符为铜鱼符。"

彦按：此"银菟符"实"银虎符"之避讳代用词。唐王朝建立伊始，即废用银虎符，改用铜鱼符，无非为避太祖庙讳。（《汇典》"虎"字条之二）

〈山水地名〉《吴地记》云："虎丘山，避唐太祖讳，改为武丘山。"彦按：《南史·何尚之传》载尚之孙求"一夜忽乘小船逃归吴，隐武丘山"。此则唐史臣所追改，其时山名虎丘，未改武丘也，《南齐书·何求传》即作"虎丘山"。（《汇典》"虎"字条之二）

或谓有以"虔"代"虎"者：

〈存疑〉《晋书·慕容廆载记》："北平西方虔"，中华书局标点本《校勘记》云："《元和姓纂》'虞'作'武'。按：唐人避讳亦偶用形近之字。《魏书》四九崔秉、六三王肃弟秉，《北史》并改作'康'。《魏书》四七卢玄族人'叔虞'，《北史》作'叔彪'，《北齐书》四二又作'叔武'，与此'西方虞'同例，其人本皆名'虎'，'虞''武'皆避唐讳改。"彦按：《魏书·卢玄传》"仲宣弟叔虞"，该书《校勘记》则曰："《北史》卷30作'彪'。按《北齐书》卷42有《卢叔武传》，即此人。本是'虎'字，'彪''武'都是避唐讳改，……'虞'是'虎'的形讹"。疑是。并录此以备考。（《汇典》"虎"字条之二）

　　彦按：为人勇猛刚健则称"武"，虎为威猛之兽，其性类"武"，故唐人避讳每用"武"字代"虎"。又，彪为小虎；于菟（音 wūtú）或菟，虎之别名；豹、貔皆类虎之猛兽；龙乃传说中之神异动物，古人每每龙虎并称；而虎固兽类，故"兽（猛兽）""彪""豹""于菟（菟）""熊""貔""豺""龙"等，并得用为"虎"之避讳代用字。至于一方面，地名虎瞭可以改称浒瞭，另一方面，《南史》又讳称沈浒名，则说明唐代嫌名之讳并非定制，但各随人定耳。（《汇典》"虎"字条之二）

以上四条按语，第一条是解释讳例，因《旧唐书》语焉不详；第二条是补充材料以申发阐明；第三条是存疑聚讼，略述己见。对于"虞"代"虎"讳例，一说是用形似字替代之法，一说是形讹所致；都和形体有关，但王氏疑为后者，虽有观点，但不武断，足见其审慎。第四条归纳唐"虎"讳之代用字，并发明其例：唐代嫌名之讳并非定制。

作者在《汇考》序言中还认为避讳有广狭二义，广义的避讳包括忌讳、憎讳和敬讳；而狭义的避讳仅指敬讳。如前所述，敬讳和其他避讳在产生、研究对象和发展变化等方面均有不同，分类后有利于各种避讳的深入研究，因此，作者的区分就具有了学科建设意义。

《汇典》的内容应该是动态的、维新的，比如修订版就吸纳了《太平天国避讳研究》的成果；三版时也可吸收陈垣《薛史辑本发覆》《通鉴胡注表微·避讳篇》等的相关内容，甚至还可吸收敦煌避讳字研究的成果，比如《敦煌文献避讳研究》等等。另外，书末"四角号码综合索引"虽然含有避讳替代字，但似乎应参考张惟骧《历代讳字谱》的做法，书后单列一个避讳替代字的音序检索目录（讳例不必另列），这样避讳字和避讳代字可以前后对照检索，可能于读者就更加方便了。

范志新先生曾评论道："《历代避讳字汇典》是一部大有功于避讳学的工具书。"[1] 此言不虚。

二　王建的《史讳辞典》

王建（1953—2005 年），贵州省社会科学院研究员，日本爱知大学客座教授，著有《史讳辞典》《中国古代避讳史》等。

《史讳辞典》[2] 是关于中国历史人物的避讳名辞典，利用该书可以查检中国历朝人名避讳字及相关的词和讳例。该书以避讳替代字为字头，以替代字头为首字的词设立词条，共 4120 项，按汉语拼音音序排列，如"花"字头：

> 花　　华。太平天国避耶和华讳改。太平天国《钦定敬避字样》："华，凡用'华'以'花'字代。"又参"中花"。
>
> 【花绢】绫。避闽惠宗王鏻嫌名改。吴任臣《十国春秋·闽世家二》："改元龙启，更名鏻。"原注："时金陵人馈绫于闽，易其名曰'花绢'，意避其讳，亦戏之也。"黄本骥《避讳录》卷3："（王蕃知）子鏻立，以绫为花绢。"
>
> 【花民】华民。太平天国避耶火华讳改。《洪秀全选集》："收花民之脂膏数百万为花粉。"注："花民，华民，中国人民。

① 范志新：《避讳学》，台湾学生书局 2006 年版，第 249 页。
② 《史讳辞典》最早由日本汲古书院于 1997 年出版，2011 年又由上海古籍出版社影印出版。

太平天国避上帝名'耶火华'，以'花'字代'华'字。"

该书在概念的表述上读者须注意，如上例"花"是字头，其实是避讳替代字，王建则称其为"讳字"，称要避讳的"华"字为"本字"。

《史讳辞典》释义中只指出其本字或本词，并指出避讳原因，不作和避讳无关的解释，但对本字、本词、原因三者皆相同而容易产生困惑的则略加说明。辞典对于有争议的避讳用例，也一并收录供读者参考。《史讳辞典》涉及中国历史上 48 个朝代的避讳对象人 424 个，避讳对象字 711 个（包含嫌名字）。书后附有部首索引，部首笔画检字和四角号码索引。辞典所列条目清晰，书证也比较丰富，是一部有实用价值且便于检索的避讳学工具书。

书后附有日本爱知大学教授中岛敏夫为《史讳辞典》所编的索引。该索引由四个部分组成：甲编是按朝代排序的本名与避讳名一览表；乙编是按拼音排序的本名与避讳名一览表；丙编是按拼音排序的避讳对象人名一览表；丁编是按拼音排序的避讳对象字一览表。该索引非常详尽，可以从多个角度查检避讳字，非常方便，甚至可以其中的统计数据作定量定性分析，从而大大提高了该书的使用价值。

《史讳辞典》和《汇典》均初版于 1997 年，二者材料都很丰富，有些还可形成互补；但相比之下，《史讳辞典》在质和量上都逊色一些，而且《汇典》经过补充修订，《史讳辞典》则仍旧影印初版；《汇典》述而有作，学术价值又高一筹。

辞典以避讳替代字作字头盖袭自《历代讳字谱》卷下，这种编排的缺点是不容易集中了解某一朝代或某一字的避讳情况，有时一个字的讳例分列在几处甚至十多处，而且一般人要了解讳例，都是从避讳字入手的。即使以避讳替代字作字头无可厚非，似乎亦当补入一个按避讳之字立字头的目录。

《史讳辞典》个别条目的设立也可商，比如"画"字头下仅设有"画龙不成反类狗"一条，而"画"不是避讳替代字；"龙"才是避讳替代字；但"龙"字头下已经涉及"画龙不成反类狗"一词，所以"画"字头宜删。

三　李德清的《中国历史地名避讳考》

地名是历史的产物、地理的反映，承载了一个地方的人文底蕴和历史文化。中国历史上，许多地名曾因避讳而改易，从而割裂了历史和一个地方的集体记忆，影响了地方历史文化的传承。地名避讳材料散见诸书，查检并不方便。

李德清，华东师范大学古籍所教授，所著《中国历史地名避讳考》①就是一部收录因避讳而改易历史地名的专业工具书，利用该书可以查检地名避讳字。全书收录周秦至清末的与地名避讳有关的内容约 800 条，每条先列地名之当代治所，然后说明该地避讳改易情况，再出书证材料，如"武丘山"条：

> [武丘山] 在今江苏省苏州市间门外山塘街。本虎丘山，唐避李虎名讳，改为武丘山。据范成大《吴郡志》卷 16 "虎丘山"载：又名海涌山，在郡西北五里。唐避讳，曰武丘。《宋本方舆胜览》卷 2 平江府《山川》虎丘山云："在城西北九里，又名海涌山……《世说》：始皇尝登此阜，俄有白虎，始皇拔剑刺虎，虎隐入山，因名虎丘。后避唐讳，改'虎'为'武'。"《苏州府志》卷 4 虎丘山也说，唐避讳改为武丘山。②

《中国历史地名避讳考》按笔画顺序编排，书末附有四角号码编排的索引，查检方便。该书材料丰富，凡见于正史、地理总志、方志、游记、河渠、水利专书以及有关诗词歌赋中的地名避讳材料，不管其正确与否，作者尽可能地予以辑录；该书材料均注明出处，力求翔实，并积极吸收了有关地名避讳的学术研究成果；对分歧的地名避讳材料，作者或有考证判断，或存其诸说，阙疑不妄，以待知者。

---

① 李德清：《中国历史地名避讳考》，华东师范大学出版社 2002 年版。
② 同上书，第 68 页。

第二节　现代避讳学研究的著作

一　陈北郊的《汉语语讳学》

陈北郊，山西大学教授，所著《汉语语讳学》① 首次提出"汉语语讳学"的概念，是一部从汉语词汇学的角度研究避讳的专著。

所谓语讳，就是语言文字中的避讳。如前所述，普通避讳学包括语讳学、史讳学、俗讳学等等。《汉语语讳学》在前言中明确提出语讳学"作为一门独立的学科"，并在第一章中指出了语讳学的概念、性质和任务；作者于语言避讳学筚路蓝缕，体现了强烈的学科建设意识，具有开创意义。

所云概念、性质和任务如下：

概念：语讳学就是研究语言中一些忌讳词语及其对代词语的学问。

性质：属于词汇学的范畴，包含历史词汇学与普通词汇学的一些内容；与词汇学的另一些组成部分——语义学与语源学有着密切的联系。

任务：任务是要求人们能了解一些词语在运用过程中由于避讳而产生的种种特殊的发展变化现象及其规律，从而把握它，运用于语言实践，以便在说话或写文章的时候能更好地运用它，特别是在阅读古籍时，以便于更有效更准确的理解其思想内容，借以提高阅读与运用语言的能力。

以上可以商榷。第一，概念没有反映语讳学的功用，而且语讳之"语"除了词语，还包括文字。第二，学科定性可商，语讳学既然是"独立的学科"，就不属于词汇学，它属于避讳学的下位学科。

---

① 陈北郊：《汉语语讳学》，山西人民出版社 1991 年版。

第三，任务没有反映语讳学作为一门学问的学术价值，比如利用语讳研究语音、文字、文史考证等。表述也欠精练。

该书第三章结合语言文字的避讳之例分析了语讳产生的 6 种原因。第四章谈泛讳，其实就是民俗避讳；第五章谈特讳，其实就是古代的敬讳；第六章谈语讳结构，其实就是分类举一些替代词语讳例。以上四章以材料见长，但分析得少，没有基于语讳学自身规律的理论内容。

一门学科的应用价值是其存在的主要依据，该书既然在第一章就提出了语讳学的学科任务就是应用，却没有讲述任何有关语讳学价值和应用的内容。利用语言文字的避讳可以研究文字、语音、词汇以至文史考证，已有相当多的论文加以论述；而该书没有吸收这些成果，是非常遗憾的。

二　吴良祚的《太平天国避讳研究》

吴良祚，浙江社会科学院研究员，所著《太平天国避讳研究》①是第一部断代避讳研究的专著，具有较高的学术价值。

《太平天国避讳研究》内容分七章，首章概述太平天国的避讳制度，包括其产生、发展、推行与终结，以及避讳的法律《钦定敬避字样》。第二章将太平天国避讳分为宗教避讳、封建避讳、恶意避讳和迷信避讳，涵盖了广义避讳的方方面面。第三章举例说明了太平天国避讳的 8 种方法。第四章从姓氏、人名、地名等 7 个方面介绍了其避讳的实施。第五章辨析了太平天国避嫌名、偏讳、不讳、宽严、失检 5 个方面的问题，材料翔实，考证缜密。第六章从版本校勘、训诂翻译、辨伪考信 3 个方面论述了太平天国避讳的利用，考证精当，颇见功力。第七章是太平天国讳字谱，收集太平天国禁用字 162 个，每个字后都附有书证，从而具有工具书价值。

该书论述太平天国避讳全面系统，材料丰富，每论述一个问题，都有具体的材料作支撑，绝非其他人云亦云的避讳著作可比。

---

① 吴良祚：《太平天国避讳研究》，广西人民出版社 1993 年版。

作者态度严谨，历时 10 年，三易其稿，而且是在太平天国原始文献的校勘和训诂的基础上撰成其书的，进而使得该书具有较高的学术价值。这一点在第五章的问题辨析和第六章的避讳利用中表现得尤其突出。

三　任骋的《中国民间禁忌》

任骋，河南文艺出版社编审，所著《中国民间禁忌》① 是第一部百科全书式的系统研究民俗避讳的专著。

该书分人事、物事、鬼事、禳解四大板块，从民俗学的角度，论述了中国民间禁忌的含义、由来、特征、性质和体系；作者所搜集民间禁忌材料非常丰富，所分 20 余大类下又细分为若干小类，条分缕析，查检方便；每条禁忌内容都夹叙夹议，体现了作者对相关问题的深入思考；大类最末的结语部分分析深入，具有学术价值。该书语言通俗，内容丰富，知识性强，具有可读性，雅俗共赏。

四　王建的《中国古代避讳史》

王建先生所著《中国古代避讳史》② 是第一部以中国避讳为主要内容的通史性专著，也是现代避讳研究的重要力作。

该书以中国古代史的敬讳为主要内容，分为 8 卷，卷 1 分析了古代避讳在中国的起源和发生的原因，卷 2 至卷 7 详细叙述了先秦避讳、秦汉避讳、三国两晋避讳、南北朝避讳、隋唐五代避讳、宋辽金元避讳和明清避讳，概述了以上 7 个历史时期的避讳特点。该书在叙述古代避讳发展变化的同时，注重联系中国社会历史和政治环境的变迁，从而勾勒出中国古代避讳的基本风貌。书中穿插了大量的避讳案例，行文中兼顾了著作的知识性，所以可读性强，但也不失其学术价值。书后所附《历代避讳用例的数量分

---

① 任骋：《中国民间禁忌》，作家出版社 1991 年版；花山文艺出版社 1998 年增补本。

② 由于本书在前面几章中分别介绍了该书的部分内容，此处就略加叙述。该书又被改编成普及性读物，名为《中国古代避讳小史》，中国长安出版社 2015 年版。

析》《避讳的文化与反文化》等研究避讳的论文也具有较高的学
术性。

中国历代的避讳材料散见于历朝经史典籍之中，要查检出历代
避讳材料，犹如沙里淘金，其所需要的文献功夫是可以想见的。鉴
于此，《中国古代避讳史》每卷采取分若干专题论述的方式是符合
实际的；44 个研究专题中，每个专题的内容又是可以相对独立的。
但由此就带来了一个问题，作为避讳史的主线不甚清晰，古代避讳
的发展趋势不甚明朗。因此，该书在史论结合上，在微观材料的分
析基础上宏观把握作为"避讳史"的内在要求上尚有加强的空间。
做不到这一点，中国人特有的心理、文化、政治及其演变机制作为
延续两千多年的古代避讳之内驱力就无法揭示。

五　范志新的《避讳学》

范志新，苏州大学文学院教授，所著《避讳学》① 是一部有关
中国古代人名避讳学的专著，也是现代避讳学研究的一部重要
著作。

范氏《避讳学》试图将周氏《经史避名汇考》的资料和陈氏
《史讳举例》的理论相结合，以避周氏理论之短和陈氏材料、形式
的缺憾，建立全新的避讳学体系。他在序言中说明了意旨：

> 自《举例》以来，尚无一部将理论与实践相结合的，较全
> 面较系统地介绍有关避讳学的基本原理，有初步的理论研究，
> 引导读者入门，并以此为工具，运用于鉴定文物、考订年代、
> 校勘古籍、辨别真伪、解释疑义等文史工作实践的专著。本书
> 的初衷即在于此，窃欲结束此种缺憾。

该书分上中下三篇。上篇分 8 章，论述避讳的起源、避讳的类
型、避讳的对象性质和内容、避讳方法、避讳的通则、避讳的负面
影响、讳字的鉴定及避讳学的应用。上篇除"避讳的起源"一章

---

① 范志新：《避讳学》，台湾学生书局 2006 年版。

外，基本上是《史讳举例》的框架，但避开了陈氏"举例"之形式之短；作者结合前人和自己利用避讳进行文史考证的实践来论述避讳学的应用，颇见功力。

中篇增添了其书的学术价值，选了三种文章，一种是利用避讳学原理考证敦煌写本年代的《敦煌写本〈运命论〉与〈辩亡论〉的抄写及其他》；一种是 8 则学术札记，利用避讳学知识分析文献中的避讳现象；一种是考论钱大昕于避讳学的重要贡献。三种均考论精良。

下篇附有"避讳文献导读"，收录历代一些论讳的文献材料；另有《避讳史略》，概以古代敬讳流变；附录部分有"历代避讳论著论文索引"。以上三种对研习避讳学者均有裨益。

《避讳学》既有避讳之基本原理，又重点介绍了其应用，还附有研习的一些材料。有志于避讳学者，可用该书作为入门津梁。

六　王新华的《避讳研究》

王新华先生所著《避讳研究》[①] 内容分为 7 章，分别讲述避讳的起源与成因、避讳的对象与范围、避讳的发展变化、避讳的方式、避讳的规则、避讳的影响以及避讳史。书中搜集了大量有关敬讳的材料。

该书若论及避讳学的应用研究，其学术价值会更高；作者在后记中所云"从文化学的角度进行了探讨"，并没有真正实现。

七　窦怀永的《敦煌文献避讳研究》

窦怀永先生的《敦煌文献避讳研究》[②] 是在其博士论文（2007，浙江大学）的基础上修改而成的，是一部敦煌文献专题避讳研究的专著。

该书内容分 5 章，主要论述了敦煌文献避讳的主要特点，敦煌文献避讳所用的三种方法（缺笔、改字、改形），考察了敦煌文献

---

① 王新华：《避讳研究》，齐鲁书社 2007 年版。
② 窦怀永：《敦煌文献避讳研究》，甘肃教育出版社 2013 年版。

避讳字和替代字的字形关系，并罗列了常见的敦煌文献避讳字形，最后论述了利用敦煌文献避讳进行断代的问题。

作者在论及敦煌写本避讳和抄写时代关系时，对王重民《敦煌古籍叙录》、许建平《敦煌经籍叙录》中根据避讳对写本进行的断代提出商榷；但商榷还是根据其他的避讳字情况，如果能补上其他方面的证据会更好，因为避讳和时代的对应关系复杂，比如写本本身的问题、回改问题、补入问题等等，都会影响断代结论。避讳用以文史考证，一般不能作为唯一的证据使用。另外，作者将避讳方法分为"改字""改形"等四种，但"改字"和"改形"之法在内涵上有包含关系，可将"改字"之法改为"代字"。

第三节　现代普及性质的避讳学著作

一　赵慧平的《忌讳》

赵慧平先生所著的《忌讳》① 从民俗学、文化学的角度论述了忌讳的内涵与外延；把忌讳分为日常禁忌、社交禁忌、道德禁忌、政治禁忌、信仰禁忌五大类；从巫术、图腾、人神、宗教、帝王、习俗等方面论述了忌讳的产生与嬗变；又论述了忌讳和迷信、科学、宗教、交际、避讳等方面的区别与联系。

该书的最大特点是深入浅出，在注重知识性、趣味性的同时融入了作者对忌讳的理论化、学术性的思考。

二　李中生的《中国语言避讳习俗》

李中生先生所著的《中国语言避讳习俗》② 通俗性地对中国的语言禁忌习俗即避讳进行了分析。内容包括人名避讳、物名避讳、凶祸事物的避讳、死的避讳、污浊事物的避讳、不耻事物的避讳以

---

① 赵慧平：《忌讳》，辽宁人民出版社 1990 年版。
② 李中生：《中国语言避讳习俗》，陕西人民出版社 1990 年版。

及封建避讳等等。该书语言通俗，强调知识性。

三　林伦伦的《中国言语禁忌和避讳》

林伦伦先生所著的《中国言语禁忌和避讳》（1994）① 用文化语言学的方法论述中国的言语禁忌和避讳，内容丰富。该书分上下两编。上编讲述禁忌的由来、言语避讳的方法、言语禁忌的交际应用。下编从生养婚恋、名字、疾病、死亡、年节、行业、丑语、数字、文字、黑话、传统观念、宗教信仰 12 个方面谈论了言语禁忌与避讳。

该书例子丰富鲜活，文字通俗简练，知识性、趣味性兼顾，具有较强的可读性。

四　王强的《中国人的忌讳》

王强先生所著的《中国人的忌讳》② 以半文学化的语言、学术随笔的形式揭示了中国人的民俗心理和文化心理——忌讳。其风格可由该书的六大标题看出：

一、忌讳后面是恐惧

二、神秘的成了忌讳的，忌讳的成了神秘的

三、人人都想犯忌讳

四、"忌讳"生出"礼""法"

五、忌讳与教育

六、忌讳与文学

以上所谈其实就是忌讳的产生、发展、礼制和政治嬗变、文学反映忌讳文化和心理等内容。该书行文夹叙夹议，语言通俗，间有一些学术性的思考。

---

① 林伦伦：《中国言语禁忌和避讳》，中华书局（香港）1994 年版。

② 王强：《中国人的忌讳》，辽宁人民出版社 1998 年版。

五　何满子的《忌讳及其他谈片》

何满子先生的《忌讳及其他谈片》① 之前半部分"中国人的忌讳"以 32 则札记的形式谈论中国人的言语忌讳和避讳，涉及名讳、家讳、死亡居丧忌讳、性别忌讳、饮食忌讳、行业忌讳等内容。所谈具有一定的知识性和趣味性。

六　沈锡伦的《语言文字的避讳禁忌与委婉表现》

沈锡伦先生的《语言文字的避讳禁忌与委婉表现》（2003）② 是一部通俗性的从社会语言学和文化语言学的角度谈论避讳的著作。有关避讳的内容包括避讳的起源、形式、内容、方法；语言禁忌及其心理特征、权力地位禁忌、文字狱、人名禁忌等。该书资料翔实，雅俗共赏。

七　王业霖的《中国文字狱》

王业霖先生的《中国文字狱》③ 讲述了中国历史上的 35 则文字狱案，试图揭示狱案相关各方的政治文化心理。该书叙述中夹有议论，但又似乎影响了行文的流畅与可读性。

八　王晓岩的《中国避讳》

王晓岩先生《中国避讳》④ 是一部成功地将知识性、趣味性和学术性相结合的避讳学普及著作。

首先，内容全面。内容包括：（1）经典诠释（即不讳嫌名、二名不偏讳等）；（2）常规方法；（3）发展演变；（4）官场文化；（5）客场风波；（6）民俗习俗；（7）几项比较（南北、朝野、中外不同）；（8）社会影响；（9）文化价值；（10）历代帝讳略表；（11）历代先公先王庙讳略表；附录部分是一些

---

① 何满子：《忌讳及其他谈片》，上海古籍出版社 1998 年版。
② 沈锡伦：《语言文字的避讳禁忌与委婉表现》，台湾商务印书馆 2003 年版。
③ 王业霖：《中国文字狱》，花城出版社 2007 年版。
④ 王晓岩：《中国避讳》，辽宁人民出版社 2012 年版。

历代有关避讳的故事。可见，所述既有国讳、官讳，又有家讳；既有敬讳，又有俗讳；既谈了避讳的消极方面，又有避讳的积极利用。

其次，层次清晰。各方面内容都以典型的避讳故事材料来说明，并冠以标题，可谓条分缕析。

最后，语言通俗，表述简练。对于所引古代文献中的佶屈聱牙的避讳材料，都翻译成通俗的现代汉语来表达；而对于所述问题，不枝不蔓，说清楚即止。因此，该书雅俗咸宜，对于文史爱好者可读性强，对于初学者又很实用，可以作为他们的入门之书。

九　卞仁海的《汉字与避讳》

卞仁海所著的《汉字和避讳》[①] 立足汉字，以语言文化为视角，从汉字和避讳的广泛联系中阐释了丰富多彩的避讳文化。其内容包括如下9个方面：

（一）汉字遇避讳，州官可放火——前言

（二）洪宪传禁令，不许喊元宵——避讳概述

（三）二名不偏讳，字里有规则——汉字和避讳的规则

（四）避讳更严氏，先生旧姓庄——汉字和避讳的方法

（五）清风不识字，何事乱翻书——汉字和文字狱

（六）语文有禁区，时处须避忌——语文生活和避讳字

（七）讳字有规律，腐朽化神奇——文史研究和避讳字

（八）识得庐山面，只缘在他山——汉字避讳的语言文化学阐释

（九）问渠清如许，为有活水来——查检避讳字和学习避讳的著作

该书试图兼顾学术性、知识性和趣味性，并力求雅俗共赏。

---

① 卞仁海：《汉字与避讳》，暨南大学出版社2015年版。

第四节　现代避讳学研究的论文

一　现代避讳学论文概述

粗略统计，现代有关避讳研究的论文约有180余篇，其内容分布大致如表7—1：

表7—1　　　　　　　　现代避讳研究论文之内容分布表

内容	综论	避讳史	避讳的影响	避讳的利用	专题考论	书评
篇数	34	15	7	29	92	6

可见，现代避讳学研究的论文主要集中在专题考论、综论和避讳学应用研究上。其中的专题考论和应用研究均有力作，但综论的论文多泛泛而谈，甚至人云亦云，学术价值都不高。

二　现代避讳学研究论文的显著特点

由于在以上各章中已经论述了现代避讳学研究的论文，这里仅从大的方面概述现代避讳学研究的论文。综观现代避讳学研究的论文，有三大特点或亮点：

（一）出现了一些专题考论的力作

关于避讳之法，陈垣先生总结为4种：改字、空字、缺笔、改音。[①] 陈北郊先生在《汉语语讳学》中总结为6种，即代词、代字、缺字、残字、作"某"、标"讳"。王彦坤先生在查检大量古代文献的基础上，在《古代敬讳的方法》[②] 一文中考论归纳避讳之法共18种，即作"某"、作"某甲"、标"讳"、省阙、代字、改称、更读、缺笔、变体、草书、拆字、连字、曲说、析言、倒言、填讳、

---

① 陈垣：《史讳举例》，中华书局2004年版，第1—7页。
② 王彦坤：《古代敬讳的方法》，《古籍整理研究学刊》2001年第1期，第38—40页。

覆黄、覆绛。王氏也是迄今为止考论避讳方法最多的学者,其中的覆黄、覆绛、连字、曲说等方法也是他第一次提出并考论。

　　再如王彦坤先生的《工具书及史书中不明避讳致误举隅》① 以札记的形式考论了工具书由于不明避讳而导致的诸多讹误。程邦雄先生的《〈论语〉中的称谓与避讳研究》② 通过《论语》中的称谓,以翔实的语料考论了其时的避讳情况。虞万里先生的《商周称谓与中国古代避讳起源》③ 以大量的古文字材料综合论述了中国古代避讳的起源。马秀兰先生的《〈十驾斋养新录〉〈史讳举例〉"刘聘君"避讳改字说商榷》④ 对钱大昕、陈垣所持宋人刘勉之的敬称"聘君"为避宋仁宗赵祯嫌名讳而改"徵君"之观点提出质疑,成一家之言。邱靖嘉先生的《辽道宗"寿隆"年号探源——金代避讳之新证》⑤ 以大量翔实的材料考证了辽道宗"寿隆"年号和久已湮没的金朝避讳"寿昌"讳例有着渊源关系。以上所论以考据见长,颇见功力。

(二) 应用研究取得长足进展

　　出现了利用避讳学来进行文史考证的论文,诸如用以考订古音、鉴定版本、考订时代等等。

　　利用避讳研究古音。如李新魁先生的《历代避讳在古音研究上的利用》⑥、潘悟云先生的《避忌讳与古音韵考证》⑦ 就是利用避讳字和替代字的语音关系来研究古代音韵。

　　利用避讳鉴定版本。如曹洁、程水龙先生的《避讳在〈近思

---

① 王彦坤:《工具书及史书中不明避讳致误举隅》,《暨南学报》1992 年第 3 期,第 141—143 页。

② 程邦雄:《〈论语〉中的称谓与避讳研究》,《语言研究》1997 年第 1 期,第 109—117 页。

③ 虞万里:《商周称谓与中国古代避讳起源》,载《传统中国研究集刊》(第 1 辑),上海人民出版社 2006 年版,第 110—183 页。

④ 马秀兰:《〈十驾斋养新录〉〈史讳举例〉"刘聘君"避讳改字说商榷》,《文献》2012 年第 2 期,第 168—171 页。

⑤ 邱靖嘉:《辽道宗"寿隆"年号探源——金代避讳之新证》,《中华文史论丛》2014 年第 4 期,第 211—228 页。

⑥ 李新魁:《历代避讳在古音研究上的利用》,载《李新魁音韵学论集》,汕头大学出版社 1997 年版,第 455—460 页。

⑦ 潘悟云:《避忌讳与古音韵考证》,《中国语文研究》2001 年第 1 期,第 89—92 页。

录〉版本鉴别中的应用》① 根据《近思录》中讳字研究其所属的版本。龙江人先生的《讳字与古医籍版本考察》② 举例说明了利用避讳字可以确定古医籍的版本。郭洪义先生的《从避讳字看〈广韵〉版本》③，通过避讳研究，认为张氏泽存堂本《广韵》当是南宋宁宗年间的递修本，而学界一般认为是高宗年间的浙刊本。

利用避讳考订时代。如台湾学者刘广定先生的《〈红楼梦〉抄本抄成年代考》④ 利用《红楼梦》各抄本中的避讳字考订它们的抄成年代。窦怀永、许建平等先生的《敦煌写本的避讳特点及其对传统写本抄写时代判定的参考价值》⑤ 利用敦煌文献写本中的避讳字判定其写本的抄成年代。王宝利先生的《从避讳现象谈〈老子河上公章句〉的成书时代》⑥ 利用《老子河上公章句》中的避讳字，认为其书成于汉昭帝刘弗陵之时。张志鹏先生的《从避讳字考明末刻本〈宋史纪事本末〉刊刻时间》⑦利用《宋史纪事本末》中的避讳字，认为明末张溥刻本为崇祯时的刻本。

利用避讳进行校勘以及其他综合考证。如王发国先生的《从避讳学角度校勘钟嵘〈诗品〉》⑧、许元先生的《略论避讳在太平天国史料考订中的利用》⑨、毛进云、陈敏等先生的《从皇帝的避讳看

---

① 曹洁、程水龙：《避讳在〈近思录〉版本鉴别中的作用》，《合肥学院学报》2006 年第 4 期，第 21—24 页。

② 龙江人：《讳字与古医籍版本考察》，《中医药学报》1984 年第 4 期，第 53 页。

③ 郭洪义：《从避讳字看〈广韵〉版本》，《五邑大学学报》2015 年第 2 期，第 88—91 页。

④ 刘广定：《〈红楼梦〉抄本抄成年代考》，《明清小说研究》1997 年第 2 期，第 124—135 页。

⑤ 窦怀永、许建平：《敦煌写本的避讳特点及其对传统写本抄写时代判定的参考价值》，《敦煌研究》2004 年第 4 期，第 52—56 页。

⑥ 王宝利：《从避讳现象谈〈老子河上公章句〉的成书时代》，《兰州学刊》2006 年第 8 期，第 47—48 页。

⑦ 张志鹏：《从避讳字考明末刻本〈宋史纪事本末〉刊刻时间》，《当代图书馆》2015 年第 1 期，第 57—59 页。

⑧ 王发国：《从避讳学角度校勘钟嵘〈诗品〉》，《许昌学院学报》2009 年第 1 期，第 44—48 页。

⑨ 许元：《略论避讳在太平天国史料考订中的利用》，《历史档案》2005 年第 1 期，第 71—76 页。

〈伤寒论〉的疑点》①、吴良祚先生的《略论太平天国避讳的研究和利用》② 等。

（三）　开始关注学科建设

学科建设一直是避讳学研究的短板，现代已经有学者撰文关注避讳学的学科建设。陈北郊先生的《汉语语讳学初探》③ 提出要建立独立的汉语语讳学学科，并粗略搭建了其框架；之后写成的《汉语语讳学》一书就是这一学科构建的具体实践。吴良祚先生的《略论避讳与避讳学》④ 鉴于陈垣先生等将避讳仅限于史讳的局限性，重新界定了避讳的概念：

> 犯忌触讳的事物，不得直说直书，而用其他方法来回避，就叫做避讳。它包括名讳与俗讳，尊讳与恶讳，史讳和语讳，其实质是一种语言禁忌。

这种定义将俗讳、恶讳和敬讳界定在避讳范围内，无疑是很正确的；但避讳不仅仅包括语言禁忌，还包括行为禁忌。

吴氏又界定了避讳学：

> 避讳学是研究避讳现象与规律及应用的一门边缘学科，按其对象有史讳学和语讳学两个分支。

这是对避讳学比较科学的界定，但今天看来，随着避讳学的不断发展，避讳学不仅仅有史讳学、语讳学两个分支，还有俗讳学、避讳文化学等。

---

① 毛进云、陈敏等：《从皇帝的避讳看〈伤寒论〉的疑点》，《中医药研究》1997年第 1 期，第 2、59 页。

② 吴良祚：《略论太平天国避讳的研究和利用》，载《太平天国学刊》第 5 辑，中华书局 1987 年版。

③ 陈北郊：《汉语语讳学初探》，《山西大学学报》1984 年第 4 期，第 82—90 页。

④ 吴良祚：《略论避讳与避讳学》，《浙江学刊》1992 年第 3 期，第 100—105 页。

　　杨蓉蓉、虞万里先生的《我们设计的〈中国古代避讳词典〉》①名为避讳词典，实际上是"对避讳学体系所作的初步构建"②。文章将设想的避讳词典词目分为8类：讳字、避讳字、避讳例词、避讳辩证、避讳典故、有关避讳的政令和议论、关于避讳的著作及著作研究者、避讳术语和讳例，并由8类词目构成避讳语系统和避讳学系统。这个设计既包括避讳学学科体系，又包括避讳学史体系，还包括避讳学辞典，这样就成了一部百科全书，实际操作起来就非常困难。20多年过去了，这样的词典并没有问世，说明了其设计太过宏大。但就其中的避讳学学科而言，已有范志新《避讳学》、陈北郊《汉语语讳学》等著作；避讳辞典已有王彦坤《历代避讳字汇考》、王建《史讳辞典》等；避讳学史方面，本书算是一种尝试。

　　卞仁海的《中国避讳学：历史分期与学科构建》③提出"普通避讳学"的概念，认为普通避讳学是一门独立的学科，它包括史讳学、语讳学、俗讳学、避讳文化学等下位学科，并且这些下位学科不属于历史、语言、民俗等学科，而是从属于（普通）避讳学。该文还就避讳学的研究视角、研究方法、研究领域等学科建设诸方面提出了建议。

第五节　现代避讳学的学科建设及未来前瞻

一　现代避讳学研究简评

　　（一）长足的进展。现代社会，经济社会高速发展，尤其是基于计算机的互联网技术、数据库技术等的广泛应用，使得学术信息的交流、研究素材的搜集变得异常方便、快捷和高效，学术也随之

　　① 杨蓉蓉、虞万里：《我们设计的〈中国古代避讳词典〉》，《辞书研究》1993年第3期，第28—35页。
　　② 同上。
　　③ 卞仁海：《中国避讳学：历史分期与学科构建》，《求索》2015年第1期，第158—163页。

空前繁荣。避讳学在此背景下也取得长足进展：避讳学辞书的编纂填补了空白，避讳学研究的专著成果丰硕，普及性质的避讳学著作不断涌现，避讳学研究的论文出现相当多的力作。

（二）领域的扩大。比如近年出现多篇敦煌文献避讳、简帛文献避讳、金石文献避讳的论著；民俗避讳的研究也不断升温。

（三）史讳的研究进展缓慢，所有研究均不出陈垣先生所构建的框架，只有量的积累，没有质的飞跃。普及性质的论著虽然多，但整体质量不高。

（四）存在学术泡沫。市场经济背景下整体学风变得浮躁，职称的晋升、学位的取得又和论著挂钩，使得包括避讳学论著在内的学术成果存在泡沫。现代避讳学的一些论著存在重复研究，或人云亦云、乏善可陈，或移花接木、陈陈相因。

二　现代避讳学的学科建设及未来前瞻

针对避讳学学科建设的现状，检讨避讳学研究的历史，瞻望未来的研究，提出如下几点：

第一，继续做好普通避讳学的下位学科诸如俗讳学、语讳学、史讳学、避讳文献学等的研究。

下位学科是上位学科建设的基础，普通避讳学作为上位学科，其建设有赖于史讳学、语讳学、俗讳学等下位学科的研究进展；尤其是避讳文献学，目前的研究还是个案的、零散的，只是在具体典籍的研究中，涉及与避讳相关的版本、校勘问题时才有揭示，而系统性、规律性的研究尚未见到；相当多的典籍中的避讳讳例也亟须整理和归纳。只有穷尽性地占有避讳材料，避讳学的研究才能全面而系统，而不至于挂一漏万，或以偏概全。

第二，用跨学科的多维视角，总结出历代避讳和各类避讳的一般规律及其应用规律，建立普通避讳学的学科体系，编著出一部教材性质的《普通避讳学概论》。

中国传统学术理论空气薄弱，学者又必须通经学才能考取功名，狭隘实用的功利目的使得避讳的应用规律和理论研究长期不受重视，从而限制了避讳学的发展。现代的避讳学的研究必须突破这一局限。避讳是语言现象，又是历史文化现象；避讳是心理现象，又是社会现象，其间渗透了诸多民族文化的元素。因此，要研究避讳学，就需要进行语言学、民俗学、历史学、心理学、社会学、文化学等诸多学科的多维观照。唯其如此，才能把握中国避讳学独特的人文内涵。

我们须用跨学科的多维视角，既重视史讳、语讳、俗讳等的特殊规律，又要重视各类避讳的一般规律和学科体系建设；既重视其理论研究，又要注重揭示其应用规律；既重视描写，更要注重解释。所谓描写，就是避讳材料的整理和归纳，所谓解释，就是揭示各类避讳的发生、发展、演变和应用的机制和规律。比如，关于中国的人名避讳，相关的研究只是描写历代如何进行人名避讳，但为什么只有中国人进行人名避讳，而西方人几乎不避名讳？这就需要进行跨文化比较，从中国人特有的思维方式、文化模式、社会制度等方面进行综合性的解释。只有满足以上条件的《普通避讳学概论》问世了，普通避讳学学科才算真正建立。

第三，要引入新的研究方法。学术研究，方法至关重要，尤其是现代计算机技术，可用来进行定量定性分析。如利用计算机技术可以对历代避讳材料进行检索、统计和分类，既实现了对材料的宏观把握，又可以多角度微观考察材料，从而提高研究的速度、广度和信度。比如，本书中对一些史料中避讳材料的统计数据就是用计算机检索的方法。再如，传统避讳学认为历代避讳以宋代避讳最为严苛和繁多。但是，利用计算机软件对 48 个朝代的 4120 项讳例进行测查发现，唐代讳例有 1303 项，两宋只有 781 项；在全部的 424 个避讳对象中，前四位的均是唐代皇帝及其宗族，李世民（318 项）、李虎（197 项）、李渊（153 项）、李治（103 项），而宋代最多的赵祯（69 项）、赵匡胤（66 项）均比唐代少；避讳用字方面，最多的也是唐代的李世民，要避 24 个字，其次是李隆基，要避 11 个字，而宋代最多的赵祯只需避 8 个字。① 因此，通过计算机技术

---

① 数据来自日本学者中岛敏夫的统计，见王建《史讳辞典》，上海古籍出版社 2011 年版，第 284 页。

的测查，可以得出新的结论：唐代避讳比宋代更为严苛和繁多。

第四，加强避讳学知识的普及。如何将避讳学的学术性深入浅出地融入趣味性和知识性之中，是当前避讳学工作者共同面临的课题。虽然当下也有一些普及性质的避讳论著，但真正做到雅俗共赏，知识性、趣味性、学术性兼具的论著则非常之少。普及是提高的准备，只有多出高质量的普及性质论著，才能在普及的基础上壮大学术队伍，形成研学氛围，进而提高避讳学的整体研究水平。

第五，避免重复研究，拓宽避讳学的研究领域。近年来有大量的避讳学重复研究，主要集中在敬讳领域，如有关避讳的方法，就有十多篇内容相仿的文章；以"避讳概说""浅谈避讳""小议避讳""避讳初探"等为题的文章就达数十篇之多，而内容则都是排比历代讳例，并无新意。而有些方面的研究尚须加强，如关于俗讳的研究就相对不足。

第六，继续加强避讳学的应用研究。避讳学是工具学科，其价值在于指导人际交往、文史阅读和古籍整理的实际应用。如前所述，目前避讳学的应用研究取得了一些成绩，但尚需加强，尤其是在如何利用避讳学指导文献阅读和进行文史考证等方面，其空间广阔，大有可为。我们要以避讳学的应用研究促进学科建设，从而形成二者的良性互动。因为应用性始终是一门学科的价值所在，唯其如此，中国避讳学才有柳暗花明的新天地。

附 录

一 历代帝王庙谥名字墓号年号表 (秦代以降)①

秦 (嬴氏)

1. 始皇帝名政 (一作正)。

父庄襄王名子楚 (初名子异)。

2. 二世皇帝名胡亥。

3. 秦王名子婴。

父名扶苏 (胡亥兄)。

西楚 (项氏)

1. 霸王名籍字羽 (或作子羽)。

祖名燕。

季父名梁。

西汉 (刘氏)

1. 太祖高皇帝名邦字季。墓号长陵。

父太上皇名煓, 一名执嘉 (或以执嘉为字)。

2. 孝惠皇帝名盈。墓号安陵。

3. 废帝名恭。

4. 少帝名弘 (本名山, 更名义, 即位后改名弘)。(惠帝子)

5. 太宗孝文皇帝名恒。(高帝子) 墓号霸陵。

---

① 相关资料由王彦坤先生提供。

6. 孝景皇帝名启。墓号阳陵。

7. 世宗孝武皇帝名彻。墓号茂陵。年号：建元、元光、元朔、元狩、元鼎、元封、太初、天汉、太始、征和（或以为延和）、后元。

8. 孝昭皇帝名弗（初名弗陵）。墓号平陵。年号：始元、元凤、元平。

9. 昌邑王名贺。

父昌邑哀王名髆。（孝昭帝弟）

10. 中宗孝宣皇帝名询（初名病已），字次卿。墓号杜陵。年号：本始、地节、元康、神爵、五凤、甘露、黄龙。

祖戾太子名据。（孝武帝子）

父追尊悼皇名进。

11. 高宗孝元皇帝名奭。墓号渭陵。年号：初元、永光、建昭、竟宁。

12. 孝成皇帝名骜，字太孙。墓号延陵。年号：建始、河平、阳朔、鸿嘉、永始、元延、绥和。

13. 孝哀皇帝名欣。墓号义陵。年号：建平、太初元将、元寿。

父追尊恭皇名康。（元帝子）

14. 元宗孝平皇帝名衎（本名箕子，元始二年更名）。墓号康陵。年号：元始。

父中山孝王名兴。（元帝子）

15. 少帝名婴。年号：居摄、初始（或作始初）

曾祖楚孝王名嚣。（宣帝子）

祖广戚炀侯名勋。

父嗣广戚侯名显。

新（王氏）

1. 皇帝名莽，字巨君。年号：始建国、天凤、地皇。

祖追尊阳平顷王名禁，字稚君。

父追尊新都显王名曼，字元卿。

玄汉（刘氏）

1. 淮阳王名玄，字圣公。葬霸陵。年号：更始。

祖苍梧太守名利。

父名子张。

东汉（刘氏）

1. 世祖光武皇帝名秀，字文叔。墓号原陵。年号：建武、建武中元。

祖巨鹿都尉名回。

父南顿君名钦。

2. 显宗孝明皇帝名庄（一名阳），字子丽。墓号显节陵。年号：永平。

3. 肃宗孝章皇帝名炟。墓号敬陵。年号：建初、元和、章和。

4. 穆宗孝和皇帝名肇。墓号慎陵。年号：永元、元兴。

5. 孝殇皇帝名隆。墓号康陵。年号：延平。

6. 恭宗孝安皇帝名祜（或作祐）。墓号恭陵。年号：永初、元初、永宁、建光、延光。

父追尊孝德皇名庆。（章帝子）

7. 少帝名懿，一名犊。

父济北惠王名寿。（章帝子）

8. 敬宗孝顺皇帝名保。（安帝子）墓号宪陵。年号：永建、阳嘉、永和、汉安、建康。

9. 孝冲皇帝名炳。墓号怀陵。年号：永憙。

10. 孝质皇帝名缵。墓号静陵。年号：本初。

曾祖千乘贞王名伉。（章帝子）

祖乐安夷王名宠。

父勃海孝王名鸿。

11. 威宗孝桓皇帝名志。墓号宣陵。年号：建和、和平、元嘉、永兴、永寿、延熹、永康。

祖追尊孝穆皇名开。（章帝子）

父追尊孝崇皇名翼。

12. 孝灵皇帝名宏。墓号文陵。年号：建宁、熹平、光和、中平。

祖追尊孝元皇名淑。（孝穆皇子）

父追尊孝仁皇名苌。

13. 废帝名辩。年号：光熹、昭宁。

14. 孝献皇帝名协，字伯和。（废帝弟）墓号禅陵。年号：永汉、中平、初平、兴平、建安、延康。

三国

（一）魏（曹氏）

1. 世祖文皇帝名丕，字子桓。墓号首阳陵。年号：黄初。

曾祖明帝太和三年追尊高皇帝名腾，字季兴。

祖追尊太皇帝名嵩，字巨高。

父追尊太祖武皇帝名操，字孟德，一名吉利，小字阿瞒。墓号高陵。

2. 烈祖明皇帝名叡，字元仲。墓号高平陵。年号：太和、青龙、景初。

3. 齐王名芳，字兰卿。（明帝养子）年号：正始、嘉平。

祖任城威王名彰，字子文。（武帝子）

父嗣任城王名楷。

4. 高贵乡公名髦，字彦士。年号：正元、甘露。

父东海定王名霖。（文帝子）

5. 元皇帝名奂（初名璜，即位后更名）。年号：景元、咸熙。

父燕王名宇，字彭祖。（武帝子）

（二）蜀（刘氏）

1. 昭烈皇帝名备，字玄德。墓号惠陵。年号：章武。

祖东郡范令名雄。

父名弘。

2. 后主名禅，字公嗣，小名阿斗。年号：建兴、延熙、景耀、炎兴。

（三）吴（孙氏）

1. 太祖大皇帝名权，字仲谋。墓号蒋陵。年号：黄武、黄龙、嘉禾、赤乌、太元、神凤。

父追尊始祖武烈皇帝名坚，字文台。墓号高陵。

兄追尊长沙桓王名策，字伯符。

2. 会稽王名亮，字子明。年号：建兴、五凤、太平。

3. 景皇帝名休，字子烈。（会稽王兄）墓号定陵。年号：永安。

4. 末帝名皓，字元宗；一名彭祖，字皓宗。年号：元兴、甘露、宝鼎、建衡、凤凰、天册、天玺、天纪。

父追尊文皇帝名和。（景帝兄）

晋（司马氏）

（一）西晋

1. 世祖武皇帝名炎，字安世。墓号峻阳陵。年号：泰始、咸宁、太康、太熙。

祖追尊高祖宣皇帝名懿，字仲达。墓号高原陵。

父追尊太祖文皇帝名昭，字子上。墓号崇阳陵。

伯父追尊世宗景皇帝名师，字子元。墓号峻平陵。

2. 孝惠皇帝名衷，字正度。墓号太阳陵。年号：永熙、永平、元康、永康、永宁、太安、永安、建武、永兴、光熙。

附：赵王名伦，字子彝。（宣帝子）年号：建始。（按：司马伦于永宁元年正月篡位改元，四月被诛，惠帝复辟。）

3. 孝怀皇帝名炽，字丰度。（武帝子）年号：永嘉。

4. 孝愍皇帝名邺（或作业），字彦旗。年号：建兴。

父吴孝王名晏，字平度。（武帝子）

（二）东晋

1. 中宗元皇帝名睿，字景文。墓号建平陵。年号：建武、太兴（或作大兴）、永昌。

祖琅琊武王名伷，字子将。（宣帝子）

父琅琊恭王名觐，字思祖。

2. 肃宗明皇帝名绍，字道畿。墓号武平陵。年号：太宁。

3. 显宗成皇帝名衍，字世根。墓号兴平陵。年号：咸和、咸康。

4. 康皇帝名岳，字世同。（成帝弟）墓号崇平陵。年号：建元。

5. 孝宗穆皇帝名聃，字彭子。墓号永平陵。年号：永和、升平。

6. 哀皇帝名丕，字千龄。（成帝子）墓号安平陵。年号：隆和、兴宁。

7. 废帝名奕，字延龄。（哀帝弟）年号：太和。

8. 太宗简文皇帝名昱，字道万。（元帝子）墓号高平陵。年号：咸安。

9. 烈宗孝武皇帝名曜，字昌明。墓号隆平陵。年号：宁康、太元。

10. 安皇帝名德宗，字德宗。墓号休平陵。年号：隆安、元兴、大亨、义熙。

附：楚武悼皇帝桓氏名玄，字敬道，一名灵宝。年号：建始、永始。

父追尊太祖宣武皇帝名温，字元子。墓号永崇陵。

11. 恭皇帝名德文，字德文。（安帝弟）墓号冲平陵。年号：元熙。

十六国

（一）前赵（刘氏）

1. 高祖光文皇帝名渊，字元海。墓号永光陵。年号：元熙、永凤、河瑞。

祖名于扶罗。

父名豹。

2. 嗣主名和，字玄泰。

3. 烈宗昭武皇帝名聪，字玄明，一名载。（嗣主弟）。墓号宣光陵。年号：光兴、嘉平、建元、麟嘉。

4. 隐帝名粲，字士光。年号：汉昌。

5. 末主名曜，字永明。年号：光初。

高祖追尊景皇帝名亮。

曾祖追尊献皇帝名广。

祖追尊懿皇帝名防。

父追尊宣成皇帝名绿。（光文帝族弟）墓号永垣陵。

（二）成汉（李氏）

1. 太宗武皇帝名雄，字仲俊。墓号安都陵。年号：建兴、晏平、玉衡。

祖追尊陇西襄王名慕。

父追尊始祖景皇帝名特，字玄休。年号：建初。

2. 哀皇帝名班，字世文。

父河间王名荡，字仲平。（武帝兄）

3. 幽公名期，字世运。（哀帝弟）年号：玉恒。

4. 中宗昭文皇帝名寿，字武考。墓号安昌陵。年号：汉兴。

父追尊献皇帝名骧，字元龙。（景帝弟）

5. 归义侯名势，字子仁。年号：太和、嘉宁。

（三）前凉（张氏）

1. 成公、威王时追尊太宗成王名茂，字成逊。年号：永元。

父威王时追尊太祖武王名轨，字士彦。

兄威王时追尊高祖昭王名寔，字安逊。

2. 文公、威王时追尊世祖文王名骏，字公庭。（昭王子）年号：太元。

3. 桓公、威王时追尊世宗明王名重华，字泰临。年号：永乐。

4. 哀公名耀灵，字元舒。

5. 威王名祚，字太伯。（明王兄）年号：和平。

6. 冲公名玄靓，字元安。（哀公庶弟）年号：太始。

7. 悼公名天锡，字纯嘏（初字公纯嘏，后去"公"字），小名独活。（文王少子）年号：太清。

（四）后赵（石氏）

1. 高祖明皇帝名勒，字世龙，初名匋。墓号高平陵。年号：太和、建平。

祖追尊宣皇帝名耶（或作邪）奕于。

父追尊世宗元皇帝名周曷朱，一名乞翼加。

2. 海阳王名弘，字大雅。年号：延熙。

3. 太祖武皇帝名虎，字季龙。墓号显原陵。年号：建武、太宁。

祖追尊武皇帝名訇邪。

父追尊太宗孝皇帝名寇觅。

4. 谯王名世。

5. 彭城王名遵。（谯王兄）

6. 义阳王名鉴，字大朗。（彭城王兄）年号：青龙。

7. 赵王名祗。（武帝子）年号：永宁。

附：冉魏（冉氏）

1. 武悼天王名闵，字永曾，小字棘奴。年号：永兴。

祖追尊元皇帝名隆。

父追尊烈祖高皇帝名瞻，字弘武，初名良。

（五）前燕（慕容氏）

1. 燕王、追尊太祖文明皇帝名皝，字元真。

父景昭帝时追尊高祖武宣皇帝名廆，字弈洛瓌。

2. 烈祖景昭皇帝名儁，字宣英。墓号龙陵。年号：元玺、光寿。

3. 幽皇帝名暐，字景茂。年号：建熙。

附：西燕（慕容氏）

1. 济北王名泓。（前燕幽帝弟）。年号：燕兴。

2. 威皇帝名冲，小字凤皇。（济北王弟）年号：更始。

3. 燕王段氏名随。（世系无考）年号：昌平。

4. 燕王名顗。年号：建明。

父宜都王名桓。（前燕景昭帝弟）

5. 燕帝名瑶（或作望）。（威帝子）年号：建平。

6. 燕帝名忠。（济北王子）年号：建武。

7. 末主名永。年号：中兴。

祖名运。（前燕武宣帝弟）

（六）前秦（符氏）

1. 高祖（初称世宗，后改高祖）景明皇帝（或作明皇帝，无"景"字）名健，字建业。年号：皇始。

父追尊太祖惠武帝名洪，字广世。

2. 厉王名生，字长生。年号：寿光。

3．世祖宣昭皇帝名坚，字永固，一名文玉。年号：永兴、甘露、建元。

父追尊文桓皇帝名雄，字元才。（惠武帝子）

4．哀平皇帝名丕，字永叙（一作永叔）。年号：太安。

5．太宗高皇帝名登，字文高。年号：太初。

父明帝时陇东太守名敞。（宣昭帝族子）

6．末主名崇。年号：延初。

（七）后秦（姚氏）

1．大祖武昭皇帝名苌，字景茂。墓号原陵。年号：白雀、建初。

父追尊始祖景元皇帝名弋仲。墓号高陵。

兄追尊魏武王名襄，字景国。

2．高祖文桓皇帝名兴，字子略。墓号偶陵。年号：皇初、弘始。

3．末主名泓，字元子。年号：永和。

（八）后燕（慕容氏）

1．世祖成武皇帝名垂，字道明（或作字叔仁）。（前燕文明帝子）墓号宣平。年号：燕元、建兴。

2．烈宗惠愍皇帝名宝，字道祐。年号：永康。

3．中宗昭武皇帝名盛，字道运。墓号兴平。年号：建平、长乐。

伯父追尊献庄皇帝名全（或作令）。

4．昭文皇帝名熙，字道文。（成武帝少子）年号：光始、建始。

（九）西秦（乞伏氏）

1．烈祖宣烈王名国仁。年号：建义。

祖名傉大寒。

父名司繁。

2．高祖武元王名乾归。（宣烈王弟）年号：太初、更始。

3．太祖文昭王名炽盘。墓号武平陵。年号：永康、建弘。

4．末主名暮末（或作慕末）年号：永弘。

（十）后凉（吕氏）

1．太祖懿武皇帝名光，字世明。墓号高陵。年号：太安、麟嘉、龙飞、承康（或作永康）。

追尊吕望为始祖。

父追尊景昭王名婆楼。

2. 隐王名绍。

3. 灵皇帝名纂，字永绪。（懿武帝庶长子）墓号白石陵。年号：咸宁。

4. 建康公名隆，字永基。年号：神鼎。

父追尊文皇帝名宝。（懿武帝弟）

（十一）南凉（秃发氏）

1. 烈祖武王名乌孤。年号：太初。

祖名推斤。

父名思复鞬。

2. 康王名利鹿孤。（武王弟）年号：建和。

3. 景王名傉檀。（康王弟）年号：弘昌、嘉平。

（十二）南燕（慕容氏）

1. 世宗献武皇帝名德，字玄明。（前燕文明帝少子）年号：建平。

2. 末主名超，字祖明。年号：太上。

父追尊穆皇帝名纳。（献武帝兄）

（十三）西凉（李氏）

1. 太祖武昭王名皓，字玄盛，小字长生。墓号建世陵。年号：庚子、建初。

祖追尊景公名弇。

父追尊简公名昶。

2. 后主名歆，字士业，小字桐椎。年号：嘉兴。

3. 末主名恂。（后主弟）年号：永建。

（十四）北凉（沮渠氏）

1. 凉王段氏名业。年号：神玺、天玺。

2. 太祖武宣王沮渠氏名蒙逊。年号：永安、玄始、承玄、义和、缘禾。

父名法弘。

3. 哀王名茂虔（或作牧犍）。年号：承和（一作永和）。

（十五）夏（赫连氏）

1. 世祖武烈皇帝名勃勃，字屈子。墓号嘉平陵。年号：龙升、凤翔、昌武、真兴。

高祖追尊元皇帝名训兜，一名诰升爰。

曾祖追尊景皇帝名虎，一名乌路孤。

祖追尊宣皇帝名豹子，一名务桓。

父追尊太祖桓皇帝名卫辰。

2. 秦王名昌，字还国，一名折。年号：承光（或作永光）。

3. 平原王名定，小字直獖。（秦王弟）年号：胜光。

（十六）北燕（慕容氏、冯氏）

1. 惠懿皇帝高氏名云，字子雨。年号：正始。

祖名和。

父名拔，小字秃头。

2. 太祖文成皇帝冯氏名跋，字文起，小字乞直伐。墓号长谷陵。年号：太平。

祖追尊元皇帝名和。

父追尊宣皇帝名安。

3. 昭成皇帝名弘，字文通。（文成帝少弟）年号：太兴。

南北朝

南朝

（一）宋（刘氏）

1. 高祖武皇帝名裕，字德舆，小名寄奴。墓号初宁陵。年号：永初。

父追尊孝穆皇帝名翘。

2. 少帝名义符，小字车兵。年号：景平。

3. 太祖文皇帝（初称中宗景皇帝，后改）名义隆，小字车儿。（少帝弟）墓号长宁陵。年号：元嘉。

4. 元凶名劭，字休远。年号：太初。

5. 世祖孝武皇帝名骏，字休龙，小字道民。（元凶劭弟）墓号景宁陵。年号：孝建、大明。

6. 前废帝名子业，小字法师。年号：永光、景和。

7. 太宗明皇帝名彧，字休炳，小字荣期。（孝武帝弟）墓号高宁陵。年号：泰始、泰豫。

8. 后废帝名昱，字德融，小字慧震。年号：元徽。

9. 顺皇帝名准，字仲谋（或作仲谟），小字智观。（后废帝弟）墓号遂宁陵。年号：升明。

（二）齐（萧氏）

1. 太祖高皇帝名道成，字绍伯，小字斗将。墓号泰安陵。年号：建元。

父追尊宣皇帝名承之，字嗣伯。

2. 世祖武皇帝名赜，字宣远，小名龙儿。墓号景安陵。年号：永明。

3. 郁林王名昭业，字元尚，小名法身。年号：隆昌。

父追尊世宗文皇帝名长懋，字云乔，小字白泽。（武帝长子）

4. 海陵恭王名昭文，字季尚。（郁林王弟）年号：延兴。

5. 高宗明皇帝名鸾，字景栖，小名玄度。墓号兴安陵。年号：建武、永泰。

父追尊景皇名道生，字孝伯。（高帝兄）

6. 东昏侯名宝卷（初名明贤，后改），字智藏。年号：永元。

7. 和帝名宝融，字智昭。（东昏侯弟）墓号恭安陵。年号：中兴。

（三）梁（萧氏）

1. 高祖武皇帝名衍，字叔达，小字练儿。墓号修陵。年号：天监、普通、大通、中大通、大同、中大同、太清。

父追尊太祖文皇帝名顺之，字文纬。

2. 太宗简文皇帝名纲，字世缵，小字六通。墓号庄陵。年号：大宝。

3. 豫章嗣王名栋，字元吉。年号：天正。

祖追尊昭明皇帝名统，字德施，小字维摩。（简文帝兄）墓号安宁陵。

父追尊安皇帝名欢，字孟孙。

4. 世祖孝元皇帝名绎，字世诚，小字七符。（简文帝弟）年号：承圣。

5. 闵皇帝名渊明，字靖通。年号：天成。

父长沙宣武郡王名懿，字元达。（武帝兄）

6. 敬皇帝名方智，字慧相，小字法真。（元帝子）年号：绍泰、太平。

附：北梁（萧氏）

1. 中宗宣皇帝名詧，字理孙。（昭明帝子）墓号平陵。年号：大定。

2. 世宗孝明皇帝名岿，字仁远。墓号显陵。年号：天保。

3. 梁公名琮，字温文。年号：广运。

（四）陈（陈氏）

1. 高祖武皇帝名霸先，字兴国，小字法生。墓号万安陵。年号：永定。

父追尊太祖景皇帝名文赞。

2. 世祖文皇帝名蒨，字子华。墓号永宁陵。年号：天嘉、天康。

父始兴昭烈王名道谈。（武帝兄）

3. 废帝名伯宗，字奉业，小字药王。年号：光大。

4. 高宗孝宣皇帝名顼，字绍世，小字师利。（文帝弟）墓号显宁陵。年号：太建。

5. 后主名叔宝，字元秀，小字黄奴。年号：至德、祯明。

北朝

（一）北魏（拓跋氏，至孝文帝时改姓元氏）

1. 太祖道武皇帝（初称烈祖宣武皇帝，明元帝泰常五年改谥道武，孝文帝太和十五年又改庙号为太祖）名珪。葬金陵。年号：登国、皇始、天兴、天赐。

祖高祖昭成皇帝名什翼犍。葬金陵。年号：建国。

父追尊献明皇帝名寔。

2. 太宗明元皇帝名嗣。葬金陵。年号：永兴、神瑞、泰常。

3. 世祖太武皇帝名焘。葬金陵。年号：始光、神麚、延和、太延、太平真君、正平。

4. 南安隐王名余。年号：承平。

5. 高宗文成皇帝名濬。葬金陵。年号：兴安、兴光、太安、和平。

父追尊恭宗景穆皇帝名晃。（太武帝子）

6. 显祖献文皇帝名弘。葬金陵。年号：天安、皇兴。

7. 高祖孝文皇帝名宏。墓号长陵。年号：延兴、承明、太和。

8. 世宗宣武皇帝名恪。墓号景陵。年号：景明、正始、永平、延昌。

9. 肃宗孝明皇帝名诩。墓号定陵。年号：熙平、神龟、正光、孝昌、武泰。

10. 幼主名钊。

祖京兆王名愉，字宣德。（宣武帝弟）

父临洮王名宝晖。

11. 敬宗孝庄皇帝（初于安定王中兴二年谥武怀皇帝，至孝武帝太昌元年改谥孝庄）名子攸。墓号静陵。年号：建义、永安。

父追尊肃祖文穆皇帝名勰，字彦和。（献文帝子）

兄追尊无上皇帝名劭，字子讷。

12. 长广王名晔，字华兴，小字盆子。年号：建明。

祖南安惠王名桢。（景穆帝子）

父扶风王名怡。

13. 节闵帝名恭，字修业。年号：普泰。

父追尊先帝名羽，字叔翻。（文穆帝兄）

14. 安定王名朗，字仲哲。年号：中兴。

祖章武王名彬，字豹儿。（南安惠王子）

父章武庄武王名融，字永兴。

15. 孝武皇帝名脩，字孝则。年号：太昌、永兴、永熙。

父追尊武穆皇帝名怀。（宣武帝弟）

（二）东魏（元氏）

孝静皇帝名善见。年号：天平、元象、兴和、武定。

祖清河文献王名怿，字宣仁。（孝文帝子）

父清河文宣王名亶。

（三）西魏（元氏，至恭帝时复姓拓跋氏）

1. 文皇帝名宝炬。墓号永陵。年号：大统。

父追尊文景皇帝名愉，字宣德。（北魏孝文帝子）

2. 废帝名钦。

3. 恭帝名廓。（废帝弟）

（四）北齐（高氏）

1. 显祖文宣皇帝（初称高祖文宣皇帝，后主天统元年改为威宗景烈皇帝，武平元年又改显祖文宣皇帝）名洋，字子进。墓号武宁陵。年号：天保。

祖追尊文穆皇帝名树生。

父追尊高祖神武皇帝（初称太祖献武皇帝，后主天统元年改高祖神武皇帝）名欢，字贺六浑。墓号义平陵。

兄追尊世宗文襄皇帝名澄，字子惠。墓号峻成陵。

2. 废帝名殷，字正道。年号：乾明。

3. 肃宗孝昭皇帝名演，字延安。（文宣帝弟）墓号文靖陵。年号：皇建。

4. 世祖武成皇帝名湛。（孝昭帝弟）。墓号永平陵。年号：太宁、河清。

5. 后主名纬，字仁纲。年号：天统、武平、隆化。

6. 幼主名恒。年号：承光。

（五）北周（宇文氏）

1. 孝闵皇帝名觉，字陁罗尼。墓号静陵。

祖明帝武成初追尊德皇帝名肱。

父追尊太祖文皇帝（初尊文王，武成元年追尊文皇帝）名泰，字黑獭。墓号成陵。

2. 世宗明皇帝名毓，小名统万突。（孝闵帝兄）墓号昭陵。年号：武成。

3. 高祖武皇帝名邕，字祢罗突。（孝闵帝弟）墓号孝陵。年号：保定、天和、建德、宣政。

4. 宣皇帝名赟，字乾伯。墓号定陵。年号：大成。

5. 静皇帝名阐（初名衍，后改名）。墓号恭陵。年号：大象、大定。

隋（杨氏）

1. 高祖文皇帝名坚，小名那罗延。墓号太陵。年号：开皇、仁寿。

父追尊太祖武元皇帝名忠。

2. 世祖炀皇帝名广，一名英，小字阿𡡉。年号：大业。

3. 恭皇帝名侑。年号：义宁。

父越王皇泰初追尊世宗孝成皇帝名昭。（炀帝子）。

4. 越王名侗。（恭帝弟）年号：皇泰。

唐（李氏）

1. 高祖神尧大圣大光孝皇帝名渊。墓号献陵。年号：武德。

七世祖西凉武昭王、玄宗天宝二年追尊兴圣皇帝名皓，字玄盛，小字长生。

高祖高宗咸亨五年追尊献祖宣皇帝名熙。

曾祖高宗咸亨五年追尊懿祖光皇帝名天赐。

祖追尊太祖景皇帝名虎。墓号永康陵。

父追尊世祖元皇帝名昺。墓号兴宁陵。

2. 太宗文武大圣大广孝皇帝名世民。墓号昭陵。年号：贞观。

3. 高宗天皇大圣大弘孝皇帝名治。墓号乾陵。年号：永徽、显庆、龙朔、麟德、乾封、总章、咸亨、上元、仪凤、调露、永隆、开耀、永淳、弘道。

子追尊义宗孝敬皇帝（高宗上元二年谥孝敬皇帝；中宗践祚，又称其庙号为义宗）名弘。墓号恭陵。

4. 中宗大和大圣大昭孝皇帝名显，曾用名哲。墓号定陵。年号：嗣圣、神龙、景龙。（按：嗣圣元年二月，中宗被废，睿宗即位。后于武周神龙元年，中宗再次登位，复国号唐。至神龙三年九月，改元景龙。嗣圣、神龙两年号时间并不衔接。）

5. 睿宗玄真大圣大兴孝皇帝名旦，曾名旭轮，又名轮。（中宗弟）墓号桥陵。年号：文明、光宅、垂拱、永昌、载初、景云、太极、延和。（按：载初元年九月，周革唐命，睿宗被废。后至殇帝唐隆元年六月，睿宗再次登位，改元景云。自载初至景云，时间并不衔接。）

6. 殇皇帝名重茂。（中宗子）年号：唐隆。

7. 玄宗至道大圣大明孝皇帝名隆基。（睿宗子）墓号泰陵。年号：先天、开元、天宝。

兄追尊让皇帝名宪，本名成器。墓号惠陵。

8. 肃宗文明武德大圣大宣孝皇帝名亨（初名嗣升；开元十五年封忠王，改名浚；二十三年改名玙；二十六年册为皇太子，改名绍；天宝三载，改名亨）。墓号建陵。年号：至德、乾元、上元、宝应。

兄追尊奉天皇帝名琮（本名嗣直；开元十三年，改名潭；二十一年，改名琮）。墓号齐陵。

9. 代宗睿文孝武皇帝名豫（初名俶，乾元元年五月册为皇太子，十月改名豫）。墓号元陵。年号：广德、永泰、大历。

弟追尊承天皇帝名倓。墓号顺陵。

10. 德宗神武孝文皇帝名适。墓号崇陵。年号：建中、兴元、贞元。

11. 顺宗至德弘道大圣大安孝皇帝名诵。墓号丰陵。年号：永贞。

12. 宪宗昭文章武大圣至神孝皇帝名纯（初名淳，贞元二十一年册立为皇太子，更名纯）。墓号景陵。年号：元和。

13. 穆宗睿圣文惠孝皇帝名恒（初名宥，元和七年册立为皇太子，更名恒）。墓号光陵。年号：长庆。

14. 敬宗睿武昭愍孝皇帝名湛。墓号庄陵。年号：宝历。

15. 文宗元圣昭献孝皇帝名昂（初名涵，即位后更名昂）。（敬宗弟）墓号章陵。年号：大和、开成。

16. 武宗至道昭肃孝皇帝名炎（本名瀍，会昌六年三月不豫，更名炎）。（文宗弟）墓号端陵。年号：会昌。

17. 宣宗元圣至明成武献文睿智章仁神聪懿道大孝皇帝名忱（初名怡，即位后更名忱）。（穆宗弟）墓号贞陵。年号：大中。

18. 懿宗睿文昭圣恭惠孝皇帝名漼（初名温，大中十三年立为皇太子监国，更名漼）。墓号简陵。年号：咸通。

19. 僖宗惠圣恭定孝皇帝名儇（初名俨，咸通十四年册立为皇太子，更名儇）。墓号靖陵。年号：乾符、广明、中和、光启、文德。

20. 昭宗圣穆景文孝皇帝名晔（初名杰；文德元年三月立为皇太弟，改名敏；翌日即位，更名晔）。（僖宗弟）墓号和陵。年号：龙纪、大顺、景福、乾宁、光化、天复、天祐。（按：光化三年十一月，左右军中尉刘季述、王仲先等幽昭宗于东内，立皇太子裕为帝。昭宗旋复辟。）

21. 德王名裕，废帝为王后更名祐。

22. 哀皇帝、后唐明宗时追尊景宗昭宣光烈孝皇帝名祝（初名祚，即位后改名祝）。（德王弟）墓号温陵。年号：天祐。

武周（武氏）

1. 则天大圣皇帝名曌。祔葬乾陵。年号：天授、如意、长寿、延载、证圣、天册万岁、万岁登封、万岁通天、神功、圣历、久视、大足、长安。

追尊周文王姬昌为始祖文皇帝。墓号德陵。

追尊周武王姬发为睿祖康皇帝。墓号乔陵。

五代祖追尊严祖成皇帝名居常。墓号节陵。

高祖追尊肃祖章敬皇帝名克己。墓号简陵。

曾祖追尊烈祖昭安皇帝名俭。墓号靖陵。

祖追尊显祖文穆皇帝名华。墓号永陵。

父追尊太祖孝明高皇帝名士彟，字信。墓号昊陵（初称章德陵，后更名）。

五代十国

五代

（一）梁（朱氏）

1. 太祖神武元圣孝皇帝名晃（本名温；唐僖宗时赐名全忠；临即位，更名晃）。墓号宣陵。年号：开平、乾化。

高祖追尊肃祖宣元皇帝名黯。墓号兴极陵。

曾祖追尊敬祖光献皇帝名茂琳。墓号永安陵。

祖追尊宪祖昭武皇帝名信。墓号光天陵。

父追尊烈祖文穆皇帝名诚。墓号咸宁陵。

2. 郢王名友珪，小字遥喜。年号：凤历。

3. 末帝名瑱（初名友贞，即位后改名锽；贞明中，又更名瑱）。（郢王弟）年号：乾化、贞明、龙德。

（二）唐（李氏）

1. 庄宗光圣神闵孝皇帝名存勖。墓号雍陵。年号：同光。

曾祖追尊懿祖昭烈皇帝名执宜。

祖追尊献祖文景皇帝名国昌（本名赤心，唐咸通中赐名国昌），字德兴。

父追尊太祖武皇帝名克用，绰号"李鸦儿"，又号"独眼龙"。

2. 明宗圣德和武钦孝皇帝名亶（初名嗣源，即位后改名亶）。墓号徽陵。年号：天成、长兴。

高祖追尊惠祖孝恭皇帝名聿。墓号遂陵。

曾祖追尊毅祖孝质皇帝名教。墓号衍陵。

祖追尊烈祖孝靖皇帝名琰。墓号奕陵。

父追尊德祖孝成皇帝名霓（或作电）。墓号庆陵。

3. 闵皇帝名从厚，小字菩萨奴。年号：应顺。

4. 末帝名从珂，小字二十三。（明宗养子）年号：清泰。

（三）晋（石氏）

1. 高祖圣文章武明德孝皇帝名敬瑭。墓号显陵。年号：天福。

高祖追尊靖祖孝安皇帝名璟。墓号义陵。

曾祖追尊肃祖孝简皇帝名郴。墓号惠陵。

祖追尊睿祖孝平皇帝名翌。墓号康陵。

父追尊宪祖孝元皇帝名绍雍，番字臬捩鸡。墓号昌陵。

2. 出帝名重贵。（高祖养子）年号：开运。

生父追尊宋王名敬儒。（高祖兄）

（四）汉（刘氏）

1. 高祖睿文圣武昭肃孝皇帝名暠（本名知远，即位后更名暠）。墓号睿陵。年号：天福、乾祐。

高祖追尊文祖明元皇帝名湍。墓号懿陵。

曾祖追尊德祖恭僖皇帝名昂。墓号沛陵。

祖追尊翼祖昭献皇帝名僎。墓号威陵。

父追尊显祖章圣皇帝名琠。墓号肃陵。

2. 隐皇帝名承祐。墓号颍陵。年号：乾祐。

（五）周（郭氏、柴氏）

1. 太祖圣神恭肃文武孝皇帝郭氏名威，字文仲（或作仲文）。墓号嵩陵。年号：广顺、显德。

高祖追尊信祖睿和皇帝名璟。墓号温陵。

曾祖追尊僖祖明宪皇帝名谌。墓号齐陵。

祖追尊义祖翼顺皇帝名蕴。墓号节陵。

父追尊庆祖章肃皇帝名简。墓号钦陵。

2. 世宗睿武孝文皇帝柴氏名荣。（太祖养子）墓号庆陵。年号：显德。

生父名守礼，字克让。

3. 恭皇帝名宗训。墓曰顺陵。年号：显德。

十国

（一）吴（杨氏）

1. 高祖宣皇帝名隆演（初名瀛，又名渭），字鸿源。墓号肃陵。年号：武义。

父追尊太祖武皇帝（睿帝乾贞元年追尊）名行密（初名行愍），字化源。墓号兴陵。

兄追尊烈宗景皇帝（睿帝乾贞元年追尊）名渥，字承天。墓号绍陵。

2. 睿帝名溥。（宣帝弟）墓号平陵。年号：顺义、乾贞、大和、天祚。

（二）南唐（李氏）

1. 烈祖光文肃武孝高皇帝名昪（初为徐温养子，冒姓徐氏，名知诰；称帝后复姓李氏，更名昪），字正伦，小字彭奴。墓号永陵。年号：升元。

高祖追尊定宗孝静皇帝名恪。

曾祖追尊成宗孝平皇帝名超。

祖追尊惠宗孝安皇帝名志。

父追尊庆宗孝德皇帝名荣。

义父追尊义祖武皇帝徐氏名温，字敦美。

2. 元宗明道崇德文宣孝皇帝名景（初名景通，即位后改名璟；后避周庙讳，复改为景），字伯玉。墓号顺陵。年号：保大、中兴、交泰。

3. 后主名煜（初名从嘉），字重光。

（三）吴越（钱氏）

1. 太祖武肃王名镠，字具美。年号：天宝、宝大（或作宝太）、宝正（或作宝贞、保贞）。

祖名宙。

父名宽。

2. 世宗文穆王名元瓘（初名传瓘），字明宝。

3. 成宗忠献王名弘佐，字玄祐。

4. 忠逊王名弘倧，字隆道。（忠献王弟）

5. 忠懿王名弘俶，字文德。（忠逊王弟）

（四）前蜀（王氏）

1. 高祖神武圣文孝德明惠皇帝名建，字光图，绰号贼王八。墓号永陵。年号：武成、永平、通正、天汉、光天。

父名金。

2. 后主圣德明孝皇帝名衍（初名宗衍，及嗣位，去"宗"字），字化源。年号：乾德、咸康。

追尊周灵王太子王子晋为圣祖至道玉宸皇帝。

（五）后蜀（孟氏）

1. 高祖文武圣德英烈明孝皇帝名知祥，字保胤。墓号和陵。年号：明德。

祖名察。

父名道。

2. 后主睿文英武仁圣明孝皇帝名昶（初名仁赞），字保元。年号：广政。

（六）南汉（刘氏）

1. 高祖天皇大帝名䶮（本名岩，改名陟，又改名龚，后更名䶮）。墓号康陵。年号：乾亨、白龙、大有。

祖追尊太祖文皇帝名安仁。

父追尊代祖圣武皇帝名谦。

兄追尊烈宗襄皇帝名隐。墓号德陵。

2. 殇皇帝名玢（初名弘度，及嗣位，更名玢），小字寿。年号：光天。

3. 中宗文武光圣明孝皇帝名晟（初名弘熙）。（殇帝弟）墓号昭陵。年号：应乾、乾和。

4. 后主名铱（初名继兴）。年号：大宝。

（七）北汉（刘氏）

1. 世祖神武（一作英武）皇帝名旻（初名崇，及称帝，更名旻）。（后汉高祖刘暠弟）年号：乾祐。

2. 睿宗孝和皇帝名钧（初名承钧，后去"承"字）。年号：乾祐、天会。

3. 少主名继恩。（睿宗养子）

生父薛氏名钊。

4. 后主名继元（睿宗养子）。年号：广运。

生父何氏，名无考。

（八）闽（王氏）

1. 太宗惠皇帝名鏻（初名延钧，即位后更名鏻）。年号：龙启、永和。

父追尊太祖昭武孝皇帝名审知，字信通。墓号宣陵。

2. 康宗圣神英睿文明广武应道大弘孝皇帝名昶（初名继鹏，即位后更名昶）。年号：通文。

3. 景宗睿文广武明圣元德隆道大孝皇帝名曦（初名延曦，即位后更名曦）。（太祖少子）年号：永隆。

4. 后主名延政。（景宗兄）年号：天德。

（九）楚（马氏）

1. 武穆王名殷，字霸图。

曾祖追尊文肃王名筠。

祖追尊庄穆王名正。

父追尊景庄王名元丰。

2. 衡阳王名希声，字若讷。

3. 文昭王名希范，字宝规。（衡阳王弟）

4. 废王名希广，字德丕。（文昭王弟）

5. 恭孝王名希萼。（废王庶兄）

6. 篡王名希崇。（恭孝王弟）

（十）荆南（高氏）

1. 武信王名季兴（本名季昌，避后唐讳，更名季兴），字贻孙。

义父朱氏名友让（本姓李名让，梁太祖养为子，易姓名曰朱友让）。

2. 文献王名从诲，字遵圣。

3. 贞懿王名保融，字德长。

4. 嗣主名保勖，字省躬。（贞懿王弟）

5. 后主名继冲，字成和。（贞懿王子）

辽（耶律氏）

1. 太祖大圣大明神烈天皇帝名亿，字阿保机，小字啜里只。墓号祖陵。年号：神册、天赞、天显。

高祖，天祚帝乾统三年追尊肃祖昭烈皇帝名耨里思。

曾祖，天祚帝乾统三年追尊懿祖庄敬皇帝名萨剌德。

祖，兴宗重熙二十一年追尊玄祖简献皇帝名匀德实。

父，兴宗重熙二十一年追尊德祖宣简皇帝名撒剌的。

2. 太宗孝武惠文皇帝名德光，字德谨，小字尧骨。墓号怀陵。年号：天显、会同、大同。

弟，圣宗统和中追谥钦顺皇帝（兴宗重熙二十一年更谥章肃，后又改为和敬），小字李胡，一名洪古，字奚隐。

3. 世宗孝和庄宪皇帝名阮，小字兀欲。葬显陵。年号：天禄。

父追尊让国皇帝（兴宗重熙二十年又尊为义宗文献钦义皇帝）名倍，小字图欲。（太祖长子）墓号显陵。

4. 穆宗孝安敬正皇帝名璟，后更名明，小字述律。（太宗长子）附葬怀陵。年号：应历。

5. 景宗孝成康靖皇帝名贤，字贤宁，小字明扆（或谓初名明记，更名贤）。（世宗子）墓号乾陵。年号：保宁、乾亨。

6. 圣宗文武大孝宣皇帝名隆绪，小字文殊奴。墓号庆陵。年号：统和、开泰、太平。

7. 兴宗神圣孝章皇帝名宗真，字夷不堇，小字只骨。葬于庆陵。年号：景福、重熙。

8. 道宗孝文皇帝名洪基（或作弘基），字涅邻，小字查剌。葬于庆陵。年号：清宁、咸雍、大康、大安、寿昌。

9. 天祚皇帝名延禧，字延宁，小字阿果。年号：乾统、天庆、保大。

父追尊顺宗大孝顺圣皇帝名浚，小字耶鲁斡。（道宗长子）

附：北辽（耶律氏）

1. 宣宗孝章皇帝名淳，小字涅里。墓号永安陵。年号：建福。
父宋魏王名和鲁斡，字阿辇。（辽兴宗次子）

2. 德妃萧氏名普贤女。（宣宗妻）年号：德兴。

3. 梁王名雅里，字撒鸾。（辽天祚帝次子）年号：神历。

西辽（耶律氏）

1. 德宗天祐皇帝名大石，字重德。年号：延庆、康国。
祖追尊嗣元皇帝名无考。（辽太祖六代孙）

2. 感天皇后萧氏名塔不烟。（德宗妻）年号：咸清。

3. 仁宗名夷列。年号：绍兴。

4. 承天太后名普速完。（仁宗妹）年号：崇福。

5. 末主名直鲁古。（仁宗次子）年号：天禧。

宋（赵氏）

（一）北宋

1. 太祖启运立极英武睿文神德圣功至明大孝皇帝名匡胤。墓号永昌陵。年号：建隆、乾德、开宝。

高祖追尊僖祖文献皇帝名朓。墓号钦陵。

曾祖追尊顺祖惠元皇帝名珽。墓号康陵。

祖追尊翼祖简恭皇帝名敬。墓号定陵，仁宗时改靖陵。

父追尊宣祖武昭皇帝名弘殷。墓号安陵。

2. 太宗神功圣德文武皇帝名炅（初名匡义，改赐光义，即位之二年，改名炅）。（太祖弟）墓号永熙陵。年号：太平兴国、雍熙、端拱、淳化、至道。

3. 真宗应符稽古神功让德文明武定章圣元孝皇帝名恒（初名德昌，后改名元休，又改名元侃，及立为皇太子，改名恒）。墓号永定陵。年号：咸平、景德、大中祥符、天禧、乾兴。

始祖追尊圣祖名玄朗。

4. 仁宗体天法道极功全德神文圣武睿哲明孝皇帝名祯（初名受益，后改名）。墓号永昭陵。年号：天圣、明道、景祐、宝元、康定、庆历、皇祐、至和、嘉祐。

5. 英宗体乾应历隆功盛德宪文肃武睿圣宣孝皇帝名曙（初名宗实，及立为皇子，更名曙）。墓号永厚陵。年号：治平。

祖商恭靖王名元份（初名德严，后改名元俊，又改名元份）。（真宗弟）。

父濮安懿王名允让，字益之。

6. 神宗绍天法古运德建功英文烈武钦仁圣孝皇帝名顼（初名仲针，后更名）。墓号永裕陵。年号：熙宁、元丰。

7. 哲宗宪元继道显德定功钦文睿武齐圣昭孝皇帝名煦（初名佣，及立为皇太子，更名）。墓曰永泰陵。年号：元祐、绍圣、元符。

8．徽宗体神合道骏烈逊功圣文仁德宪慈显孝皇帝名佶。（哲宗弟）墓号永祐陵。年号：建中靖国、崇宁、大观、政和、重和、宣和。

9．钦宗恭文顺德仁孝皇帝名桓（初名亶，改名烜，又更名桓）。墓号永献陵。年号：靖康。

（二）南宋

1．高宗受命中兴全功至德圣神武文昭仁宪孝皇帝名构，字德基。（钦宗弟）墓号永思陵。年号：建炎、绍兴。（按：建炎三年三月，扈从统制苗傅、刘正彦等逼高宗逊位元懿太子，改元明受；四月，高宗复辟，仍称建炎。）

2．元懿太子名旉。年号：明受。

3．孝宗绍统同道冠德昭功哲文神武明圣成孝皇帝名眘，字元永（初名伯琮，改名瑗；立为皇子，更名玮，赐字元瑰；及立为皇太子，又赐名㶴；旋更名眘，赐字元永）。墓号永阜陵。年号：隆兴、乾道、淳熙。

六世祖秦康惠王名德芳。（太祖少子）

五世祖英国公名惟宪，字有则。

高祖新兴侯名从郁。

曾祖华阴侯名世将。

祖庆国公名令譮。

父安僖秀王名子偁。

4．光宗循道宪仁明功茂德温文顺武圣哲慈孝皇帝名惇。墓号永崇陵。年号：绍熙。

5．宁宗法天备道纯德茂功仁文哲武圣睿恭孝皇帝名扩。墓号永茂陵。年号：庆元、嘉泰、开禧、嘉定。

6．理宗建道备德大功复兴烈文仁武圣明安孝皇帝名昀（初名贵诚，及立为皇子，改赐名昀）。墓号永穆陵。年号：宝庆、绍定、端平、嘉熙、淳祐、宝祐、开庆、景定。

父追封荣王名希瓐。（太祖九代孙）

7．度宗端文明武景孝皇帝名禥（初名孟启；后改名孜；及立为皇子，改名禥）。墓号永绍陵。年号：咸淳。

父嗣荣王名与芮。（理宗弟）

8. 孝恭懿圣皇帝名㬎。年号：德祐。

9. 端宗裕文昭武愍孝皇帝名昰。（度宗庶子）年号：景炎。

10. 卫王名昺。（端宗弟）年号：祥兴。

西夏（李氏）

1. 景宗武烈皇帝名元昊，一名曩霄，小字嵬理。墓号泰陵。年号：显道、开运、广运、大庆、天授礼法延祚。

祖追尊太祖神武皇帝名继迁。墓号裕陵。

父追尊太宗光圣皇帝名德明，小字阿移。墓号嘉陵。

2. 毅宗昭英皇帝名谅祚，小字宁令哥。墓号安陵。年号：延嗣宁国、天祐垂圣、福圣承道、奲都、拱化。

3. 惠宗康靖皇帝名秉常。墓号献陵。年号：乾道、天赐礼盛国庆、大安、天安礼定。

4. 崇宗圣文皇帝名乾顺。墓号显陵。年号：天仪治平、天祐民安、永安、贞观、雍宁、元德、正德、大德。

5. 仁宗圣德皇帝名仁孝。墓号寿陵。年号：大庆、人庆、天盛、乾祐。

6. 桓宗昭简皇帝名纯祐。墓号庄陵。年号：天庆。

7. 襄宗敬穆皇帝名安全。墓号康陵。年号：应天、皇建。

父越王名仁友。（崇宗子）

8. 神宗英文皇帝名遵顼。年号：光定。

父齐国忠武王名彦宗。

9. 献宗名德旺。年号：乾定。

10. 末主名睍。年号：宝义。

父清平郡王，名无考。

金（完颜氏）

1. 太祖应乾兴运昭德定功仁明庄孝大圣武元皇帝名旻，本名阿骨打。墓号睿陵（初称和陵，熙宗皇统四年改名）。年号：收国、天辅。

七世祖追尊始祖懿宪景元皇帝名函普。墓号光陵。

六世祖追尊渊穆玄德皇帝名乌鲁。墓号熙陵。

五世祖追尊和靖庆安皇帝名跋海。墓号建陵。

高祖追尊献祖纯烈定昭皇帝名绥可。墓号辉陵。

曾祖追尊昭祖武惠成襄皇帝名石鲁。墓号安陵。

祖追尊景祖英烈惠桓皇帝名乌古乃。墓号定陵。

父追尊世祖神武圣肃皇帝名劾里钵。墓号永陵。

叔父追尊肃宗明睿穆宪皇帝名颇剌淑。墓号泰陵。

叔父追尊穆宗章顺孝平皇帝名盈歌，字乌鲁完。墓号献陵。

兄追尊康宗献敏恭简皇帝名乌雅束，字毛路完。墓号乔陵。

2. 太宗体元应运世德昭功哲惠仁圣文烈皇帝名晟，本名吴乞买。（太祖弟）墓号恭陵（初葬和陵，熙宗皇统四年改名）。年号：天会。

3. 熙宗弘基缵武庄靖孝成皇帝（初称闵宗武灵皇帝，后改谥、庙号）名亶，本名合剌。墓号思陵。年号：天眷、皇统。

父追尊徽宗景宣皇帝名宗峻，本名绳果。（太祖子）墓号兴陵。

4. 废帝名亮，字元功，本名迪古乃。年号：天德、贞元、正隆。

父追尊德宗宪古弘道文昭武烈章孝睿明皇帝名宗干，本名斡本。（太祖庶长子）

5. 世宗光天兴运文德武功圣明仁孝皇帝名雍，本名乌禄。墓号兴陵。年号：大定。

父追尊睿宗立德显仁启圣广运文武简肃皇帝名宗尧（初名宗辅，本名讹里朵，世宗大定上尊谥，追上今名）。（太祖子）墓号景陵。

6. 章宗宪天光运仁文义武神圣英孝皇帝名璟，小字麻达葛。墓号道陵。年号：明昌、承安、泰和。

父追尊显宗体道弘仁英文睿德光孝皇帝名允恭，本名胡土瓦。（世宗次子）墓号裕陵。

7. 卫绍王名永济（初名允济，章宗时避显宗讳更名），小字兴胜。（显宗弟）年号：大安、崇庆、至宁。

8. 宣宗继天兴统述道勤仁英武圣孝皇帝名珣（本名吾睹补，大定二十六年赐名珣）。（显宗长子）墓号德陵。年号：贞祐、兴定、元光。

9. 哀宗名守绪，初名守礼，又名宁甲速。年号：正大、开兴、天兴。

10. 末帝名承麟。年号：盛昌。

父祖名无考。

元（孛儿只斤氏）

1. 太祖法天启运圣武皇帝名铁木真。

父追尊烈祖神元皇帝名也速该。

2. 太宗英文皇帝名窝阔台。

3. 昭慈皇后乃马真氏名脱列哥那。（太宗妻）

4. 定宗简平皇帝名贵由。

5. 钦淑皇后姓无考，名斡兀立海迷失。（定宗妻）

6. 宪宗桓肃皇帝名蒙哥。

父追尊睿宗景襄皇帝（初谥英武皇帝，世祖至元三年改今谥）名拖雷。（太宗弟）

7. 世祖圣德神功文武皇帝（元国语尊称薛禅皇帝）名忽必烈。（宪宗弟）年号：中统、至元。

8. 成宗钦明广孝皇帝（元国语尊称完泽笃皇帝）名铁穆耳。年号：元贞、大德。

父追尊裕宗文惠明孝皇帝名真金。（世祖子）

9. 武宗仁惠宣孝皇帝（元国语尊称曲律皇帝）名海山。年号：至大。

父追尊顺宗昭圣衍孝皇帝名答剌麻八剌。（成宗兄）

10. 仁宗圣文钦孝皇帝（元国语尊称普颜笃皇帝）名爱育黎拔力八达。（武宗弟）年号：皇庆、延祐。

11. 英宗睿圣文孝皇帝名硕德八剌。年号：至治。

12. 泰定皇帝名也孙铁木儿。年号：泰定、致和。

父追遵显宗光圣仁孝皇帝名甘麻剌。（顺宗兄）

13. 天顺帝名阿速吉八。年号：天顺。

14. 文宗圣明元孝皇帝（元国语称札牙笃皇帝）名图帖睦尔。（武宗次子）年号：天历、至顺。（按：天历二年正月，文宗让位于兄明宗。八月，明宗暴崩，文宗复位。)

15. 明宗翼献景孝皇帝名和世㻋。(文宗兄)年号：天历。

16. 宁宗冲圣嗣孝皇帝名懿璘质班。(明宗次子)年号：至顺。

17. 惠宗顺皇帝名妥懽帖睦尔。(宁宗兄)年号：元统、至元、至正。

18. 昭宗名爱猷识理达腊。年号：宣光。

19. 后主名脱古斯帖木儿。(昭宗弟)年号：天元。

明（朱氏）

1. 太祖开天行道肇纪立极大圣至神仁文义武俊德成功高皇帝名元璋，字国瑞。墓号孝陵。年号：洪武。

高祖追尊德祖玄皇帝，名无考。

曾祖追尊懿祖恒皇帝，名无考。

祖追尊熙祖裕皇帝，名无考。墓号祖陵。

父追尊仁祖淳皇帝名世珍。墓号皇陵（初号英陵，后改称）。

2. 恭闵惠皇帝名允炆。年号：建文。

父追尊兴宗孝康皇帝名标。(太祖长子)

3. 成祖启天弘道高明肇运圣武神功纯仁至孝文皇帝名棣。(兴宗弟)墓号长陵。年号：永乐。

4. 仁宗敬天体道纯诚至德弘文钦武章圣达孝昭皇帝名高炽。墓号献陵。年号：洪熙。

5. 宣宗宪天崇道英明神圣钦文昭武宽仁纯孝章皇帝名瞻基。墓号景陵。年号：宣德。

6. 英宗法天立道仁明诚敬昭文宪武至德广孝睿皇帝名祁镇。墓号裕陵。年号：正统、天顺。（按：正统末，英宗亲征瓦剌，兵败蒙尘。代宗即位，翌年改元景泰。至景泰末，英宗复辟，又改元天顺。故正统、天顺两年号于时间上前后并不衔接。)

7. 代宗恭仁康定景皇帝名祁钰。(英宗弟)年号：景泰。

8. 宪宗继天凝道诚明仁敬崇文肃武宏德圣孝纯皇帝名见深，初名见浚。(英宗长子)墓号茂陵。年号：成化。

9. 孝宗建天明道诚纯中正圣文神武至仁大德敬皇帝名祐樘。墓号泰陵。年号：弘治。

10．武宗承天达道英肃睿哲昭德显功弘文思孝毅皇帝名厚照。墓号康陵。年号：正德。

11．世宗钦天履道英毅圣神宣文广武洪仁大孝肃皇帝名厚熜。墓号永陵。年号：嘉靖。

父追尊睿宗兴献皇帝名祐杬。（孝宗弟）墓号显陵。

12．穆宗契天隆道渊懿宽仁显文光武纯德弘孝庄皇帝名载垕。墓号昭陵。年号：隆庆。

13．神宗范天合道哲肃敦简光文章武安仁止孝显皇帝名翊钧。墓号定陵。年号：万历。

14．光宗崇天契道英睿恭纯宪文景武渊仁懿孝贞皇帝名常洛。墓号庆陵。年号：泰昌。

15．熹宗达天阐道敦孝笃友章文襄武靖穆庄勤悊皇帝名由校。墓号德陵。年号：天启。

16．思宗庄烈愍皇帝名由检。（熹宗弟）墓号思陵。年号：崇祯。

清（爱新觉罗氏）

1．太祖承天广运圣德神功肇纪立极仁孝睿武端毅钦安弘文定业高皇帝名努尔哈赤。墓号福陵。年号：天命。

六世祖追尊肇祖原皇帝名孟特穆。

五世祖名充善。

高祖名锡宝齐篇古。

曾祖追尊兴祖直皇帝名福满。

祖追尊景祖翼皇帝名觉昌安。墓号永陵。

父追尊显祖宣皇帝名塔克世。墓号永陵。

2．太宗应天兴国弘德彰武宽温仁圣睿孝敬敏昭定隆道显功文皇帝名皇太极。墓号昭陵。年号：天聪、崇德。

3．世祖体天隆运定统建极英睿钦文显武大德弘功至仁纯孝章皇帝名福临。墓号孝陵。年号：顺治。

叔父追尊成宗懋德修道广业定功安民立政诚敬义皇帝名多尔衮。

4．圣祖合天弘运文武睿哲恭俭宽裕孝敬诚信功德大成仁皇帝名玄烨。墓号景陵。年号：康熙。

5. 世宗敬天昌运建中表正文武英明宽仁信毅睿圣大孝至诚宪皇帝名胤禛。墓号泰陵。年号：雍正。

6. 高宗法天隆运至诚先觉体元立极敷文奋武钦明孝慈神圣纯皇帝名弘历。墓号裕陵。年号：乾隆。

7. 仁宗受天兴运敷化绥猷崇文经武孝恭勤俭端敏英哲睿皇帝名颙琰。墓号昌陵。年号：嘉庆。

8. 宣宗效天符运立中体正至文圣武智勇仁慈俭勤孝敏宽定成皇帝名旻宁。墓号慕陵。年号：道光。

9. 文宗协天翊运执中垂谟懋德振武圣孝渊恭端仁宽敏显皇帝名奕詝。墓号定陵。年号：咸丰。

10. 穆宗继天开运受中居正保大定功圣智诚孝信敏恭宽毅皇帝名载淳。墓号惠陵。年号：祺祥、同治。

11. 德宗同天崇运大中至正经文纬武仁孝睿智端俭宽勤景皇帝名载湉。（文宗嗣子）墓号崇陵。年号：光绪。

生父醇贤亲王名奕譞。（文宗弟）

12. 逊帝名溥仪。年号：宣统。

父监国摄政王名载沣。（德宗弟）

二　历代国讳避讳字一览表

朝代	帝号	国姓	讳字（名讳）	代字（讳例）
周	晋僖侯	姬	司徒	司徒改为中军
	宋武公	姬	司空	司空改为司城
秦	秦始皇	嬴	正（政）	端（正月改为端月）
	父庄襄王	嬴	子楚	荆（楚改为荆、郢）
	秦二世	嬴	胡亥	夷（讳胡为夷）
西汉	高祖	刘	邦	国（邦家改为国家）
	高后	吕	雉	野鸡
	惠帝	刘	盈	满

朝代	帝号	国姓	讳字（名讳）	代字（讳例）
	文帝	刘	恒	常（恒山改为常山）
	景帝	刘	启	开（微子启改为微子开）
	武帝	刘	彻	通（蒯彻改为蒯通）
	昭帝	刘	弗（初名弗陵）	不（夏夫弗忌改为夏夫不忌）
	宣帝	刘	询（初名病已）	谋
	元帝	刘	奭	盛（奭氏改为盛氏）
	成帝	刘	骜	俊
	哀帝	刘	欣	喜
	平帝	刘	衎（初名箕子）	乐
东汉	光武帝	刘	秀	茂（秀才改为茂才）
	叔父赵王	刘	良	寿良县改为寿张
	明帝	刘	庄	严（庄安改为严安）
	章帝	刘	炟	著
	和帝	刘	肇	始
	殇帝	刘	隆	盛（伏隆改为伏盛）
	安帝	刘	祜	福
	父清河孝王	刘	庆	贺（庆氏改为贺氏）
	顺帝	刘	保	守
	冲帝	刘	炳	明
	质帝	刘	缵	继
	桓帝	刘	志	意
	灵帝	刘	宏	大
	献帝	刘	协	合
魏	武帝	曹	操	捉
	文王	曹	丕	
	明帝	曹	睿	
	齐王	曹	芳	芳林园改为华林园
	高贵乡公	曹	髦	
	陈留王	曹	奂	

朝代	帝号	国姓	讳字（名讳）	代字（讳例）
蜀	昭烈帝	刘	备	
	后主	刘	禅	
吴	大帝	孙	权	
	太子	孙	和	禾兴县改为嘉兴
	废帝	孙	亮	
	景帝	孙	休	休阳县改为海阳
	归命侯	孙	皓宗	孟宗改名孟仁
西晋	宣帝	司马	懿	益或壹（张懿改为张益）
	景帝	司马	师	帅 宰（太师改为太宰）
	文帝	司马	昭	明（昭君改为明君）
	武帝	司马	炎	孙炎改为孙叔然
	惠帝	司马	衷	
	怀帝	司马	炽	
	愍帝	司马	邺	建业改为建康
东晋	元帝	司马	睿	锐（任叡改为任锐） 明（任叡改为任明）
	明帝	司马	绍	承、继
	成帝	司马	衍	王衍以字夷甫行
	康帝	司马	岳	岱、崇
	穆帝	司马	聃	
	哀帝	司马	丕	
	海西公（废帝）	司马	奕	
	简文帝	司马	昱	
	太后		阿春	阳（春秋改为阳秋）
	孝武帝	司马	曜	
	安帝	司马	德宗	
	恭帝	司马	德文	

续表

朝代	帝号	国姓	讳字（名讳）	代字（讳例）
南朝宋	宋武帝	刘	裕	张裕以字茂度行
	少帝	刘	义符	
	文帝	刘	义隆	
	孝武帝	刘	骏	
	前废帝	刘	子业	
	明帝	刘	彧	
	后废帝	刘	昱	
	顺帝	刘	準	平準令改染署令
齐	高帝	萧	道成	景（萧道先改名萧景先）
	武帝	萧	赜	
	郁林王	萧	昭业	
	海陵王	萧	昭文	
	明帝	萧	鸾	
	东昏侯	萧	宝卷	
	和帝	萧	宝融	王融以字元长行
梁	武帝	萧	衍	延、羡（邹衍作邹羡）
	武帝父	萧	顺之	从（宋顺帝作宋从帝）
	简文帝	萧	纲	
	元帝	萧	绎	
	敬帝	萧	方智	
陈	高祖	陈	霸先	
	世祖	陈	蒨	
	废帝	陈	伯宗	
	宣帝	陈	顼	
	后主	陈	叔宝	鲍叔叡作鲍僧叡
北魏	道武帝	拓跋	珪	封（嫌名下邽改为夏封）
	明元帝	拓跋	嗣	
	太武帝	拓跋	焘	

续表

朝代	帝号	国姓	讳字（名讳）	代字（讳例）
	景穆帝	拓跋	晃	光
	文成帝	拓跋	濬	
	献文帝	拓跋	弘	洪
	孝文帝	元	宏	容、横
	宣武帝	元	恪	慕容恪以玄恭行
	孝明帝	元	诩	羽（魏诩改名羽）
	孝庄帝	元	子攸	
	节闵帝	元	恭	
	安定王	元	朗	
	孝武帝	元	脩	
西魏	文帝	元	宝炬	
	废帝	元	钦	
	恭帝	拓跋	廓	
东魏	孝静帝	元	善见	
北齐	神武帝	高	欢	欣、忻（张欢改名张忻）
	六世祖	高	隐	赵隐以字彦深行
	五世祖	高	庆	敬（显庆改显敬）
	高祖	高	泰	太
	高祖父	高	树生	殊（县名树颓作殊颓）
	文襄帝	高	澄	
	文宣帝	高	洋	
	废帝	高	殷	殷州改为赵州
	孝昭帝	高	演	
	武成帝	高	湛	
	后主	高	纬	
	幼主	高	恒	

朝代	帝号	国姓	讳字（名讳）	代字（讳例）
北周	文帝	宇文	泰	太（萧泰改作萧太）
	孝闵帝	宇文	觉	
	明帝	宇文	毓	
	武帝	宇文	邕	道邕以字道和行
	宣帝	宇文	赟	
	静帝	宇文	阐	
隋	高祖	杨	坚	贤（叔坚改叔贤） 固（坚垒改作固垒）
	祖父	杨	祯	李孝贞以字元操行
	父亲	杨	忠	内（中书改为内史）
	炀帝	杨	广	大、博（广川县改长河，广雅改博雅）
	恭帝	杨	侑	
唐	高祖	李	渊	泉 深
	祖父	李	虎	兽 武
	父	李	昞	景
	太子	李	建成	建成县改名高安县
	太宗	李	世民	代、人
	高宗	李	治	理
	太子	李	忠	内（嫌名中改内）
	太子	李	弘	恒、崇 昭
	太子	李	贤	文
	武后	武	曌	照改昭
	中宗	李	显	明

朝代	帝号	国姓	讳字（名讳）	代字（讳例）
	睿宗	李	旦	明、晓
	玄宗	李	隆基	隆改崇、基改其
	肃宗	李	亨	通
	代宗	李	豫	豫州改蔡州
	德宗	李	适	括州改处州、括苍县改丽水
	顺宗	李	诵	嫌名讼改为竞
	宪宗	李	纯（初名淳）	淳州改睦州、董纯改董和
	穆宗	李	恒	恒州改镇州
	敬宗	李	湛	郑茂谌改名茂林
	文宗	李	昂	韦昂以字千里行
	武宗	李	炎	贾炎改名嵩
	宣宗	李	忱（初名怡）	嫌名谌改为损
	懿宗	李	漼（初名温）	嫌名璀改省
	僖宗	李	儇	
	昭宗	李	晔	日华
	哀帝	李	祝	嫌名柷改肇
后梁	太祖	朱	晃（温全忠）	号钟改为大圣铜
	曾祖	朱	茂琳	茂州改汶州、慕化县改归化
	祖父	朱	信	信都县改尧都
	父	朱	诚	城隍改墙隍
	末帝	朱	瑱	
后唐	庄宗	李（唐赐）	存勖	
	祖父	李	国昌	延昌县改延唐、义昌县改义彰
	父	李	克用	
	明宗	李	亶（初名嗣源）	杨檀被赐名光远
	曾祖	李	敖	郑遨以字云叟行
	闵帝	李	从厚	
	末帝	李	从苛	

朝代		帝号	国姓	讳字（名讳）	代字（讳例）
后晋		高祖	石	敬瑭	竟陵改景陵、唐姓改陶 敬氏改姓文或姓苟
		父	石	绍雍	雍丘县改杞县
		少帝	石	重贵	
后汉		高祖	刘	暠（原名知远）	折从远改名从阮 赵远以字上交行
		隐帝	刘	承祐（祜）	
后周		太祖	郭	威	张彦威改名彦成 李洪威改名洪义
		高祖	郭	璟	南唐李璟改名景
		父	郭	简	孙方简改名方谏
		世宗	柴	荣	李荣改名筠
		恭帝	柴	宗训	向训改名拱、张从训改名崇祜
十国	吴	吴武帝	杨	行密	改荇溪作菱溪
		父	杨	怤	御史大夫改为大宪
	后蜀	高祖	孟	知祥	祥改名评
		祖父	孟	察	
		父	孟	道	
	吴越	武肃王	钱	镠	刘履详改姓金
		文穆王	钱	元瓘	
		忠献王	钱	弘佐	嫌名左改上
	闽	太祖	王	审知	嫌名沈改尤
北宋		太祖	赵	匡胤	匡改正、纠、光、康
		始祖	赵	玄朗	玄改元 朗改明
		高祖	赵	朓	朓改为眺
		曾祖	赵	珽	班

续表

朝代	帝号	国姓	讳字（名讳）	代字（讳例）
	祖	赵	敬	敬改恭、严、钦、景；镜改鉴、照
	父	赵	弘殷	弘改洪 殷改商
	太宗	赵	炅（初名匡义、光义）	义改宜、毅、信
	真宗	赵	恒	恒改常
	仁宗	赵	祯	祯改真，贞改正
	英宗	赵	曙	曙改晓、旭，树改木
	父濮王	赵	允让	让改逊
	神宗	赵	顼	顼改玉 勖改勉
	哲宗	赵	煦	刘响以字耀远行
	徽宗	赵	佶	包佶以字幼正行
	钦宗	赵	桓	桓改亘、威
南宋	高宗	赵	构	勾改为干
	孝宗	赵	赵昚	慎改为谨、真
	父安僖王	赵	子偁	
	光宗	赵	惇	惇改崇、孝
	宁宗	赵	扩	扩改广
	理宗	赵	昀（初名贵诚）	李诚以字伯玉行
	度宗	赵	禥	
	恭宗	赵	㬎	
	端宗	赵	昰	

朝代	帝号	国姓	讳字（名讳）	代字（讳例）
辽	太祖	耶律	亿	丁亿更名意
	太宗	耶律	德光	范延光改为范延广
	世宗	耶律	阮	
	穆宗	耶律	璟（明）	明缺笔
	景宗	耶律	贤	贤改恭
	圣宗	耶律	隆绪	
	兴宗	耶律	宗真	女真改女直 宗改崇
	道宗	耶律	洪基	基改本
	天祚帝	耶律	延禧	改年号重熙为重和 改姚景禧名景行
金	太祖	完颜	旻	岷州改为西河州
	太宗	完颜	晟	
	熙宗	完颜	亶	
	父徽宗	完颜	宗峻	浚改通
	废帝海陵	完颜	亮	
	太子	完颜	光英	英改仁
	世宗	完颜	雍	雍改和
	父睿宗	完颜	宗尧	宗改崇
	章宗	完颜	璟	景州改观州
	父显宗	完颜	允恭	允改永 恭改敬
	卫绍王	完颜	允济	改永兴为德兴，永济为丰润
	宣宗	完颜	珣	改郇国为管国
	太子	完颜	守忠	忠改信
	哀宗	完颜	守绪	贾守谦改名益谦
元代 不讳				

朝代	帝号	国姓	讳字（名讳）	代字（讳例）
明	太祖	朱	元璋	璋改彰
	惠帝	朱	允炆	
	成祖	朱	棣	改沧州无棣为庆云
	仁宗	朱	高炽	冯智安被赐改名敏
	宣宗	朱	瞻基	基改綦
	英宗	朱	祁镇	镇改填
	代宗	朱	祁钰	
	宪宗	朱	见深	
	孝宗	朱	祐樘	
	武宗	朱	厚照	照改炤
	世宗	朱	厚熜	张璁改名孚敬
	穆宗	朱	载垕	
	神宗	朱	翊钧	钧州改禹州
	光宗	朱	常洛	常改尝、洛改雒
	熹宗	朱	由校	校改较
	毅宗	朱	由检	检改简
清	世祖	爱新觉罗	福临	（清初不避讳）
	圣祖	爱新觉罗	玄烨	元代玄、煜代烨
	世宗	爱新觉罗	胤禛	胤改允，禛改正
	高宗	爱新觉罗	弘历	弘改宏，曆改歷
	太子	爱新觉罗	永琏	琏改连
	仁宗	爱新觉罗	颙琰	琰改俭

朝代	帝号	国姓	讳字（名讳）	代字（讳例）
	宣宗	爱新觉罗	旻宁	宁改甯
	文宗	爱新觉罗	奕詝	
	穆宗	爱新觉罗	载淳	淳改湻
	德宗	爱新觉罗	载湉	
	末帝	爱新觉罗	溥仪	掌仪改为掌礼

参考文献

一 著作

1. ［奥］弗洛伊德：《图腾与禁忌》，中央编译出版社 2009 年版。

2. ［法］列维—布留尔：《原始思维》，商务印书馆 1997 年版。

3. ［法］列维—斯特劳斯：《图腾制度》，商务印书馆 2012 年版。

4. ［美］摩尔根：《古代社会》，中央编译出版社 2007 年版。

5. ［日］穗积陈重：《实名敬避俗研究》，日本刀江书院 1926 年版。

6. ［日］穗积陈重：《忌み名の研究》，日本讲谈社 1992 年版。

7. ［英］弗雷泽：《金枝》，商务印书馆 2013 年版。

8. （汉）司马迁：《史记》，中华书局 1997 年版。

9. （汉）班固：《汉书》，中华书局 1997 年版。

10. （晋）陈寿：《三国志》，中华书局 1997 年版。

11. （晋）杜预：《春秋左传集解》，上海人民出版社 1977 年版。

12. （南朝·宋）范晔：《后汉书》，中华书局 1997 年版。

13. （南朝·宋）刘义庆：《世说新语》，岳麓书社 1989 年版。

14. （北齐）魏收：《魏书》，中华书局 1997 年版。

15. （北齐）颜之推：《颜氏家训》，上海古籍出版社 1992 年版。

16. （梁）沈约：《宋书》，中华书局 1997 年版。

17. （梁）萧子显：《南齐书》，中华书局 1997 年版。

18. （唐）长孙无忌：《唐律疏议》，中华书局 1983 年版。

19. （唐）杜佑：《通典》，中华书局 1988 年版。

20. （唐）房玄龄等：《晋书》，中华书局 1997 年版。

21.（唐）李百药：《北齐书》，中华书局 1997 年版。

22.（唐）李延寿：《南史》，中华书局 1997 年版。

23.（唐）李延寿：《北史》，中华书局 1997 年版。

24.（唐）令狐德棻等：《周书》，中华书局 1997 年版。

25.（唐）魏征等：《隋书》，中华书局 1997 年版。

26.（唐）姚思廉等：《梁书》，中华书局 1997 年版。

27.（唐）姚思廉等：《陈书》，中华书局 1997 年版。

28.（唐）孔颖达：《春秋左传正义》，中华书局 1980 年版。

29.（唐）孔颖达：《礼记正义》，中华书局 1980 年版。

30.（唐）孔颖达等：《十三经注疏》，中华书局 1980 年版。

31.（后晋）刘昫等：《旧唐书》，中华书局 1997 年版。

32.（后周）王溥：《唐会要》：上海古籍出版社 1991 年版。

33.（宋）陈振孙：《直斋书录解题》，上海古籍出版社 1987
年版。

34.（宋）洪迈：《容斋随笔》，喀什维吾尔文出版社 2002 年版。

35.（宋）陆游：《老学庵笔记》，中华书局 1979 年版。

36.（宋）欧阳修、宋祁：《新唐书》，中华书局 1997 年版。

37.（宋）欧阳修：《新五代史》，中华书局 1997 年版。

38.（宋）彭叔夏：《文苑英华辨证》，中华书局 1985 年版。

39.（宋）司马光：《资治通鉴》，中华书局 1957 年版。

40.（宋）薛居正等：《旧五代史》，中华书局 1997 年版。

41.（宋）王观国：《学林》，中华书局 1988 年版。

42.（宋）王楙：《野客丛书》，中华书局 1987 年版。

43.（宋）王应麟：《困学纪闻》，上海古籍出版社 2008 年版。

44.（宋）吴曾：《能改斋漫录》，上海古籍出版社 1979 年版。

45.（宋）岳珂：《愧郯录》，丛书集成初编本。

46.（宋）岳珂：《刊正九经三传沿革例》，丛书集成初编本。

47.（宋）张世南：《游宦纪闻》，中华书局 1981 年版。

48.（宋）郑樵：《通志》，浙江古籍出版社 2000 年版。

49.（宋）周密：《齐东野语》，中华书局 1983 年版。

50.（宋）庄绰：《鸡肋编》，中华书局 1983 年版。

51.（元）脱脱等：《宋史》，中华书局 1997 年版。

52.（元）脱脱等：《辽史》，中华书局 1997 年版。

53.（元）脱脱等：《金史》，中华书局 1997 年版。

54.（元）元朝地方官：《元典章》，天津古籍出版社 2011 年版。

55.（明）郎瑛：《七修类稿》，上海书店出版社 2001 年版。

56.（明）陆容：《菽园杂记》，中华书局 1997 年版。

57.（明）宋濂等：《元史》，中华书局 1997 年版。

58.（清）段玉裁：《说文解字注》，上海古籍出版社 1988 年版。

59.（清）段玉裁：《经韵楼集》，上海古籍出版社 2008 年版。

60.（清）顾炎武著，黄汝成辑：《日知录集释》，岳麓书社 1994 年版。

61.（清）杭世骏：《订讹类编》，上海书店出版社 1986 年版。

62.（清）黄本骥：《避讳录》五卷（附《避讳录补正》），三长物斋丛书本。

63.（清）凌扬藻：《蠡勺编》，中华书局 1985 年版。

64.（清）刘锡信：《历代讳名考》，畿辅丛书本。

65.（清）陆费墀：《历代帝王庙谥年讳谱》，中华书局 1936 年版。

66.（清）梁章钜：《南省公余录》，四川大学出版社 2014 年版。

67.（清）钱大昕：《十驾斋养新录》，商务印书馆 1957 年版。

68.（清）钱大昕：《廿二史考异》，商务印书馆 1958 年版。

69.（清）钱大昕：《嘉定钱大昕全集》，江苏古籍出版社 1997 年版。

70.（清）阮元：《十三经注疏校勘记》，中华书局 1980 年版。

71.（清）王昶：《金石萃编》（3 卷本），陕西人民美术出版社 1990 年版。

72.（清）王鸣盛编，黄曙辉校：《十七史商榷》，上海书店出版社 2005 年版。

73.（清）王士禛：《池北偶谈》，中华书局 1982 年版。

74.（清）许珂：《清稗类钞》，中华书局 1984 年版。

75.（清）徐松：《宋会要辑稿》，上海古籍出版社 2014 年版。

76.（清）永瑢等：《四库全书总目》，中华书局 1965 年版。

77.（清）尤侗：《艮斋杂说》，中华书局 1992 年版。

78.（清）俞正燮：《癸巳存稿》，辽宁教育出版社 2003 年版。

79.（清）张廷玉等：《明史》，中华书局 1997 年版。

80.（清）周广业：《经史避名汇考》，北京图书馆出版社 1999 年版。

81.（清）赵翼：《陔余丛考》，中华书局 1982 年版。

82.（清）赵翼撰、董文武注译：《廿二史札记》，中华书局 2008 年版。

83.（清）赵翼：《廿二史札记校证》，中华书局 1984 年版。

84.（清）周榘：《廿二史讳略》，啸园丛书本。

85.（清）周寿昌：《思益堂日札》，中华书局 2007 年版。

86.（清）清史官：《清实录》，中华书局 2008 年版。

87. 卞仁海：《汉字与避讳》，暨南大学出版社 2015 年版。

88. 曹之：《中国古籍版本学》，武汉大学出版社 1992 年版。

89. 柴连复：《说讳》，1935 年石刻本。

90. 陈北郊：《汉语语讳学》，山西人民出版社 1991 年版。

91. 陈克：《中国语言民俗》，天津人民出版社 1993 年版。

92. 陈寅恪：《金明馆丛稿二编》，上海古籍出版社 1980 年版。

93. 陈垣：《史讳举例》，中华书局 2004 年版。

94. 陈垣：《通鉴胡注表微》，载刘梦溪主编《中国现代学术经典·陈垣卷》，河北教育出版社 1996 年版。

95. 陈垣：《旧五代史辑本发覆》（《薛史辑本避讳例》），载刘梦溪主编《中国现代学术经典·陈垣卷》，河北教育出版社 1996 年版。

96. 陈垣：《陈垣来往书信集》，上海古籍出版社 1990 年版。

97. 陈正宏、梁颖：《古籍印本鉴定概说》，上海辞书出版社 2005 年版。

98. 杜泽逊：《文献学概要》，中华书局 2001 年版。

99. 窦怀永：《敦煌文献避讳研究》，甘肃教育出版社 2013 年版。

100. 范志新：《避讳学》，台湾学生书局 2006 年版。

101. 关永礼：《古文观止·续古文观止鉴赏辞典》，同济大学出版社 1990 年版。

102. 郭熙：《中国社会语言学》（增订本），浙江大学出版社 2004 年版。

103. 何满子：《忌讳及其他谈片》，上海古籍出版社 1998 年版。

104. 胡适：《胡适书评序跋集》，岳麓书社 1987 年版。

105. 纪昀：《四库全书总目提要》，河北人民出版社 2000 年版。

106. 李德清：《中国历史地名避讳考》，华东师范大学出版社 2002 年版。

107. 李学勤：《初识清华简》，中西书局 2013 年版。

108. 李学勤：《清华大学藏战国竹简（壹）》，中西书局 2010 年版。

109. 李中生：《中国语言避讳习俗》，陕西人民出版社 1991 年年版。

110. 梁启超：《清代学术概论》，天津古籍出版社 2003 年版。

111. 梁启超：《中国近三百年学术史》，山西古籍出版社 2001 年版。

112. 吕思勉：《中国制度史》，上海教育出版社 2005 年版。

113. 罗竹风：《汉语大词典》，汉语大词典出版社 1986 年版。

114. 林伦伦：《中国言语禁忌和避讳》，中华书局（香港）1994 年版。

115. 罗尔纲：《金石萃编校补》，中华书局 2003 年版。

116. 马承源：《商周青铜器铭文选》，文物出版社 1988 年版。

117. 彭林：《中国古代礼仪文明》，中华书局 2004 年版。

118. 钱存训：《书于竹帛：中国古代的文字记录》，上海世纪出版集团 2006 年版。

119. 任骋：《中国民间禁忌》，花山文艺出版社 1998 年增补本。

120. 沈锡伦：《语言文字的避讳·禁忌与委婉表现》，台湾商务印书馆 1996 年版。

121. 太平天国历史博物馆：《太平天国文书汇·万国来朝及敬避字样诏编》，中华书局 1979 年版。

122. 王建：《中国古代避讳史》，贵州人民出版社 2003 年版。

123．王建：《史讳辞典》，上海古籍出版社 2011 年版。

124．王力：《中国语言学史》，复旦大学出版社 2006 年版。

125．王琳：《禁书·文字狱》，中国工人出版社 1992 年版。

126．王强：《中国人的忌讳》，辽宁人民出版社 1998 年版。

127．王晓岩：《中国避讳》，辽宁人民出版社 2012 年版。

128．王新华：《避讳研究》，齐鲁书社 2007 年版。

129．王彦坤：《历代避讳字汇典》，中州古籍出版社 1997 年版。

130．王彦坤：《历代避讳字汇典》（修订版），中华书局 2009 年版。

131．王业霖：《中国文字狱》，花城出版社 2007 年版。

132．吴晗：《朱元璋传》，陕西师范大学出版社 2008 年版。

133．吴良祚：《太平天国避讳研究》，广西人民出版社 1998 年版。

134．余嘉锡：《世说新语笺疏》，中华书局 1983 年版。

135．张惟骧：《历代讳字谱》二卷（附《家讳考》一卷），小双寂庵丛书本。

136．赵尔巽等：《清史稿》，中华书局 1998 年版。

137．赵慧平：《忌讳》，辽宁人民出版社 1990 年版。

138．中国社会科学院近代史研究所：《太平天国资料·钦定敬避字样》，知识产权出版社 2013 年版。

二　论文

139．［法］苏远鸣：《中国避讳述略》，载《法国汉学》第五辑，中华书局 2000 年版。

140．［日］中邨九四郎：《支那历代避讳通考》，日本《史学杂志》第 2 编 517 号。

141．（清）刘恭冕：《汉人避讳考》，载《广经室文钞》，广雅书局丛书本。

142．暴希明：《避讳与河南地名》，《河南师范大学学报》2008 年第 2 期。

143．卞仁海：《中国古代的语讳》，《语文建设》2003 年第 3 期。

144．卞仁海：《汉字和中国古代语讳文化》，《广西社会科学》

2003 年第 9 期。

145. 卞仁海：《古代语讳和文史研究》，《广西社会科学》2005年第 9 期。

146. 卞仁海：《语讳生成与权力话语——中国古代语讳的人文阐释》，《信阳师范学院学报》2006 年第 5 期。

147. 卞仁海：《河南信阳历史地名因避讳改易考》，《现代语文》2013 年第 8 期。

148. 卞仁海：《王彦坤〈历代避讳字汇典〉及其避讳学述评》，《古籍整理研究学刊》2014 年第 5 期。

149. 卞仁海：《试论中国避讳学的历史分期》，《河南科技大学学报》2014 年第 6 期。

150. 卞仁海：《中国避讳学：历史分期与学科构建》，《求索》2015 年第 1 期。

151. 卞仁海：《历代避讳学文献述论》，《图书馆杂志》2016年 8 月。

152. 蔡尚思：《陈垣先生的学术贡献》，载《励耘书屋问学记》，生活·读书·新知三联书店 1982 年版。

153. 曹保平、冯桂华：《客家语讳的类型及成因》，《嘉应大学学报》2003 年第 5 期。

154. 曹洁、程水龙：《避讳在〈近思录〉版本鉴别中的作用》，《合肥学院学报》2006 年第 4 期。

155. 曹松林：《避讳起源浅探》，《湖南师院学报》1984 年第 3 期。

156. 曹松林：《小议"正月"读音"征月"为秦讳》，《学术研究》1982 年第 4 期。

157. 陈北郊：《汉语语讳学初探》，《山西大学学报》1984 年第 4 期。

158. 陈焕良：《一部详尽精审、方便实用的避讳工具书——评历代避讳字汇典》，《湘潭师范学院学报》1998 年第 2 期。

159. 毛进云、陈敏等：《从皇帝的避讳看〈伤寒论〉的疑点》，《中医药研究》1997 年第 1 期。

160. 陈圣宇：《凤毛与避家讳》，《文史杂志》2006 年第 12 期。

161. 陈学霖：《明太祖文字狱案考疑》，载《明史研究论丛》1991 年第 5 辑，江苏古籍出版社 1991 年版。

162. 陈诏：《红楼梦不避讳论》，载《红楼梦研究集刊》第 6 辑，上海古籍出版社 1981 年版。

163. 程邦雄：《〈论语〉中的称谓与避讳研究》，《语言研究》1997 年第 1 期。

164. 程奇立：《秦讳考辨》，《齐鲁学刊》1989 年第 2 期。

165. 楚庄：《古代的避讳制度及其影响》，《河北学刊》1993 年第 2 期。

166. 崔丽萍：《避讳综述》，《国学》2014 年第 3 期。

167. 邓瑞全：《陈垣的〈史讳举例〉》，《文史知识》1997 年第 7 期。

168. 董作宾：《论商人以十日为名》，《大陆杂志》1951 年第 3 期。

169. 窦怀永、许建平：《敦煌写本的避讳特点及其对传统写本抄写时代判定的参考价值》，《敦煌研究》2004 年第 4 期。

170. 窦怀永：《略论大型字典对唐讳字形的收录——以〈汉语大字典〉第二版为例》，《敦煌研究》2013 年第 2 期。

171. 窦怀永：《唐代俗字避讳试论》，《浙江大学学报》2009 年第 3 期。

172. 樊文礼：《"绍兴和议"中宋方文献讳载的几个情节》，《文献》1999 年第 4 期。

173. 樊露露：《犯我家讳——〈世说新语〉中的社交禁忌》，《佳木斯大学社会科学学报》2013 年第 4 期。

174. 范志新：《〈红楼梦〉避讳谭——兼论清初避讳》，《苏州大学学报》2008 年第 2 期。

175. 方燕：《〈鸡肋编〉语言习俗探析》，《四川师范大学学报》2010 年第 6 期。

176. 冯贺军：《唐初避讳二例》，《中国典籍与文化》2005 年第 1 期。

177. 冯丽云、李学宏：《梅县客话语讳探析》，《嘉应学院学报》2007 年第 4 期。

178. 冯先思：《金世宗初讳考》，《中华文史论丛》2015 年第 4 期。

179. 风仪诚：《秦代讳字、官方词语以及秦代用字习惯——从里耶秦简说起》，《简帛》2012 年刊。

180. 葛培林：《太平天国的讳字》，《历史教学》1987 年第 1 期。

181. 公维章：《从〈大历碑〉看唐代敦煌的避讳与历法行用问题》，《敦煌研究》2012 年第 1 期。

182. 古清尧、林荣贵：《道宗讳名与辽宋关系》，《民族研究》1983 年第 4 期。

183. 郭洪义：《从避讳字看〈广韵〉版本》，《五邑大学学报》2015 年第 2 期。

184. 郭沫若：《讳不始于周人辨》，载《金文丛考》，人民出版社 1954 年版。

185. 郭沈青：《北京话语讳探析》，《语言教学与研究》2001 第 5 期。

186. 韩春平：《谈避讳字与古籍版本鉴定》，《图书馆工作与研究》2014 年第 3 期。

187. 韩小忙：《西夏避讳制度初探》，《宁夏社会科学》1994 年第 5 期。

188. 何婧：《浅谈越南汉籍中的避讳字——以嗣德三十年〈会庭文选〉为中心》，《汉字文化》2015 年第 6 期。

189. 何忠礼：《略论历史上的避讳》，《浙江大学学报》2002 年第 1 期。

190. 胡适：《两汉人临文不讳考》，1944 年《图书季刊》新第 5 卷第 1 期。

191. 胡适：《读陈垣史讳举例论汉讳诸条》，1944 年《图书季刊》新第 5 卷第 1 期。

192. 华强：《十年寒暑磨一剑——评〈太平天国避讳研究〉》，《学术论坛》1995 年第 3 期。

193．黄才庚：《我国古代文书中的避讳》，《历史档案》1987年第 2 期。

194．黄先炳：《"观音"名号非避讳》，《辞书研究》2005 年第 4 期。

195．霍存福：《从文字狱看弘历的思想统治观念》，《吉林大学学报》1998 年第 6 期。

196．贾树新：《刘勰避"衍"讳确凿无疑》，《吉林师范大学学报》2005 年第 2 期。

197．蒋彰明：《古代避讳刍议》，《西北师大学报》1990 年第 1 期。

198．江岚：《唐代墓志天干中"丙"字的避讳》，《乐山师范学院学报》2006 年第 10 期。

199．李国强：《清代殿本古籍中的避讳实例分析》，《鉴藏》2007 年第 1 期。

200．李惠杨、谷松：《真武汤避讳考辨》，载《全国第二十二次仲景学说学术年会论文集》，呼和浩特，2014 年 7 月。

201．李瑾：《论"讳"在中国社会产生之精神来源及其物质基础——郭沫若先生〈讳不始于周人辨〉质疑》，《史学月刊》1992年第 4 期。

202．李新魁：《历代避讳在古音研究上的利用》，《语文园地》1985 年第 1 期。

203．李学铭：《"至道三年避真宗讳"考》，《学术研究》2001年第 8 期。

204．李玉昆：《观音之称不始于唐代避李世民讳》，《法音》1988 年第 11 期。

205．梁建邦：《〈史记〉的避讳》，《陕西广播电视大学学报》2001 年第 2 期。

206．刘殿爵：《秦讳初探》，香港中文大学《中国文化研究所学报》第十八卷，1998 年。

207．刘殿爵：《三国吴讳钩沉》，香港中文大学《中国文化研究所学报》第二十二卷，1991 年。

208. 刘殿爵：《〈三国吴讳钩沉〉补》，香港中文大学《中国文化研究所学报》新第一期，1992 年。

209. 刘广定：《〈红楼梦〉抄本抄成年代考》，《明清小说研究》1997 年第 2 期。

210. 刘进宝：《避讳在史学研究中的重要作用——评〈敦煌文献避讳研究〉》，《社会科学战线》2015 年第 6 期。

211. 刘璐亚：《〈十驾斋养新录〉中避讳条目的语言学探究》，《大庆师范学院学报》，2016 年 9 月。

212. 刘业强：《从避讳语的使用看汉语的言语交际准则》，《现代语文》2009 年第 6 期。

213. 吕富华：《试论辽代的避讳》，《辽宁省博物院馆刊》2008 年第 3 辑。

214. 吕友仁：《清高宗弘历"历"字避讳刍议——以〈五礼通考〉为例》，《儒家典籍与思想研究》2012 年刊。

215. 龙江人：《讳字与古医籍版本考察》，《中医药学报》1984 年第 4 期。

216. 罗邦柱：《因其例，得其正——读陈垣〈史讳举例〉》，载《陈垣教授诞辰百十周年纪念文集》，暨南大学出版社 1994 年版。

217. 罗福颐：《青铜器铭文中之避讳》，载《古文字研究》第 11 辑，中华书局 1985 年版。

218. 罗盛吉：《清朝满文避讳漫议》，《满语研究》2014 年第 2 期。

219. 马秀兰：《〈十驾斋养新录〉〈史讳举例〉"刘聘君"避讳改字说商榷》，《文献》2012 年第 2 期。

220. 欧阳健：《关于〈脂砚斋重评石头记〉的讳字问题》，《山西师大学报》1994 年第 3 期。

221. 潘悟云：《避忌讳与古音韵考证》，《中国语文研究》2001 年第 1 期。

222. 彭学绍：《论〈春秋〉三讳》，《中国文化研究》总第 23 期，1999 年。

223. 平飞：《尊尊与为尊者讳：春秋公羊义的二重性探析》，

《东方论坛》2008 年第 5 期。

224. 祁龙威、吴良祚：《太平天国避讳制度考释》，载《太平天国论丛》第二辑（1980 年）。

225. 黔容：《"正月"读音"征月"之为秦讳说质疑》，《学术研究》1984 年第 2 期。

226. 乔秋颖：《"死"字在各方言中语音避讳情况的调查与研究》，载《第三届国际语言传播学前沿论坛会议手册及论文集》，2015 年 4 月。

227. 邱靖嘉：《辽道宗"寿隆"年号探源——金代避讳之新证》，《中华文史论丛》2014 年第 4 期。

228. 屈万里：《谥法滥觞于殷代论》，载"中央研究院"《历史语言研究所集刊》第十三本，江苏古籍出版社 2008 年版。

229. 史式：《太平天国的造字与改字》，载《太平天国学刊》第四辑，中华书局 1987 年版。

230. 石云孙：《为"二名不偏讳"解补证》，《汉字文化》2003 年第 2 期。

231. 孙德谦：《避讳例》，载《古书读法略例》卷 6，商务印书馆 1936 年影印本。

232. 孙建权：《试析金代"治中"出现之原因——简论金朝对"尹"字的避讳》，《中华文史论丛》2015 年第 3 期。

233. 宋慧曼：《"二名不偏讳"宜作何解》，《汉字文化》2002 年第 2 期。

234. 苏芃：《原本〈玉篇〉避讳字"统""纲"发微》，《辞书研究》2011 年第 1 期。

235. 王春淑：《论〈春秋〉记事的讳书笔法》，《西南民族学院学报》1999 年第 3 期。

236. 王发国：《从避讳学角度校勘钟嵘〈诗品〉》，《许昌学院学报》2009 年第 1 期。

237. 王宏凯：《〈明史·诸王世表〉名讳、谥法勘误》，《文献》1990 年第 2 期。

238. 王建：《秦汉时期避讳的发展与特点》，《上饶师专学报》

2000 年第 2 期。

239．王建：《唐讳升沉》，《贵州社会科学》2002 年第 4 期。

240．王泉根：《魏晋为何盛行单名》，《寻根》2011 年第 6 期。

241．王丽芬：《〈说文〉"上讳字"段注斠补》，《伊犁师范学院学报》2004 年第 4 期。

242．王卯根：《从庙讳看万历〈山西通志〉的刊印年代》，《黑龙江史志》2013 年第 15 期。

243．王新：《中国古代文书避讳制度研究》，《云南档案》2011 年第 5 期。

244．王新丽：《〈礼记〉与避讳》，《文教资料》2008 年第 28 期。

245．王新华：《魏晋南北朝时期的忠孝之辨与避讳》，《山东社会科学》2005 年第 5 期。

246．王燕：《宗教及性晋语的文化阐释》，《宁夏大学学报》2005 年第 2 期。

247．王彦坤：《工具书及史书中不明避讳致误举隅》，《暨南学报》1992 年第 3 期。

248．王彦坤：《古代避讳的方法》，《古籍整理研究学刊》2001 年第 1 期。

249．王彦坤：《略论敬讳对汉语言文化的影响》，《暨南学报》2001 年第 3 期。

250．王曾瑜：《略谈宋代的避讳、称呼和排行》，《文史知识》1998 年第 3 期。

251．王曾瑜：《辽宋西夏的避讳、称谓和排行》，《安徽师范大学学报》2005 年第 5 期。

252．王珍珠：《论"二名不偏讳"》，《常熟理工学院学报》2009 年第 3 期。

253．吴福秀：《〈法苑珠林〉撰者"玄恽"之称非为避唐太宗讳考》，《中国文化研究》2007 年春之卷。

254．吴良祚：《略论太平天国避讳的研究和利用》，载《太平天国学刊》第五辑，中华书局 1987 年版。

255．吴良祚：《太平天国避讳字说》，《浙江学刊》1987 年第

5 期。

256. 吴良祚：《太平天国避讳方法探略》，《浙江学刊》1988 年第 2 期。

257. 吴良祚：《略论避讳与避讳学》，《浙江学刊》1992 年第 3 期。

258. 吴良祚：《太平天国的避讳制度述论》，《浙江学刊》1993 年第 4 期。

259. 武秀成：《段玉裁"二名不徧讳说"辨正》，《文献》2014 年第 2 期。

260. 向熹：《略谈〈春秋〉四讳》，《文史杂志》2002 年第 4 期。

261. 向熹：《避讳与四川地名》，《文史杂志》1999 年第 2 期。

262. 熊辉：《历代古书书名与避讳》，《图书馆学研究》2008 年第 7 期。

263. 熊良智：《"邦风"讳为"国风"说嫌疑》，《社会科学研究》2006 年第 6 期。

264. 徐道彬：《浅论戴震与避讳学》，《语文知识》2011 年第 2 期。

265. 徐海宁：《先秦语讳表现形式探析》，《山东社会科学》1998 年第 3 期。

266. 徐吉军：《评〈太平天国避讳研究〉》，《浙江学刊》1995 年第 2 期。

267. 徐金娟：《避讳造词及其对汉语言发展的影响》，《烟台教育学院学报》2005 年第 2 期。

268. 徐连达：《唐人礼法、习俗中的避讳行为及其社会效应》，《史林》1992 年第 2 期。

269. 徐庄：《略论〈公羊传〉的讳书理论》，《中国史研究》1984 年第 2 期。

270. 许元：《略论避讳在太平天国史料考订中的利用》，《历史档案》2005 年第 1 期。

271. 严修：《避讳义例是钱大昕的训诂之钥》，《复旦学报》1986 年第 5 期。

272．杨君实：《康庚与夏讳》，《大陆杂志》1960 年第 20 卷第 3 期。

273．杨琳：《何为"偏讳"》，《烟台大学学报》2003 年第 3 期。

274．杨其群：《试论韩愈〈讳辩〉涉及的四个问题》，《山西大学学报》1983 年第 3 期。

275．杨蓉蓉、虞万里：《我们设计的〈中国古代避讳词典〉》，《辞书研究》1993 年第 3 期。

276．杨树达：《与陈援庵论〈史讳举例〉书》，载《积微居小学金石论丛》，中华书局 1983 年版。

277．杨朝明：《东晋后讳并不甚严说——陈垣〈史讳举例〉的一处疏失》，《历史教学》1991 年第 7 期。

278．勇昊：《论原始禁忌的起源》，《黑龙江民族丛刊》1987 年第 2 期。

279．于根元：《应用语言学的基本理论》，《语言文字应用》2002 年第 1 期。

280．于鸿志：《"观音"略语考实》，《辽宁师范大学学报》1988 年第 6 期。

281．虞云国：《避讳和古代语词》，《字词天地》1984 年第 2 期。

282．虞万里：《商周称谓与中国古代避讳起源》，载《传统中国研究集刊》第一辑，上海人民出版社 2006 年版。

283．虞万里等：《唐五代字韵书所反映之唐代避讳与字形》，《古汉语研究》1993 年第 3 期。

284．曾莉莉：《从丰城方言的避讳语看赣地的避讳文化》，《宜春学院学报》2012 年第 3 期。

285．张兵、张毓洲：《清代文字狱的整体状况与清人的载述》，《西北师大学报》2008 年第 6 期。

286．张彩霞：《宋代词话中的"为名家讳"现象》，《山西师大学报》2010 年第 5 期。

287．张春喜：《陈垣对避讳学和校勘方法论的贡献》，《法制与社会》2007 年第 2 期。

288．张和平：《明初讳元说辨析》，载《明史研究》第 1 辑。

289．张恒俊：《陈垣与避讳学》，《东南亚纵横》2003 年第 6 期。

290．张杰：《〈四库全书〉与文字狱》，《清史研究》1997 年第 1 期。

291．张军：《文化认同视角下南宋与金外交避讳问题考论》，《贵州民族研究》2015 年第 6 期。

292．张美玲、骆一峰：《古史山东避讳地名研究》，《黑龙江史志》2011 年第 5 期。

293．张天健：《〈秦妇吟〉讳因考》，《河南大学学报》1985 年第 2 期。

294．张莹：《浅议清朝的避讳（国讳）制度》，载《多维视野下的清宫史研究——第十届清宫史学术研讨会论文集》，现代出版社 2013 年版。

295．张志鹏：《从避讳字考明末刻本〈宋史纪事本末〉刊刻时间》，《当代图书馆》2015 年第 1 期。

296．章新传：《避讳对汉语词汇的影响》，《上饶师专学报》1993 年第 1 期。

297．赵永泉：《明代公讳宽疏考》，《沈阳大学学报》2009 年第 6 期。

298．赵增越：《清代皇帝的起名与避讳》，《中国档案》2015 年第 5 期。

299．郑炳纯：《记周广业的〈经史避名汇考〉》，《文献》1983 年第 2 期。

300．郑慧生：《"避讳不始于秦"说》，《人文杂志》2000 年第 2 期。

301．郑振铎：《释讳篇》，载《汤祷篇》，古典文学出版社 1957 年版。

302．周晓霞：《古代文书避讳制度的演变》，《文教资料》2007 年 4 月号。

303．周源：《宋代外交避讳研究》，《安庆师范学院学报》2015 年第 5 期。

304．朱凤瀚：《商人诸神之权能以及类型》，载《尽心集》，中国社会科学出版社 1996 年版。

305．朱露：《陈垣〈史讳举例〉的思想、结构和方法论意义》，《学术研究》2015 年第 10 期。

306．朱瑞熙：《宋代的避讳习俗》，《上海师范大学学报》1988 年第 4 期。

307．朱湘云：《〈宋书〉与〈南史〉异文避讳考》，《厦门教育学院学报》2004 年第 1 期。

308．宗廷虎：《陈垣的史讳研究》，《扬州大学学报》2005 年第 1 期。

三　学位论文

309．董婷婷：《太平天国宗教避讳词语研究》，山东师范大学，2011 年。

310．丁启红：《委婉语与禁忌语比较研究》，成都理工大学，2006 年。

311．范惟：《清"上书奏事犯讳"律考论》，南开大学，2007 年。

312．姜宁：《乾隆朝生员文字狱研究》，辽宁大学，2006 年。

313．侯庆凯：《论清朝文字狱产生的原因》，吉林大学，2008 年。

314．陶哲：《秦至宣帝时期避讳研究》，四川师范大学，2009 年。

315．王西明：《清朝文字狱中的避讳研究》，山东大学，2015 年。

316．肖茜：《清代文字狱案研究——以科举引发的文字狱案为中心》，武汉大学，2004 年。

317．辛时代：《避讳制度与宋辽金南北对峙时期的人文政治》，辽宁师范大学，2009 年。

318．阴小宝：《唐代避讳研究》，陕西师范大学，2008 年。

319．张立平：《从中国古代文字狱看社会文化对语言的影响》，内蒙古大学，2005 年。

320．郑爱玲：《避讳及避讳对古文献的影响》，曲阜师范大学，2008 年。

321．周源：《宋代避讳制度研究》，安徽师范大学，2007 年。

后 记

我于避讳之学，缘自师承。昔从王师彦坤先生游，先生以其避讳大作相赠；王师所撰《历代避讳字汇典》及其讳学研究，定评为禁学利器，讳史功臣。从人游，读其书，好其学，遂承其业，爰有此书。师道不孤，业有所传；生之书，师赐序，郁郁乎文哉！

显学之下，必有隐学。避讳能否成为学问，人尚疑之，况讳学之史乎！我曾多次以书题申报国家课题，均无功而返。汪教授永成先生，时主管社科，拨冗致电，明以教我：讳学之史，当有价值，子姑做之，以待来日。他山之石，更有见地，我也得以自信，颇受教益，致谢永成先生。

撰学术之史，本应不负历史，我亦努力为之。但学术之事，有仁智之见；加之学力之限，述及时彦之讳著，或漏万，或执偏，甚或失之公允处，尚请海涵。

避讳之学，绵延千年；然书海茫茫，检得题材，犹沙里淘金，加之偏居南隅，时生勉为其难之感。举步维艰之时，慈父病急，十日之内，竟撒手人寰。树静风止，子养亲待，徒为虚幻，天不假年。噫！天丧予！斯人已去，谨以此书，献予先公天灵。

书桌之前，小儿时绕膝袭扰，或爬上书案，或乱敲键盘，或翻倒屏显，纷繁的讳学材料总是伴随着童真、童趣与天伦，虽致心猿，但其乐也无穷。挥别先君，面对新生，悲怀感慨：感恩生命，珍惜生活！

卞仁海

2015 年 7 月 26 日

　　中国社会科学出版社王茵博士、马明编辑，学术精湛，倾情作嫁，审校出拙稿多处讹误；同窗乡贤、著名书法家范功博士，拨冗蘸墨，题写书名，增拙著以典雅。谨诚致谢忱。

卞仁海

2017 年 2 月 17 日补记